Über den Verfasser

Peter Ulrich Hein, geboren 1950, studierte Kunstpädagogik, Kunstgeschichte, Soziologie und Publizistik. Er ist seit 1980 Mitarbeiter der Universität zu Köln und lehrt dort Kunstpädagogik und Soziologie.

Wichtigste Veröffentlichungen: Der Künstler als Sozialtherapeut. Kunst als ideelle Dienstleistung in der entwickelten Industriegesellschaft. Frankfurt/New York 1982; Protestkultur und Jugend. Ästhetische Opposition in der Bundesrepublik Deutschland. Münster 1984; Künstliche Paradiese der Jugend. Zur Geschichte und Gegenwart ästhetischer Subkultur. München 1984 (Herausgeber); Georg Simmel. Frankfurt/M. 1990 (Herausgeber); Transformation der Kunst. Ziele und Wirkungen der deutschen Kultur- und Kunsterziehungsbewegung. Köln/Wien 1991

Peter Ulrich Hein

Die Brücke ins Geisterreich

Künstlerische Avantgarde zwischen Kulturkritik und Faschismus

rororo

rowohlts enzyklopädie
kulturen und ideen

kulturen und ideen
Herausgegeben von Wolfgang Müller
in
rowohlts enzyklopädie
Herausgegeben von Burghard König

Originalausgabe
Veröffentlicht im Rowohlt Taschenbuch Verlag GmbH,
Reinbek bei Hamburg, September 1992

Umschlaggestaltung Jens Kreitmeyer
(Vignette: Franz Maria Jansen: Der Prophet, Holzschnitt)
Gesetzt aus der Sabon und Frutiger (Linotronic 500)
Gesamtherstellung Clausen & Bosse, Leck
Printed in Germany
2690-ISBN 3 499 55521 2

Inhalt

Einleitung 7

I Ein neues Reich als Aufgabe der Kunst 15

1. Zivilisation und Kultur – Das ambivalente Verhältnis zu Frankreich 15
2. Die Einheit von Kunst und Leben als Hoffnung der Romantik 23
3. Von der Transzendentalphilosophie zur Ideologie der Tat 28
4. Fin de siècle: «Deutschtum» im Strom der Mode und der Masse 34
5. Die Verbindung von Mythos und Realität im Symbolismus 39
6. Die Furcht vor impressionistischer Zergliederung 45
7. Das Reich als Programm der Evolution 51
8. Die wissenschaftliche Integration der Reichsutopie 56
9. Die Antwort der Gesellschaft 64

II Kunst als nationale Propaganda 72

1. Der verdeckte Historismus 72
2. Die Kunst der «verspäteten Nation» 79
3. Ansatz und Reichweite der völkischen Kulturkritik 83
4. Deutsche Kultur auf der Suche nach Form 91
5. Die Kunsterziehungsbewegung 97
6. Die nationale Sendung der Dilettanten 104
7. Die Elite der «Seher» am Beispiel von Stefan George 113
8. Die «nordischen Expressionisten» 119

III Die ästhetische Radikalisierung der Kulturkritik 132

1. «Brücke» kontra «Blauer Reiter» 132
2. Kulturelle Katharsis durch Abstraktion 140

3. «Die Brücke ins Geisterreich» **150**
4. Vom tragischen Bewußtsein zum «Vollmenschentum» **166**
5. Das Bauhaus **172**
6. Die Bekehrung zum Bilde **184**
7. Exkurs: Kunst für ein sozialistisches Zukunftsreich **189**

IV «Die Überwindung des Expressionismus» 196
1. Der gescheiterte Autonomieanspruch – Eine Zwischenbilanz **196**
2. Die Metamorphose romantischer Illusionen **203**
3. Abgesänge auf den Expressionismus **210**
4. Perspektiven der «Neuen Sachlichkeit»: Realität als Unglück und als Ideal **221**
5. Die Verlagerung des Mythos in die Technik **228**
6. Rassenästhetik **235**

V Kunst und Künstler im Dritten Reich 245
1. Das Neue Reich als große Enttäuschung **245**
2. Interessenkonflikte und Richtungskämpfe im Nationalsozialismus **252**
3. Ende der Utopie, Ende der Debatte: Der Führer greift ein **265**
4. Die gestohlenen Argumente **274**
5. Das Dritte Reich unter dem Aspekt der Moderne **280**

Anmerkungen 286

Einleitung

Ein großer Teil dessen, was heute als Inbegriff des Kunstschönen gilt, die Bilder von Cézanne, Kandinsky oder van Gogh, entsprach zunächst weder dem Publikumsgeschmack, noch fand es die Anerkennung der meisten zeitgenössischen Experten. Diese Erfahrung und ein zunehmendes Bedürfnis der Gesellschaft an verunsichernden Denk- und Darstellungsperspektiven machen das Bekenntnis zu Avantgardismus, Originalität und zum Experimentellen für den heutigen Künstler so gut wie unverzichtbar. Die Avantgarde verkörpert nach unserem heutigen Verständnis auf unvergleichliche Weise die Werte des modernen Denkens. Permanent sich herstellende Distanz zum Konventionellen, wie es dynamische Kulturen auszeichnet, wird gerade von der künstlerischen Avantgarde paradigmatisch vorgeführt, indem sie sich verschiedenster Sinnelemente bedient, sie in neuen Zusammenhängen verbindet und alte Ordnungen dabei zerstört. Als Kunst bewahrt sie das nicht versiegende Bedürfnis der Menschen nach Transzendenz; dabei sollen die Werke aber nicht mehr auf etwas Höheres hinweisen, sondern das Andere im Hier und Jetzt selbst verkörpern. Das von der Aufklärung und vom Historismus des 19. Jahrhunderts weitgehend verdrängte Spirituelle und Mythologische erscheint dabei als eine spezifische Form des Erkenntnisvermögens rehabilitiert. Zum Programm der klassischen Moderne gehörte es, die bloße Naturnachahmung durch ein – wie man glaubte – viel grundlegenderes Verständnis von Natur abzulösen: Die Struktur der Wahrnehmungs- und Ausdrucksprozesse selbst trat in das Zentrum künstlerischen Handelns; um das *reine* Ausdrucksvermögen kreiste fortan das sogenannte künstlerische Wollen. Gegenüber der gesellschaftlichen Attitüde sollten sich die Gewichte zugunsten des subjektiven Empfindens verschieben, Subjektivität als Befreiung nicht nur vom «Formelkram der Akademien», sondern gleichsam als Abschied von der viktorianischen Epoche überhaupt. Wer sich mit künstlerischen Sinnen die Welt zu eigen machte, hierin waren sich alle einig, antizipierte ein Stück zukünftiger Freiheit.

Das in den künstlerischen Manifesten um die Jahrhundertwende und den darauffolgenden Jahrzehnten entwickelte Menschenbild eröffnete Dimensionen, welche die politische Freiheit als ein einigermaßen marginales Problem erscheinen ließen. Wieder im Vollbesitz ihrer bislang unterdrückten geistigen und sinnlichen Kräfte, glaubte eine kunstbegeisterte Gesellschaft die Utopie jenes Reiches wiederzuerkennen, das schon die Romantiker über alle tagespolitischen Grenzen und Begrenzungen hinaus ersehnt hatten und welches keine Klassen, Konfessionen und Nationen mehr kennen sollte. Doch wie bei den romantischen Vorbildern mußten auch bei den Vertretern der künstlerischen Avantgarde – Böcklin, Kandinsky und Mondrian – die Grenzen zwischen Utopie und Wirklichkeit ins Fließen geraten. Die «kommende Epoche des großen Geistigen» – wie Kandinsky sie vielleicht stellvertretend für seine Generation heraufbeschwören wollte und die im Kern universalistisch angelegt war – verlangte trotz aller politischen Abstinenz nach konkreten Vorboten. Favorisiert wurden dabei verständlicherweise jene Konzepte, die sich nicht mit demokratischem Kleinkram abgeben wollten, sondern als grandiose Entwürfe daherkamen. Die Idee von einem Reich, in dem die ganze Tiefe des deutschen Geistes das gesellschaftliche Leben durchdringen und alle kleinlichen Querelen an die Seite drängen sollte, gehören hierzu ebenso wie das Versprechen, der Staat als solcher werde in einer sozialistischen Gesellschaft absterben und einer nobleren Form öffentlichen Miteinanders Platz machen. Ein solcher, an künstlerischer Vollkommenheit orientierter Rigorismus, auch als Hang zum Gesamtkunstwerk apostrophiert, gefiel sich nicht nur im Sinne positiver Zukunftsvisionen; er gab sich radikal auch in einer negativen Richtung. Er zeichnete das Bild des Menschen mit all seinen Obsessionen, Deformationen und Idiosynkrasien, wie sie allen erdenklichen moralischen Festlegungen und sozialen Ordnungen nach wie vor abträglich sind.

Die nicht nur im Zukunftsentwurf, sondern auch in der Demontage sich dokumentierende Freiheit der Kunst wird man mit allen Mitteln verteidigen wollen, jeglichen Reglementierungsversuch dagegen empfinden wir als ersten Schritt zu Verhältnissen, die uns bei früheren und gegenwärtigen Diktaturen abschrecken. Schon die routinierte Kunstkritik muß achtgeben, daß ein Verriß nicht als Ignoranz oder womöglich sogar als versteckte Behinderung künstlerischer Freiheit bewertet wird. Um so provozierender wird daher die Frage erscheinen, ob die Künste – so wie es die Konvention der pluralistischen Gesellschaft verlangt – denn unbedingt und immer mit persönlichem und sozialem Freiheitsstreben auf einer Linie liegen. Man wird sich diesem Zweifel allenfalls noch anschließen können angesichts einer Kunst mit offener ideologischer Festlegung: So «gut gemeint» der sozialistische Realismus auch gewesen sein mag, so wurde er doch zu einem Instrument der Unterdrückung – eine Gefahr, die Th. W. Adorno bekanntlich in jedem offenen künstlerischen Engagement schon angelegt sah. Wie verhält es sich aber mit der Kunst in einer Gesellschaft, in der Kreativität und Kunstbegeisterung zu Imperativen geworden sind? Ist der schöpferische, phantasiebegabte und mit der Vielfalt der künstlerischen Sprache vertraute Mensch wirklich davor gefeit, sich politisch verführen zu lassen? Wurden nicht die großstädtischen, künstlerisch-intellektuellen Gruppen von totalitären Regimen immer wieder verfolgt? Beweist nicht gerade die Verfolgung der sogenannten Entarteten unter der Herrschaft des Nationalsozialismus die Dignität der Kunst, sofern sie sich Authentizität und Autonomie bewahrt?

Gerade die Jahrzehnte, die dem Dritten Reich vorangingen, in denen der deutsche Beitrag zur «klassischen Moderne» entstand und auf die unsere Vorstellungen von Avantgarde zurückgehen, geben Anlaß, von einer pauschalen Glorifizierung der avantgardistischen Kunst Abstand zu nehmen.

Einen der theoretisch anspruchsvollsten Versuche, die Mitverantwortung der Künste an ihrer eigenen Unterdrückung zu erklären, bildet die berühmte Expressionismus-Debatte in den dreißiger Jahren. Freilich wird auch hier, indem die Kritik sich auf eine spezifische, eben die expressionistische Kunstauffassung und ihre Resultate konzentriert, der Eindruck erweckt, als gäbe es im Unterschied hierzu einen *richtigen* Kunstbegriff und eine vor irrationalen Abwegen gefeite Kunst – den Realismus, wie Georg Lukács meinte. Immerhin hat die Expressionismus-Kritik gezeigt, daß Kunst, auch wenn sie – ausgestattet mit höchsten erkenntnistheoretischen Referenzen – sich auf scheinbar unanfechtbare und autonome Ausdrucksgesetze beruft, keineswegs frei ist von sozialen Abhängigkeiten und politischen Verstrickungen. So ist das Idealbild des voll über seine schöpferischen Fähigkeiten verfügenden Subjekts keineswegs der personelle Nukleus einer humanen gesellschaftlichen Verfassung. Die Protagonisten dieses Gedankens, die Kunsterzieher des Kaiserreichs und der Weimarer Republik, finden wir zum Beispiel zu großen Teilen wieder in den Reihen einer völkisch-nationalistischen Bewegung. Die großstädtische Kunstszene oder gar Bohème wurde oft nur dann verfolgt, wenn sie jüdisch oder kommunistisch war, führte ansonsten ihre Existenz weitgehend unbeschadet fort bis weit in die Zeit des Nationalsozialismus hinein. Und ein Blick in die

Reihen der künstlerischen Avantgarde wird uns zeigen, daß der Bruch mit der klassischen Moderne nach 1933 keineswegs so radikal war, wie die kunsthistorische Literatur es immer noch nahelegt.

Der historisch begründete Zweifel an der Resistenz der Kunst gegenüber totalitären Entwicklungen führt zu der weitergehenden Frage, ob nicht speziell in der deutschen Avantgarde von vornherein eine gewisse Affinität zum politischen Rigorismus und Totalitarismus angelegt war. Gedankengänge in diese Richtung setzen gewöhnlich bei der Romantik an, um von hier aus einen sogenannten Irrationalismus bis in die jüngste Geschichte hinein nachzuweisen. Der bekannteste Vertreter dieser Auffassung ist Georg Lukács, der dabei von der Kunst im Hegelschen Sinn die Subordination unter die begriffliche Vernunft verlangte. Man hat dieser Position gegenüber denn auch immer – mehr oder weniger die Autoritäten eines neukantianischen bzw. zeichentheoretischen Denkens im Hintergrund – auf die immanente Rationalität der Bilder verwiesen, womit im wesentlichen zwei Vorstellungen, das Verhältnis von Kunst und Gesellschaft betreffend, gestützt werden konnten: Soweit soziale Utopien selbst als Durchsetzung der Ratio begriffen wurden, konnten die Bilder – etwa des russischen Konstruktivismus und Formalismus – als eine Analogie des Vernünftigen gelten. Für die zweite Vorstellung liefert gewiß Adorno das beste Beispiel: Die Kunst existiert als zweite, gleichsam negative Realität neben der sozialen, zwangsläufig immer unvollkommenen Welt. Angesichts der prinzipiellen Verschiedenheit der sozialen und der künstlerischen Realität erscheinen Adorno die Beziehungen zwischen Kunst und Gesellschaft, man kann auch sagen zwischen Produzent und Rezipient, als marginal. Dort wo diese Beziehungen ganz augenfällig sind – und dies geschieht ja zunehmend –, werden sie als Phänomene des Massenkonsums betrachtet, die das idealisierte Bild der Kunst im Kern nicht berühren. Das hat insbesondere für das aktuelle Denken der kritischen, intellektuellen Eliten zur Konsequenz, daß fast alles an der empirisch vorfindbaren Kunst vermarktet wird, man aber zugleich an der Vorstellung einer Kunst als Negation, also einer nicht zu vermarktenden, festhält. Adorno selbst hat konsequenterweise jedes offene Engagement in der Kunst abgelehnt, denn die eigens deklarierte Gesellschaftlichkeit der Kunst mußte ihm tautologisch erscheinen. Die ihr a priori innewohnende Distanz zum sozialen Sein ist es, die die «Gesellschaftlichkeit» der Kunst ausmacht. Dies verleiht der klassischen Moderne und der

Avantgarde einen Status, an dem nicht mehr zu rühren ist, sie unzugänglich macht für jeden empirisch begründeten Zweifel. Die rigorose Trennung von reinem Begriff und Objektivität im praktischen Sinne, worauf diese Konstruktion beruhen mag, erscheint nicht besonders problematisch; es erwächst aus ihr aber ein permanentes Mißverhältnis von Anspruch und Wirklichkeit.

Wenn man um die Jahrhundertwende den bildnerischen Erkenntnisvorgang dem sprachlichen als gleichwertig an die Seite stellte, entsprang das der neukantianischen Konzeption der Einheit des Geistes, allerdings gestützt auf die neueren naturwissenschaftlichen Erkenntnisse. Man ging in der Entzauberung der Welt und somit auch der Demontage des Genies gewiß nicht so weit, daß man Kunst nur noch an naturwissenschaftlichen Kriterien maß, gleichwohl war damit ein wesentlicher Schritt auf dem Weg zu ihrer «Säkularisation» vollzogen. Mochte die Hervorbringung des reinen Ausdrucks, des reinen Tons, nach wie vor die Domäne des Künstlers sein, so war damit doch auch eine praktische Orientierung der Gesellschaft intendiert. Kandinsky erwartete eine große Epoche des Geistigen, Mondrian die Überwindung der Natur durch den Geist, die Eliminierung aller Sentimentalitäten. Die künstlerische Tätigkeit richtete sich somit auf positive kulturelle Ziele. Am deutlichsten fand dies seinen Ausdruck übrigens in der Kunsterziehung. Durch Kompetenzzuwachs in bildnerischen Sprachen – und zwar gegen ein sogenanntes intellektualistisches Übergewicht – sollte eine neue «deutsche Kultur» entstehen. Die Autonomie der Kunst, das heißt im Kern ihre Befreiung von der Dominanz der Begriffe, eröffnete somit erst die Möglichkeit ihrer Vergesellschaftung im modernen Sinn. Im Unterschied zum Historismus, wo sie mehr oder weniger verbindliche Symbole zur Illustration des herrschenden Konsensus lieferte, empfiehlt sie sich nun der Gesellschaft als allgemeines Ausdrucksmittel. Zahlreiche Formulierungen wie «Kunst als Leben», «Kunst als Geschichte», «Wissenschaft als Kunst», «Erziehung als Kunst» etc., die um die Jahrhundertwende und in den Jahrzehnten danach gebräuchlich waren, deuten darauf hin, daß alle möglichen kulturellen Tätigkeiten nunmehr mit einer spezifisch künstlerischen Methodik angegangen werden sollten. Die Avantgardisten, die kurzerhand Alltagsgegenstände zum Kunstwerk erhoben, wollten diese Tendenz paradigmatisch demonstrieren. Und so ist das Reich des «Anderen» oder «Autonomen» vielfach mit der sozialen Wirklichkeit verquickt bzw. verwechselt worden. Jegliche Kunstrezeption in einer entwickelten Industriegesellschaft widerspricht der Autonomiethese, da sie immer mit sozialen Interessen einhergeht; soll der Autonomiestatus unter diesen Bedingungen aufrechterhalten werden, dürfte Kunst normalerweise in gar keinem sozialen Interaktionszusammenhang auftauchen. Avantgardistische Künstler sind daher bestrebt, ihr Œuvre heute möglichst im wahrsten Sinne des Wortes «ungenießbar» zu machen. Gerade um eine solche Kunst gesellen sich die intellektuellen Eliten der Gesellschaft, um somit einen wichtigen Teil des sogenannten Kunstbetriebes zu bilden. Die dem Kunstwerk unterstellte Nobilität wird so auf die Rezipienten als exklusive Vertreter des nicht Rezipierbaren übertragen. Hierbei spielt natürlich die Kommentierungsbedürftigkeit des modernen Kunstwerks eine erhebliche Rolle, da die Kommunikation unter Kunstbeflissenen gleichbedeutend ist mit dem Diskurs über Theorien, Geltungen etc. Der vieldiskutierte Verweigerungscharakter der Künste entpuppt sich bei näherer Betrachtung also als eine spezifische Form sozialer Distinguierung. Während philosophische, wissenschaftliche und politische Positionen erst dann beachtet werden, wenn sie vom «Ethos der Verständigung» getragen sind, scheint der auf die Kunst rekurrierende Diskurs von vornherein höhere Geltungsansprüche stellen zu können. Wer sich sozusagen im Bunde mit der Kunst befindet, dessen Argumente und Absichten scheinen besondere Gültigkeit beanspruchen zu dürfen. Denn in den Künsten, so glaubt man, konstituiert sich eine tiefere Wahrheit, eine höhere Organisation des Materials, eine stärkere Empfindsamkeit. Die Deklarierung einer Politik oder eines Staates als künstlerisch bringt ihn in den Besitz all dieser erhabenen Attribute. Vor allem in Deutschland wurde daher die Kunst als eine Art Ausweg aus den Verstrickungen der Zeitgeschichte willkommen geheißen. Die eigentliche Protagonistin dieses Gedankens, die Lebensphilosophie der Jahrhundertwende, hat der deutschen Kultur allerdings nie jene – wahrscheinlich nur unterstellte, aber trotzdem kaum angezweifelte – «Leichtigkeit des Seins» wie in Frankreich beschert, sondern Kunst wurde zu einer Art düsterem Erlösungsparadigma gegenüber dem rationalen Diskurs gemacht und diente dem Aufschub von pragmatischem Handeln, von dessen Wert man teils aus historischer Erfahrung, teils aus Gründen der Mentalität ohnehin nicht überzeugt war. Transzendenz und Distanz zu wahren, bei gleichzeitigem Bewußtsein, in den sozialen Zusammenhängen eine Rolle spielen zu wollen, die Abwertung von Massenkunst, von Genußästhetik und

Salon bei gleichzeitigem Beharren auf einem «säkularisierten» Kunsterlebnis – diese divergierenden Ansprüche etablieren in den Reihen der Avantgarde das Selbstverständnis, für eine innere und äußere Katharsis des Volkes zuständig zu sein. Die Gesellschaft, die Künste, der Mensch mit all seinen Empfindungen – alles erscheint grundsätzlich als erneuerungsbedürftig.

Während die sozialistischen und konservativen Bewegungen in der ersten Jahrhunderthälfte dieses Erneuerungsbedürfnis vor dem Hintergrund funktionaler und taktischer Erwägungen vielfach modifizieren, erhält es in der Kunst absoluten Charakter: Die von Kandinsky prophezeite Epoche des Geistigen hat alle «Ismen» überwunden: Sozialismus, Nationalismus, Naturalismus etc. Jeden falschen Ton ausmerzen zu wollen, was vielfach einhergeht mit der fanatischen Suche nach dem «ursprünglich Richtigen», so wie es in zahlreichen Selbstzeugnissen avantgardistischer Künstler wiederzufinden ist, weist über den Bereich des Formalen hinaus und wirbt um eine Weltanschauung von gleicher Unbedingtheit und Rigorosität. Diesen Anspruch eines unbedingten ästhetischen Willens finden wir in der nationalsozialistischen Kunstauffassung wieder, ganz gleich, wie deren Inhalte und Intentionen sich von früheren unterscheiden mögen. Am Anfang der Bewegung hatte ebenfalls Kulturkritik gestanden, waren die meisten Protagonisten für eine Erneuerung von Kunst und Kultur, von Staat und Gesellschaft eingetreten. Gegen Ende der Weimarer Republik schienen Staat und Gesellschaft, Kunst und Kultur als Ganzes gesehen von diesem Ideal jedoch weiter entfernt als je zuvor. Statt Zeugnis vom erstrebten Kulturideal abzulegen, wirkten die Künste eher wie Randglossen zum allgemeinen Chaos. Und nicht nur die Vertreter der extremen Rechten forderten, Selbstdisziplin und Manneszucht müßten im kulturellen Leben wieder einkehren. 1933 stellte sich der Nationalsozialismus nicht durchgängig als Pervertierung des humanistischen Erbes dar, sondern für viele als eben der Beginn jenes oft versprochenen neuen Reiches, das in Manifesten auch der künstlerischen Avantgarde direkt oder indirekt, bewußt oder unbewußt beschworen worden war. Nachdem das neue Regime an die Macht gekommen war, mußte es seine kathartische und zugleich kulturschaffende Kraft allerdings unter Beweis stellen und geriet unter erheblichen Zugzwang. Im kulturrevolutionären Gestus hatte man vor allem die Säuberung des Kulturtempels angekündigt, das Ende der «Mestizenkunst» versprochen, und nun mußten Taten folgen, zumal die Etablierung des spezifischen «Nazi-Klassizismus» noch seine Zeit brauchte. So wurden relativ willkürlich die führenden Vertreter des Expressionismus und Konstruktivismus Opfer der dargebotenen Kraftmeierei. Wie sehr dies zunächst ein demonstrativer Akt war, läßt sich daran erkennen, daß eine erhebliche Anzahl von Künstlern, soweit sie nicht jüdisch oder kommunistisch waren, deren Œuvre sich von jenem der Verfemten jedoch kaum unterschied, durchaus noch weiter geduldet wurden, ja sogar wie der ehemalige Bauhausmeister Johannes Itten große Anerkennung fanden. Die Klientel des Nationalsozialismus war viel zu sehr mit den künstlerisch-kulturellen Strömungen der Weimarer Zeit verwoben, als daß man damit sofort hätte Tabula rasa machen können. Mit Recht wird immer wieder betont, wie auch der entscheidende Schritt der öffentlichen Diffamierung der Moderne, die Münchener Ausstellung «Entartete Kunst» von 1937 eng mit der Entscheidung innerparteilicher Richtungskämpfe der NSDAP zusammenfällt. An der Basis der Partei, z. B. dort, wo es Berührungspunkte mit der musischen Bewegung oder der Körperkulturbewegung gab, hatte man sich keineswegs schon vom Expressionismus verabschiedet. Und von den großen literarischen Hoffnungen der «Neuen Sachlichkeit» machte eine nicht geringe Zahl im Hitlerreich durchaus Karriere. Auch was die Kunstwissenschaft, sozusagen die universitäre Dependance der Moderne, anbelangt, ist der Bruch viel weniger tief, als er heutigen Auffassungen gemeinhin entspricht, die dazu neigen, die künstlerisch-intellektuelle Haltung zum Nationalsozialismus in Mitläufertum und Widerstand einzuteilen, dem Regime aber kaum einen intellektuellen Sympathisantenkreis einräumen wollen. Bezeichnenderweise wird dieses Problem vorwiegend berufsgruppenspezifisch behandelt: Die Beamten, die Rechtsanwälte, die Ärzte – so legen es Dokumente zwingend nahe –, sie hätten sich mit dem Nationalsozialismus gemein gemacht; den Geist und die Künste aber lokalisiert man vorwiegend bei der Linken, zumindest aber im sogenannten Elfenbeinturm, wobei dies noch den Heutigen als eine Art Immunitätsnachweis willkommen ist. Mag das Schicksal den einen oder anderen Gelehrten oder Künstler in schlechte Gesellschaft gebracht haben, die Sache selbst bliebe – wie bei Jünger, Benn, Breker u. a. – vom Wesen solcher Gesellung unberührt. In Wirklichkeit jedoch ist das künstlerische Denken, wie die Moderne es selbstbewußt an die Öffentlichkeit trägt, auf sehr elementare Weise mit jener Ideologie vom Gesamtkunstwerk verbunden, der auch die Nationalsozialisten zu folgen glaubten.

I Ein neues Reich als Aufgabe der Kunst

■ «Die deutschen Taten geschahen immer aus einer gewissen gewaltigen Unreife und nicht umsonst sind wir das Volk der Reformation. Die war ein Werk der Unreife doch auch. Reif war der florentinische Renaissance-Bürger, der vorm Kirchgang zu seiner Frau sagte: ‹Also, machen wir dem populären Irrtum unsere Reverenz!› Aber Luther war unreif genug, Volk genug, deutsches Volk genug, den neuen, gereinigten Glauben zu bringen. Wo bliebe die Welt auch, wenn Reife das letzte Wort wäre! Wir werden ihr in unserer Unreife noch manche Erneuerung, manche Revolution bescheren.»

■ Thomas Mann: Doktor Faustus

■ «An die Ablösung durch die Germanen glaube ich heute mehr denn je. Besonders, da Deutschland lateinisch nicht durchkultiviert werden konnte. Und wenn wir Rußland nicht germanisieren werden können, gehört ihm die letzte Zukunft.»

■ Paul Klee

1. Zivilisation und Kultur – Das ambivalente Verhältnis zu Frankreich

Die eigentümliche, im deutschen Denken immer wieder durchscheinende Gewißheit, der wahre Kern allen Seins läge tief unter der Oberfläche der wahrnehmbaren Realität verborgen, hat die schwierige Sonderrolle der Nation auch in ästhetischer Hinsicht befördert. Die Deutschen sahen die Zukunft ihres Reiches aber keineswegs nur im «Geistigen», wie es ein flüchtiger Blick auf die Geschichtsphilosophie des frühen 19. Jahrhunderts oder auf die für lange Zeit gültige Unterscheidung von Zivilisation und Kultur nahelegt: Auch in Deutschland drängten Musik, Literatur, Malerei und Philosophie auf gesellschaftliche Wirksamkeit, war der symbolische Umgang der Gruppen und Individuen untereinander nicht nur ein sozialer, sondern ebensosehr ein ästhetischer Prozeß. Im Unterschied zu Frankreich allerdings, «der Heimat der Schaulust, der Eitelkeit, der Moden und Novitäten»[1], fehlte dem gesellschaftlichen Leben ein spielerischer und «hypothetischer» Zug. Anstatt die in ihrer Singularität ohnehin nicht zu verkraftende Wirklichkeit durch vielfältige Divertissements zu brechen, gehörte es in

Deutschland zu den Aufgaben der Künste und ihrer alltagsästhetischen Varianten, einer zukünftigen, wahrhaftigen und damit ebenso verbindlichen Existenzform paradigmatisch vorzugreifen. Was Aufklärer wie Goethe und Wieland noch bewegte, verdankten sie zu großen Teilen der Anregung Voltaires, Rousseaus und anderer großer Franzosen des 18. Jahrhunderts. Erfaßte eine neue Mode Höfe und Bürgerhäuser – sei es im Denken oder im äußeren Habitus –, hatte sie ihren Ursprung gewöhnlich in Paris. Erst die napoleonischen Kriege und der damit aufkommende Nationalismus setzten dem freundlichen Blick über die westliche Grenze allmählich ein Ende. Nicht nur der militärischen, sondern vor allem auch der kulturellen Kolonialisierung durch die Franzosen sollte nun durch die Betonung eigener Traditionen begegnet werden. Die deutsche Romantik liefert das notwendige philosophische, wissenschaftliche und ideologische Instrumentarium zur Wiederentdeckung eines originären deutschen Charakters, wobei man im «Ersten Systemprogramm des deutschen Idealismus» noch ausdrücklich auf den «Universalismus der Vernunft» setzt und der postulierte «Polytheismus der Einbildungskraft» keinem lokalen Gott eine Führungsrolle zubilligt.[2] Allerdings wird von nun an die Frage «Was ist deutsch?» weder aus der Kunst, noch aus der Geschichtsphilosophie weichen, und Novalis will bereits an einer «Gärung» in Wissenschaft und Kunst erkennen, daß der Deutsche sich «zum Genossen einer höheren Epoche der Kultur» emporschwingen und damit ein «großes Übergewicht über die anderen» gewinnen wird.[3] Tatsächlich meldet sich auch eine deutsche Malerei, wie sie im 18. Jahrhundert für das europäische Bewußtsein praktisch nicht existiert hatte, mit Caspar David Friedrich, Philipp Otto Runge und Carl Gustav Carus in die Kunstgeschichtsbücher zurück. Literatur, die dagegen von Jahnschen Burschenschaftlern als undeutsch und reaktionär empfunden wird, geht bereits – wenn vorerst auch bloß symbolisch – den umgekehrten Weg in die Flammen.[4] Für eine «jakobinische» Minderheit bleibt die Vorbildfunktion Frankreichs erhalten, ebenso wie für den Bonapartisten Heinrich Heine, der sich dem französischen Savoir-vivre am weitestgehenden zu assimilieren vermochte, etwa wenn er nicht ohne Genugtuung vermerkt, daß die von Robespierre eingeführte «republikanische Strenge» am duftenden Gewerbe der 150000 Putzmacherinnen und 150000 Peruquiers von Paris zwangsläufig habe scheitern müssen.[5] Bewunderung republikanischer Courage bedeutete umgekehrt nicht immer auch die Billigung der phänotypischen französischen Lebens-

■ Ein Bild französischer Lebensart oder wie man sie sich vorstellte.
Paul Gavarni. Un cabinet chez Pétron, 1840, Lithographie

weise. Marx sehnte zwar das Krähen des gallischen Hahnes herbei, spottete aber nicht wenig über die Komödie, die die französische Bourgeoisie während des ersten Brumaire des Louis Bonaparte spielte, und spricht voller Verachtung von dem, was die Franzosen «la bohème» nennen, einer Ansammlung von Taschenspielern, Zuhältern, Literaten, Gauklern und ähnlichen Zeitgenossen.[6]

Wer später, im Deutschland der Jahrhundertwende, seine Frankophilie philosophisch oder im Sinne eines republikanisch orientierten Pragmatismus oder einfach durch Sympathie begründete, hatte einen schweren Stand, wie vor allem der von seinem Bruder Thomas als «Zivilisationsliterat» verspottete Heinrich Mann. Seinesgleichen, so liest man in den «Betrachtungen eines Unpolitischen», «cancaniere» dem Untergang der deutschen Kultur entgegen.[7] Ähnlich erging es dem Kunsthistoriker Julius Meier-Graefe, einem der wenigen deutschen Protagonisten des französischen Impressionismus, der inmitten neoromantischer Betriebsamkeit, zwischen Dürer-Bund und Thule-Gesellschaft, als Agent welscher Halbseidenheit geschmäht wurde.[8] In der bildenden Kunst der Jahrhundertwende wird dem «Jugendstil» mit Malern wie Klimt und Schiele angekreidet, nur seelenloses Interieur zu liefern, während Meister wie Böcklin und Klinger scheinbar aus der Tiefe des deutschen Wesens schöpften. In der Musik scheint das Spektrum zwischen Kultur und Zivilisation auf der einen Seite mit der kultartigen Verehrung Richard Wagners abgesteckt zu sein, auf der anderen mit dem verächtlichen Blick auf Kapellmeister wie Jacques Offenbach. Es bleibt den deutschen Bildungsbürgern fremd, daß Personen, wie sie Heinrich Mann in seinem Roman «Die kleine Stadt» auftreten läßt, ihren Alltag auf eine Weise bewältigen, die manchmal wirklich an Taschenspielertricks erinnert oder auch an die improvisierten Rollen der Commedia dell'arte. Hier dient Unterhaltung auf Plätzen und in Cafés als wichtigstes Kommunikationsmittel, ersetzen Kleidung, Mimik, Körperhaltung begriffsüberladene Darlegungen und seelenkundige Interpretationen.[9] Offenbachs bzw. Orpheus' Reise führt bezeichnenderweise in die Unterwelt und nicht zum heiligen Gral.[10] Schieles Frauengestalten brauchen ihre Nacktheit im Unterschied zu Uhde und Stuck nicht durch die Mitführung schwülstiger mythologischer Accessoires zu legitimieren.

Die Betriebsamkeit und «Nervosität» des Fin de siècle, die jetzt auch vor Deutschland nicht mehrhaltmacht, bettet nach den Worten Georg Simmels die Kunst in den «vollen Lebensstrom», wobei um der Verabschiedung einer ausgedienten Metaphysik willen sogar L'art pour l'art willkommen ist.[11] Geht es doch nicht mehr um die Transformation von erhabenen Begriffen und Bekenntnissen ins Allegorische, sondern darum, eine spezifisch künstlerische Intuition in allen Lebenslagen wirksam werden zu lassen. Der in den Wissenschaften streng bewachte Unterschied von Kunst und Leben wird zudem von der immer geltungsbewußter auftretenden psychologischen Ästhetik empirisch widerlegt. Angefangen von den Leistungen der Küche über die Heilkunde bis hin zur Erziehung erscheint nunmehr dieses und jenes als Kunst. Während in Deutschland hierzu allerdings umfangreiche Ästhetiken verfaßt werden, ist den Franzosen der Gedanke an die «Soziabilität der Kunst» fast selbstverständlich. Ihr «höchstes Ziel» sei es, «eine ästhetische Emotion sozialen Charakters zu erzielen», stellt Jean Marie Guyau fest.[12] Der Schöpfer der Einfühlungslehre, der bedeutende psychologische Ästhetiker Theodor Lipps, hat noch die Probleme des philosophischen Subjekt-Objekt-Dualismus zu bewältigen und errichtet in seiner Lehre von der ästhetischen Einfühlung als «objektiviertem Selbstgenuß» fast schon wieder ein metaphysisches System.

Der Ästhetizismus der Jahrhundertwende mit seinen bunten Requisiten trifft bei deutschen Intellektuellen auch deshalb auf Ablehnung, weil schon das Hohenzollernreich, unterstützt von einer umfangreichen historisierenden Komparserie, sich als eine Art Kostümoper präsentiert hatte. Und so treten der wilhelminischen Fassadenkultur bald Propheten unterschiedlicher Art und Qualität entgegen, die sich wie Julius Langbehn mit dem Attribut des «Rembrandtdeutschen» nobilitieren, die wie Max Nordau mit Radikallösungen gegen Entartung oder wie Thomas Mann als Ästheten wider den Ästhetizismus antreten.[13] Und auch Kandinsky will einer kommenden «Epoche des Geistigen», in der alle kleinlichen Gefühle überwunden sind, den Weg ebnen.[14] Das Fin de siècle, das nach dem Bericht Stefan Zweigs nun endlich auch Berlin aus provinziellem Schlummer weckt[15] und zugleich den Austragungsort eines Symbolkrieges um echtes Deutschtum, fundamentale Lebensreform usw. bildet, verstärkt bei vielen Künstlern den Wunsch nach einer radikalen Lösung, wonach nunmehr allein eine «innere Notwendigkeit» das Ausdrucksgeschehen leiten soll.[16] Dieses Ansinnen führt zurück zu einer Kunstmetaphysik, die sich von der hergebrachten allerdings dadurch unterscheidet, daß die Gesellschaft sie in ihrer Wirkungslosigkeit nicht mehr akzeptieren will. Von den Künstlern wird alles andere erwartet als erneute Separierung. Wenn aber einerseits die Soziabilität der Kunst unbestreitbar geworden ist, andererseits jedes historisch vorfindbare zivilisatorische Konzept als einer solchen Liaison unwürdig erachtet werden muß, bleibt als Möglichkeit nur noch die metaphysische Erhöhung des politischen und sozialen Le-

■ Die Tendenz zum Situativen. Théodore Chassériau: Desdemonas Tod, 1844, Radierung

bens selbst, seine Ausrichtung nach der «Idee», seine Bewertung nach den in der Kunst aufgestellten Maßstäben und, was das wichtigste ist, seine aktive Umwandlung nach künstlerischen Kriterien. Weit über die Chauvinismen des völkischen Denkens hinaus bekommt auf diese

■ Die Tendenz zum Grundsätzlichen, auch in der Mythologie. Alfred Rethel: Der Tod, um 1845, Holzschnitt

Weise der alte Reichs- und Staatsmythos der Deutschen neue Nahrung. Vor allem die «Welt der Kunst», so interpretiert Ernst Cassirer das von Leibniz eröffnete Projekt des deutschen Idealismus, zeige uns «die freischaffende Macht der Phantasie, die über alle bloß mechanische Verbindung des Gegebenen hinausgreift und eine Fülle eigener Gestalten aus dem Nichts entstehen läßt.» Diese Feststellung ist maßgebend für eine Philosophie des Schöpfertums, das freilich nicht auf die Welt der

Kunst beschränkt bleiben soll, sondern sich erst in der wissenschaftlichen Erkenntnis voll bewährt. Erst sie wird zur «wahrhaften Erfüllung dessen, was die Kunst bloß zu versprechen vermochte.»[17]

Die Projektion des demiurgischen Vermögens auf die wissenschaftliche Erkenntnis mag erklären, warum es im 19. Jahrhundert so schwer fiel, die vergleichsweise profanen Belange und Bedürfnisse des Alltags zu bedienen. Angesichts des erhabenen Spekulierens und Phantasierens mußten zwangsläufig alle praktischen Perspektiven als zweitrangig zurücktreten. Verbunden damit ist auch die Vorstellung, gegen die Geschichte denken zu können, die Ergebnisse dieser Anstrengung bei Bedarf jedoch als Produkt eines objektiven historischen Prozesses zu reklamieren. Die Geschichte, so referiert Cassirer einen Gedankengang Fichtes, habe «den Deutschen die Einheit in der Form des staatlichen Daseins genommen, damit sie sie in einer anderen geistigen Form für sich erlangen und feststellen».[18] Seit Anfang des 19. Jahrhunderts definierte man diesen Aggregatzustand gerne als Deutschtum schlechthin. Er wird seinem «Inhalt nach weder durch die staatliche Gegenwart noch durch die geschichtliche Vergangenheit bestimmt, sondern er schließt eine allgemeine geistige Aufgabe in sich, die nur die Zukunft fortschreitend zur Bestimmung und Entfaltung bringen kann».[19] Das hier im «Vorschein»[20] sich objektivierende Reich der Deutschen deckt sich mit der neuerlichen Definition des «Gesamtkunstwerkes». «Ein Kunstwerk ist nicht seine eigene Verwirklichung, sondern ein Postulat in Gestalt des Gesamtkunstwerkes, das gegen alle historische Erfahrung und prinzipiellen Einwände dennoch aufrechterhaltende Postulat, die Welt als Einheit zu verstehen und das eigene wie das Leben der anderen auf diesen Zusammenhang hin auszurichten.»[21] Kandinsky z. B. stellte sich darunter «eine geistige Pyramide vor, die bis zum Himmel reichen» werde; zugleich ist dies für ihn die «wirklich monumentale Kunst».[22] Hier wird der Mensch, nicht wie die Materialisten es wollten, durch seine Vernunft zum Rivalen Gottes, sondern im Sinne der Romantik wiederum durch die Kunst. Schon früher war es Denkern wie Hegel und Fichte zum Problem geworden, in welcher Nähe die von ihnen lancierte Symbiose von Staatsidee und Preußen- bzw. Deutschtum zu einer pantheistischen Kunstauffassung gerückt war. Doch überall dort, wo sich die Visionen von einem kommenden, zukünftigen Reich besonders stark artikulierten[23], trifft vor allem Hegels Versuch, seiner Geschichtsmetaphysik in Form des preußischen Staates einen empirischen Halt zu geben und damit auch die Möglichkeit einer praktischen Kritik zu eröffnen, auf wenig Unterstützung.[24] Auch die Kunstphilosophen gegen Ende des Jahrhunderts, Schopenhauer, Nietzsche und Konrad Fiedler, geben sich antihegelianisch, sie wollen die Subordination der Ausdruckskraft unter die Herrschaft bestimmter Begriffe nicht akzeptieren. Antihegelianisch geben sich auch die Protagonisten einer völkisch-neoromantischen Reichsidee, weil jede praktische Bewährungsprobe ihre ästhetische Utopie zu Fall gebracht hätte. Ihre Option ist «das Kommende», das sich zwangsläufig historischer Konkretion entziehen muß, das aber unentwegt symbolischer Darstellungen bedarf, wobei der Rückgriff auf germanische Heraldik oder auf ein bäuerlich naturbezogenes Genre naheliegt. Die Erinnerungsfragmente deutscher Größe, handele es sich um gotische Ornamente oder mittelalterliche Erzählungen und Gewandungen, geben bis in die zwanziger Jahre hinein unzähligen Kulturbünden ein vorerst noch äußeres, fast spielerisches Profil, worin Karl Mannheim ein Kompensationsbedürfnis der um ihre Geltung gebrachten Eliten gesehen hat. Aber schon im Übergang zur «utopischen Phase» gewinnt seiner Ansicht nach das Symbol «nicht nur an Bedeutung, sondern auch an Wirklichkeitsgeltung». «Der Kampf für Ehre und Ruhm des Vaterlandes scheint in jeder Beziehung ebenso wirklich wie das wirtschaftliche Gewinnstreben... Während das Symbol im ersten Stadium nur ein gelegentlich in ihrem Leben auftauchender Ersatz war, wird es jetzt sowohl zu einem Faktor in der Neuformierung (der) Persönlichkeit wie auch zu einem Ferment, durch das (die Menschen) zu einer Art von neuem Gemeinschaftsgefühl kommen.»[25] Und so läßt der «alte Traum vom neuen Reich» sich im Vorfeld des Nationalsozialismus immer weniger in das Gebiet des Utopisch-Visionären verbannen, wie überhaupt die Erfahrung mit den Gesamtkunstwerkskonzeptionen lehrt, daß ihre Geltung eben nicht im Hypothetischen verharrt, sondern, wie Bazon Brock sich vorsichtig ausdrückt, in einen totalitären Anspruch übergeht.

2. Die Einheit von Kunst und Leben als Hoffnung der Romantik

Daß das gesamte soziale Leben einem besonderen ästhetischen Anspruch zu genügen habe, zugleich aber weit über das Alltäglich-Pragmatische hinausreichen solle, dabei auf keinen Fall nur zur bloßen Ausschmückung gesellschaftlicher Konvention dienen dürfe, ist für die

Entwicklung der deutschen Avantgarde und somit für das Verhältnis von Kunst und Gesellschaft von zentraler Bedeutung. Bei dieser Zusammenführung von Transzendenz und Profanität hat insbesondere das romantische Denken viel geleistet. Die Romantiker wollten zeigen, daß ein lebendiges Bekenntnis zum Schönen keineswegs Abgeschiedenheit bedeutete, daß die Durchdringung des Alltäglichen mit «Schönheit» auf der anderen Seite aber auch nicht einer «Verflachung» in ästhetische Formalien und alltagstheatralische Gesten gleichkommen mußte. Voraussetzung war die Lösung des Kunstbegriffes aus dem Zusammenhang transzendentaler Bestimmungen, aber auch eine andere Definition des sozialen Lebens als die eines pragmatisch kalkulierten Geflechtes unterschiedlicher Interessen.[26] Die romantische Kritik, wie Karl Mannheim diesen Vorgang nennt, erfolgte keineswegs im «blauen Tagtraum»; sie war im höchsten Grade rational, Spekulation und Empirie spielten eine gleichberechtigte Rolle. Man kann sagen, daß die Romantiker nur umgekehrt vorgingen als die kritische Philosophie der Aufklärung, indem sie die Kunst historisch-empirisch zu begreifen versuchten, die Gesellschaft dagegen voluntaristisch. Im Unterschied zu den Aufklärern war man gar nicht mehr daran interessiert zu wissen, wie das Kräftespiel des sozialen Lebens funktionierte, sondern wie es funktionieren sollte. Nicht die Kunst erschien als eine zweite Ebene der Realität; im Gegenteil wurde dieser viel mehr Lebensnähe zuerkannt als irgendeiner sozialen Ordnung. Nicht mehr wie Hegel lehrte, sollte die Kunst den Begriff zur höchsten Sinnlichkeit erheben, sondern umgekehrt sind es immer wieder die Begriffe, die an der Wahrheit der Kunst scheitern.[27] Dieser Paradigmenwechsel freilich erforderte selbst eine enorme begriffliche Anstrengung. Um ihr empirisch und erkenntnistheoretisch außerordentlich wirkungsvolles, über die psychologische Ästhetik der Jahrhundertwende bis in eine heutige therapeutische Kultur reichendes Projekt in Gang zu setzen, müssen die Romantiker Kunst und Mythologie in unmittelbare Nähe zueinander rücken. «Denn Mythologie und Poesie, beide sind eins und unzertrennlich», lautet das bekannte Postulat Friedrich Schlegels, welches auf einer ersten umfangreichen Sichtung des Materials in Schellings Philosophie der Mythologie basiert.[28] Auf der Seite der Gesellschaft liegt für die romantische Vernunftkritik in Deutschland die Korrektur der Hegelschen Staatsphilosophie nahe. Der Staat – auch für Schelling höchster Ausdruck für Freiheit und Vernunft – ändert nichts am «Tatsächlichen», «d.h. von der Vernunft und also auch dem Gesetz unabhängigen Vorhandensein der Gemeinschaft».[29] «Die Weisheit unserer Vorfahren hat gewußt, innerhalb des Staates einzelne anonyme Kreise zu bilden, innerhalb welcher sich der Einzelne frei wußte vom Staat und die Ehre, die sein Stand jedem (auch dem Bauer und Handwerker) gewährte, ihn über die Demütigung der völligen Unterwerfung unter den Staat erhob.»[30] Ähnlich wie auch die Kunst ihr eigentliches Gewicht erst durch die Rückführung auf ihren mythologischen Ausgangszustand gewinnt, erhält eine gesellschaftliche Ordnung Legitimität allein durch die Existenz bestimmter Archetypen von Gemeinschaft. «Als bloß äußere, der thatsächlichen Welt gegenüber thatsächliche Gemeinschaft kann der Staat nicht Zweck seyn, wie eben deshalb der vollkommenste Staat nicht Zweck der Geschichte ist.»[31] Die romantischen Erinnerungen an die Vergangenheit bilden dabei selber eine kunstvolle Symbiose von historisch-empirischer Forschung und Idealisierung. «Alles wird verständlich, gerechtfertigt, legitimiert, sobald wir es auf seine Ursprünge zurückführen können.»[32]

Aus diesem Denken erklärt sich der idyllisierende Blick auf fahrende Gesellen, die in der Abenddämmerung ihre Lieder singen, auf weise Gestalten, die in Märchen von längst vergessenen Wahrheiten berichten, auf abgelegene Hütten, an denen die Zeit vorbeigegangen zu sein scheint und die umgeben sind von einer durch göttlichen Willen gelenkten, sanften Natur. Ob diese organische Einheit jemals der menschlichen Vernunft wird zugänglich sein oder in einem republikanisch verfaßten Staat ins Bewußtsein treten kann, muß für die romantischen Denker mehr als fraglich erscheinen. Ihren Ursprung haben die sozialen Gebilde, etwa die Herrschaft des einzelnen über die Familie, nicht durch «Überlegung oder durch Übereinkunft, es wird instinktmäßig geschehen». «Von dieser natürlichen (bewußtlosen) Monarchie geht der Weg und zwar wie es das Los der Menschheit ist, durch den Gegensatz (durch republikanische Ideen) hindurch zur selbstbewußten Monarchie, die als Grundlage den Zwang, als Produkt Freiheit hat, nicht umgekehrt, und so auch der entwickelten Gesellschaft gewachsen ist.»[33] Was die Menschen zusammenhält, ist mit anderen Worten nicht der formal geregelte Interessenausgleich, sondern die Liebe, wie sie sich in der Religion offenbart, die für Novalis in einem christlichen Europa ihren Ausdruck finden soll[34] oder die von einem kommenden Gott erst neu in die Welt gesetzt werden wird.[35]

Sehnsucht und Erwartung sind bekannt als zentrale Motive der romantischen Kunst; erwartet wird aber nicht mehr nur das jenseitige

Reich Gottes, sondern eine gewisse Vorstufe auf Erden, deren Zelebrierung man vielleicht am besten durch den Übergang vom Ritual zum Spiel charakterisieren kann. Der Katholizismus Schlegels ist ästhetischer Natur. Es geht nicht einfach darum, als sündiger Mensch ins Himmelreich aufgenommen zu werden; es gilt, sich hierfür lebenspraktisch zu qualifizieren. Dies geschieht aber nicht durch Normerfüllung, sondern durch ein pantheistisches Einfühlungsvermögen.[36] Da man erkannt hat, daß die begriffliche Vernunft nicht die ganze Wirklichkeit erfassen kann und der formalisierte Idealmensch der Renaissance seine Verbindlichkeit einzubüßen beginnt, wird auch Gottgefälligkeit zu einem der Kreativität des einzelnen überlassenen Vorgang. Ebenso wie Gott sich nicht mehr als anatomisch perfekte Gestalt vorstellen läßt, sondern auch in der Abweichung offenbar wird, kann man ihm auch durch die Anverwandlung an eben diese Vielfältigkeit dienen.[37] Vor allem dies ist gemeint, wenn die Romantiker den «Polytheismus der Einbildungskraft» propagieren.[37] Schillers Postulat der ästhetischen Erziehung des Menschen war noch orientiert an einem klassischen Schönheitsideal. Bei ihm, wie auch bei Goethe, dient das Spiel der Ausbildung der Phantasie.[38] Jetzt aber, da man sich von der Vorstellung unveränderbarer Substanzen zu lösen beginnt, nimmt das ästhetische Rollenspiel eine eigentümliche, symbolische Wendung.[39] Die künstlerische Motivsuche gilt Gestalten, die eine Synthese von märchenhaften und geschichtlichen Figuren darstellen. Sie scheinen allein den Ansprüchen zu genügen, die von den Romantikern aufgestellt werden. «Die immer und unendliche Schönheit der Welt soll sich offenbaren in und neben jeder einzelnen Handlung des Menschen.» «Sehen wir den ganzen Menschen in Harmonie mit seiner einzelnen Handlung, so nennen wir ihn Künstler.» Neben dem bekannten Kreis der Wortkünstler, Tonkünstler, bildenden Künstler denkt Adam Müller auch an die Staats- und Erziehungskünstler.[40] Bewegen sich nicht aber auch Hirten, Fahrende aller Art, Handwerker, kurz: alle «Liebenden», in ähnlicher oder gar noch größerer Harmonie mit ihren einzelnen Handlungen, auch wenn diese unbewußt oder intuitionsgeleitet sind? Und finden wir den Phänotypus des mit seiner Welt Identischen und Harmonierenden nicht eher dort, wo jene «Gemeinschaften» existieren, die, wie Schelling feststellt, von universellen und nivellierenden Geltungsansprüchen des Staates noch weitgehend unabhängig sind? Vieles spricht dafür, daß die romantische Kunstauffassung dem entsprach, daß hier der erste große «Angriff» auf die Professionalität der Künstlerrolle erfolgt. Nicht mehr allein das Werk bestimmt die Stellung des Künstlers, sondern seine spezifische Art des Empfindens.[41] Und nicht nur dem professionellen Künstler ist diese Empfindsamkeit vorbehalten; im Prinzip ist sie allen Menschen eigen. Diese «subjektive, egozentrische Haltung» sei für uns Heutige so selbstverständlich, so unumgänglich geworden, daß wir nicht einmal einen abstrakten Gedankengang mehr wiedergeben können, ohne dabei von unseren Empfindungen zu sprechen, bemerkt Arnold Hauser zur Wirkungsgeschichte der Romantik.[42] Der Vielfalt der Gestalten auf der naturalistischen Seite entspreche auf der psychologischen eine Vielfalt von Gemütszuständen, die der Künstler gar nicht mehr reflexiv zu ordnen trachte. Vielmehr demonstriert er etwas, «was Lenau bei sich selber die Gravitation nach dem Unglück nannte. Es ist in ihnen mehr Schwere, das Prinzip des Nichtfürsichseins, als Licht, das Prinzip des Fürsichseins, oder physiologisch ausgedrückt, das Bauchsystem überwiegt das Gehirnsystem».[43]

Noch ist die Gesellschaft nicht so weit, daß die Individuen sich wie heute auf eine Odyssee durch die unbegrenzten Eventualitäten psychischer Befindlichkeit begeben können. Die vielzitierte «Flucht aus der Gegenwart» bedient sich noch naturalistischer Genrebilder, etwa solcher des Rittertums oder eines aufkommenden Symbolismus, der die Ahnung von etwas anderem als der bestehenden Realität beflügeln soll. Schon die Zeitgenossen – an erster Stelle freilich Heine – forderte dies zu Spott und Hohn heraus. Gleichwohl führt die romantische Kulturkritik über den Bereich der Poesie hinaus in andere Konstitutionszusammenhänge von Wirklichkeit, wobei die Sehnsucht nach der Vergangenheit nur symbolischen Charakter hat. Wenn Kunst, Geschichte und Poesie ihren Ursprung im Mythos hatten und nur eine instrumentelle Vernunft diese Einheit leugnen kann, dann ist jede in die Zukunft gerichtete Hoffnung ebenfalls an dieser mythischen Einheit orientiert und nicht umgekehrt an einer weiteren Ausdifferenzierung von Wissenschaft, Kunst, Religion und Mythos.[44] Somit hatte es den Anschein, als bekäme Schellings Programm einer «Wiedergeburt der Welt durch Kunstreligion» einen unmittelbaren lebenspraktischen und darüber hinaus politischen Akzent. «Alles Soziale und Politische müßte sich (...) von den überindividuellen, organischen und ästhetischen Werten der neuen deutschen Kulturidee aus als Kollektiv-Individualität in dem metaphysisch-pantheistischen Sinne dieses Begriffes organisieren lassen», bemerkt zu Beginn des Jahrhunderts der überaus scharfsinnige Zeitdiagnostiker Ernst Troeltsch.[45]

3. Von der Transzendentalphilosophie zur Ideologie der Tat

Daß dem Gedanken nun endlich die Tat folgen müsse, die Nation aus ihrer sprichwörtlichen Schlafmützigkeit heraustreten und Deutschland erwachen solle, dieses vor allem um die Jahrhundertwende immer häufiger formulierte Postulat läßt sich nach zwei Richtungen hin interpretieren. Man kann darin den glaubhaften, wiederum von Heinrich Mann formulierten Wunsch erkennen, die Deutschen möchten es an politische Gepflogenheiten den westlichen Demokratien gleichtun. Die mit der sich durchsetzenden Moderne unvermeidlich gewordene Wende zur Tat ließ sich aber auch als Wiedergeburt eines alten Mythos verklären, als habe nun sozusagen Barbarossa seinen jahrhundertelangen Schlaf im Kyffhäuser beendet. In der Realität vermischen sich diese beiden «Kulturmuster» auf eine, wie sich später zeigen wird, höchst unselige Weise; vor allem aber wird das nun entstehende Amalgam von politischem Pragmatismus auf der einen und von überhistorischer Schicksalsergebenheit auf der anderen Seite mit höchsten philosophischen Weihen versehen, so als handele es sich dabei um die angestrebte «Kultursynthese» von praktischer Vernunft und ästhetischer Transzendierung des real Gegebenen.

Eine vielfach apostrophierte Abhängigkeit der Deutschen von einer Führerfigur erhält erst politisches Gewicht, wenn die Geführten selbst aufgewertet werden, als «Volk der Germanen», welches Jahrhunderte auf seine große Stunde hatte warten müssen. Mit der völkischen Bewegung, ihrem Germanenkult, zelebriert in unzähligen politisch-kulturellen Bünden und Kreisen, wird das offiziell verpönte utilitaristische Denken an den Mythos assimiliert. Heinrich Manns Aufsatz «Geist und Tat», eher bekannt als ein Manifest der politischen Frankophilie, ist ebenfalls von der Emphase des Volksbegriffes getragen. «Kein großes Volk, nur große Männer», beklagt Heinrich Mann die deutschen Zustände. «Die Monarchie, der Herrenstaat ist eine Organisation der Menschenfeindlichkeit und ihre Schule.»[46] Die Herrschaft des Volkes werde dagegen durch Demokratie und öffentliche Meinung garantiert, und folgerichtig müsse sich auch das Genie endlich « für den Bruder des letzten Reporters» halten.[47] Während die Demokratie von den Völkischen vor allem deshalb abgelehnt wird, weil sie oberflächliche, die Volksgemeinschaft als Ganzes zersetzende Interessen begünstige, sind natürlich Monarchie und Blutadel als Adressen politischer Macht für

Völkische, Sozialisten und Liberale gleichermaßen unakzeptabel.[48] Die Tatsache einer Massengesellschaft einerseits, die sich nicht mehr mit Werten wie Treue und Gehorsam auf Herrscher und Staat verpflichten läßt, andererseits die Weigerung, dem Utilitarismus nach westlichem Vorbild eine demokratische Organisationsform zu verleihen, erfordert einen neuen, bzw. aktualisierten Typus von Herrschaft.[49] Der Führer muß sich aus dem Volk heraus legitimieren, ohne demokratischen Entscheidungen und Kontrollen ausgesetzt zu sein; er soll das Volk in seiner Gesamtheit repräsentieren und nicht nur eine bestimmte Gruppe. Es taugt hierzu keine «Durchschnittspersönlichkeit», wie sie einem jakobinischen Ideal des Mittelmaßes entspräche. Das Führerideal ist also wesentlich durch Leistungen geprägt, die einer Potenzierung des Volkscharakteristischen entsprechen. Im Charakter der Deutschen – so die verbreitete Meinung Ende des 19. Jahrhunderts – lag weder das Streben nach materiellen Werten, noch der Hang, sich selbstgefällig zur Schau zu stellen, wie man es Angelsachsen und Romanoeuropäern nachsagte, sondern die Fähigkeit, Wesen und Erscheinung in einer besonderen, höheren Form miteinander zu verbinden. Diese, an «der Einheit eines gestalterischen Willens»[50] sich bemessende Leistung ist einer künstlerischen vergleichbar. Die propagierte Führerpersönlichkeit entspricht mithin genau dem Idealbild des Künstlers.

Während das positive Wissen über die Disziplinen der Psychologie und über milieutheoretische Befunde immer detailliertere Erkenntnisse über den Hauptakteur dieses Spiels, das Volk, zutage fördert, z. B. der ganze Bedeutungsreichtum der Volks*kunst* offenbar wird, die Spezifik des Milieus und der Landschaft als Determinanten des ästhetischen Ausdrucks erkannt werden, die ethnologischen Mythenforschungen immer deutlicher zeigen, welche Bedeutung die Künste jenseits eines jeglichen Genie-Kultes im Aufbau der sozialen Welt einnehmen, scheint die ebenso brennende Frage unbeantwortet zu bleiben, wodurch eigentlich all diese Dispositionen ihre besondere politisch-historische oder künstlerische Gestalt erhalten.[51] Bei all seinen Bemühungen, Ursachen und Wirkungszusammenhänge freizulegen, hatte der Positivismus die einst vom Genie ausgefüllte Position nämlich nicht substituieren können.[52] Nietzsches Kritik richtet sich insofern nicht nur gegen den Automatismus der Historie, sondern zugleich gegen die Langeweile der wissenschaftlichen Wirklichkeitsdeutungen insgesamt. Erst Nietzsches Philosophie ermöglicht all jene Quasi-Künstler, die mit dem ausgehenden 19. Jahrhundert auf die politische Bühne drängen.

findungen zu verscheuchen: Die moderne Demokratie ist die historische Form vom Verfall des Staates.

4. Die Demokratie repräsentiert den Unglauben an große Menschen und an Elite. Gesellschaft: „Jeder ist jedem gleich." „Im Grunde genommen sind wir allesamt eigennütziges Vieh und Pöbel."

5. Soviel habe ich begriffen: wenn man das Entstehen großer und seltener Menschen abhängig gemacht hätte von der Zustimmung der Vielen (einbegriffen, daß diese wüßten, welche Eigenschaften zur Größe gehören, und insgleichen, auf wessen Unkosten sich alle Größe entwickelt) — nun, es hätte nie einen bedeutenden Menschen gegeben! — (S. 138)

6. Die Lehre von der Gleichheit!... Aber es gibt gar kein giftigeres Gift: denn sie scheint von der Gerechtigkeit selbst gepredigt, während sie das Ende der Gerechtigkeit ist. . . . „Den Gleichen Gleiches, den Ungleichen Ungleiches" — das wäre die wahre Rede der Gerechtigkeit: und, was daraus folgt „Ungleiches niemals gleich machen". (S. 99)

7. Je mehr ich Rechte abgebe und mich gleichstelle, umsomehr gerate ich unter die Herrschaft der Durchschnittlichsten, endlich der Zahlreichsten. (S. 32)

8. Ich bin abgeneigt, 1. dem Sozialismus, weil er ganz naiv vom Guten, Wahren, Schönen und von gleichen Rechten träumt (— auch der Anarchismus will, nur auf brutalere Weise, das gleiche Ideal —) 2. dem Parlamentarismus und Zeitungswesen, weil das die Mittel sind, wodurch das Herdentier sich zum Herrn macht. (S. 98)

9. An unseren politischen Parvenüs fehlt eben dies: man glaubt nicht an ihr natürliches, eingebornes Herrschen und Fürsorgen für Andere.

10. Zu guter Letzt: womit soll sich denn fürderhin der Adel beschäftigen, wenn es von Tag zu Tag mehr den Anschein hat, daß es unanständig wird, sich mit Politik zu befassen? (S. 125)

11. Eine Gesellschaft, die, endgültig und ihrem Instinkt nach, den Krieg und die Eroberung abweist, ist im Niedergang: sie ist reif für Demokratie und Krämerregiment . . .

12. Muße oder Müßiggang. Es ist eine indianerhafte, dem Indianerblute eigentümliche Wildheit in der Art, wie die Amerikaner nach Gold trachten: und ihre atemlose Hast der Arbeit — das eigentliche Laster der neuen Welt — beginnt bereits durch Ansteckung das alte Europa wild zu machen und eine ganz wunderliche Geistlosigkeit darüber zu breiten. Man schämt sich jetzt schon der Ruhe — ... Man denkt mit der Uhr in der Hand . . . Man lebt wie Einer, der fortwährend etwas versäumen konnte! . . . Man hat keine Zeit und keine Kraft mehr für die Verbindlichkeit mit Umwegen, für allen esprit der Unterhaltung und überhaupt für alles otium... Die eigentliche Tugend ist jetzt, etwas in weniger Zeit zu tun als ein anderer.

13. Ich kann nicht umhin, in der gegenwärtig herrschenden Nationalitätenbewegung und der gleichzeitigen Verbreitung des allgemeinen Stimmrechts vor allem die Wirkungen der Kriegsfurcht zu sehen

Ungeachtet ihrer komplexen Intentionen schafft sie die entscheidende Voraussetzung: alles, was man als ein im Denken und in der Natur potentiell Angelegtes begreift, bedarf zur sinnlichen Vollendung nur noch des entscheidenden Impulses, des künstlerischen Willens desjenigen, der es durchsetzt. Nirgendwo aber kommt dieser Wille reiner zum Ausdruck als in der schöpferischen Potentialität, wie sie den Mächtigen «Sicherheit» und «Stil» verleiht. «Die Macht, die keinen Beweis mehr nötig hat; die es verschmäht zu gefallen, die schwer antwortet, die keinen Zeugen um sich fühlt, die ohne Bewußtsein davon lebt, daß es Widersprüche gegen sie gibt, die in sich ruht, fatalistisch, ein Gesetz unter Gesetzen: Das redet als großer Stil von sich.»[53] Nietzsche denkt hier vor allem an die Architektur, wie sie immer von den Mächtigen inspiriert worden sei.

Daß die Herrschaft des Volkes durch demokratischen Interessenausgleich zu einer Diktatur des Mittelmaßes, in der personalen Verkörperung seiner hervorragendsten Eigenschaften dagegen zu höchster Freiheit und kultureller Blüte führen würde, ist eine Argumentationsfigur, die sich sowohl bei chauvinistischen Apologeten Nietzsches, als auch im Künstler-Kult Kandinskys wiederfinden läßt.[54] Wir stoßen hier auf die Frage, warum Nietzsche, der die «Mittelmäßigen»[55] verachtete, gerade von diesen als Abgott geliebt wurde. Was vor allem das Kleinbürgertum an politischer Freiheit nicht zu realisieren vermochte, was ihm an sozialem Prestige versagt bleiben mußte, das konnte es um so mehr auf einem Feld jenseits sozialer und politischer Kategorien kompensieren. Die kollektive Erwartungshaltung in Hinblick auf ein neues Reich, einen neuen Führer, eine neue Kunst wurde als Kulturphänomen selbst zu einer sozialen Tatsache. Schwierigkeiten mit der klassenspezifischen Einordnung der deutschen Kulturbewegung, der konservativen Revolution und des Faschismus rühren eben daher, daß diese sich eine Realität schufen, die mit den gängigen soziologischen Kategorien nur unzureichend erklärt werden kann; eine Realität, die wie der ganze institutionelle Komplex Jugendbewegung zeigt, sich aber keineswegs in ästhetischen Visionen erschöpfte, sondern in unzähligen Bünden und Vereinigungen als ein entwickeltes soziales Netzwerk unmit-

■ Eine Seite der «Nietzsche-Worte über Staaten und Völker», für «Die Tat» (15. Jahrgang, Heft 7, Jena 1932) zusammengestellt von Elisabeth Förster-Nietzsche

Nr. 5 Das kulturelle Deutschland April 1918

Beiblatt der „Tat", Monatsschrift für die Zukunft deutscher Kultur

Kulturelle Bünde

Berlin. Bund Deutscher Bodenreformer. Geschäftsstelle: NW 35, Lessingstr. 11. Leiter: A. Damaschke.

Berlin. Deutscher Bund der Vereine für naturgemäße Lebens- und Heilweise. (Naturheilkunde.) Geschäftsstelle: SW 61, Tempelhofer Ufer 22.

Berlin. Gesellschaft für Ethische Kultur. Leiter: Stadtrat Dr. Penzig, Uhlandstr. 174.

Berlin. Kulturbund Deutscher Gelehrter und Künstler. NW 7, Unter den Linden 38. Geschäftsführer: Freih. v. Gleichen-Rußwurm.

Berlin. Deutscher Werkbund. Vors. Geh. Hofrat Peter Bruckmann-Heilbronn. Geschäftsst.: W 35, Schöneberger Ufer 36a. Leit.: Prof. Dr. Ernst Jäckh.

Berlin. Allgemeiner deutscher Sprachverein. W 30, Nollendorfstr. 13/14.

Berlin. Allgemeiner plattdeutscher Verband. O 34, Memelerstr. 40 III.

Berlin. Verein für ländliche Wohlfahrtspflege. SW 11, Bernburgerstr. 13. Geschäftsführer: Prof. Heinrich Sohnrey.

Berlin. Verein für das Deutschtum im Auslande. W 62, Kurfürstenstr. 105.

Berlin-Birkenwerder. Verein für deutsche Erziehung. Leiter: Arthur Schulz.

Berlin-Garzau. Deutsche Gartenstadtgesellschaft. Leiter: Bernhard Kampffmeyer, Garzau, Post Rehfelde, Berlin-Ostbahn.

Berlin. Vortrupp Groß-Berlin. Geschäftsstelle: W 50, Pragerstr. 16.

Berlin-Lichterfelde. „Asgard", Kulturbund f. sozialethische Arbeit u. geistigen Fortschritt. Berliner Str. 151. Leiter: Dr. P. Krische.

Berlin-Schlachtensee. Bund Deutscher Volkserzieher. Krottnauer Str. 7. Leit.: W. Schwaner.

Bonn. Borromäusverein. Generalsekretär: Johannes Braun.

Breslau. Bund für Frauendienstpflicht. Neudorfstraße 34. Leiterin: Lyzealdirektorin Elisabeth Lange.

Breslau. Bund für Mutterschutz. Leiter: Justizrat Dr. Rosenthal, Schillerstr. 2.

Charlottenburg. Vereinigung zur Hebung der Volkskraft. Vorsitzender: Generalfeldmarschall von Bülow. Geschäftsleitung: Joachimsthalerstr. 1.

Dortmund. Verband der Freunde evang. Freiheit. Moltkestr. 11. Leiter: D. Gottfried Traub.

Dresden-Blasewitz. Dürerbund. Leiter: Dr. F. Avenarius.

Dresden-Hellerau. Warengenossenschaft der Dürerbund-Werkbund-Genossenschaft.

Elberfeld. Deutsch-evangelischer Volksbund. Direktor: P. Stuhrmann.

Esslingen a. N. Gesellschaft für genossenschaftliche Kultur. Heimstätten. Leiter: Dr. Karl Bittel.

Frankfurt a. M. Weimarer Kartell (Arbeitsgemeinschaft freiheitlicher Organisationen). Leiter: Prof. Dr. Rößler.

Hamburg. Deutsch. Guttemplerorden. Großloge d. J. O. G. T. Großtempl. H. Blume, Tarpenbeckstr. 122. Geschäftsst.: Eppendorfer Weg 211.

Hamburg. Deutscher Vortrupp-Bund. Leit.: Dr. jur. Hermann M. Popert. Geschäftsstelle: Spitalerstr. 12.

Hamburg. Fichtegesellschaft für 1914. Holstenwall 3/5.

Heidelberg. Neutraler Guttemplerorden. Deutsche Großloge des J. O. G. T. N. Geschäftsstelle: Theaterstr. 7.

Hildesheim. Verband z. Förderung deutscher Theaterkultur. Marktstr. 14. Leit.: W. C. Gerst.

Karlsruhe. Deutscher Volkshausbund. Leit.: Dr. B. Kampfmeyer. Geschäftsstelle: Gartenstadt Rüppurr.

Leipzig. Deutscher Monistenbund. Ortsgruppe Leipzig, Kantstr. 17.

Leipzig. Deutsche Gesellschaft zur Förderung häuslicher Erziehung. (E. V.) Leiter: Dr. J. Prüfer, Verwaltungsdirektor der Frauenhochschule.

Leipzig. Verein deutscher Freimaurer. Geschäftsstelle: Fichtestr. 43.

München. Studiengesellschaft für Weltpolitik. Friedrichstr. 18. Leiter: Prof. Reinhard Frank.

München. Deutscher Monistenbund. Hartmannstr. 8.

München. Kartell der freiheitlichen Vereine Münchens. Geschäftsstelle: Hartmannstr. 8, II. Leiter: Dr. Ernst Horneffer.

Stuttgart. Deutsche Goethebünde. Vorsitzender: Baron Putlitz, Generalintendant.

Wiesbaden. Bund freier religiöser Gemeinden Deutschlands. Leiter: Prediger Tschirn, Ruhbergstr. 10.

Wiesbaden. Deutscher Freidenkerbund. Leiter: Prediger Tschirn.

Ländliche Volkshochschulen

Mohrkirch-Osterholz (Bezirk Kiel). Volkshochschule. Leiter: Harms.

Norburg (Insel Alsen). Volkshochschule. Leiter: Christensen.

Tingleff (West-Schleswig). Volkshochschule für Mädchen. Leiterin: Frl. Martha Werther.

Weissach, Oberamt Vaihingen a. Enz, Württbg. Volksbildungsschule. Leiter: Pfarrer Stürner.

telbar erfahrbar wurde. Karl Mannheim hat in seinem bereits zitierten Rückblick den Wechsel von der Ebene des Symbols auf die der Realität für die deutsche Geschichte als besonders entscheidend charakterisiert: «Sobald jedoch die Menschen eben durch diese Gebärden und Ersatzziele sich zu selbständig wachsenden Gruppen zusammenschließen, wird das utopische Stadium der Symbolentwicklung erreicht. (...) So gewinnt das neue Symbol nicht nur an Bedeutung, sondern auch an Wirklichkeitsgeltung.»[56]

Die Deutschen seien ein Volk von Künstlern, dies hatte Julius Langbehn, ein glühender Bewunderer Nietzsches, verkündet.[57] Das Volk solle sich wieder zum «Bilde» bekennen.[58] Ausgestattet mit einem künstlerischen Auftrag fühlte es sich nun am Umbau der Kultur beteiligt und schien zu widerlegen, was Heinrich Mann behauptet hatte, daß «man nicht bildnerisch genug begabt» sei, «um durchaus das Leben formen zu müssen nach dem Geist».[59] Auf diese Weise sollte nun einer neuen Religion[60], einer neuen Kunst[61], einer neuen Kultur und damit schließlich einem neuen Gott[62] der Weg bereitet werden. Dagegen mußten alle wirklichen Veränderungen blaß wirken, nicht zuletzt der sich gerade konsolidierende Hohenzollernstaat. Für den Staat von heute habe Nietzsche kaum ein gutes Wort erübrigen können, vermerkt ein Chronist; er überhäufe das Deutsche Reich «mit Bosheit, Hohn und Spott». Er «wolle nichts von nationalen Unterschieden mehr wissen».[63] Was Nietzsche damit meint, hat mit Republikanismus und kosmopolitischer Offenheit freilich nichts zu tun, sondern ist in erster Linie der Appell an das grundsätzlich Andere, wie es in unserem Jahrhundert zu einer sozialphilosophischen Fiktion werden sollte.[64] Volkserzieher, wie etwa der Herausgeber des «Kunstwartes», Ferdinand Avenarius, unterhalten durch Organisationen wie Werkbund und Dürerbund immerhin noch pragmatische Beziehungen zur sozialen Realität, wenn auch ständig von «einem Deutschtum der Werdenden»[65] gesprochen wird. Den politisch nach rechts abgewanderten Erben dieser Kultur- und Lebensreformer, wie sie sich etwa im sogenannten Tat-Kreis zusammenfanden, wird Siegfried Kracauer später zutreffend bescheinigen, «daß sie etwas fordern, was nicht zu fordern ist».[66] Gerade deshalb aber, so könnte man hinzufügen, sind ihrer Selbstüberschätzung kaum Grenzen gesetzt.

4. Fin de siècle: «Deutschtum» im Strom der Mode und der Masse

Wie sich Nietzsches Impuls um die Jahrhundertwende zunächst auswirkt, beschreibt Theobald Ziegler mit drastischen Worten: «Ein Wunder wär's zu nennen, wenn der Unzeitgemäße nicht zeitgemäß geworden wäre und nicht alle Welt hinter ihm dreinliefe! Die Jugend und die Frauen, die immer ganz besonders gern nach dem Neuesten und nach dem Paradoxen greifen und denen das Evangelium der Eigenmacht und der Kraft imponiert, heben ihn auf den Schild, begeisterte Verehrer und Verehrerinnen nehmen leidenschaftlich für ihn Partei und schreiben Bücher zu seinem Ruhm, eine Frau, Lou Andreas-Salomé hat ihn bis jetzt am besten verstanden, Reiseprediger voll Pathos und Weihe tragen seine Worte und Lehren weiter und unduldsame Nietzschepfaffen brüskieren die öffentliche Meinung, die sich ihm nicht mit Haut und Haaren gefangen gibt. So ist der Einsame, dem vor seinen ersten Jüngern graute und der am liebsten gegen den Strom schwamm, selbst ergriffen worden vom breiten Strom der Mode und der Masse, und sein vom Götzenwahn verzerrtes Bild nur immer verzerrter geworden.»[67] Die Wirkung Nietzsches und darüber hinaus das Wesen der deutschen Avantgarde wären viel besser einzuschätzen[68], wenn man die vom Chronisten angesprochenen Aspekte nur einigermaßen voneinander trennen könnte. Steht die faszinierende Gestalt der Frau Andreas-Salomé nun wirklich für ein angemessenes Verständnis des Philosophen?[69] Haben «Reiseprediger» wie Julius Langbehn und Max Nordau ihn verfälscht? Und ist der Strom der Mode und der Masse, d.h. die Wirkung, grundsätzlich vom Werk zu trennen? Kultursoziologisch betrachtet, muß uns gerade die Wirkung interessieren, und was die Schar der Interpreten anbelangt, so müßte man wenigstens sagen können, ob Nietzsches Impuls eher zu einer künstlerischen Weltsicht oder zu völkisch-chauvinistischen Phantasien inspiriert hat. Die Wirklichkeit hält dieser analytischen Scheidung freilich nicht stand, denn die Kunst- und Kulturszene der Jahrhundertwende kennt überwiegend Persönlichkeiten, die sich durch das Werk Friedrich Nietzsches in der Lage sahen, höchst unterschiedliche Vorstellungen scheinbar problemlos miteinander zu verbinden. Der Nietzsche-Kult in Deutschland ist in merkwürdiger Weise inkonsequent und spiegelt eine Aporie, die im Werk selber enthalten ist, welches seinem ganzen Duktus nach Aufforderungscharakter besitzt und insofern den Maximen der französischen

Moralisten ähnelt.[70] Dabei macht es allerdings einen Unterschied, ob der Ertrag in einer gewissen Selbstskepsis des endlichen Menschen mündet oder in der Vorstellung, sich kollektiv über das Schicksal des Durchschnittlichen erheben zu können. Was auch immer Nietzsche für den modernen Subjektivismus geleistet haben mag, so hat er doch über seine Multiplikatoren jedes utilitaristische Denken diffamiert, zugleich aber der deutschen Durchschnittsexistenz die Vorstellung ins Bewußtsein gesenkt, sie sei zu etwas Höherem berufen. Die Kreise und Bünde, die Ende des 19. Jahrhunderts der Volksbildung, der Lebensreform etc. dienen wollen und sich in irgendeiner Weise immer auf Nietzsche berufen, geben sich daher ebenfalls einen elitären Anstrich. Am deutlichsten ist dies nachzuvollziehen an der Jugendbewegung, die ihre Klientel mit dem Angebot lockt, in den Gruppen und Kreisen anders sein zu können als die Masse, obwohl sie selbst schon beinah zu einer Massenbewegung geworden ist. Ihr Traum ist ein deutsches Jugendreich. Sie will ihre eigene Zersplitterung immer wieder durch die Bildung einer gemeinsamen deutschen Jugendfront überwinden.[71] Wenn die Jugend oder das Volk insgesamt die Avantgarde bilden sollen, führt sich dieser Begriff bald ad absurdum und läßt sich eigentlich nur aufrechterhalten, wenn das Gestrige, Niedrige und Verachtenswerte durch andere ersetzt wird, die etwa wie die Juden nicht dem deutschen Volk zugerechnet wurden.[72]

Der Abschied vom Historismus auch in der Kunst und die Reklamierung dionysischer Urzustände als schöpferisches Potential beförderte zwangsläufig eine Art Hedonismus, der sich ebenso gegen die viktorianische Konvention richtete wie auch gegen deren ritualisierte Kompensation im künstlerischen Salon. Dieses hedonistische Moment muß sich ebenfalls in einer sozialen Form Ausdruck verschaffen, wofür die Boheme der Jahrhundertwende reichhaltiges Anschauungsmaterial liefert. Hedoniker verkörpern in erster Linie jene exzentrischen Künstler und Literaten wie Péladan, Peter Hille, Hermann Bahr und andere, die sich scheinbar an ihrem eigenen, tatsächlichen oder fiktiven Untergang berauschen.[73] Derselbe Narzißmus, der die nicht selten kabbalistisch orientierten «décadents» der Großstadt auszeichnet, eignet aber auch den Landkommunarden aller Spielarten, sei es in der Obstbaukolonie «Eden» oder auf dem «Monte Verità» in Ascona.[74] Ein ungewohntes Empfindungsspektrum zu entdecken, es provisorisch und experimentell abzustecken, entsprach angesichts der zeittypischen Explosion der psychologischen Kategorien durchaus einer gewissen Selbstverliebtheit.[75] Als an die bekannteste Synthese dieser Art, der Verbindung von Künstler-Boheme, philosophischem Sendungsbewußtsein und sozialer Utopie, ist an die «neue Gemeinschaft», den «Orden vom wahren Leben» zu erinnern, die die Brüder Heinrich und Julius Hart nicht zuletzt unter dem Einfluß der Gedankenwelt Nietzsches aus dem Friedrichshagener Dichterkreis heraus entwickelt hatten.[76] Ausdrücklich verstanden sie sich als Propheten eines kommenden «Dritten Reiches», dachten an die Weiterentwicklung eines «außergewöhnlichen Individuums», «das Führer, ja Retter der Menschheit werden könne.» Zum Umkreis der Friedrichshagener, den Gebrüdern Heinrich und Julius Hart und Wilhelm Boelsche, gehörten neben anderen auch die erwähnte Lou Andreas-Salomé, Gustav Landauer, Hugo Höppner (Fidus), Georg von Ledebour, August Strindberg, Paul Scheerbart, Peter Hille, Arthur Moeller van den Bruck, Frank Wedekind, um nur die ideologische Bandbreite anzudeuten.[77]

Wenn in diesem geistigen Milieu, zu dem man den George-Kreis ebenso wie das jugendbewegte Umfeld des Verlegers Eugen Diederichs hinzurechnen kann, immerwährend der Anspruch höchster intellektueller Qualität, innerer Wahrhaftigkeit und prophetischer Weitsicht erhoben wird, dann darf dies nicht mit Friede und Eintracht gleichgesetzt werden. Man selbst jedenfalls bezichtigte sich direkt oder indirekt nicht selten des Verrates Nietzschescher Gedanken: «Niemand würde sich empörter als er selbst gegen den Mißbrauch des Übermenschenbegriffes gewandt haben, der die Befreiung von der altruistisch-demokratischen und Rücksichtsmoral nur zu dem Recht libertinistischen Genießens ausnutzt, statt zu der Pflicht, die objektiv höhere Stufe des Menschentums zu beschreiten; von dieser Pflicht aus gesehen stellt sich der schlecht maskierte, subjektivistische Eudämonismus des «Nietzscheaners» als jenes Zurückwenden zur niederen Stufe dar, zu der Weichlichkeit des Pessimismus, zur Kraftverschwendung auf das Unfruchtbare...»[78] Mußte diesem «Verrat» gegenüber nicht das «wahre» Erbe bewahrt werden, wie dann später auch Alfred Rosenberg einen offensiven ästhetischen Willen gegen Schopenhauer geltend macht?[79] Jedenfalls konnte man Nietzsches Kulturheldentum nicht in dem wiederfinden, was Jost Hermand als narzißhaften «culte du moi» charakterisiert? «Er will nicht den Genuß, den man als Strapaze empfindet, sondern das Genüßliche. Selbst die unscheinbaren Reizungen werden daher verhätschelt wie empfindliche Gewächse, um auch das

Beiwerk des Lebens in den Bannkreis der sinnlich seelischen Empfindlichkeit zu ziehen.»[80]

Damit ist nun nicht gerade ein kraftvoller Neubeginn aus der germanischen Seele charakterisiert, sondern genau im Gegenteil die ästhetische Überreiztheit, hinter der man welschen Geist vermutet und welcher von den Verfechtern einer neuen deutschen Kunst und eines neuen Kulturwollens bekämpft wurde. Mit dem «culte du moi» assoziert man eher objektiviertes Selbstgenießen, «pantheistische» Einfühlungsbereitschaft, die gesellige Salonkultur des Fin de siècle, wie sie auch die Vertreter der abstrakten Moderne und insbesondere Kandinsky so verachten.[81]

Die Suche nach einem deutschen Wesen, wie sie von den Völkischen propagiert wird und die Abkehr von mimetischem Material in der Kunst liegen hier auf einer Motivlinie, die in eine pathologische Wahrhaftigkeitsfixierung mündet. Wenn keine Realität dem hohen Anspruch genügen kann, wird am Ende die Realität schlechthin diffamiert. Während die von entwicklungstheoretischen Auslegungen gewiß nicht verschonte marxistische Sozialutopie immerhin noch strategische Stationen kennt (die, wie die Diktatur des Proletariats, freilich nicht minder zur Rechtfertigung von Unrecht dienten), scheint die Utopie vom «Neuen Reich» fast ausschließlich schicksalhaft vermittelt zu sein, sozusagen auf einer organologischen Evidenz zu beruhen. Wilhelm Worringers Kritik der pantheistischen Einfühlung, seine Apotheose des nordischen Ornaments und vor allem Kandinskys Postulat der «inneren Notwendigkeit» stellen ebenfalls nur mit einem absoluten Rigorismus anwendbare Prinzipien dar, an denen die Realität der Gesellschaft scheitern muß. Es ist außerordentlich fraglich, ob Kultur- und Zivilisationskritik, in welche wir hier auch die künstlerische Avantgarde mit einbeziehen wollen, nur als eine Reaktion auf die Verstädterung erklärt werden kann.[82] Denn erstens bringt der neoromantische Impuls keine grundsätzlich neuen Argumente gegenüber der ersten Romantik. Und zweitens ist der im Anschluß an Nietzsche aufkommende Ästhetizismus mit seiner sich immer wieder reproduzierenden Selbstkritik struktureller Bestandteil der Moderne selbst. Der soziale Wandel in den letzten Jahrzehnten des 19. Jahrhunderts fördert mit der Expansion des Wissenschafts-, Verwaltungs- und Distributionssektors die Entwicklung einer gebildeten Mittelschicht, welche zwischen Hohenzollernstaat und geschäftigem Liberalismus eine Orientierung, bzw. einen Stil finden will.[83] Kein anderer hat, insbesondere vor dem Hintergrund des prosperierenden Berlins, den hier offenbar werdenden kulturellen Charakter der Moderne so treffend beschrieben wie Georg Simmel in seiner «Philosophie des Geldes», wobei der nunmehr disponibel gewordene «Stil des Lebens» genau dem soeben beklagten «subjektivistischen Eudämonismus» der Nietzscheaner entspricht.[84] Ein durch den modernen Geldverkehr vermittelter Zuwachs an kulturellen Optionen geht für Simmel Hand in Hand mit dem Verlust langfristiger Bindungen, was er an vielen Stellen, so z. B. an der unsentimentalen Veräußerung von Familienbesitz demonstriert.[85] Der moderne Mensch hat dementsprechende Möglichkeiten der geistigen Veräußerung, d.h. der ideellen Inbesitznahme von Objekten, die ihre Bedeutung jedoch durch die zunehmende Freiheit der Wahl gegeneinander relativieren, so daß im Grunde die mit der Geldwirtschaft verbundene reine Potentialität zum entscheidenden Faktor der modernen Lebensweise wird, wie Simmel dies am Phänotypus des Mäzens erläutert, der alles mögliche initiiert, ohne dem Geschehen selbst innerlich verbunden zu sein.[86] Ein anderes Beispiel ist der Dandy, der sich allerlei Kenntnisse und Qualifikationen aneignet, ohne diese im Ernst anwenden zu wollen.[87] Simmel sieht im Gegensatz zu vielen seiner romantisierenden Kollegen keine Alternative und empfiehlt, mit dieser Tragik leben zu lernen.[88] Allein in der Kunst, so führt Wilhelm Worringer den Gedanken weiter, findet der Mensch «Ruhe vor der Erscheinungen Flucht».[89]

Damit ist nun deutlich geworden, daß die beiden Dimensionen des Ästhetischen, nämlich im Sinne des kritisierten «Nietzscheanertums» eine Art «künstlichen» Lebensstil zu finden, und die Suspendierung der Kunst von allen lebenspraktischen Bedeutungszuweisungen im Denken der Jahrhundertwende untrennbar miteinander verbunden sind. Für die Mode, die unvermeidliche Begleiterin des modernen Menschen, wird die Kunst ebenso unverzichtbar, wie sie umgekehrt jeder Mode als kathartisches Prinzip entgegenwirken soll. Die von Worringer polarisierten Prinzipien Abstraktion und Einfühlung reflektieren diese Situation: In der Odyssee durch die endlosen künstlerischen und kulturellen Moden wird die Abwesenheit eines traditionalen Standortes kompensiert, allenfalls ein Sinn auf Zeit hergestellt. In der Wendung zur Abstraktion soll dieser verlorengegangene, umfassende Sinn durch eine neue Kunst-Metaphysik ersetzt werden, weshalb Worringer vom Prinzip der Abstraktion auch als der «Rückkehr zum Ding an sich» spricht.[90] Hinter diesen beiden, im kulturkritischen Schrifttum immer wieder gegeneinandergestellten Prinzipien verbergen sich Vorstellungen von einer, wie man mit Alphons Silbermann sagen kann, «symbolischen Form des Zusammenlebens». Die eine ist gegenwartsbezogen, oberflächlich und unbeständig; die andere steht für das Dauerhafte, Wahrhaftige, welches allerdings noch im «Werden» begriffen ist und erst in der Zukunft seine äußere Gestalt zeigen wird.

5. Die Verbindung von Mythos und Realität im Symbolismus

Die Legitimation des Reichsgedankens aus der Mythologie führt um die Jahrhundertwende zwangsläufig zu einer Liaison von Kunst und Politik. Ebenso wie in den Künsten eine Loslösung von historischem Material betrieben wird, beschwören auch die Vorkämpfer für einen kulturellen Neubeginn in Deutschland innere gestalterische Potentiale und rekurrieren weniger auf formal oder materiell gegebene Tatsachen. In den öffentlichen Verlautbarungen des «Alldeutschen Verbandes» oder des «Deutsch-nationalen Handlungsgehilfenverbandes», der eine großbürgerlich-kolonialistisch, der andere von kleinbürgerlichen Interessen getragen, wird man kaum ein offenes Bekenntnis zu den jeweiligen politisch-sozialen Interessen erkennen können; auch hier ist eher von einer «inneren», «eigenen» oder «tieferen» Bestimmung der Deutschen die Rede.[91] In der Kunst offenbart sich die Loslösung vom empirisch Gegebenen oder historisch Überlieferten zunächst noch im Symbolismus, wobei sich von hier aus zwei Entwicklungslinien verfolgen lassen, die im Verständnis der klassischen Moderne scheinbar kaum miteinander zu vereinbaren sind. Auf die Symbolisten, vor allem auf Max Klinger und Arnold Böcklin, berufen sich mit Vorliebe jene völkischen Kulturkritiker, die später auch die Argumente für den Nationalsozialismus liefern. Insbesondere an Böcklin wird aber auch erinnert, wenn von den Vorläufern des Surrealismus und der abstrakten Kunst die Rede ist.[92] Französische Impressionisten stehen dagegen im Ruf, durch ihre naturwissenschaftliche Orientierung kaum zur Seele, d.h. zur ersehnten Einheit vordringen zu können.[93] Maler wie Lovis Corinth, Gustav Klimt und Egon Schiele seien zu sehr dem Salon verhaftet, zu sehr dem oberflächlichen Effekt zugetan. Ein Chronist schreibt von einer «Triebkraft der Sehnsucht nach einer frei aus dem Boden der eigenen Zeit gewachsenen Kunst»; sie habe «mit ihrer leidenschaftlichen Aktivität die alte deutsche Sehnsucht nach stiller Innerlichkeit, nach Märchen und Träumen» wachgerufen und das «Geschlecht der Böcklin und Feuerbach, der Schwind und Thoma» geschaffen.[94] «‹Neu sein›, heißt darum nur: der Gegenwart entsprechen, aus der eigenen Zeit die Kräfte ziehen, und deutsch sein, heißt nichts weiter als: dem Lande, dem Boden entsprechen, auf dem wir gewachsen sind.»[95]

Dieses Postulat erfüllt sich allerdings auf einem anderen als dem hier eingeschlagenen Wege. Die Kunst, die gerade angetreten war, um sich aus den akademischen Gußformen und der Bevormundung durch ästhetische Begriffe zu befreien, verstrickt sich nur noch tiefer in begriffliche Beziehungsnetze. Der vielgeschmähte Intellektualismus, von dem Langbehn die Deutschen abbringen wollte, damit sie sich mehr «zum Bilde» wendeten[96], entledigt sich eigentlich nur seiner anerkannten methodischen Strenge, um dann erst recht die voraussetzungslose Anschauung zu verdrängen. Was am Beispiel Böcklins, Feuerbachs, Klingers und Thomas erkennbar wird, entspricht jener Beobachtung Arnold Gehlens, man male «sozusagen erhabene Begriffe»[97], oder mehr noch der Kritik Julius Meier-Graefes, daß hier die alte «Historienfexerei» mit anderen Mitteln fortgesetzt werde.[98] So disparat wie die an sie herangetragenen sozialen und politischen Motive ist auch die Ikonologie dieser «neuen deutschen Kunst». Die symbolistischen Bilder, die in der zweiten Hälfte des 19. Jahrhunderts als spezifisch deutsch deklariert werden, zeigen uns überwiegend Motive aus der griechischen und römischen, zum Teil auch der christlichen Mythologie, die bei Böcklin offenbar weniger historisierend aufgefaßt werden als bei anderen. Die berühmten Akteure, Prometheus, Herakles, Odysseus und Calypso und viele andere, erscheinen auf eine für «Schulbuchzwecke» untaugliche Weise, indem sie auf kein Ereignis verweisen. Böcklin malt sie unabhängig von literarischen Paten, gewissermaßen zeitenthoben. Unterstützt wird dieser Eindruck durch die «Statisten» aus der antiken Phantasiewelt: Pane, Nereiden und Zentauren in großer Zahl, an deren «An-sich-Sein» die Zeitläufte keine Einwirkung hinterlassen haben. Bei Klinger finden wir ähnliche freie Sujets, wie etwa die Sirene oder Nymphe und den Faun; häufiger als Böcklin berichtet er aber von bestimmten Ereignissen, «dem Urteil des Paris» etwa oder der «Entführung des Prometheus». Während Böcklin den allegorischen Charakter seiner «Stimmungsbilder» nicht besonders betont, neigt Klinger zu ausgesprochenen allegorisierenden Titeln wie «Verführung», «Die Quelle», «Tod», «Evokation» etc. Bei Franz von

■ Die Verbindung von Naturgewalt und Volkscharakter in der Allegorie.
Hans Thoma: Juli, Tuschzeichnung

■ Die Bayreuther Bühne als Inspiration. Hans Thoma: Walküren, 1898, Lithographie

Stuck und Fritz von Uhde legitimiert die Mythologie auf weiten Strekken vor allem das Arrangement nackter Leiber, die einem freien Bekenntnis noch nicht zugänglich sind. Auch der andere Liebling der deutschen Kulturbewegung, Hans Thoma, wartet mit Tritonen, Kentauren und Nereiden auf, bezieht im Unterschied zu Böcklin und Klinger aber schon die germanischen Gestalten mit ein, wie Frikka, Brünhilde und auch die geheimnisvollen Nornen. Seine ländlichen Physiognomien, Allegorien und Idyllen entgleiten dem Wagnerianer der Tendenz nach zu rassischen Archetypen, was sein großes Ansehen bei völkischen Denkern wie Langbehn und später auch bei Hitler leicht erklärt.[99] Die für die klassische Moderne interessanteste Figur, welche zugleich auch bei den Anhängern eines völkisch-nationalen Mythos in hohem Ansehen stand, ist zweifellos Arnold Böcklin, wenn auch Thoma nicht jegliche «Modernität» abzusprechen ist. In bezug auf das Sujet bestand diese unter anderem darin, unterhalb der Ebene der Salonkultur milieuspezifische Eigenarten sprechen zu lassen, wie Taine es in seiner vielbeachteten Philosophie der Kunst postuliert hatte.[100] Durch die bewußte Hinwendung zum Mythologischen wollte die Kunst aus ihrer Bevormundung durch die historistische Entwicklungstheorie heraustreten. Von erhabenen Anlässen wollte sie zur universellen Präsenz des Stoffes zurückfinden, um darin die eigentliche Grundlage der schöpferischen Potentiale wiederzuentdecken, wobei dies alles freilich durch die Veränderung auch der malerischen Mittel selbst zum Ausdruck gebracht werden sollte. Es ist bezeichnend, daß letzteres vor allem im Vergleich zu Frankreich eine eher untergeordnete Rolle spielt. Die deutsche Moderne tastet sich über das Sujet vor, ist wie auch immer an einer Synthese mehr interessiert als an der sogenannten Zergliederung. Und so verbirgt sich hinter der besonders von Fiedler postulierten Eigenständigkeit der Kunst im Sinne eines autonomen Erkenntnisvorgangs[101] immer die Vorstellung einer Art Gegenwelt: Anschauung statt Begriff; Mythos statt Wissenschaft; Natur statt Zivilisation. Es ließen sich diese Dualismen als bloße Synonyme des einen großen Gegensatzes von Kunst und Leben interpretieren, wenn nicht die Trennung durch den Zweifel an der herkömmlichen Metaphysik selbst fragwürdig geworden wäre. Mit der Kunst drängen auch die «Gegenwelten» zur Realität, und umgekehrt erscheint die Kunst mehr und mehr als Erweiterung der praktischen Realität. Hier geht die Reichtsutopie in der Kunstutopie auf; Kunst ist immer «Vorschein» und insofern von empirischen Fragen entlastet – eben Symbol für das «Werdende». Sie bedeutet im deutschen Verständnis aber auch mehr als ein bloßer Aggregatzustand, der in sich schon die Voraussetzungen für eine bessere, lebendigere Kultur bildet. Bei aller theoretischen Abkehr vom Stofflich-Materiellen bleiben die Deutschen in ihrer Reichsutopie am Ende an naturalistische Vorstellungen gebunden, wie es sich in der Auflösung des gesamten Gedankengebäudes im Nazi-Klassizismus zeigen wird.

Was Böcklin in den Augen der Deutsch-Beflissenen so bedeutsam erscheinen ließ, mag an jenem Balanceakt zwischen formalem Naturalismus und surrealistischer Inhaltlichkeit liegen: Indem er das antike Material für eine schulmeisterliche Behandlung untauglich macht, liegt er einerseits ganz auf der von Nietzsche eingeschlagenen Linie der Mythologie; seine weitgehend naturalistischen Szenen, das Monumentale der Formate und die dramatische Farbigkeit der Bilder brechen andererseits noch nicht ganz mit der Tradition der Historienmalerei. Böcklins Figuren sind – um es im Verständnis der Zeit auszudrücken – keine Ikonen klassischen Heldentums, sondern individuelle Draufgänger, wie es z. B. «Der Abenteurer» nahelegt.

In einer Zeit, in der man bildungsbürgerlich noch in der Italienbegeisterung der Klassik befangen war, zugleich aber, um der Auffindung eigener Traditionen willen, alle «zisalpinen» Einflüsse schmähte, verwundert es zunächst, daß der «deutscheste» aller Meister ausgerechnet in Florenz residierte. Daß er dort kaum Beziehungen zur einheimischen Bevölkerung unterhielt[102], sich anscheinend in einer deutschen Kolonie bewegte und, wie es heißt, zum Italiener eine Beziehung hatte wie zu einem «nützlichen Haustier»[103], ist eher ein beiläufiges Zeichen von Nationalbewußtsein. Wirkungsgeschichtlich dürfte es schwerer wiegen, daß es Böcklin gelang, den Süden mitsamt seinem ikonologischen Besitz zu germanisieren. Die südliche Landschaft und letztlich auch ihre mythologischen Gestalten, Nereiden und Kentauren appellieren an gefälliges Bildungsgut, demonstrieren aber zugleich, daß nur die nordische Seele sie zu neuem Leben erwecken kann. Wenn Langbehn behaupten konnte, das nordische Huhn sei allein schon seiner Farbdifferenziertheit wegen höher zu bewerten als ein südlicher Papagei[104] und dabei von vielen ernst genommen wurde – lag es da nicht nahe, den Süden nach germanischem Gusto neu zu schaffen bzw. von seinen angeblichen Entartungen zu befreien? Es war Alfred Rosenberg, der später behauptete, die Griechen hätten ursprünglich den Kern der germanischen Kultur repräsentiert.[105]

Seinen schärfsten Kritiker hat Böcklin in dem als «Impressionisten-Freund» geschmähten Julius Meier-Graefe gefunden, der in dieser Malerei alles andere als die in jenen Jahren so oft geforderte Rückbesinnung auf die Kunst erkennen kann, sondern nur die Botschaften vertauscht sieht: «So entsteht eine ganze Welt, Gefilde der Seeligen, wo im Spiel der Wellen Tritonen mit Nereiden schwärmen, schweigende Toteninseln, Katafalke in heiligen Hainen. Die Allegorie wird Wirklichkeit, ein Seher aus dem Künstler, das Publikum zur Gemeinde.»[106] Die soeben noch von der Malerei geförderte gültige Identifikation mit preußischen Adelsgeschlechtern wird abgelöst durch die Adaption mythischer Bewußtseinszustände, zu denen die Kunst – so ließ sich Nietzsche auslegen – zurückführen sollte. Besonders treffend ist daher Meier-Graefes Beobachtung, daß Böcklins Bilder Bühnensituationen gleichen[107], und Romane wie «Göttinnen» von Heinrich Mann, Theaterstücke wie «Idylle» von Hofmannsthal präsentieren ebenfalls bis ins Detail Böcklinsche Szenerien.[108] Doch nicht nur auf der Theaterbühne findet man Böcklins Spuren; ähnlich schon wie der Wagnerianismus liefert er Anregungen für die «Lebensbühne», inspiriert unzählige Gruppen von Erneuerern, Lebensreformern, Mystikern, Naturanbetern, die allesamt einen unstillbaren Bedarf an Symbolen entwickeln, um ihren Utopien eine gewisse Anschaulichkeit zu verleihen.

6. Die Furcht vor impressionistischer Zergliederung

«Unsere Landsleute», bemerkt Julius Meier-Graefe über Böcklins malerische Inszenierungen, «sehen in dem Stück immer nur das Schauspiel eines herannahenden Deutschtums, wie in Wagner, dem größten Vorgänger. Daß dieses Stück sich gern und leicht zur Posse wendet, sollte ihnen zu denken geben.»[109] Und in der Tat will es nicht unmittelbar einleuchten, warum nun gerade die tradierte Suche nach innerer Stimmigkeit und der Wunsch, das ersehnte neue Reich möge sich als geistige und sinnliche Einheit verwirklichen, in eine Welt trunken grinsender Pane und draller Seejungfrauen führt. Hier schon zeigt sich die Not eines Denkens, welches um jeden Preis die Synthese fordert, daher jeden Eklektizismus als Einheit feiert und es dem Nationalsozialismus schließlich erlauben sollte, sich inmitten des 20. Jahrhunderts im Gewand der klassischen Antike zu präsentieren. Die Akteure auf der Leinwand – dies hat Meier-Graefe weit über den singulären «Fall Böcklin»

■ Der Mythos ewiger Ordnung: Familie, Mensch und Tier als Symbiose, das Dorf, der Schmied. Arnold Böcklin: Kentaur in der Dorfschmiede, 1888

■ Die Aufhebung der Erotik in der erhabenen Geste. Max Klinger: Studie zur «Brahmsphantasie», um 1894, Kreidezeichnung

als einer der wenigen richtig erkannt – haben im wesentlichen nur die Kostüme gewechselt; wie einst die kleineren Ausgaben der Moltkes und Bismarcks, begegnen sie sich nun als Phänotypen der Mythologie, deren mangelnde Beziehung untereinander [110] dann allenfalls mit dem Verweis auf mitklingenden Humor wettgemacht werden kann.[111] «Ironie oder Weltschmerzelei», so hat ein Pionier der neuen Pädagogik unterstrichen, «sind deutscher Kunst immer ein zersetzendes Salz gewesen, Humor dagegen war immer ein willkommener Schmuck ihrer echten Kraft...»[112] Diese Worte sind gegen eine Art des Empfindens und Verkleidens gerichtet, wie die Impressionisten sie nun zu entwickeln im Begriff waren und wie wir sie mit dem Fin de siècle allgemein in Verbindung bringen: einmal gegen den naturwissenschaftlich zergliedernden Blick, der sich mit dem Fragmentarischen als bescheidener

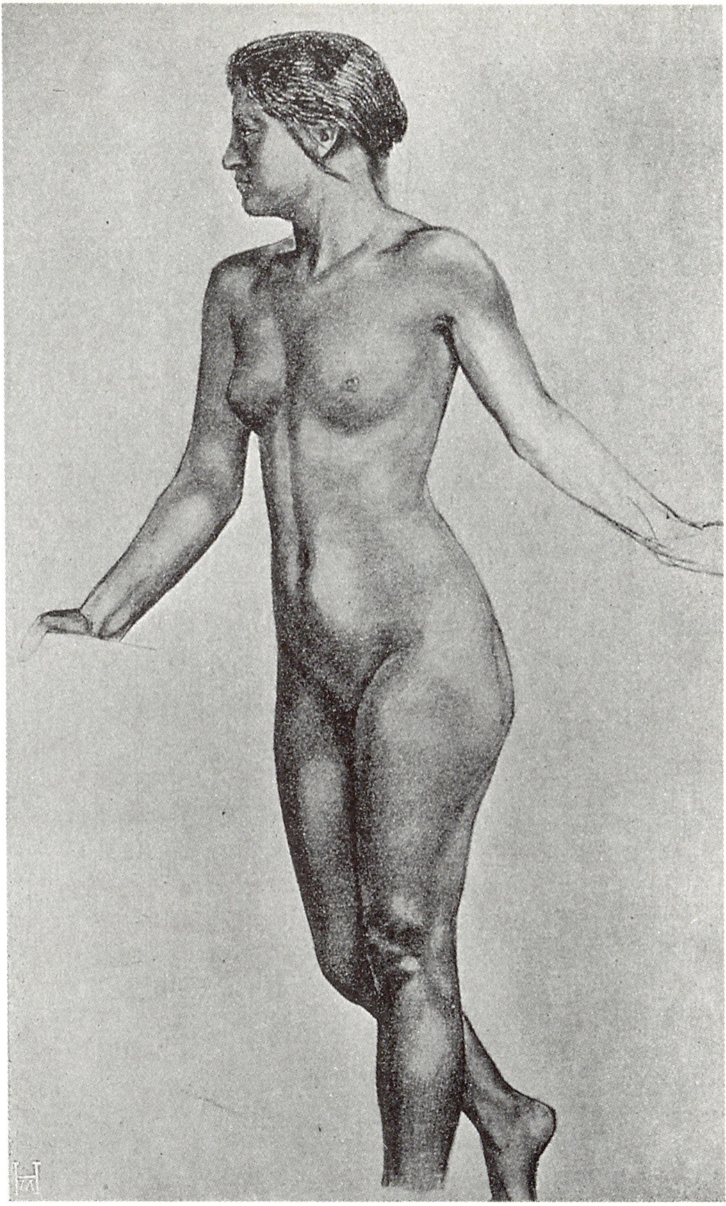

■ Ein Bekenntnis zum Lasziven des vom «Blauen Reiter» kritisierten Münchner Sezessionisten Hugo von Habermann: Weiblicher Akt, um 1900

Wahrheit begnügt[113]; zum anderen gegen das Interesse am Mißlungenen, Hinfälligen, Unvollständigen, welches um die Jahrhundertwende mit der Lust am Untergang korrespondiert und wofür der treffliche Begriff vom «therapeutischen Nihilismus» geprägt wurde.[114] An die Adresse der Impressionisten richten sich folgende Zeilen Friedrich Langes: «Man darf nicht vergessen, daß dieses jüngste Künstler- und Dichtergeschlecht sich wohl oder übel der Zustimmung eines großen Publikums hat entwöhnen müssen und nun gewissermaßen ohne

Öffentlichkeit eine Welt für sich spielt, in der man einfache Gesundheit und ernste Kraft des Empfindens als eine Alltäglichkeit von gestern betrachtet, immer die Nase im Winde hält nach dem Neuen und Neuesten und daher jede noch so krankhafte Albernheit für einen Augenblick mit neidischer Verblüffung begrüßt.»[115]

Die künstlerische Boheme bzw. Décadence der Jahrhundertwende scheint von diesem vielfach wiederkehrenden Postulat zunächst weit entfernt. So sind nicht etwa Reinheit und Gesundheit Hintergrund der vom Kunstwerk transportierten sexuellen Reizbarkeit, sondern Verletzungen psychischer und anderer Art. Wie das «Dürre und Fleischlose das Reizende ist, ... das Dekorative das Stimulierende und das Impressionistische das absolut Gekünstelte, darf man von absoluter künstlerischer, ethischer und intellektueller Perversität reden.»[116] Nahezu pervers aber gilt den Apologeten eines künstlerischen Deutschtums bereits schon die schlichte Freude am Leben, wie die Zeit sie erlaubt und wie sie in der Malerei Corinths oder Slevogts offenbar ganz und gar als unerträglich empfunden wird. Sosehr auch unter dem Einfluß Schopenhauers und Fiedlers ein akademischer Naturalismus allmählich seinen Einfluß verliert, Beweggründe des Kunstwollens nebst physiologischen Voraussetzungen des Sehens[117] in die Sprache der Kunstkritik Einzug halten – geurteilt wird anhand des jeweils im Bilde Idealisierten. Die tümelnde Atmosphäre in den Bildern Thomas ebenso wie die naturalistische Aufbereitung des Spektakulären bei Böcklin bieten hier mehr als das in deutschen Augen karge Experiment der eigentlichen Impressionisten.[118] Was die generelle Verkleidungslust im Fin de siècle anlangt, läßt sich ein ähnlicher Unterschied feststellen. Um weiter im Bild des Theaters zu bleiben, kann man sagen, daß im Lager der Jugend- und Lebensreformbewegung, im Dunstkreis von «Kunstwart» und «Dürerbund» nun anstelle des Geschichtsdramas die Pastorale auf den Spielplan gesetzt wird. Die Dramaturgie ist dabei die gleiche geblieben. Andernorts tritt der «décadent» nach dem Vorbild Baudelaires auf die Bühne, wie etwa Péladan, ein Dichter des Androgynen, der dem Männlichkeitsideal des gesunden Milieus ebenso entrückt scheint wie dem empirisch vorfindbaren Frauentypus. Nicht durch seine symbolistische Struktur widerspricht dieses französische Gegenbild dem Geschmack der Deutschen, sehr wohl aber seinen Inhalten nach: «Er ist eine Erscheinung mit Bart und langer Mähne, in eine alte Decke gehüllt, die ihm bis auf die Füße reicht. Man hat den Eindruck einer Maskerade, die mit wenig Unkosten in den häuslichen vier Wänden zusammengestellt ist: Der Bettvorleger muß herhalten, um dem Aufzug die orientalische Note zu verleihen; die Bluse der Tante dient als Kittel, und ein bißchen Räucherpapier soll die Nüstern der Erd- und Luftgeister kitzeln, als welche die Hauskatze und der Papagei auftreten.»[119] In Deutschland bleibt dieser Spott gegenüber Natürlichkeit und Gesundheit eher die Ausnahme; nur einzelne Figuren, wie etwa der Dichter Peter Hille durchwandern Berlin, so wie Péladan durch die Pariser Szene vagabundierte.»[120]

Während der im 19. Jahrhundert gewonnene tiefere Einblick in die Abläufe der Natur insbesondere in Wien jenen «therapeutischen Nihilismus» begünstigt und eine gewisse voyeuristische Lust an den psychophysiologischen Unvollkommenheiten und Perversionen des Menschen freisetzt, gelingt es in Berlin und Leipzig – ganz nach preußisch-hegelscher Denktradition –, die neuen Wissensbestände einem zusammenhängenden Ganzen unterzuordnen. Enthält die Freudsche Auffassung der Kunst die Vorstellung von einem permanenten Scheitern und fußt sie ontologisch im Leidensbegriff, so werden Darwins Lehren in Preußen in ganz andere Bahnen gelenkt. Durch Männer wie Wilhelm Boelsche und Ernst Haeckel[121] erhält – wie wir noch genauer sehen werden – die Kunst nunmehr ganz andere Maßstäbe, und zwar die einer in der Natur vorgegebenen Harmonie. Haeckels erklärtes Ziel war es, die kantische und im deutschen Idealismus tradierte Dualität von Körper und Geist in einem biologischen Monismus aufzuheben[122], wonach auch in den vielfältigen Formen der Kunst immer nur die geltenden Naturgesetze sich offenbaren würden.[123] Mit seinen 1899 erschienenen «Kunstformen der Natur» beeinflußte Haeckel das ornamentale Denken des Jugendstils[124], und selbst Worringer greift bei der Erklärung des «Abstraktionsdranges» auf organologische bzw. evolutionstheoretische Vergleiche zurück.[125] Die milieutheoretischen Anteile der speziell von Nietzsche aufgegriffenen und popularisierten Kunstphilosophie Taines erhalten durch Haeckel eine sozial-biologistische Untermauerung. Die Rassentheorie Gobineaus, die die harmonische Übereinstimmung des ewig Natürlichen mit dem rein Menschlichen zum Maßstab künstlerischer Qualität erhoben hatte[126], ebenso wie Houston Stewart Chamberlains Erwartung, daß von «uns Germanen... noch viel Kunst geschaffen» werde, die nur mit dem Maßstab unserer gesamten Eigenart zu beurteilen sei[127], gewinnen scheinbar jene Objektivität, die Taine im Auge hatte, als er es wagte, «sich selbst einen anatomischen Historiker zu nennen, der seinen Gegenstand so genau und so ungerührt beschreiben wollte, wie der Naturforscher ein Insekt».[128] Von der Rezipientenschar war freilich Distanz gegenüber dem Gegenstand nicht zu erwarten. Statt eines therapeutischen Nihilismus oder auch nur der von Max Weber empfohlenen Bescheidung gegenüber jeglichem Mystizismus begegnen wir in der spezifisch deutschen Variante der Evolutionstheorie der tradierten Hoffnung auf jene Katharsis, nach der man von allem Fremden, krank und unglücklich Machendem befreit sein würde. Klar gesehen hat diese metaphysische Transformation der Deszendenztheorie in einem anderen Zusammenhang Arnold Gehlen, der vor der «grenzenlosen Bereitwilligkeit» des Begriffes Entwicklung warnt: «Auch quasi-empirische Begriffe, die ursprünglich gegen metaphysische, wie den der Schöpfung entwickelt wurden, werden eigenauthentisch und metaphysisch, wenn sie in deren Funktion treten.»[129] Wer ohnehin schon überzeugt war von der besonderen Sendung der Deutschen, konnte sicher sein, daß es mit – wie man heute sagen würde – genetischer Zwangsläufigkeit zu einem neuen Reich und zu einer neuen Herrschaft des deutschen Geistes kommen würde. Allemal würde das Deutschtum «der müden und welken Kämpfer» der Décadence entbehren können: «Denn dieses ganze Künstlergeschlecht geht zwischen Größenwahn und Selbstironie einen widerlich taumelnden Gang; ihre geistige Persönlichkeit ist meist nur ein Komplex von Nervenzuckungen, ihre Kunst der Charakteristik unterscheidet sich nicht von der des Anatomen, und wie dieser üben sie an Leichen, an Moralischen wenigstens; nichts gewinnt ihren Ernst, nichts ihre Ausdauer, nichts ist ihnen im Grunde heilig, es sei denn ihre Ruhmsucht. Nein, die Gefäße des Deutschtums in der Kunst müssen reinlicher und keuscher sein als diese, aber vor Allem auch stärker; Kerle müssen kommen, so ernst und so neckisch, so kindlich rein und doch so wohl bekannt in allen Himmeln und Abgründen des Menschenherzens und so gesegnet schließlich mit den Gaben der Phantasie und des Humors, wie etwa Böcklin unter den Malern ist und wie ich unter den heutigen Dichtern noch keinen weiß.[130]

7. Das Reich als Programm der Evolution

Der für die klassische Avantgarde späterhin zum Menetekel gewordene Begriff «Entartung» wurde bekanntlich von einem der vehementesten Kulturkritiker der Jahrhundertwende, von Max Nordau geprägt. In seinem gleichlautenden Buch «Entartung» und dem über «Die conventionellen Lügen der Kulturmenschheit» diagnostiziert er eine weit fortgeschrittene Krankheit der westlichen Kultur mit ihren ungesunden und ausbeuterischen Formen der Produktion, die einst noch dazu führen werde, daß der Europäer zum Sklaven des Schwarzen von Mittelafrika werde.[131] Einen Spiegel dieses geistigen Siechtums bildet freilich die Kunst, deren Bewegungen Nordau unter dem Blickwinkel einer auf seiner «medizinischen Seinslehre» basierenden «neurologischen Ästhetik» verfolgt[132], welche wiederum nicht ganz frei ist vom Einfluß Nietzsches, der zwischen dem ästhetischen Begriff Décadence und dem biologischen der Degeneration vermittelt hatte.[133] Nordau zufolge unterliegen soziale und künstlerische Degenerationserscheinungen den gleichen Gesetzmäßigkeiten: «Wer Künstler, wer Verbrecher wird aufgrund seiner Krankheit, ist eher eine Klassenfrage. In niederen sozialen Ständen äußert sich die Entartung als Kriminalität. Damit ein degeneriertes Nervensystem zum Künstler führt, müssen die privilegierten Lebensbedingungen der Oberschicht hinzutreten. Der vornehme décadent ist der ‹theoretische Missetäter›, der seine verbrecherischen Neigungen nur im Kopf begeht. Einen ‹dégéneré supérieur› nennt ihn Nordau im Gegensatz zum ordinären Berufsverbrecher. Von Kriminellen unterscheidet sich der Künstler oft nur durch ein gewisses Maß an Muskelschmalz und Entschlußkraft, um den Raub, den Mord, die Blutschande, welche er in seinen Werken verherrlicht, auch in die Tat umzusetzen. Von der sittlichen Verderbtheit her betrachtet, wäre es zweckmäßiger, gewisse ästhetische Produkte sogleich der Justiz, statt dem Kunstrichter vorzuführen.»[134] Böcklin habe sich zeitweilig auf der Grenzlinie zwischen ästhetischer Gesundheit und Entartung bewegt, sei aber ein aufrechter Bürger geblieben und habe mit dekadenten Flaneuren nichts gemein[135], wobei für Nordau das Realistische mit dem Gesunden zusammenfällt, was insgesamt eine gute Entwicklungschance habe: «Denn was der Menschheit bevorsteht, das ist Erhebung und nicht Erniedrigung, ihre Entwickelung macht sie besser und edler, nicht schlechter und gemeiner, wie ihre Verleumder behaupten, durch die reine, durchsichtige Atmosphäre der naturwissenschaftlichen Weltanschauung sieht sie ihr Entwicklungsideal klarer und strahlender als durch die dicken Wolken und Nebel des transzendentalen Aberglaubens.»[136]

«Gesundung» ist ein Postulat, welches die insgesamt sehr vielfältige Lebensreformbewegung der Jahrhundertwende dennoch auf einen

Nenner bringt.[137] Und man verfälscht die Hauptlinien dieses Denkens gewiß nicht, wenn man etwa folgendes Modell anwendet: Wie das Überleben der Organismen und der Arten in der Evolution durch den Mechanismus der Selektion entschieden wird, so ergeht es auch dem Schicksal der Kulturen insgesamt. Das Verschwinden ganzer Völker entspricht den Gesetzen einer natürlichen Auslese. «Ja sogar, bei Licht betrachtet, ist der Völkertod geradezu ein Mittel des Kulturfortschrittes. Wenn die Kultur vorwärtskommen soll, muß sie über die Leichen all der Völker ihren Fuß setzen, die ihrem Weiterschreiten im Wege stehen.»[138] Wobei der heute fast unbekannte Arzt und Soziologe Franz Müller-Lyer die Phänomenologie dieses Ausleseprozesses mit dem jeweiligen Organisationsgrad einer Gesellschaft zu beschreiben versucht und somit ein gutes Beispiel dafür liefert, wie marxistische und sozialdarwinistische Vorstellungen amalgamiert werden konnten.[139] Während allerdings die sogenannten Gruppenberührungen, also das Aufeinandertreffen organisatorisch unterschiedlich ausgerüsteter Gesellschaften die treibende Kraft des Fortschrittes sind, liegen die «Grundbedingungen des Kulturfortschritts» in den physischen und psychischen Eigenschaften des Menschen, «in seinen sozialen Instinkten, in seiner Sprache, seinem Intellekt, Spieltrieb usw.»[140] Als allgemeine Erfahrungstatsache schien es sich nun zu bestätigen, daß es zu höheren sozialen Organisationen scheinbar nur in den westlichen Gesellschaften gekommen war, also im Wirkungsbereich der nordischen bzw. germanischen Rasse. Den dadurch offenbar gewordenen kulturellen Selektionsvorteil hatte nicht zuletzt Gobineau in seinem «Essai sur l'inégalité des races humaines» in der deutschen Geistesgröße repräsentiert gesehen, angefangen von den Nibelungen über den «Simplizissimus» zu Goethe und Wieland, der, wie es heißt, Heine weit überdauern werde.[141] Waren einmal künstlerische Qualität und rassische Eigenart in Beziehung gesetzt, lag es nahe, das jeweils eine durch das andere sicherzustellen und damit das sogenannte Survival of the fittest.[142] Während schon Müller-Lyer in der Überbevölkerung eine Gefahr für die optimale soziale Organisation gesehen hatte und für eine Auswahl der besten Köpfe plädierte[143], sahen andere – wie Schallmeyer – die «generative Auslese» durch die zivilisierten Gesellschaften insgesamt beeinträchtigt, was sich neben allen möglichen deszendenztheoretischen Erwägungen wiederum der allgemeinen Untergangsstimmung des Fin de siècle einfügt.[144] So galt es, zwei Prämissen zugleich Rechnung zu tragen: Einerseits beruhten die

Überlegenheitsvorstellungen rein empirisch auf den mitteleuropäischen Zivilisationsstandards; andererseits sah man gerade darin die Degenerationsursachen, d.h. den drohenden Abbau jener Selektionsvorteile, die dem zivilisatorischen Erfolg zugrunde liegen sollten. Die hinlänglich bekannten und später vom Nationalsozialismus realisierten eugenischen Programme haben hier ihren Ursprung. Kultur- und kunstsoziologisch ebenso von Belang dürften die programmatischen Ansätze sein, die aus diesem Dilemma hinausführen sollen, indem sie die Moderne gleichzeitig zu bewahren und zu archaisieren versuchen.

Ideologisch erleichtert wird diese Strategie wiederum durch die traditionelle Unterscheidung von Zivilisation und Kultur. Man braucht nur an das Negativbild des «verweichlichten» und «degenerierten» französischen Höflings zu denken und an sein Pendant in der modernen Großstadt, um zu verstehen, daß Zivilisationskomfort und ästhetisches Divertissement aller Art geradezu zum Sinnbild der Degeneration avancierten. Assoziierte man mit kultureller Blüte bislang eine Fülle von Gegenständen, so erhält der neue Kulturbegriff den Inhalt einer von allem konkreten Material unabhängigen Potentialität, die immer nach Höherem strebt und das kommende Reich wiederum als metaphysischen Wert enthält. Aus dem sozialdarwinistisch begründeten Fortschrittsgedanken, einer heimlichen Teleologisierung der Evolutionstheorie, wie Wingert, Kreul und Bayertz treffend schreiben[145], können somit alle degenerationsrelevanten zivilisatorischen Inhalte eliminiert werden. Was die mehr oder weniger deutschtümelnde Kunst gegen Modernisierung, Urbanisierung und Massenkonsum in Bewegung setzt, ist gemessen an dieser radikalen Perspektive hohles Pathos. Der revolutionäre, wenn auch teilweise mit begrifflicher Akrobatik unternommene Schritt Kandinskys besteht in der Ankündigung, nunmehr überhaupt von jeder Idealisierung Abstand halten zu wollen[146] und die Kunst zur Domäne des *reinen* Ausdrucks zu machen.

Die abstrakte Moderne, die in ihren Selbstäußerungen jene seit Jahrhunderten auf dem deutschen Verständnis lastende Frage nach dem Kulturwert der Zivilisation am radikalsten zu lösen versprach, wurde Opfer ihrer eigenen Konsequenz und – wie man vielleicht sagen kann – des naiven Naturalismus, dessen sich totalitäre Systeme offenbar gerne bedienen. Nachdem später der nordische Geist in Form des deutschen Expressionismus sowohl die hypernervösen, «degenerierten» Salontypen als auch die «seelenlose» Rationalität von

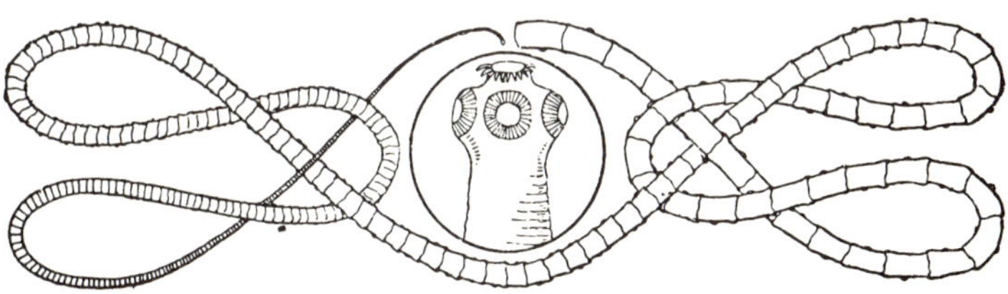

■ Vignetten aus Ludwig Bölsches «Liebesleben der Natur», gezeichnet von Müller-Schönefeld, 1898

der Leinwand verdrängt hatte, wurde dieser selbst zum Degenerationsobjekt erklärt. Durch eine Anverwandlung an frühe Kunst und an die Ursprünglichkeit der Kinderzeichnung hatten Männer wie Kirchner, Erich Heckel, Schmidt-Rottluff und Emil Nolde ein archaisches Ausdrucksvermögen reaktualisieren wollen und sich – wie wir noch sehen werden – in vielen Punkten die völkische Ideologie selbst zu eigen gemacht, indem sie wie etwa die Kunsterzieher Gustav Kolb und Christoph Natter Blut und Boden beschworen.[147] Erst als die völkische Bewegung mit der Hypostasierung archaischer Ausdruckskraft und kindlicher Ursprünglichkeit dem nationalsozialistischen Gedankengut kulturelle Reputation verschafft hatte, wurden all die mit diesem Wertkomplex verbundenen Kunstwerke selber auf die Ebene des Degenerierten, Zurückgebliebenen, Krankhaften verwiesen.

8. Die wissenschaftliche Integration der Reichsutopie

Daß man sich zur Jahrhundertwende angewöhnt hatte, alle Kulturphänomene in erster Linie an der in ihnen verausgabten Ausdruckskraft zu messen, ist keine feuilletonistische Marotte; es ist eine Variation der allgemeinen philosophischen Absicht, das Wesen der Dinge nicht mehr auf eine Substanz zurückzuführen, sondern es in seiner Funktion begreifen zu lernen.[148] Der schöpferische Akt als solcher gewinnt somit gegenüber dem fertigen Werk immer mehr an Bedeutung; die allgemeine Beschaffenheit des Ausdrucksvermögens und des Wahrnehmungsapparates selbst avancieren zum vorherrschenden Thema der Kunst wie auch der Ästhetik. Cassirer zufolge hatte gerade die deutsche Philosophie wesentlich jene Stationen im Übergang vom Substanz- zum Funktionsbegriff geprägt, der sich nunmehr als Voraussetzung der modernen Physik bewährte, darüber hinaus aber auch zur Legitimation der abstrakten Moderne diente.[149] Nicht umsonst spricht Kahnweiler vom Kubismus als Neukantianismus mit malerischen Mitteln.[150] Die spezifische Auffassung der Dinge bzw. ihre Fundierung in der Freiheit des menschlichen Geistes abstrahiert von ihrer konkreten Gestalt. Dies war, wie wir sahen, schon der Grundgedanke der deutschen Auffassung vom Staat als eines noch nicht «Abgeschlossenen, immer Werdenden». Der Begriff der Form wird auf diese Weise zum Imperativ des Suchens, sich Abarbeitens und sich Verausgabens und steht im Widerspruch zu jedem naturalistischen Ideal. Eben letzteres

■ Versuche einer evolutionstheoretischen Bestimmung bildnerischer Zeichen. Sonnendarstellungen von Kindern, Kelten und Indianern. Aus: Max Verworn: Ideoplastische Kunst, Jena 1914

sieht man im formalisierten Menschenbild der Renaissance realisiert, mit dem sich der theoretische Nestor des deutschen Expressionismus, Wilhelm Worringer, in seiner berühmten Dissertation «Abstraktion und Einfühlung» auseinandersetzt. Während der Mensch der Renaissance – typischerweise handelt es sich wiederum um den romanischen – mit seiner Kunst das «organisch Lebendige» in der «organisch lebens*wahren* Form» gefunden habe, sei für das nordische Kunstwollen eine Tendenz zur Abstraktion typisch, welche zugleich erst die Voraussetzung für die Herausbildung eines wirklichen Stils erfülle.[151] Abgesehen von der Wiederentdeckung Dürers und Rembrandts läßt sich mit dem sogenannten Abstraktionsdrang ein offensichtliches Defizit kompensieren: Das Volk der Dichter und Denker mit seinem «immer werdenden Reich» hatte in der offiziellen Kunstgeschichtsschreibung der Hegemonie von Antike und Renaissance kaum etwas entgegenzusetzen gehabt. Nun aber lösten «Ausdruckskraft» und «Wollen» als neue Kriterien die Herrschaft des Mimetischen in der Kunstphilosophie ab. Als Maßstab von Größe und Tiefgründigkeit eigneten sie sich um so mehr, als ihre Geltung doch jenseits jedes empirischen Nachweises, eben metaphysisch angelegt war, was die Malerei, wie Simmel und Worringer es im Anschluß an Schopenhauer wünschten, aus den Begrenzungen des Empirischen und Materiellen herausführen sollte.[152] So erklärt sich letztlich auch die Diskrepanz zwischen der Wortgewalt der seinerzeit ohne Zahl verfaßten Elaborate über die Größe und den Neubeginn deutscher Kunst einerseits und dem im europäischen Maßstab vergleichsweise bescheidenen Œuvre der Böcklin, Thoma, Klinger andererseits. Wo künstlerische Leistung und Empfindsamkeit nach eigener Diagnose zu wünschen übrig ließen, wartete man wie eh und je in Deutschland mit Begriffen auf, die diesen Zustand zu transzendieren versprachen.[153]

Das Mißverhältnis von Sache und Begriff sollte in diesem Fall verheerende Folgen haben. Die buchstäbliche Einnordung des Expressionismus[154], verbunden mit der Abrechnung «mit dem rational-naturalistischen Erbe von fünf Jahrhunderten»[155] verpflichtet Künstler wie Kirchner, Nolde und Schmidt-Rottluff auf eine Ideologie, die mit dem Werk selber keinen zwingenden und unmittelbaren Zusammenhang aufweist. Als später die völkische Bewegung weitgehend im Nationalsozialismus aufgegangen war, ließen sich die hochtrabenden und mittlerweile politisch-instrumentell gewordenen Ansprüche an die Kunst mit solchen Werken kaum demonstrieren, die nicht nur Rosenberg, sondern auch das gesunde Volksempfinden allenfalls als «Negerplastik» oder expressionistische «Kritzeleien» abqualifizierte. Der nordische Tiefsinn kehrte sich gegen jene, die ihn zunächst ohne böse Absicht in reinster Form zu repräsentieren geglaubt hatten. Rosenbergs Propagierung des «ästhetischen Willens» entspricht auf weiten Strekken genau jener expressionistischen Auffassung, die er im gleichen Atemzug immerfort als das Werk jüdisch-bolschewistischer Mestizen diffamiert.[156] Und so wurde bereits in den dreißiger Jahren die Frage gestellt, ob nicht der Nationalsozialismus als eine zwangsläufige Folge jenes Irrationalismus zu betrachten sei, der schon dem deutschen Expressionismus als inspirierende Kraft gedient habe[157], oder gar, wie Lukács es später in «Die Zerstörung der Vernunft» darlegt, im Kontext der Lebensphilosophie die Weichen hierfür gestellt wurden. Zur vielfach hieran geäußerten, kürzlich noch von Beat Wyss bekräftigten Kritik an dieser Auffassung hat sicher Lukács' Versuch beigetragen, das Problem seinerseits mit einer Ästhetik des Realismus zu bewältigen[158], die ihm den Vorwurf des Dogmatischen einbrachte und insgesamt den Zusammenhang weiter verunklären mußte: Konfrontiert mit «Nazi-

Klassizismus» und sozialistischem Realismus, sehen wir «realistische» Kunst eher im Dienste totalitärer Regime, während der gedankliche Kontext der abstrakten Moderne geradezu zum Synonym für geistige Freiheit und gesellschaftlichen Pluralismus erhoben wurde.[159] An der Vorgeschichte des Dritten Reiches läßt sich diese Auffassung nicht bestätigen, wobei daran erinnert werden muß, daß die Inhalte des deutschen Faschismus nicht von Hitler erfunden wurden, daß aber die heute als nationalsozialistisch charakterisierte Kunst offiziell erst dominant geworden war, als eine spezifische Richtung dieser Bewegung sich durchgesetzt hatte.[160] Lenkt man den Blick auf die kulturellen Vorstellungen der Bewegung vor 1933 und den hierfür zuständigen Personenkreis, auf Mitkämpfer wie Paul Fechter, Mitglieder wie Emil Nolde, Sympathisanten wie Richard Müller-Freienfels und auf Josef Goebbels selbst, dann finden wir bei ihnen auch solche Vorstellungen, wie sie der klassischen Moderne zugrunde liegen und in den Schriften Kandinskys und Mondrians formuliert wurden. Im «Jahrbuch der jungen Kunst» von 1920 schreibt einer der bekanntesten Verfechter des Expressionismus, Paul Fechter: «Der Bildersturm von heute fühlt gegenüber den Werken der jüngsten Vergangenheit wie der der Reformation gegen die nachgotischen. Er richtet sich gegen den Rationalismus, der seit den Tagen der Renaissance das europäische Bild beherrscht, seine Form nach begrifflich darstellbaren Prinzipien aufbaut – gegen das unlebendig Gefühllose bloßer Komposition, die nicht mehr als Sinnbild einer inneren Ordnung, sondern als ein Seitenstück zu dem Fetisch der modernen Welt der Organisation, empfunden wird. Der Haß gegen alles, was Kunst am Bilde ist, im Sinne des geschichtlichen Inhaltes des Begriffs – zugunsten dessen, was ursprünglich als lebendiges seelisch-geistiges Leben, als Notwendigkeit in ihm war. Die Neigung für die Werke der Vorrenaissance, der Gotik, des Romanischen beruht auf dem gleichen Grunde: man empfindet dort noch dunkel den Rest einer tieferen Bedeutsamkeit, die dem Werk jenseits aller nur kompositionell farbigen Reize, einen symbolhaft geistigen Sinn und damit ein Daseinsrecht als Lebenswert gibt.»[161]

Bei diesen Worten könnte sich Fechter sehr gut auf Konrad Fiedler und Alois Riegl berufen haben, deren grundlegende Bedeutung für die Moderne in Deutschland außer Frage steht, ebenso wie auf Worringer und – so paradox es zunächst klingen mag – auf Kandinsky. Fiedler hatte in seiner Schrift über den «Ursprung der künstlerischen Tätigkeit»[162] der Kunst den Status einer autonomen Erkenntnismethode verliehen, indem er sie von der Prädominanz des begrifflichen Denkens befreite. Gleichwohl entspricht sie dabei keinem rein kontemplativen, vom Willen suspendierten Zustand. Vergleichbar mit dem physiologischen Vorgang des Sehens, bei dem ebenfalls nur ein Teil der auf die Netzhaut projizierten Gegenstände bewußt wird, beruht die künstlerische Tätigkeit auf einer Hierarchisierung von Eindrücken, die allerdings völlig anonym und nichtig bleiben, bevor sie von der Ausdrucksbewegung der zeichnenden Hand realisiert werden.[163] Keine begriffliche Konzeption kann qua Ausführung Kunst werden; der künstlerische Schaffensprozeß ist vielmehr das synchrone Geschehen von Sinnenswahrnehmung und Ausdrucksbewegung, das sich als Tatsache selbst setzt, das Wirklichkeit konstituiert, nicht aber eine solche abbildet. Dieser situative, seinen Sinn nur in sich selbst tragende Vorgang bildet ein vollwertiges Äquivalent zum begrifflichen Erfassen der Welt. Doch während die Begriffe – so kann man vereinfachend sagen – das menschliche Bewußtsein immer wieder auf seine empirischen Voraussetzungen lenken, wählt in der künstlerischen Tätigkeit der Geist sich selbst zu seinem Gegenstand und demonstriert nach Fiedlers Auffassung damit ein Erkenntnisvermögen höherer Art.[164]

Die Kriterien, die jenseits des Mimetischen nunmehr für ein Kunstwerk Geltung erlangen, sind logischerweise schwer in Begriffe zu fassen. Was Fechter als Rückbesinnung auf ein «lebendiges seelisch-geistiges Leben» reklamiert, hatte vorher Kandinsky in seiner Schrift «Das Geistige in der Kunst» mit Begriffen wie «innere Notwendigkeit», «zweckmäßige Berührung der Seele» umschrieben. Fechter folgt dem in allen Punkten, wenn er die Abwendung vom Naturalismus beschreibt, der fälschlicherweise das Materielle als das «wesentlich Seiende» begriffen habe: «Die heutige Generation findet in diesen Variationen des Ausgangspunkts kein Genügen mehr: Sie sucht das Unmittelbarkeitserlebnis rein, ohne äußeren Anlaß, in sich selbst und aus sich selbst. Die Futuristen schleppen bei ihren Impressionsragouts noch einen starken Rest Vergangenheit in den Wirklichkeitsbruchstücken ihrer Bilder mit; Kandinsky schafft schon rein aus dem Gefühl die Visionen seiner Seelenlandschaft – und Picasso und die Seinen suchen nur aus dem Geist eine neue Welt zu schaffen. Höchstens der Raum, die immaterielle Möglichkeit aller Dinge bleibt noch Thema und Grundlage ihrer Bilder.»[165]

Das Beispiel Fechters zeigt, wie auf der Basis der Lehren Fiedlers zwei

Perspektiven nebeneinander existieren, miteinander konkurrieren und sich im «kulturkritischen Alltag» der Deutschen vielfach vermischen. Die erste Perspektive bleibt in erster Linie erkenntnistheoretisch ambitioniert und gipfelt in der Feststellung Ernst Cassirers: «Es ist nicht der Mensch, der als bloßes Naturwesen, als physisch-organisches Wesen, zum Schöpfer der Kunst wird – sondern es ist vielmehr die Kunst, die sich als Schöpferin des Menschentums erweist, die die spezifische ‹Weise› des Mensch-Seins erst ermöglicht und konstituiert.»[166] Die Kunst ist eine unter den symbolischen Formen, die den Menschen als das ausweist, was er ist, die gegenüber Mythos, Religion und Wissenschaft einen spezifischen Raum konstituiert. Cassirer ebenso wie Panofsky begreifen ihn nicht als sensualistisches Traumreich, sondern insofern als rational, da hier durchaus ein im Sinne der Werkästhetik strenges Gesetz waltet und keineswegs hedonistische Willkür. In der zweiten Perspektive wird dagegen versucht, an die Stelle des einstmals über allem künstlerischen Schaffen stehenden Begriffs eine substantielle Bestimmung zu setzen. Wenn es in der Kunst weder um das Abbild noch um das abgeschlossene Werk geht, vielmehr um das geistige Ausdrucksvermögen selber, liegt die Frage nach der Spezifik des Ausdrucks nahe: Nicht mehr die Naturtreue der Nachahmung entscheidet über die Qualität des Bildes, sondern die in ihm investierte Ausdruckskraft, die tendenziell gar keines materiellen Nachweises mehr bedarf. Nachdem Hippolyte Taine dem formalen Universalismus in der Beurteilung der Kunst durch die Einführung ethnosoziologischer Kriterien ein Ende bereitet hatte, war es kein theoretisches Problem mehr, die dem Kunstwerk eigene Nobilität auf seinen regionalen Entstehungskontext vorzuverlagern. Der Norden oder besser das Nordische schlechthin wurde zum zentralen Qualitätskriterium des deutschen Expressionismus erhoben, wofür aber doch die Gotik den anschaulichen Beweis liefern mußte – gegen die Renaissance, das «Verhängnis der deutschen Kultur».[167] Mit der Nationalisierung des Expressionismus gehen – wie Magdalena Bushart es in ihrem Buch beeindruckend zeigt – große Namen der deutschen Avantgarde konform.

Abgesehen von diesem persönlichen Engagement der Künstler, welches wir noch im einzelnen verfolgen werden, erfährt zunächst die Metaphysik des neuen Reiches Auftrieb. Das «Geistige» und die «Kunst», als die höchsten, dem deutschen Denken bekannten Werte, erscheinen auf diese Weise dem Rassencharakter unmittelbar assimiliert. Das mit Gewißheit erwartete, kommende Reich wird ebenfalls entmaterialisiert. Man wird es nicht, so der Kulturreformer Ernst Joël, an «verwaltungstechnischen Arbeiten», an einer «Politik als parteimäßiger Vertretung von Wirtschaftsinteressen», an «Regulierungsversuchen großen Stils» erkennen.[168] Die kommende Epoche des großen Geistigen wird, wie Kandinsky es nahelegt, keine Republikaner, Volksvertretungsanhänger, Naturalisten und Positivisten – kurz: die profane Existenz des «Einwohners» mehr kennen.[169] Einmal in falschen Ohren, war diese Selbstverwirklichungsperspektive des absoluten Geistes nicht gerade geeignet, kritisch-pragmatischen Bürgersinn zu forcieren.

Die Radikalität Worringers und vor allem Kandinskys erklärt sich auch aus ihrem Ärger darüber, daß man sich angewöhnt hatte, fehlende Qualität mit dem bequemen Hinweis auf Geistigkeit zu rechtfertigen. Eine solche Messung des Kunstwerkes an seiner guten Absicht hatte Nahrung erhalten auch durch die Aufnahme eines anderen Denkers, durch Alois Riegl.[170] Der Titel seines Hauptwerkes «Die spätrömische Kunstindustrie» verrät kaum etwas von der eminenten Wirkung dieses Mannes auf die modernen Kulturwissenschaften. Riegl widmet sich der Frage, warum nach den bedeutenden Leistungen der antiken Hochklassik und der römischen Blütezeit jener Niedergang zu erklären ist, wie er sich scheinbar im spätrömischen, d.h. byzantinischen Kunstgewerbe offenbare.[171] Riegl kommt zu dem Ergebnis, daß nicht künstlerisches Unvermögen die Ursache der in vielen Augen unbeholfen wirkenden Figuren ist; vielmehr erkennt er darin einen sehr bewußten Akt, der auf einem anderen Empfinden, einer anderen Absicht dieser Epoche gründet, d.h. ihrem aboluten Kunstwollen entspricht.[172] Damit ist die Macht des Naturalismus theoretisch gebrochen. Wenn die Menschen der Renaissance ihr Ideal im «organisch Lebenswahren» fanden – so wendet Worringer die Rieglsche Theorie unmittelbar an –, dann bedeutet das noch nicht, daß eine andere Epoche ebenso handeln und empfinden muß. Im Gegenteil, in der bewußten Wende zu den archaischen Formen der Naturvölker, deren Kunst im 19. Jahrhundert noch als unvollkommene Vorstufen interpretiert wurden, kann durchaus ein Fortschritt gesehen werden, da sich das absolute Kunstwollen hier auf einer neuen historischen Stufe äußert.

In dieser Hinsicht präsentiert sich Riegls Theorie allerdings widersprüchlich. Von Hegel geprägt, sieht Riegl «nur Fortschritt und nichts als Fortschritt» in der künstlerischen Entwicklung. Da dies aber nicht an formalen Merkmalen festgestellt werden kann, bezieht sich dieser Fortschrittsbegriff explizit auf die «universalhistorische Gesamtentwicklung»[173], während das Kunstwerk selbst, wenn man in der Rieglschen Logik bleibt, immer nur an der Adäquanz zu dem jeweils bestimmenden Wollen beurteilt werden kann. Kandinskys Ausspruch: «Es gibt keine Frage der Form im Prinzip» ist allein so zu verstehen. Riegls Einfluß reicht weit über die Kunstwissenschaften hinaus, zeitigt Spuren bei Georg Simmel und Alfred Weber und damit in der deutschen Kultursoziologie, wo man versucht, zwischen dem Entwicklungsstand zivilisatorischer Standards und synthetischen Kulturleistungen zu differenzieren.[174] Vor allem jedoch ist es die «konservative Revolution», die von ihrem Chronisten damit gekennzeichnet wird, daß sie sich dem Geiste des «großen Riegl» verpflichtet fühlt und sich insgesamt als ästhetisches Projekt einstuft.[175] Die Popularität Riegls läßt sich wohl am ehesten damit erklären, daß sie den noch wesentlich durch Schopenhauer geprägten Kunstbegriff jener Generation wieder mit der Vorstellung eines ästhetischen Willens konfrontiert und ihn in gewisser Weise – wie später Rosenberg – damit assimiliert.

Typisch hierfür ist ein Eklektizismus nach folgendem Muster: Die Geringschätzung der empirischen Realität beruft sich auf die kontemplative Kunstphilosophie Schopenhauers und die Erkenntnislehre Fiedlers, ebenso auf die falsch verstandene Lebensphilosophie Simmels. Diese Kunstmetaphysik trifft jedoch auf eine enorme Vitalität innerhalb der Gesellschaft, der es eben durch die Geringschätzung zivilisatorischer Errungenschaften erschwert wird, sich zu bewähren und selbst zu bestätigen. Mit seiner Propagierung des L'art pour l'art, welches doch in den «vollen Lebensstrom» gebettet ist, kommt Simmel etwa ein Jahrhundert zu früh.[176] Kunst und Politik treffen sich in der ersten Hälfte des Jahrhunderts noch im unbestimmten Begriff des Wollens, welches sich um so vehementer auf eine verschwommene Zukunftsutopie richtet: das Kunstwollen oder Kulturwollen, der Kulturwille, das Wollen überhaupt oder die Wollungen oder wie immer man es formuliert. Je mehr aber dieses dubiose Kunstwollen als Voraussetzung der Kunst akzeptiert wird und als ihr zentraler Inhalt in den Vordergrund rückt, desto selbstbewußter kann sich die konservative Revolution – wie Armin Mohler es bezeugt – als ästhetische Bewegung begreifen.[177] Das Dritte Reich, so wie es sein Protagonist Arthur Moeller van den Bruck entwirft, bezeichnet Fritz Stern treffend als «das Wunschbild eines Ästheten».[178] «Nie behandelte er es als Realität, es blieb stets ein Mythos. Das Dritte Reich ist mir verheißen. Und es wird niemals erfüllt. Es ist das Vollkommene, das nur im Unvollkommenen erreicht wird.»[179] Die Nobilität des Ausdrucks und des ihm zugrunde liegenden Wollens basiert auf einem entgrenzten Kunstbegriff, den Fiedler und Riegl nicht im Sinne hatten, dem sie aber ungewollt Vorschub leisteten. In der «Heidelberger Philosophie der Kunst» hat Georg Lukács mit dem Blick auf Fiedler und Riegl klar gesehen, wie durch eine allzu große Verwandtschaft von Kunst und Erlebniswirklichkeit «beide in ihrem eigensten Wesen betrübt» werden.[180] Und gerade die musische Bewegung in der Weimarer Republik zeigt, daß die Grenzen zwischen beiden immer fließender werden, sich jeder kulturkritische Habitus als künstlerische Tat und umgekehrt jeder künstlerische Akt als Konstituante sozialer Wirklichkeit aufspielen kann. Nachdem alle begrifflichen Mitteilungen im einzelnen Kunstwerk prinzipiell überflüssig geworden waren, wird die Kunst als Ganzes ideologisiert und zum Medium eines mehr oder minder geachteten, als wertvoll oder minderwertig eingestuften, als gesund oder entartet befundenen Ausdrucksvermögens. «So ist die alte Eindeutigkeit nur mit entgegengesetztem Vorzeichen wieder hergestellt: Es gibt etwas das mitgeteilt werden kann, und die Kunst ist nur das Vehikel dieses ‹Ausdrucks›, nur daß der Inhalt problematischer geworden ist, weniger allgemein, weniger allen Menschen gemeinsam.»[181]

9. Die Antwort der Gesellschaft

In einer Zeit, da die erhabenen Botschaften der idealistischen Metaphysik zunehmendem Zweifel unterliegen und mit der Herausbildung einer modernen Massengesellschaft die kulturelle Hegemonie der bildungsbürgerlichen Eliten ins Wanken gerät, muß die Definition einer notwendigen politisch-sozialen Perspektive für die Deutschen als «rein geistiger» bzw. ästhetischer Prozeß einigermaßen absurd erscheinen. Und in der Tat handelt es sich beim permanenten Rekurs auf die «Minderwertigkeit materieller Interessen» um eine Verklärung der wirklichen sozialen Motive, wie sie insbesondere die zu neuer sozialer Geltung drängenden Mittelschichten bewegen. Mit dem wirtschaftlichen Aufschwung im Kaiserreich steigt neben der industriellen Erwerbsarbeit auch der Bedarf an qualifizierter Arbeitskraft im Bereich von Planung, Handel und Verwaltung, so daß z. B. die Zahl der höheren Schüler und Seminaristen sich von 1850 bis 1914 verachtfacht, was weit über die Proportionalität des Bevölkerungswachstums hinausgeht und auf einen erheblichen sozialen Aufstieg bestimmter Familien schließen läßt.[182] Von 12 Millionen Haushalten, die im Jahre 1895 gezählt wurden, gehörten immerhin 6,5 Millionen Familien zum oberen und unteren Mittelstand.[183] Wir wissen, daß es für diese gebildete, kreative und vitale Klientel im europäischen Vergleich wenig Möglichkeiten der praktischen politischen Beteiligung gab, ein liberales großstädtisches Klima mit vielfältigen Möglichkeiten zur Gesellung und gegenseitiger sozialer Anerkennung vergleichsweise unterentwikkelt war. In aller Knappheit sei nur angedeutet, daß sich diesem, sich einerseits durch beruflichen Funktionszuwachs auszeichnenden, andererseits politisch unterrepräsentierten Bürger- und Kleinbürgertum nur wenige Wege kultureller Artikulation boten. Als Funktionsträger des Kapitals und Nutznießer der zunehmend sich bietenden Konsummöglichkeiten war ihm der Zugang zum Kultur- und Gesellschaftsbild der Sozialdemokratie vielfach versperrt; eine innere ideologische Bindung an den Bismarck-Staat lag ebenfalls nicht nahe; repräsentierte dieser doch die hierarchische Ordnung des Ancien régime, die den Lebensbedingungen und Berufsperspektiven der neuen Distributoren- und Verwaltungsschicht zuwiderlief. Für die Herausbildung eines liberalen bürgerlichen Selbstbewußtseins fehlte wiederum jener in England und Frankreich durch die frühe Nationalstaatlichkeit gegebene Gesamtkonsensus. So ist es nicht verwunderlich, wenn typische Institutionen der hier angesprochenen Schichten, der «Deutsch-nationale Handelsgehilfenverband» oder der «Alldeutsche Verband», zugleich als Agenturen der völkischen Bewegung bekannt sind.[184] Der völkische Gedanke wirkte kollektivbildend, ohne die Vision eines sozialistischen Kollektivs bemühen zu müssen. In gewisser Weise förderte er sogar die Achtung vor dem Individuum, denn das «Volk» bildete hier den kleinsten gemeinsamen Nenner, ließ die Differenzierung in soziale Klassen ebenso in den Hintergrund treten, wie es die beanspruchten Rechte von Bluts- und Besitzadel relativierte.

Das vielfach so apostrophierte Verlangen der Gebildeten nach einer vom lebendigen Geist getragenen neuen deutschen Kunst drückt zunächst Unzufriedenheit darüber aus, in welchem Maße die offiziell anerkannten Werke und ihre Schöpfer überkommene ständische Hierarchien repräsentieren. So sehr man auch vom jungen Nationalstaat profitiert – Heldendenkmäler, Schlachtengemälde, Fabrikanlagen naturalistisch wiedergegeben und auch die laszive Atmosphäre der Salonmalerei reproduzieren eigentlich nur das Rollenspiel der viktorianischen Epoche. Die sogenannte Masse ist gezwungen, aus den wachsenden Ansprüchen, die eine öffentliche Meinung an die Kunst heranträgt, eine lebenspraktische Perspektive, man kann auch sagen, einen lebensweltlichen Sinn zu entwickeln. Hermann Drüe hat mit Rücksicht auf die psychologische Ästhetik das Publikum der Jahrhundertwende und seine Rezeptionsweisen mit der Leser-Gemeinde des Baedeker verglichen.[185] Es ist eine Zeit, in der die Horizonte sich erweitern, ein ungemeines Interesse z. B. am fernen Japan, an Indien oder an den Sitten der Indianerstämme Nordamerikas wach wird. Die moderne Gesellschaft erlaubt es, die Vielfalt der Informationen aufzunehmen, ihren Inhalt dem Bewußtsein zu assimilieren, ohne sich mit dem Anderen, Unbekannten, Geheimnisvollen und Verlockenden gänzlich identifizieren zu müssen. Der kulturelle Ertrag der Geldwirtschaft ist der der realen Option, was wohlbemerkt nicht mit deren Verwirklichung gleichzusetzen ist. Anstelle der transzendentalen, religiösen Überwindung der empirischen Realität tritt die Entdeckung, vielfältige solcher Realitäten untereinander und gegeneinander auswechseln zu können. Der «Stil» des Lebens bzw. die Vielfalt und Auswechselbarkeit der Rollen – dies ist das eigentliche Fazit in Simmels «Philosophie des Geldes» – läßt die Frage nach der eigentlichen Zugehörigkeit der Individuen der Tendenz nach überflüssig werden. Die Institute, die dem nunmehr massenhaft auftretenden Flaneur dienen, sind die Mode und das Feuilleton, der Boulevard und das Café, eben all jene Einrichtungen, die es ihm nicht erlauben, feste Wurzeln zu schlagen, die ihm nicht mehr bedeuten als eine flüchtige Impression.

Wie in allen vergleichbaren Gesellschaften wird dies auch im Deutschland der Jahrhundertwende zur unvermeidbaren kulturellen Perspektive des modernen Menschen. Nirgendwo anders wird ihm dies aber so übel genommen wie hierzulande, wird die bescheidene Aussicht, mit der Kunst ein Gefühl sozialer Sympathie zu verbinden, als republikanische Regression diffamiert. Dem Tatendrang der neuen

■ Wider die «materielle Zivilisation». Aus: «Die Tat», 10. Jahrgang, Heft 12, Jena 1918

Das grüne Manifest

Dieser Aufsatz ging der Leitung von einem Tatleser anonym zu. Er war unterzeichnet: „Spartakus in Grün, an dem der rote sterben soll." Wer die Schriften dieses Gartenfachmanns kennt, ahnt, wer es ist und freut sich an der so ganz und gar untheoretischen Ausdrucksweise für ernste Wahrheiten*. (Leit.)

I

Die alte Generalidee

Bürger und Bürgerinnen!

Kein großes Volk kann wirklich klein sein.
Kein großes Volk kann lange zweiter Klasse leben.
Kein großes Volk kann ohne tragende Idee sein.
Bürger, was war?
Eine alte Daseinsidee. Die des vorigen Jahrhunderts. Sie hieß „Stadt".
Die Stadt mit Industrie und Technik,
Die Stadt durch Handel und Weltwirtschaft,
Die Stadt aus Reichtum und Genuß,
Die Stadt voll Elend und Entseelung —
Diese Stadt ist tot:
Unser (Stadt-) Handel ist tot — die Schiffe sind weg.
Unsere (Stadt-) Fabriken sind tot — die Rohstoffe sind weg.
Unsere (Stadt-) Finanzen sind tot — Geld und Kredit sind weg.
Die Stadt der Interessen und Betriebe,
Die Stätte der materiellen Zivilisation,
Die alte deutsche Stadt der alten deutschen Bürgermacht
ist tot, tot, tot!
Aber auch das Schicksal der andern ist besiegelt.
Auch die Städte anderer Nationen haben abgewirtschaftet.

(Es gibt nur ein Stadtschicksal: würdig zu sterben.)
Denn auch ihnen nützen die vielen Schiffe, Hochöfen und Fabriken nicht mehr: Alle zahlreichen Völker sind heute mit modernem Wissen „infiziert". Alle bisher entdeckten Erdteile sind morgen mit Technik „saturiert". Uebermorgen versorgt die Welt sich selbst. Machtproduktion und Zwangszivilisation sind Daseinsprobleme zweiten Grades geworden.

Also ist nichts verloren.
Habt Mut, Deutsche:
Die Stadtidee des 19. Jahrhunderts war eine europäische Idee. Ihr Sterben ist europäisches Sterben. Deutschland war es, das die moderne Stadt der materiellen Masse in tragisch-grandiosem Siegeszuge ad absurdum führte. Dieses Land opferte sich für Europa. Und dieses Land hat das Recht und die Pflicht und die Lust
zu einer neuen Generalidee.
Die alte Idee hieß Stadt. Es lebe die neue,
Die Generalidee des 20. Jahrhunderts:
„Land"!

Mittelschichten, der Angestellten und Intellektuellen, bleibt aber keine andere Richtung als die der ästhetischen Imagination. Weder generationsübergreifende Bindungen an Latifundienbesitz vermögen sie zu binden, noch die abstrakte Gratifikation des akkumulierten Kapitals. Gerade die «Zweifrontenklasse»,[186] die mangels einer eindeutigen ökonomischen Zugehörigkeit für Ideologie und Utopie[187] besonders anfällig ist, trifft die nunmehr unumkehrbar gewordene «Entzauberung der Welt» am härtesten.[188] Divertissement, Ablenkung, Experiment waren eine Möglichkeit, der damit sich einstellenden Trostlosigkeit zu begegnen. In Deutschland aber wird die alte «Gralsidee» weiterbetrieben, allerdings auf einer eher trivialen, naturalistischen Linie: Das Walmdach wird verteidigt, nicht weil es zweckmäßig ist und schön, sondern weil es von *echter deutscher Art zeugt*; das «Eigenkleid» wird propagiert, nicht weil es bequem ist, sondern weil es als *naturadäquat* gilt; der Expressionismus wird gefeiert, nicht weil er Abwechslung bringt, sondern weil die *nordische Seele* darin offenbar zu werden scheint; und schließlich werden das große «Abstrakte» und «die große Realistik» nicht etwa deshalb akzeptiert, weil sie als bemerkenswerte Tatsache existieren, sondern weil sie *‹einer inneren Notwendigkeit›* entsprechen. Die zwangsläufig fluktuierenden ästhetischen Orientierungen lassen sich mit anderen Worten immer auf ein gültiges Prinzip zurückführen, die politisch und kulturell fluiden Massen auf eine Ideologie einschwören, die weniger durch ihre Tragfähigkeit überzeugt als durch die Tatsache, daß sie dem kollektiven Darstellungsbedürfnis der Menschen entgegenkommt. Die Aura – so darf man Walter Benjamin leicht korrigieren – verlagert sich nicht vom autonomen Kunstwerk auf die Politik,[189] sondern vom Werk auf die Inszenierung, wie der «schöne Schein des Dritten Reiches» mit seinen Aufmärschen, Fassaden, Fanfaren und ähnlichem mehr sehr wohl zeigt. Den unendlich sich eröffnenden Möglichkeiten des freien Arrangements von Symbolen zur Selbstidentifikation setzten die völkische Bewegung und schließlich der Nationalsozialismus noch einmal einen Rahmen. Dabei spielte die tradierte Idee vom kommenden Reich, auf das alle Energie sich richten soll, eine entscheidende Rolle, ja man kann vielleicht sogar sagen, daß die theatralische Verwirklichung dieser Idee um so näher lag, als in der ersten Hälfte dieses Jahrhunderts politische Programme einen oftmals künstlerischen, der kreativen Willkür unterliegenden Anstrich bekamen, mit konstruktivistischen, dadaistischen oder futuristischen Manifestationen zu verschmelzen schienen. Während damit

■ Ein Resultat der Reformbewegung: Anna Muthesius im Eigenkleid, 1911

die Künste als ästhetisches Inventar sozialer Bewegung sich mehr und mehr der Ebene des politischen Diskurses näherten, sorgte die rigoristische Suche nach dem «reinen Klang» und der «inneren Notwendig-

■ Wilhelm II. in einer seiner Kostümierungen als «Großer Kurfürst»

keit» dafür, daß der Kunst zugleich jener Status absoluter Wahrhaftigkeit erhalten blieb. Und so sind auf dem Weg ins Dritte Reich nicht nur all die anzutreffen, die immerfort von deutscher Art und Kunst sprechen, sondern auch jene, die den tatsächlichen Menschen an den Maßstäben ihrer ästhetischen Utopien messen und ihn damit zwangsläufig geringschätzen.

II Kunst als nationale Propaganda

▪ «Eine wirklich innerliche, herzhaft durchtränkte Kunst gab und gibt es nur in germanischen Landen, in Deutschland, und alle, fast Nichtgermanen, in rundlicher Formschönheit befangen, stehen verständnis- und sprachlos diesem Phänomen gegenüber.»

▪ Emil Nolde

1. Der verdeckte Historismus

In einer Festrede zum Geburtstag seiner Majestät des deutschen Kaisers im Jahre 1912 beklagt Konrad Lange, einer der Hauptvertreter der psychologischen Ästhetik, die Früchte seiner eigenen Arbeit: «Wir haben vor zwanzig Jahren dazu mitgewirkt, daß die künstlerische Unkultur, die damals in Deutschland herrschte, durch systematische Kunsterziehung überwunden werde. Wenn wir aber sehen, wie seitdem die kunsterzieherischen Bestrebungen in Staat und Familie, in Kirche und Schule, in der Stadt und auf dem Lande zugenommen haben, wie auf diesem Gebiete eine nervöse Vielbeschäftigtkeit Platz gegriffen hat und ein ungesundes Phrasentum emporgewuchert ist, dann wollen uns manchmal die Worte aus Goethes Zauberlehrling in den Sinn kommen: ‹Die ich rief, die Geister, ward ich nun nicht los!›»[1] Lange war ein wichtiger Wegbereiter der modernen Kunsterziehung und hatte den Ausdrucks- und Erlebnisgehalt hervorgehoben, um dessentwillen der Künstler zum Bild und das Publikum zum Künstler findet. Die von ihm so genannte «bewußte Selbsttäuschung zur Erzielung eines ästhetischen Genusses»[2] scheint für ein heutiges Verständnis in einem eher merkwürdigen Licht. Lange meinte, sie bestände in der Vorstellungsleistung, die aus einem zweidimensionalen Bild einen dreidimensionalen Raum werden läßt. Immerhin bedeutete diese Grundlegung des ästhetischen Genusses eine Abkehr von damals geltenden Kriterien, nach denen man den Wert eines Kunstwerkes oder die Leistung eines zeichnenden Schülers zu beurteilen gewohnt war: Nicht das erhabene Sujet und die mimetische Genauigkeit sind unbedingt entscheidend, vielmehr können im Prinzip auch hiervon abweichende Ausdrucks- und Wahrnehmungsmodalitäten die gewünschte Illusion erzeugen. Daß nun aber jede auf Riegls «Kunstwollen» sich berufende Ausdruckstätigkeit und jeder vermeintlich sensible Empfindungszustand als künstlerischer Vorgang nobilitiert werden, findet ganz und gar nicht das Einverständnis Konrad Langes. Die kulturelle Blüte der Nation will er eher an Werken messen, am Zustand der Museen, Kunstakademien, an dem, was letztlich Substanz hat, was vorzeigbar und repräsentabel ist. Die kollektive Autosuggestion einer besonderen künstlerischen Sendung ist ihm zuwenig.[3] Lange steht für eine Gruppe patriotischer Pragmatiker[4], denen die Größe des Kaiserreichs wie nur irgendwas am Herzen lag, die der Kunst in diesem Zusammenhang große Bedeutung zumaßen, die sich dabei jedoch zum völkischen Chauvinismus distanziert verhielten.

Aber gerade in dieser Dichotomie, der Fundierung der Kunst in einem sich niemals konkretisierenden Wollen einerseits und der Suche nach repräsentablen Zeugnissen andererseits liegt der Schlüssel zum Verständnis der späteren nationalsozialistischen Kunstideologie. Während im Expressionismus das reine «nordische» Ausdrucksvermögen propagiert wird, welches sich dabei immer mehr von «vorzeigbaren» Ergebnissen im Sinne der Repräsentation entfernt, bleibt der Bedarf an monumentalen Werken weitgehend erhalten. Zwischen beiden Polen existiert eine geheime Beziehung, wie sie sich später in der Kunst des Nationalsozialismus offenbaren sollte.[4] Auf eine konventionelle historisierende Gattungsmalerei[5], die formal mit dem Expressionismus nichts mehr gemein hat, wird theoretisch und propagandistisch jene nationale Emphase übertragen, die eben durch das expressionistische Denken herausgebildet worden war. In seinem Buch «Die Überwindung des Expressionismus» vertritt der hochkarätige Ästhetiker Emil Utitz die Auffassung, daß die vom Expressionismus freigesetzten Energien sich nun nicht mehr in den Exaltationen des Wilden und Experimentellen verlieren dürften, sondern zu deutscher Manneszucht zurückfinden müßten, nach seinen Vorstellungen zu einer neuen Sachlichkeit.[6] Etwa zur gleichen Zeit geißelt auch Alfred Rosenberg die junge Kunst der zwaniger Jahre und fordert von deutscher Kunst das Bekenntnis zum «ästhetischen Willen». Dabei schöpft er ebenso wie sein parteiinterner Widersacher Paul Schultze-Naumburg[7] aus dem argumentativen Reservoir der Kunsttheorie des 19. Jahrhunderts, den Ideen Taines und Riegls. Anstelle eines unbestimmten «Wollens», wie es schon manche Protagonisten des Expressionismus selber in Frage gestellt hatten,[8] tritt dort der Wille, an die Stelle des Prozesses das Ergebnis, anstelle des Konzeptes die mimetische Abbildung. Seit Jahrzehnten war nun schon die Rede von einer besonderen künstlerischen Begabung des nordischen Menschen, welche sogar die Werke der Renaissance in den

Schatten stellen sollte; doch waren es offenbar in erster Linie «Wildheit und großstädtische Leichtlebigkeit», die der deutschen Avantgarde als beliebte Sujets dienten.[9] Damit – so schien es – hatten sich die kulturreformerischen Ansätze der Jahrhundertwende und die Prognosen von der neuen deutschen Kunst nicht erfüllt. Also war es an der Zeit, allmählich jene «Klassizität» zurückzugewinnen, die Ende des 19. Jahrhunderts mit großem Aufwand preisgegeben worden war. Die imperiale Kulisse des Dritten Reiches kündigt sich schon in Rosenbergs «Mythus des 20. Jahrhunderts» an, in dem die Deutschen als die eigentlichen Erben der großen griechischen Antike herausgestellt werden.[10]

Zu der metaphysischen Reichssehnsucht, die an sich schon als künstlerische Potenz gilt, tritt nunmehr wieder das Bestreben, dieses Postulat kunstgeschichtlich zu unterfüttern und es an griffigen Beispielen zu demonstrieren. Berthold Hinz hat zwar recht mit seiner Beobachtung, daß die NS-Kunst an eine vorhandene, in den zwanziger Jahren vorübergehend in den Hintergrund gedrängte Tradition anknüpfen konnte.[11] Gleichwohl tritt diese sogenannte «echte deutsche Malerei» nicht ohne Avantgardebewußtsein auf den Plan.[12] Ein Blick zurück auf die letzten Jahrzehnte des 19. Jahrhunderts und auf das Kaiserreich zeigt, wie tief das Bewußtsein, allen anderen voraus zu sein, sich auch auf das Alltägliche und Mittelmäßige erstreckt. Dieser Grundgedanke beflügelt nicht nur die spekulative Kunstmetaphysik, sondern taucht auch alle empirisch vorhandenen künstlerischen Äußerungen in ein erhabenes Licht. So gesehen ist die expressionistische Avantgarde in Deutschland in der Tat nur ein anderer Ausdruck ein und desselben «Kunstwollens», eine spezifische Variation des bereits alles beherrschenden Themas, die Nation künstlerisch zu nobilitieren. Mag auch das formale Repertoire von Thoma über Kirchner bis zu Adolf Ziegler sich noch so sehr unterscheiden und die künstlerische Qualität noch so sehr differieren, so war es doch für den Zeitgenossen möglich, in alledem eine Suche nach spezifisch deutschen Werten zu sehen. Männer wie Wilhelm Pinder, Heinrich Wölfflin oder Richard Müller-Freienfels sahen 1933 dem Dritten Reich durchaus hoffnungsvoll entgegen und hatten an der kulturellen Programmatik der Nationalsozialisten nichts auszusetzen, im Gegenteil, eher schöpften sie neue Hoffnungen, daß ihre alten Ziele verwirklicht würden.[13]

Dies ist eigentlich nur dadurch erklärbar, daß sich das Streben nach nationaler Identität und der an sich verständliche Patriotismus auch in der Kunst bereits vor der Jahrhundertwende kompromittiert hatten. Die Deutschen kompensieren ihr verspätetes Eintreten in den Kreis der großen europäischen Nationalstaaten, indem sie Kitsch und Kunst, Vergangenes und Gegenwärtiges gleichermaßen zu Zeugen nicht nur ihrer Respektabilität, sondern darüber hinaus ihrer Überlegenheit erklären. Was in England und Frankreich als Repräsentationskultur etwa der «grande nation» oder des «Empire» traditionell legitimiert und daher in gewisser Weise selbstverständlich wirkt, gerät unter Wilhelm II. nicht selten zur lächerlichen Pose in großer Kostümierung. Und ein damit schon parallel verlaufender Ausbruch aus dem historischen Genre wird nicht als eine Erweiterung des subjektiven Erfahrungsspektrums willkommen geheißen, sondern in ein kollektives Spezifikum, zum Zeugnis deutscher Art umgewandelt. Diese übertriebene Assimilation der Kunst an nationale Werte ist zweifellos eine Folge der sogenannten «verspäteten Nation»[14], die historische Wurzeln sucht und dazu entsprechender Symbole bedarf. Die Zeugen deutscher Größe, sei es der Naumburger Dom, der Isenheimer Altar von Grünewald, seien es Dürer, Lucas Cranach oder Rembrandt – sie alle müssen zugleich aus ihrem historischen Kontext befreit werden. Vor allem in ihrem *Geiste* sollen die Herausforderungen der Moderne bewältigt werden. Rembrandt wird Lehrmeister in der modernen Volkserziehung[15]; «Dürer als Führer» auf einem Weg des sicheren Geschmacks und des gediegenen Handwerks benutzt[16]; Lucas Cranach als Beispiel einer unvergleichlich tiefen Auffassung des Menschen begriffen.[17] Dies alles ist geeignet, den Glauben an die Überlegenheit der nordisch-germanischen Rasse zu bestärken. Sozusagen im Windschatten des avantgardistischen Anspruchs, über alle Grenzen des Materiellen hinauszutreten, gedeiht erst recht eine teils grobe, teils konventionelle materialistische Symbolik, auf die die Emphase des expressionistischen Erlösungsgedankens auch dann noch problemlos übertragen werden kann, als die expressionistische Kunst als solche schon längst zum Irrweg erklärt worden war. Heldengestalten, wie etwa Hermann der Cherusker, fallen auf diese Weise nicht mehr unter das Verdikt der anfänglichen Historismuskritik[18], sondern avancieren zu reputierlichen Zeugen nordischer Art und erfüllen ihren propagandistischen Zweck ebenso wie Hans Thomas kindlich-ländliche Charaktere. Die bodenständige, in die Landschaft fließende Architektur, die Schultze-Naumburg der zivilisatorischen Entartung entgegenhält, wird zum griffigen Ausdruck deutschen Blutes und deutschen Bodens.[19] Die größte Leistung jedoch

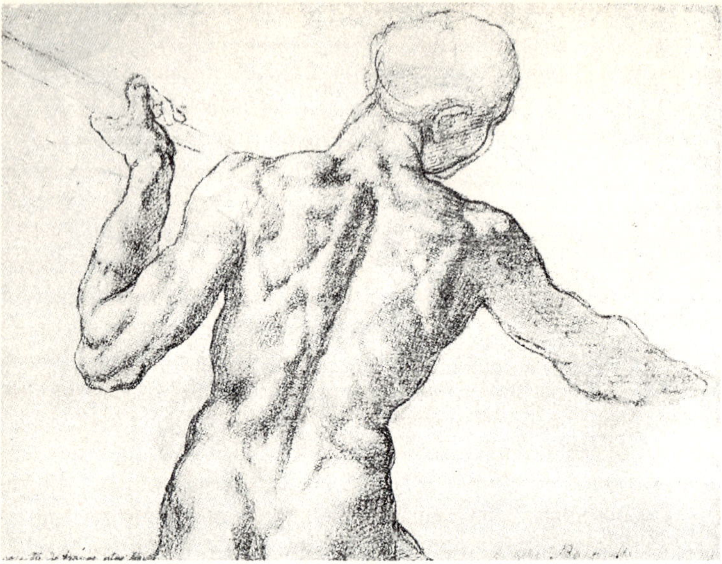

■ Heinrich Wölfflin vergleicht Rückenakte von Michelangelo und Lucas Cranach. Klare Harmonien und die «musica» bestimmter Verhältnisse treten für Cranach zugunsten des «großen Funktionsschauspiels» zurück (aus Heinrich Wölfflin: Italien und das deutsche Formgefühl. München 1931, S. 208f)

besteht darin, daß es schließlich auch gelingt, die Kunst der Renaissance, die man ja ihres Thrones enthoben hatte, wieder einzudeutschen. «Es ist nicht allzu lange her, daß die letzte Welle des Italianismus sich verlaufen hat», stellt Heinrich Wölfflin fest. «Wir Heutigen bekennen uns freilich zu anderen Meinungen, und man bedauert die vielen Imitationen italienischer Renaissance im Bild der deutschen Städte.» Aber vielleicht sei des Deutschen Verehrung «italienischer Werte» gar kein «Götzendienst» und kein «Abfall vom Eigenen». Wie wäre es, fragt Wölfflin, «wenn wir Italien gar nicht ‹italienisch› sehen? Wenn wir aus der italienischen Kunst etwas herauszögen, was eben nur wir

hineingelegt haben? Es ist offenbar, daß die südliche Schönheit auf der Folie des nordischen Formgefühls eine ganz neue Wirkung bekommen muß. Wem die Welt des Verflochtenen, Irrationalen, Geheimnisvollen Heimat ist, dem wird die reine Linie, die klare Form einen Eindruck machen, den der Italiener kaum zu begreifen imstande ist. Die Stille südlicher Architektur wirkt im Norden mit einer Idealität, als ein Eingehen in den Frieden nach ewiger Unrast, wie im Lande selber nicht. Und tritt nun jene Schönheit des wohlproportionierten Raumes und der völlig durchgebildeten und gelenkigen Form dazu – in einer edlen Säulenhalle etwa –, so empfinden wir das wie ein Wunder und als eine

Erlösung aus dumpfen gebundenen Zuständen. Der ganze Mensch fühlt sich verwandelt und in einen Zustand ungekannter Freiheit emporgehoben.»[20]

Die Worte des eminenten Renaissance-Kenners legen den Schluß nahe, daß der Italiener im Grunde gar nicht fähig ist, das Erbe der klassischen Antike zu bewahren, daß es erst ein spezifisches nordisches Empfinden voraussetzt, diese Tradition im vollem Umfang zu erschließen. Lag da für die Malerei nicht ebenfalls der Schluß nahe, das formale Repertoire der Klassik auf deutsche Art neu zu bearbeiten und womöglich zu einer nicht dagewesenen Blüte zu führen? Es war ja nicht die «Frage der Form im Prinzip», die es zu entscheiden galt; es ging um den tragenden geistigen Anspruch. Und da dieser sich über jeden Zweifel erhaben wußte, konnte man ihn in allem wiederfinden, ihn auf alles übertragen, was ideologisch opportun schien, ihn zugleich aber auch allem absprechen, was das Konzept der nationalen Erhebung störte.

Eben dieser Gedanke nationaler Stärke, wie sie sich nicht zuletzt in kultureller Einheit präsentieren sollte, gewann im Laufe der Weimarer Republik mehr und mehr an Gewicht. Das künstlerische Experiment, so sehr es auch immer von nordischem Selbstbewußtsein getragen sein sollte, die ästhetische Utopie, so rigoros sie auch die Ambiguität des individuellen Ausdruckshandelns zu kanalisieren versprach – all das konnte nicht über ein zunehmendes politisches und soziales Chaos hinwegtäuschen. Und so wurde schließlich die expressionistische Kunst selbst für diese Entwicklung zur Verantwortung gezogen. Während Utitz in vornehmer Zurückhaltung zu Disziplin und Manneszucht aufruft[21], erklärt Rosenberg das gesamte großstädtische Kunstgeschehen als Werk «jüdisch-bolschewistischer Mestizen».[22] Um seine kulturelle Durchsetzungskraft unter Beweis zu stellen, liegt es für den Nationalsozialismus nahe, sich besonders der «Reinigung des Kunsttempels» zu widmen[23], wobei sehr zum Ärger von Goebbels ein Großteil jenes künstlerischen Potentials verlorengeht, welches dem Nationalsozialismus in der Person vieler Expressionisten gar nicht grundsätzlich ablehnend gegenüberstand.[24] Die Kunst des «Tausendjährigen Reiches» läuft statt dessen auf eine Rekonstruktion des Althergebrachten hinaus, allerdings, wie wir noch sehen werden, vielfach durchsetzt mit modernen Elementen insbesondere in der Architektur und in den Disziplinen der Massenkommunikation. Dabei bieten die zugleich kulturreformerisch und patriotisch ausgerichteten Strömungen des ausgehenden 19. Jahrhunderts und der Jahrhundertwende genügend Anknüpfungspunkte.

Ihre vielfältigen und meistens überaspirierten Rechtfertigungsversuche einer spezifisch deutschen Kunst, die aus der Perspektive der «verspäteten Nation»[25] noch verständlich erscheinen können, erweisen sich im nachhinein als wichtige Bausteine der nationalsozialistischen Ideologie.

2. Die Kunst der «verspäteten Nation»

In seinen Lebenserinnerungen zeichnet Stefan Zweig das Berlin der Jahrhundertwende als eine Stadt, die gerade erst aus provinziellem Schlaf erwacht. Wenn diese Zeit aus heutiger Sicht als eine besonders dynamische erscheint und über den Ersten Weltkrieg hinaus Berlin ungemeine Anziehungskraft für europäische Intellektuelle gewinnt[26], dann ist dies sicher dem Umstand zu verdanken, daß sich hier innerhalb von 40 Jahren ein dramatischer sozialer und kultureller Wandel vollzieht. Eine prosperierende Wirtschaft wird zunächst begleitet von den Bestrebungen des Kaiserreichs, sich das Profil einer europäischen Großmacht zu verleihen. Die Hohenzollernmonarchie ist bestrebt, sich Insignien von Größe und Macht zu verschaffen, die teils an historische Traditionen anzuknüpfen versuchen, in starkem Maße aber auch an Legenden appellieren. Ein Beispiel hierfür ist die Denkmalpolitik des Kaiserreiches, die eine typische Erscheinung in der Kunst des 19. Jahrhunderts perpetuiert.[27] Zahlreiche im Laufe des Jahrhunderts begonnene Projekte, etwa das Freiherr-vom-Stein-Denkmal in Nassau, der Uhland-Turm im Taunus und nicht zuletzt das Hermannsdenkmal im Teutoburger Wald werden nach der Reichsgründung realisiert.[28] Dies zieht geradezu einen «Boom» von Kaiser-Wilhelm-Denkmälern nach sich, die nicht von ungefähr an legendären Orten, wie auf dem Kyffhäuser oder an der Porta Westfalica errichtet werden. Dem eigentlichen Organisator der Reichsgründung wird kaum weniger Ehre zuteil, wie die zahlreichen Bismarck-Monumente bezeugen. Andere Denkmäler preisen deutsche Geistesgrößen wie Ernst Moritz Arndt und Friedrich Gottlieb Klopstock; in ihrer Vielfalt bilden sie gewissermaßen den Ersatz für ein einziges großes Nationaldenkmal, auf das die immer noch heterogenen politischen und religiösen Strömungen nur schwer zu vereinbaren sind. Die Initiative für ein Lutherdenkmal im Jahre 1904 scheitert verständlicherweise am Protest der katholischen Reichsteile.[29] Wenn irgendwo die Historismuskritik und die mit ihr verbundene Suche nach «Stil» auf einleuchtende Motive verweisen kann, dann gewiß angesichts dieser Denkmäler, deren formales Vokabular von romantischer Rittergutsästhetik zu neoklassizistischen Anleihen reicht. Sosehr die Deutschen einerseits um ihre nationale Identität bemüht sind, so deutlich ist auf der anderen Seite zu erkennen, daß sie von einem identifizierbaren Stil weit entfernt sind, was in der Folge das Verlangen nach eben jenem eigenen Stil in besonderer Weise inspirieren sollte. Wilhelm II. bot in dieser Hinsicht ein besonders denkwürdiges Beispiel. Bemüht, sich in die Reihe der großen europäischen Herrscher einzureihen, schreckte er nicht davor zurück, sich im «Outfit» des Großen Kurfürsten porträtieren zu lassen, zu gleicher Zeit, wie ein römischer Feldherr kostümiert, Paraden abzunehmen und als Protagonist moderner Flottenpolitik wie ein englischer Admiral in Erscheinung zu treten. Sein Verhältnis zur bildenden Kunst war offenbar von dem Wunsch geprägt, auf der Leinwand all diese Gegenstände, naturalistisch abgebildet, wiederzufinden.[30] Diesem Bedürfnis kam bekanntlich die Schule der Hof- und Historienmaler, vor allem repräsentiert durch Anton von Werner mit seinen «figurenreichen Reportagen», entgegen.[31] Die Bildhauer der Siegesallee belohnte der Kaiser mit den Worten: «Aber mit Stolz und Freude erfüllt mich am heutigen Tag der Gedanke, daß Berlin vor der ganzen Welt dasteht mit einer Künstlerschaft, die so Großartiges aufzuführen vermag. Es zeigt sich, daß die Berliner Bildhauerschule auf einer Höhe steht, wie dies wohl kaum je in der Renaissancezeit schöner hätte sein können.»[32] Diesem verständlichen Hang zum Monumentalen fügt sich die bürgerliche Repräsentationsarchitektur und Malerei mit Formen und Sujets ein, wie sie uns von der historisierenden Gründerzeitkultur vertraut sind. Vorbild der Fabrikantenvilla ist häufig das preußische Jagdschloß; die Ausstattung der Salons erinnert immer wieder an Rittersäle; Gebrauchsgegenstände und Preziosen gleichen Miniaturausgaben monumentaler Plastik. Ein Bürgertum, welches von den Werten des preußischen Adels nicht recht loskommen kann und seine Fabriken mit Erfolg durch militärische Disziplin organisiert[33], setzt dem Reichsgründungspathos kaum andere Akzente entgegen, sondern trägt zur Finanzierung der typisch wilhelminischen Kulisse das seine bei.[34]

Bei alledem wußten die Protagonisten des Kaiserreiches einschließlich Wilhelm II. sehr wohl, daß die Zukunft nicht mit Gardeuniformen allein zu meistern war und nur sehr begrenzt vom nationalen Pathos der Siegessäulen abhing, sondern in erster Linie von der wissenschaftlich-technischen Entwicklung, die in den achtziger Jahren einen rasanten Aufschwung nahm, der eine erhebliche staatliche Förderung zuteil wurde und deren Belangen sich Wilhelm II. selber leidenschaftlich widmete.[35] Ebenso wie die künstlerische Dokumentation militärischer Heldentaten mußte ihm und seiner politischen Generation die Darstellung der technisch-industriellen Welt am Herzen liegen, was sich z. B. in der außerordentlichen Wertschätzung der Bilder Adolf von Menzels niederschlägt. «Menzel und der historische Charakter von Gegenstand und Darstellung wurden als Ausgangspunkt der neuen Berliner Malerei, auch als Ausdruck nationaler Selbständigkeit begriffen.»[36] Somit nivellierten sich historische Schlachten und moderne Hüttenkomplexe auf einer einheitlichen formalen, erklärtermaßen realistischen Ebene.[37] Eben dieser «realistischen» Darstellung – wie es sich fälschlicherweise im Sprachgebrauch eingebürgert hat – ist es zu verdanken, daß sich heterogene Sujets und Bildinhalte auf ein und dieselbe konnotative Kette reihen lassen. «Die Stile der Vergangenheit wurden einer neuen Gesamtstimmung zugeführt, die das neu gewonnene Ethos auch mit nationalem Pathos auszustatten suchte.» Diese haben, so Ekkart Mai, «den romantischen Nationalstil der Gotik» zurückgedrängt. «Die Gotik war zu asketisch, zu streng, und nicht farbig genug, um dem neuen Welt- und Wohlstand Deutschlands ein repräsentatives, Welthaftigkeit und Weltläufigkeit demonstrierendes Kleid anzupassen. Die Renaissance im Doppelsinn des Wortes, stellte auf die neue glanzvolle Wirklichkeit mit einem neuen Heroismus und Historismus ab.»[38]

Ob nun neugotisch, neoklassizistisch oder im Sinne Sempers neobarock gebaut wurde, all dies fügt sich insgesamt einer verbreiteten historistischen Gesamtstimmung ein, wobei in Deutschland die Suche nach Stil eben nicht nur durch die Freude an der Verfügbarkeit formaler Register, sondern tiefer motiviert ist. Die Kritik am Historismus ist ebenso wie die aufkommende Ablehnung der Renaissance eigentlich nur eine Steigerung jener eigentümlichen «Stilsuche», die ähnlich wie der Reichsgedanke zu einem rein theoretischen Wert hin tendiert. Während die «gotische» Formensprache im Historismus verschlissen wird, wendet man sich, wie wir bald sehen werden, dafür dem *Prinzip* des Gotischen bzw. Nordischen zu. Daß demgegenüber die Realität eine nachgeordnete Bedeutung erhält, zeigt sich u. a. im Kunstgeschmack der sogenannten Deutschbewegung selbst, wo bald aller Historismuskritik zum Trotz die trivialen Symbole des «nordischen Menschen» wieder auftauchen.

Doch zwischen dem naturalistischen Repräsentationsdrang des Kaiserreiches und dem schließlich im Expressionismus apostrophierten «nordischen Stil» existieren eine Reihe von Bindegliedern. Volk, Stil und Nation auf einen Nenner zu bringen, wird zu einem wichtigen Thema der kunstgeschichtlichen Forschung. Damit verbunden ist auch die Hinwendung zu Leitfiguren wie Dürer und Rembrandt, von wo aus mit Hilfe der Taineschen Milieulehre und völkerpsychologischen Befunden die Brücke zur Volkskunst geschlagen wird, die ihrerseits Zeugnis von der Besonderheit des jeweiligen Volkes oder der jeweiligen Rasse verspricht.[39] Von hier geht ein wichtiger Impuls auf Kunsthandwerk bzw. Kunstgewerbe aus, wie wir es zum Teil im «Dürer-Bund» oder «Werkbund» vorgeführt bekommen. Anstelle des «industriell Gestanzten» und Klischierten soll wieder handwerkliche Qualität treten, wobei man an die Bauhütten des späten Mittelalters erinnert. Die argumentative Aufgabe lag nun darin, die Zeugnisse deutscher oder im weiteren Sinne nordischer Kunst gegen ihre zeitgenössischen Adaptionen zu verteidigen oder – anders ausgedrückt – die Idee vor der Realität zu retten. Um das auf den ersten Blick verwirrende, bekanntermaßen eklektizistische Szenario zu verstehen, seien zunächst noch einmal die wichtigsten Prämissen genannt: Erstens erscheint die Reklamierung «eigener» kunstgeschichtlicher Wurzeln in der Sicht des Kaiserreiches als ein verständlicher Vorgang; wie anders sollte sich dies visuell darstellen als in einem gotisierenden Akzent, den man der allgemein verbreiteten historisierenden Mode verlieh. Zweitens war das Schönheitsideal der Renaissance damit keineswegs gebrochen oder gar aus dem Blickfeld von Ästhetik und Kunstwissenschaft gewichen. Hieran waren ganze Generationen geschult worden, und bis in die dreißiger Jahre widmete man dieser Thematik große Aufmerksamkeit.[40] Wie war es zu bewerkstelligen, dieses universelle kunstgeschichtliche Erbe für die Deutschen zu bewahren und dabei den Eindruck zu vermeiden, solche Großtaten eben doch dem Konto einer anderen, nämlich der romanischen Volksindividualität gutschreiben zu müssen? Eben in diesem Spannungsfeld greift zunächst das völkische Denken, welches weder nationale Monumentalität propagiert, noch ein gutes Wort für die ästhetische Ausstattung der westlichen Zivilisation übrig hat.

3. Ansatz und Reichweite der völkischen Kulturkritik

«Wenn das deutsche Volk sich wieder im rechten Sinne zum Bilde und zum Bilden kehrt, so wird es eine Bildung haben; so kann es genesen.»[41] Von der Jahrhundertwende bis in die zwanziger Jahre finden wir kaum eine populäre Betrachtung über deutsche Kunst und Kultur, die sich nicht in irgendeiner Form auf den sogenannten «Rembrandtdeutschen» beruft. «Von einem Deutschen», so hatte Julius Langbehn die Urheberschaft seines 1890 erschienenen und bis in die dreißiger Jahre mit 55 Auflagen gedruckten, überaus erfolgreichen Buches verklausuliert. Kein Geringerer als Georg Simmel bescheinigte diesem Werk, daß es allgemein bekannte, im Grunde unbedeutende Erkenntnisse in durchaus origineller Form vortrüge.[42] Ohne daß hier von irgendeiner kunstwissenschaftlichen Methode die Rede sein kann, fand das Buch die Anerkennung des führenden Rembrandt-Forschers Wilhelm Bode[43], hinterließ ebenso großen Eindruck bei Alfred Lichtwark, dem Leiter der Hamburger Kunsthalle, und bekanntlich auch bei dem künstlerisch so ambitionierten späteren Führer des Deutschen Reiches, Adolf Hitler.[44] Und nicht nur die Kunsterziehung hat lange Zeit in Langbehn ihren eigentlichen Inspirator gesehen. Für das Verständnis, wie die Deutschen die Kunst sahen und in den sozialen Kontext einordneten, ist Langbehns Schrift von eminenter Bedeutung. Denn tatsächlich werden hier nationalistischer Mief und Modernität «kunstvoll» miteinander vermischt. Der theoretisch wie praktisch fruchtlose Streit, inwieweit die Kunst sich an der Klassik zu orientieren habe, ob die gotische Ornamentik für nordisches Ausdrucksvermögen spräche oder das Deutsche Reich Anschluß an die westliche Repräsentationsarchitektur finden solle – all dies wird in der Schrift Langbehns auf eine subtile Ebene gebracht, die man leicht verkennt, wenn man sich auf die darin enthaltenen Stilblüten und Chauvinismen konzentriert. So erfährt der Leser z. B., die Nordsee ähnele in ihrem Wesen eher dem See Genezareth, das (nordische) Huhn verfüge über mehr farblichen Reichtum als der (südliche) Papagei und das niederträchtige Judentum werde seiner gerechten Strafe gewiß nicht entgehen.[45]

Langbehns Schrift zielt darauf ab, jenes vielfach apostrophierte deutsche Wesen, wie man es vor allem in den «Deutschen Schriften» Paul de Lagardes reklamiert findet, zunächst von seiner konventionellen Hülle freizulegen und dies zugleich zum Gegenstand der Erziehung zu machen. «‹Charakter haben und deutsch sein, ist ohne Frage gleichbedeutend› sagt Fichte. Zu dieser angeborenen, jedoch im Laufe der Zeit vielfach verloren gegangenen Eigenschaft muß der Deutsche zurückerzogen werden.»[46] Den «Stil des nationalen Daseins» fände «jedes und auch das deutsche Volk nur im Anschluß an die großen und wahrhaft schöpferischen Geisteskräfte seiner eigenen Vergangenheit: an seine historischen Ideale.»[47] Diese werden nun repräsentiert durch «leitende Geister», zu denen weniger die Gelehrten als vielmehr die Künstler zählen: «Walther von der Vogelweide und Dürer, Shakespeare und Rembrandt, Goethe und Beethoven – nicht die Renaissancephilologen oder Naturwissenschaftler von heute» müßten als solche Höhepunkte gelten. Gegenüber einer als intellektualistisch und formalisierend wirkenden modernen Kultur ist für Langbehn nun «Subjektivität» und «Individualismus» das entscheidende Kriterium der Kunst. «Unter allen deutschen Künstler aber ist der individuellste – Rembrandt (...). In diesem Sinne muß er geradezu der deutscheste aller deutschen Maler und sogar der deutscheste aller deutschen Künstler genannt werden.»[48]

Auch wenn Langbehn gewiß nicht zu den scharfsinnigsten Schriftstellern seiner Zeit gehört und keine Gelegenheit ausläßt, den Gelehrten zu verspotten, betreibt er selbst die gängige Begriffsakrobatik, um offensichtliche Absurditäten in seiner Argumentation zu kaschieren. So ist Rembrandt als deutscher Künstler deshalb Holländer, weil der deutsche Volks*geist* den Volkskörper aus den Fugen getrieben habe. Obwohl gerade noch als der individuellste von allen gefeiert, spricht bei ausreichender Steigerung des Prinzips nichts dagegen, Rembrandt im nächsten Augenblick als Kardinalbeispiel für «Überindividualität» zu preisen.[49] Von dieser philosophischen Tradition, daß jedes Ding sein Gegenteil in sich berge, hat später auch Kandinsky profitiert, indem er etwa die Kongruenz von «großem Abstrakten» und «großer Realistik» verkündete.[50] Dessenungeachtet wird Rembrandt hier zum Instrument, Individualität gegen Formalität auszuspielen und im gleichen Atemzug daraus die Norm des «Überindividuellen» abzuleiten. Dies hat Fritz Stern zu der sehr treffenden Bemerkung veranlaßt: «Wie unromantisch, wie unheroisch ist doch diese Auffassung von einer Gesellschaft, die einen Künstler hervorbringen soll! Wie spießerisch ist die (...) Verneinung des Künstlers als eines freien Geistes, eines Menschen, der über der Gesellschaft steht! Langbehn pries, wie alle völkischen Kritiker, die Individualität als den höchsten Wert, als kennzeichnendsten deutschen Wesenszug, obwohl er, allerdings weniger deutlich formuliert, an einen starren Determinismus glaubte.»[51]

Was später den zahllosen kunsthistorischen Schriften über das Wesen der deutschen Kunst zu entnehmen ist, daß etwa in den Porträts Rembrandts, Dürers und Cranachs die einzelne Persönlichkeit zum Zuge käme, während der romanische Künstler zur seelenlosen Formalisierung neige[52], erhält aus der Langbehnschen Schrift umfangreichen Stoff für Werturteile. «Deutsche Lieder statt französische Liderlichkeit»[53] – dieser Ausspruch bringt auf eine griffige Formel, was im Vorurteil bereits tradiert ist und in endlosen Elogen über die Vorzüge des deutschen, durch Rembrandt repäsentierten Charakters unterstrichen wird. Dieser zeichne sich aus durch Persönlichkeit, Musikalität, Lebenslust, Wahrheitsliebe, Seele, Stil usw. Es ist nicht verwunderlich, daß diese Tugenden in lebensreformerischen bzw. reformpädagogischen Programmen ebenfalls propagiert wurden und ein unentwirrbares Gemenge vom vernünftigen Forderungen und chauvinistischem Gerede entstehen mußte.

Langbehn unterfüttert seine nationalistische Argumentation jedoch nicht wie andere Völkische mit Sagen, Legenden und der groben Konvention des Kriegs- und Geistesheldentums, sondern verankert sie in einer kunstgeschichtlich international überragenden Gestalt und damit im Zentrum des künstlerischen Schaffens selbst. Der erhobene Anspruch gleicht jener philosophisch betriebenen Idee vom kommenden Reich, verläuft sich hier jedoch nicht im Dunst des «immer Werdenden», sondern erscheint im Kunstwerk selbst als klar begründbar. Vieles von dem, was Georg Simmel einige Jahre später an der Schwelle der abstrakten Moderne mit allem erkenntnistheoretischen Scharfsinn über Rembrandts Porträts äußert, ist in einfacheren Konturen bereits bei Langbehn angelegt. Hiernach löst sich die Malerei Rembrandts von dem empirisch Vorfindbaren, um nunmehr elementare Zustände auszudrücken oder besser die Reinheit der platonischen Ideen: «Die Menschheit schwebt, in ihrem ganzen Sein, zwischen hell und dunkel, in ihrem Bildungsgang oszilliert sie bald nach dem einen, bald nach dem anderen Pol; jetzt scheint sie wieder in einer Bewegung vom Hellen zum Dunklen begriffen; oder wenigstens scheint eine solche Bewegung wünschenswert, um den mehr stechenden als leuchtenden Glanz der heutigen Bildung etwas zu mildern. Denn nur diejenigen Dinge haben wirklichen Wert, in welchen das Element des Ewigen – das unendlich Helle – und das Element des Persönlichen – das unendlich Dunkle – sich das Gleichgewicht halten, sich vollkommen verstehen, sich gegenseitig beseelen.»[54] Man denkt unwillkürlich an Kandinskys Ausfüh-

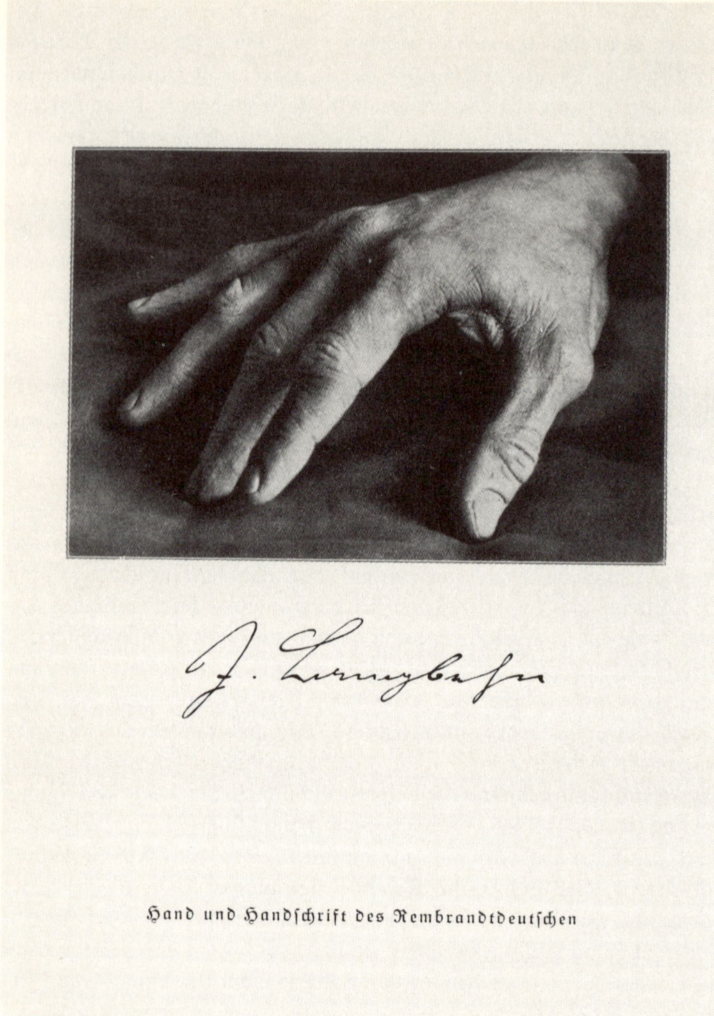

■ Frontispiz der Biographie Langbehns: Der Rembrandtdeutsche. Julius Langbehn. Von seinem Freunde, Benedikt Momme Nissen. Freiburg i. B. 1926

Bildnis Langbehns
von Karl Haider

■ Frontispiz zu: Der Geist des Ganzen. Von Julius Langbehn, dem Rembrandtdeutschen. Freiburg i. B. 1930

rungen über das «Geistige in der Kunst», die ähnlich platonisch angelegt sind und wo immerfort mystische Elemente einander in Widerstreit und Gleichgewicht gegenüberstehen und eine «Schwarze Hand» die Freiheit behindert. Langbehn allerdings zögert nicht, die Konstellation der beschriebenen Kräfte direkt auf die Gesellschaft umzumünzen und fährt in seinem Gedankengang fort: «Jedes Ding strebt nach Ergänzung. Etwas wohltätige Dunkelheit würde der heutigen deutschen Bildung sehr gut tun; mit der gangbaren Aufgeklärtheit gemischt, würde sie für das geistige Dasein des Deutschen ein zukunftsschwangeres Helldunkel geben.» So wird Rembrandt zum Vorbild für eine epochale Umwälzung der deutschen Kultur: «Die aus Hell und Dunkel, aus Verstand und Mystizismus gemischte Natur dieses echt niederdeutschen Meisters läßt ihn mithin besonders geeignet erscheinen, bei der Überführung der deutschen Kultur aus dem Reich des Klaren, Kritischen – der Wissenschaft – in das des Halbklaren, Schöpferischen – der Kunst – einen maßgebenden Einfluß zu üben. Er vermählt Gegensätze, die sich auch sonst im deutschen Geistesleben nah und doch feindlich gegenüberstehen. Der hellste und der dunkelste deutsche Kopf, Lessing und Böhme, stammen beide aus einem und demselben kleinen Bezirk Deutschlands, der Oberlausitz; Kepler und Kerner sind beide Schwaben; daß neben dem hellsten Licht sich stets der dunkelste Schatten findet, gilt wie im physischen und moralischen so auch im geistigen Sinn.»[55]

Das Erfassen der Welt in Antinomien, Hell und Dunkel, Erwachen und Untergang, Geburt und Tod, Wiedergeburt, ist in der deutschen Kulturtheorie ebenso verbreitet wie das zwangsläufig hiervon immer wieder gespeiste Bedürfnis nach Synthese, dem sich immer wieder «schließenden Kreis», der durch unendliche Metamorphosen sich erhaltenden «Energien».[56] So kann das Schicksal der Deutschen oder des gesamten Abendlandes prinzipiell von einer immer höheren Warte aus betrachtet werden[57] bzw. erscheint es bestimmten Zyklen unterworfen zu sein.[58] Es sind die Kräfte des «Oben» und «Unten», die miteinander ringen, die in ein Gleichgewicht zu bringen sind und die man sich in mehr oder weniger geometrischen Bildern und Rhythmen zu veranschaulichen sucht. So kann man bei Armin Mohler nachlesen, wie wichtig innerhalb der «Konservativen Revolution» die Orientierung an Symbolen wie Kreis, Bogen, Kugel usw. gewesen sein muß.[59] Das entsprechende Zitat aus Nietzsches Zarathustra lautet: «Alles geht, alles kommt zurück; ewig rollt das *Rad* des Seins. Alles stirbt, alles blüht wieder auf; ewig läuft das Jahr des Seins. Alles bricht, alles wird neu gefügt; ewig baut sich das gleiche Haus des Seins. Alles scheidet, alles grüßt sich wieder; ewig bleibt sich treu der *Ring* des Seins. *In jedem Nu beginnt das Sein*; um jedes Hier rollt sich die *Kugel* Dort. *Die Mitte ist überall.* Krumm ist der Pfad der Ewigkeit.»[60]

Vom hier nicht zur Debatte stehenden Sinn oder Unsinn solcher Worte abgesehen, konditionieren sie ihr Publikum auf psychophilosophische Erkenntnisformeln. Die Geschicke sind abhängig davon, ob der Kreis sich schließt, der Bogen gespannt bleibt, die Kugel rollt etc. Das soziale Interesse gerät demgegenüber als Kategorie in den Hintergrund, was dessen Vitalität freilich nicht aufhebt, sondern nur überdeckt. Ähnlich gelagert ist auch die Vorliebe Langbehns, die Wahrheit in die etymologischen Wurzeln der Sprache zurückzuverfolgen. So wird das «Ganzwerk» zum positiven Gegenteil des «Stückwerks», als Aufgabe der Malerei, der ξωγραφία, der Dienst an der Kreatur herausgestellt, da sie sich von ξωον ableite.[61] Jürgen Link hat den Text Langbehns einer diskursanalytischen Betrachtung unterzogen und gezeigt, wie die vom Common sense transportierte Nationalsymbolik noch einmal «geometrisch» verschlüsselt bzw. konzentriert wird. Zur Illustration greift er folgende Stelle aus «Rembrandt als Erzieher» heraus: «Geradheit des Geistes und der Gesinnung ist ein ausgeprägter deutscher Zug; (...). Diese Charaktereigenschaft gilt es nun in einer besonderen Art weiterzubilden, eine stählerne Feder, in gestrecktem Zustande ist stark; aber in gebogenem Zustande ist sie noch stärker. Zu dem Elemente des Geraden – der Symmetrie – welches bis jetzt in Preußen herrschte, muß nunmehr das Element des Schrägen – des Rhythmus – hinzutreten, welches jeglichem organischen Leben erst die Vollendung gibt.»[62] Daran, so Link, sei zu erkennen, daß die semantische Logik «einer ansonsten fast die Verrücktheit streifenden Äußerung erst in diskursanalytischer Sicht» hervortrete.

Langbehn ist gewiß nicht der einzige, der die Wahrheit sozusagen in kosmischen Stereotypen und in einer entsprechenden Symbolik aufbewahrt sah. Bachofen, Haeckel und später Schuler und Klages – letzterer mit seiner Physiognomik-Lehre und Rhythmustheorie – sind hier viel weiter gegangen. Klages steht in den zwanziger Jahren bei vielen kunstwissenschaftlichen Rezipienten nicht fern von Kandinsky[63], hat dieser doch mit dem Streben nach «innerer Notwendigkeit» ebenfalls organologische Töne angeschlagen und eine Metaphysik des Ausdrucks angestrebt, z. B. wenn er sagt: «Im Winkel steckt etwas unüberlegend Jugendliches, im Bogen – eine reife, mit Recht selbstbewußte Energie.»[64]

Langbehn ist deshalb von besonderem Interesse, weil sich hier das Ideengut der künstlerischen Moderne mit einer völkisch-ständestaatlichen Sozialutopie vermischt, etwa König, Bauer und Künstler sich als Garanten der nationalen Kultur präsentieren[65], das germanische Eideshelfertum dem römischen Formalrecht vorgezogen wird[66] und dem niederträchtigen Judentum Strafe angedroht wird.[67] Es scheint so, als würde mit dem pädagogischen Programm von «Rembrandtdeutschland», welches für die gesamten Reformbewegungen leitend werden sollte, den chauvinistischen Seiten des deutschen Nationalismus eine zusätzliche Autorität, wenn nicht gar Nobilität verliehen, und umgekehrt der Kunst in einem viel substantielleren Sinne, als es auf die Repräsentationsbedürfnisse des Kaiserreiches zutrifft, ein nationaler Auftrag unterschoben. Dieser freilich braucht, wenn erst einmal eine bestimmte symbolische Ebene erreicht ist, nicht mehr extra betont zu werden. Das große Zukunftswerk tritt bei vielen an die Stelle des Deutschen Reiches, und gelegentlich scheiden sich hier die Geister, wie man es am besten anfängt. Langbehns Sehnsucht nach Synthese[68] widerspricht z. B. Franz Marc mit Blick auf die Künstlervereinigung der «Brücke». «Man hörte wohl manchmal zu oft das Wort ‹Synthese›», wogegen bei den «Wilden», also den «Brücke»-Künstlern die Mystik in den Seelen erwacht sei und mit ihr wahre Elemente der Kunst. «Ihr Denken hat ein anderes Ziel: Durch ihre Arbeit, ihrer Zeit *Symbole* zu schaffen, die auf die Altäre der kommenden geistigen Religion gehören und hinter denen der technische Erzeuger verschwindet.»[69] Das sind die, wie es im Programm der «Brücke» heißt, die «unmittelbar und unverfälscht das wiedergeben», was sie zum Schaffen drängt. Überhaupt scheint sich die Beschwörung mystischer Kräfte ungebrochen von der Langbehnschen Böhme-Verehrung bis zu den Texten von Marc und Kandinsky hinzuziehen[70], der vor allem in seiner Schrift das «Geistige in der Kunst» die «drei notwendigen Elemente des Kunstwerkes» als drei «mystische Notwendigkeiten» definierte.[71] Wie andere neigt Marc tragischerweise ebenfalls zur «mystischen» Verklärung des Krieges, dem er unmittelbar danach zum Opfer fallen sollte: «Nur die guten Dinge bleiben, die echten, inhaltsschweren, wahren; sie gehen geläutert und gestählt durch das Fegefeuer des Krieges.» In diesem Krieg geht es aber nicht mehr darum, den Feind oder die feindliche

Nation zu besiegen. Wie wenige Jahre später Thomas Mann, verabscheut Marc «die Enge des Herzens und des nationalen Wollens». Der Krieg bietet recht eigentlich erst die Voraussetzung, daß der deutsche Charakter seine geistige Führungsrolle in ganz Europa antreten kann, was ebenso Thomas Mann wie auch Franz Marc, im Bewußtsein, «gute» Europäer zu sein, kommen sehen: «Denn wenn das große Aufatmen kommt, wird der Deutsche auch wieder nach seiner Kunst fragen, ohne die er in keiner reifen Zeit war. Er war Bildner in der Gotik, Dichter und Musiker im 19. Jahrhundert und wird wieder Bildner im 20. Jahrhundert sein. Wir Deutsche sind seit der Gotik formbildnerisch unsagbar arm geworden; wir besorgten anderes für die Welt; heute besorgen wir das letzte: diesen entsetzlichen Krieg. Wer ihn draußen miterlebt und das neue Leben ahnt, das wir uns mit ihm erobern, der denkt wohl, daß man den neuen Wein nicht in alte Schläuche faßt. Wir werden das neue Jahrhundert mit unserem formbildnerischen Willen durchsetzen.»[72]

Platter Chauvinismus erscheint hier gewissermaßen transzendiert im Versprechen, der Welt eine neue Form zu geben. Ob dies rechtens, sinnvoll, wünschenswert oder schön ist, daran zweifelt indes keiner mehr, da das Programm sich mit «innerer Notwendigkeit» verwirklicht. Die politische scheint durch die formale Dogmatik aufgesogen, gebändigt – wenn man so will – veredelt worden zu sein, wobei sich jedoch die Grenzen einer solchen «Sublimierung» bald zeigen werden: Der Rückfall ins offene Ressentiment ließ nicht lange auf sich warten.

4. Deutsche Kultur auf der Suche nach Form

Als am 10. August 1933 die meisten Bauhaus-Professoren ihr Lehramt verloren, konnte ihnen keiner nachsagen, zu den Protagonisten der NS-Kultur gehört zu haben: Gleichwohl waren die Opfer, also Männer wie Gropius, und die Täter, Männer wie Rosenberg und Schultze-Naumburg, durch die Ideenwelt der Reformbewegungen vielfach miteinander verbunden. Hier trifft wohl zu, was Corona Hepp in ihrem Buch über die Avantgarde resümiert, «daß innerhalb einer Generation weit mehr gemeinsam gefühlt als gedacht wird».[73] Ein Ort dieses gemeinsamen Gefühls ist der «Deutsche Werkbund» einschließlich seines publizistischen Umfeldes, also die eigentliche Wiege des Bauhausgedankens. Der Werkbund wurde 1907 gegründet; zu den Initiatoren gehörten

Künstler, Architekten, Industrielle, unter ihnen aus heutiger Sicht ideologisch so unterschiedlich orientierte Männer wie Hermann Muthesius, Karl Ernst Osthaus, Alfred Lichtwark, Ferdinand Avenarius und Eugen Diederichs. Es ist gewiß nicht falsch, diesen Zusammenschluß als die «Profi-Abteilung» der eher dilettierenden Kulturvereinigungen und Organe zu betrachten, vor allem des Dürer-Bundes, der teilweise zu einer Stärke von 300 000 Mitgliedern angewachsen war, dem wiederum Vereinigungen wie der Deutschnationale Handelsgehilfen-Verband als Gruppen angehörten, wie überhaupt die Leserschaft der einflußreichen kulturreformerischen Zeitschrift der Jahrhundertwende, des «Kunstwart».[74] Die Anfänge des «Kunstwart» datiert sein sprachgewandter Herausgeber Ferdinand Avenarius auf jenen Zeitpunkt, als im Kunsthandwerk gerade das «Rokokogeschnörkel gegen die altdeutschen Hellebarden zum Krieg gezüngelt» habe. «Daß all dieses Nachmachen historischer Stilarten nur ein Affentheater in historischen Kostümen ergab, das bemerkten zuerst allerdings nur Vereinzelte.»[75] Aus den wenigen wurde eine ganze Gemeinde, womit sich die Strategie des «Kunstwart» zu bestätigen schien: «Wir mußten vom Menschen auf seine Wohnstätten sehen und erkannten dabei, wie am tiefsten von allen und dicht am Sumpf gerade das Gebiet lag, auf dem die Zeit ihren Stolz suchte: das Kunsthandwerk.»[76] Die Abwendung von der «äußeren Gefälligkeit», der «Oberflächenkultur» und dem «feinen Geschmack» schafft Raum für «Ausdruckskultur» oder «ethische Kultur».[77] So sollten die Mißstände eben nicht nur beschrieben, sondern die «Unkultur» veredelt werden können.[78] «Oder alles Disputieren bleibt Schellenklang.»[79] Die Pflicht, für den Heimatschutz einzutreten, verbindet sich mit der Mühe um die alte «Bauschönheit», die «Landschaftsschönheit», dem Bemühen um eine «vernünftigere und gesündere Tracht». Handwerk, Handel und Industrie sind die Adressaten, damit die Dinge sich nun zum Besseren wenden.[80] «Die Technik – von allen Seiten her greift sie in die Künste ein, hier zu ihrem Segen, dort, mindestens zunächst, zu ihrem Fluch.» Der «Kunstwart» – gemeint ist freilich auch der «Dürer-Bund» – will sich diesen Herausforderungen stellen, und so schließt Avenarius seinen Beitrag zum zwanzigjährigen Jubiläum mit dem Satz: «Suchende sind wir, wie damals. In unseren Herzen aber weiter das Wagnerische Wort, das die alten Kunstwarthefte als Motto trugen: ‹Deutsch sein heißt, eine Sache um ihrer selbst willen tun.›»[81]

Manch Heutiger wird Schultze-Naumburgs Prognose bestätigt finden. «Es wird keinen Garten mehr geben, der von wirklichem Behagen zu erzählen weiß, keine Kirche, keine Brücke, die die Landschaft zum harmonischen Bilde rundet.»[82] Schultze-Naumburg war einer der überaus fleißigen und engagierten Kunstwartautoren, die zu erklärten Vorkämpfern des Nationalsozialismus werden sollten. Seine Vorliebe – und man kann sagen, trotz allem auch ein sicheres Gefühl für bodenständige Landschaftsgestaltung und Architektur – ließ ihn zum schärfsten Gegner der sogenannten Dessauer Bauschule werden. «Kunst aus Blut und Boden» wurde schließlich sein Credo; in die gleiche Richtung verlief die Karriere des antisemitischen Literaturexperten des Kunstwartes, Adolf Bartels, und noch einer Reihe anderer Mitarbeiter.

Doch gehörte der gelernte Architekt Schultze-Naumburg zunächst zum Kreis jener, die nicht nur kritisieren und disputieren wollten, sondern mit der Gründung des Werkbundes einen praktischen Schritt zur Verbesserung der angewandten Künste verbanden, zur «Bekämpfung des Schundes» und zur «Förderung guter Arbeit»[83], zur «Gesundung unseres Kunstgewerbes», was eine «Verschwisterung der Kunst und der Arbeit des Volkes» zur Voraussetzung habe, wie es der erste Vorsitzende des Werkbundes, Fritz Schumacher, formulierte.[84] Die Furcht vor der «Vernichtung unseres größten Schatzes: unserer deutschen Heimat»[85] geht am Anfang Hand in Hand mit der Suche nach einer aus innerer Notwendigkeit entstehenden, besseren Form. Man kann sagen, daß die prinzipiell der modernen Technik zugewandte Arbeitsweise solcher Architekten wie Walter Gropius, Adolf Loos, Bruno Taut und Peter Behrens erst aus der für Werkbund und Dürer-Bund charakteristischen Kritik an technischer Fertigung ihre eigentliche Richtung erhielt. Für alle im einzelnen miteinander konkurrierenden Reformgruppen habe der Werkbund zur Zusammenarbeit offengestanden, schreibt die Chronistin des Werkbundes, Joan Campbell, und geht so weit, die einzelnen Traditionslinien eben bis zu jenem Rembrandtdeutschen Julius Langbehn zurückzuverfolgen, der auch auf Hermann Muthesius, den Spiritus rector des Werkbundes, tiefen Eindruck gemacht habe: «Denn obwohl Langbehn zu den ‹Kulturpessimisten› gezählt wird, spornte seine harte Kritik an der deutschen Gesellschaft und ihren Werten tatendurstige Mitbürger an, die Kräfte der Gebildeten zum Kampf gegen die Übel zu mobilisieren, auf die Langbehn sie hingewiesen hatte.»[86] Vielleicht ist folgende Begebenheit mit anekdotischem Einschlag bezeichnend für die ersten Jahre des Werkbundes und seine heterogene Anhängerschaft, die wir aus heutiger Sicht noch allesamt

In alten Büchern und Reisebeschreibungen findet man oft gesagt, daß Deutschland ein unendlich schönes Land sei, und daß es eine Lust wäre, durch seine Städte, Dörfer und Wälder zu wandern.

Ein solches Wort wird unsern Kindern nur noch ein Traum aus vergessenen Tagen sein. Wir stehen vor dem Schicksal, daß Deutschland sein Gepräge als unser trautes Heimatland verlieren und zu einer Stätte der ödesten Nüchternheit werden wird. Geht es so weiter, so werden in kurzer Zeit Städte und Dörfer in Proletarierwohnstätten verwandelt sein, deren einförmige Bauten ihren Stil vom Zuchthaus entlehnt haben. Alle Reste einer feinen Kultur, wie wir sie von unsern Voreltern ererbt haben, werden entweder der Zerstörung oder der Restaurierungswut verfallen sein. Und ebenso wird von der ursprünglichen Schönheit und Eigenart der Natur nichts mehr übrig bleiben. An Stelle unserer Buchen- und Eichenwälder werden nur noch dürre Nutzholz-Kiefernpflanzungen in geraden Reihen dastehen. Kanalisierte Wasserläufe, schnurgerade Wege werden das Land durchziehen. Die Äcker geometrisch abgezirkelt, nirgends durch Hecken und Bäume unterbrochen. Die schönsten Felsen durch Steinbrüche verwüstet. Nirgends mehr ein urwüchsiges Fleckchen, keine Heide, kein Sumpf, kein Röhricht. Alles nutzbar gemacht. Kein fröhliches Leben mehr in der Landschaft, kein Getier mehr zu sehen und zu hören. Es wird keinen Garten mehr geben, der von wirklichem Behagen zu erzählen weiß, keine Kirche, keine Brücke, die die Landschaft zum harmonischen Bilde rundet. Die einstige Schönheit unseres Landes wird für immer zerstört sein.

Es muß für die Menschheit furchtbar sein, wenn sie einst aus ihrem Schlafe erwacht. Einem Lande die Gestalt zu

als Pioniere der «klaren Linie» und der «funktionellen Form» in Erinnerung haben: «So erhielt die Leipziger Tagung von 1913 ‹den Charakter eines Volksfestes mit der Hilfe mehrerer Kanonen, eines berittenen Artilleriekommandos aus Naumburg, einem militärischen Aufmarsch, Tanzvorführungen, Musik- und Theaterereignissen und einem Nachtausflug zu Schiff unter Begleitung eines Kammermusik-Quartetts›».[87] Beteiligt an der Vorbereitung dieser Tagung war der stets auf die Erzeugung von Gemeinschaftsgefühlen bedachte Eugen Diederichs, der jedoch trotz aller Mühe «Enthusiasmus und Überzeugungskraft der früheren Tage» vermißt habe.[88] Ob man jedoch wie Avenarius und Diederichs eine «ethische Kultur» fördern wollte, wie Schultze-Naumburg der Heimatkunst verbunden war[89] oder wie Muthesius und van de Velde die internationale Konkurrenzfähigkeit des deutschen Kunsthandwerks im Auge hatte – Dürer-Bund, Heimatschutzbewegung, Werkbund und «Kunstwart» sahen sich als patriotische Organisationen.

Über allem aber schwebt das nun schon tradierte Sendungsbewußtsein, nach dem die Deutschen auch in ästhetischer Hinsicht eine Führungsrolle beanspruchen dürfen. Eher hilflos mutet z.B. der Versuch an, angesichts des Weltkrieges eine tragfähige Alternative zur französischen Mode und damit zum welschen Geist überhaupt zu etablieren. Hierzu diente u.a. eine vom Werkbund initiierte Modenschau, für die niemand Geringeres als die Kronprinzessin selbst die Schirmherrschaft übernahm. Männer wie Eugen Diederichs sahen darin freilich schon einen Verrat an den hohen Zielen des Werkbundes. Diederichs zufolge «war eines der Hauptmerkmale des in Berlin gezeigten neuen Stils – der weite Rock – nichts als eine Nachäffung der jüngsten Pariser Richtung.» Statt dessen solle man sich an der türkischen Mode orientieren, die Diederichs sogar als «deutsches Nationalgebot» deklarierte.[90] Diese Töne erklären sich zum Teil durch den Ausbruch des Weltkrieges. Bedeutende Denker wie Max Scheler, Max Verworn, Thomas Mann, Georg Simmel u.a. schwenken auf ihre Weise ebenfalls die deutsche Fahne.[91] Was Thomas Mann mit dem Gedanken deutscher «Weltbürgerlichkeit» verbindet, die Genesung Europas am deutschen

■ Beispiel für das Denken im «Bund Heimatschutz», der zum «Werkbund» gehörte. Paul Schultze-Naumburg: Die Entstellung unseres Landes. München [3]1909

Wesen[92], findet sich in den Reihen des Werkbundes vorformuliert, etwa in den Vorstellungen von einem mitteleuropäischen Staatenbund, wie Friedrich Naumann ihn vorgeschlagen hatte.[93] Unter Einbeziehung Österreichs und der Balkan-Staaten bis hin zur Türkei dominiert bei diesem Konzept bald der Gedanke, die «deutsche Kultur» gegenüber der westlichen Zivilisation auch politisch und territorial zu stabilisieren.[94] In diesem Zusammenhang habe, so der spätere Werkbundvorsitzende Ernst Jäckh, «der Werkbund nicht nur in ‹Mitteleuropa› seine besondere Rolle zu spielen; nach dem deutschen Sieg werde er an der Begründung einer neuen Weltordnung und Weltkultur mitwirken.»[95] Auch hier ist wieder zu bedenken, daß die Zeit voll ist von Bekundungen, eine neue Ordnung, eine neue Gesellschaft, überhaupt eine neue Welt schaffen zu wollen; was aus heutiger Sicht ebenso voluntaristisch wie anmaßend erscheint, entsprach aber durchaus dem Bewußtsein vieler Intellektueller und Künstler, die bei aller Weltoffenheit davon überzeugt waren, die neue Epoche lebe von der Durchsetzung deutscher Qualitäten und Wesenszüge. In beinah aggressiven kulturellen Nationalismus verfällt der Reformarchitekt und Spiritus rector des Werkbundes Hermann Muthesius, wie es die Chronistin des Werkbundes anschaulich berichtet: «Auf den Krieg folge die Mission, der Welt den deutschen Stil aufzudrängen», so Muthesius. «Denn Muthesius hält es für gewiß, daß die Nachkriegszeit nicht nur von Deutschland beherrscht, finanziert, erzogen und versorgt werde – sie werde auch ein deutsches Antlitz zeigen. Nur das Volk, das seinen Stil der Welt auferlege, könne wahre Führerschaft beanspruchen, und dieses Volk zu sein, sei deutsches Schicksal.»[96] Welches Volk aber über die größte künstlerische Begabung verfügte, darüber hatte schon Worringer wenige Jahre vorher keinen Zweifel gelassen[97], und so muß die perfekte, scheinbar universellen Gesetzen folgende Gebrauchsform eigentlich nur als logische Fortführung der bereits im gotischen Ornament vorgezeichneten nordischen Vollkommenheit erscheinen.

Über den Grad des politischen Engagements hat es im Werkbund immer wieder Auseinandersetzungen gegeben, und gewiß repräsentieren Persönlichkeiten wie Walter Gropius und der ebenfalls zeitweilig dem Werkbund angehörige Arthur Moeller van den Bruck[98] nicht ein und dieselbe Linie, obwohl auch Gropius, wie wir noch sehen werden, manche Positionen mit den völkischen Strategen teilt. Ein ziemlich eindeutiges Bekenntnis zur konservativen Revolution legte sein Lehrer, Peter Behrens ab, der im Vorstand des Werkbundes für den «Bund deutscher Gelehrter und Künstler» sprach, einer Vorläuferorganisation des berühmt-berüchtigten Juni-Clubs, welcher als rechtsintellektueller Zirkel dem Nationalsozialismus verbunden war.[99]

Wer heute diesen ideologischen Verstrickungen die Autonomie der Form entgegenhält und die künstlerische Leistung von Werkbund und Bauhaus zu isolieren versucht, übersieht, wie das Streben nach einer neuen Kunst integraler Bestandteil auch des nationalen Denkens ist. Präsziser und bekenntnishafter als die bildenden Künstler drückten es die Dichter aus, so Hugo von Hofmannsthal in seiner berühmten Rede im Auditorium maximum der Münchener Universität. Über das schöpferische Geschlecht der Gegenwart sagt er: «Der gleiche deutsche Suchende, nach höchsten Verantwortungen und Bindungen dürstende Geist spricht aus ihnen wie aus jenen früheren...». Das «knabenhaft titanische Wesen» sei auf immer abgestreift, «sehr strenge Zeichen der Männlichkeit seiner Miene eingezeichnet.»[100] «Der Prozeß, von dem ich rede», so Hofmannsthal weiter, «ist nichts als eine konservative Revolution von einem Umfange, wie die europäische Geschichte ihn nicht kennt. Ihr Ziel ist Form, eine neue deutsche Wirklichkeit, an der die ganze Nation teilnehmen könne.»[101]

5. Die Kunsterziehungsbewegung

Die engen Beziehungen zwischen der Hoffnung auf nationale Katharsis und künstlerischer Moderne in Deutschland sind nirgendwo besser zu studieren als in der Kunsterziehungsbewegung. Oberflächlich betrachtet wird man sich zunächst fragen, was jene im «rembranddeutschen» Pathos befangenen Zeichenlehrer überhaupt mit den Zielen großstädtischer Avantgarde verbinden konnte. Was hat der volkstümelnde «Kunstwart» mit Herwarth Waldens intellektuell ambitioniertem «Sturm» zu tun; was die großbürgerliche intellektuelle Welt von Gabriele Münter, Marianne Werefkin und Wassily Kandinsky mit so skurrilen Erscheinungen wie etwa dem jugendbewegten Maler Fidus alias Hugo Höppner? Noch heute erinnern kunstpädagogische Bemühungen den historisch Kundigen gelegentlich ein wenig an Wandervogel- und Jugendbewegungsästhetik, an die Suche nach lebensreformerischer Ganzheitserfahrung, während die Erben der klassischen Moderne auf der Exklusivität des Experimentellen, Provokativen und schwer Verständlichen beharren. Das vernichtende Urteil Ernst Blochs über die Musischen hallt nach: «Zu feig zum Bösen, zu schwach zum Guten, zu dumm zum Begriff...»[102]

Dem ist entgegenzuhalten, daß gerade im Kreis der Kunsterziehungsbewegung wesentliche theoretische Prämissen der Moderne, wenn auch nicht gerade entwickelt, so doch lebhaft diskutiert und popularisiert wurden. Kandinskys Kunst- und Kulturkritik erhob universellen Anspruch; die kommende Epoche des Geistigen blieb gleichwohl eine höchst mystische Angelegenheit, die nur von wenigen Auserwählten und Eingeweihten in Szene gesetzt werden würde. Die Kunsterziehungsbewegung dagegen übertrug die erkenntnistheoretischen Prämissen der modernen Kunst in eine Art Handlungsmodell, welches verständlich für alle sein sollte, wonach alle an der neu entdeckten Ausdruckskraft der Kunst teilhaben sollten und worin auch das stets gegenwärtige Postulat der besonderen Volksbegabung sich praktisch bewahrheiten sollte.[103] Dabei darf man sich unter der Kunsterziehungsbewegung keine fest umgrenzte Berufsgruppe oder Organisation vorstellen; sie bildet vielmehr einen besonderen Aspekt der «Kulturreform» der Jahrhundertwende und wird in ihrem Denken vielfach durch jenen Personenkreis repräsentiert, der uns in Jugendbewegung, Werkbund, Dürer-Bund und der gesamten deutschen Kulturbewegung immer wieder begegnet.

Für den Gedanken an eine neue Kunsterziehung, wie er gegen Ende des 19. Jahrhunderts immer mehr Anhänger findet, gibt es zunächst sehr pragmatische Gründe. Der steigende Bedarf an kreativen Berufen setzt ein entsprechendes Bildungsreservoir voraus. Die Gestaltung der zunehmend industriell produzierten Formenwelt, handele es sich um Gegenstände des täglichen Gebrauchs, um repräsentative Ausstattung oder auch um das vor allem der Architektur vorbehaltene öffentliche Profil der Nation, obliegt zwar speziellen künstlerischen Berufen; Akademien oder Gewerbeschulen können diesen Anforderungen allein jedoch nicht genügen. Ihr Erfolg erweist sich in hohem Maße abhängig von jenem durch allgemeine Bildung hervorgebrachten Reservoir an kreativem Potential. Gerade der Zeichenunterricht in den Schulen erwies sich hierzu wenig förderlich. Dort lag das Hauptgewicht auf der Ausbildung eher reproduktiver Fähigkeiten, womit man freilich ebenfalls den Anforderungen der Berufsvorbereitung gerecht werden wollte. Ein Beispiel hierfür ist die Methode des sogenannten Netzzeichnens, d.h. die Übertragung von Vorlagen, etwa von Körpern oder Ornamenten, mit Hilfe fein gezogener Raster.[104] Diese Vorgehensweise

■ Kunsterziehung als Dienstleistung für den Viktorianischen Salon. Stuhlmann: Zeichenunterricht in der Volks- und Mittelschule. Hamburg 1875

■ Entdeckung und Förderung der freien Kinderzeichnung. Georg Kerschensteiner: Die Entwicklung der zeichnerischen Begabung. München 1905

wurde mit Recht als Käfig für jegliche künstlerische Bewegungsfreiheit befunden und vor allem als schädigend und hemmend für das sich erst bildende Ausdruckspotential des jungen Menschen erkannt. Mit dem Blick auf eine miniaturisierte Erwachsenenwelt, wie sie sich im üblichen Spielzeug reproduzierte, vermerkt Konrad Lange, daß das Kind nicht die Dinge selbst wolle, sondern die «Symbole» der Dinge.[105] Dem entspricht das Bestreben der Zeit, vor allem Gewicht auf den Ausdruck zu legen, eben auf jene seelischen und intellektuellen Prozesse, die den Menschen überhaupt dazu befähigen, sich seine Welt in den verschiedenen symbolischen Formen, wie Sprache und Kunst, anzuzeigen.[106] Ebenso wie in der völkerpsychologischen, ethnologischen und kunstgeschichtlichen Forschung[107] die Erkenntnis Platz gewinnt, «primitive» Kunst sei nicht einfach eine Vorform der schließlich in der Renaissance perfektionierten Naturdarstellung, sondern ein für sich anzuerkennendes Ausdruckswollen, erscheint nun auch die Kinderzeichnung in einem anderen Licht. Man sieht in ihr nun nicht mehr die unvollkommenen Versuche des noch unfertigen Menschen, welcher an der Aufgabe scheitert, sich ein möglichst exaktes Bild von der Wirklichkeit zu machen. In der Kinderzeichnung konstituiert sich vielmehr der kindliche Kosmos in einer völlig authentischen Weise, ein Prozeß, den man fördern will und im Gegensatz zu früher vor dem korrigierenden Eingriff der Erwachsenen glaubt schützen zu müssen. Wiederum konnte man sich hier auf Konrad Fiedler berufen, der über das Wesen der künstlerischen Tätigkeit gesagt hatte, «daß man mit dem schüchternsten, kindlichsten Versuch bildnerischer Darstellung am Anfang einer Tätigkeit steht, durch die es ganz allein möglich ist, aus Wahrnehmungsbildern des Auges Vorstellung in dem Sinne zu entwickeln, daß dieselben zu realisierten, in sinnlich nachweisbarer Form vorhandenen Bestandteilen des Bewußtseins werden...» Und so sei auch das Ende, der Abschluß aller vorstellenden Tätigkeit, in den «unabsehbaren Möglichkeiten der darstellenden Tätigkeit» verborgen.[108]

Auf dieser erkenntnistheoretischen Grundlage, die bis in Kandinskys Reflexionen «Über das Geistige in der Kunst» wirksam ist[109], entwickelt die Kunsterziehung ihr Programm, allerdings mit sehr unterschiedlichen Perspektiven und Ergebnissen. Wir sprachen bereits von jenen pragmatischen Erwägungen, wie sie neben Konrad Lange vor allem vom Leiter der Hamburger Kunsthalle, Alfred Lichtwark, vorgetragen werden. Lichtwarks Förderung der Künste ist zugleich immer auch ein

Kampf gegen den deutschen Provinzialismus. Auf dem ersten Kunsterziehungstag in Dresden 1901 schildert er die deutsche Alltagskultur in düsteren Farben. Anknüpfend an Langbehns Kritik am deutschen Durchschnittsgelehrten verspottet er das linkische und ungepflegte Auftreten des deutschen Professors und stellt diesem einen Idealtyp an Lebenskultur gegenüber, nämlich den Gentleman nach englischem Vorbild. In Deutschland sei nur der Offizier imstande, in diese kulturelle Leitbildfunktion hineinzuwachsen.[109] Wie andere Reformpädagogen ist Lichtwark sich darüber im klaren, daß dieses Ziel ebenso wie die ihm immer am Herzen liegende Förderung der angewandten Künste nicht durch Elitenbildung im alten Stil erreicht werden kann, sondern nur durch eine verbesserte Volksbildung. Und in diesem Sinne erhofft er sich von der Kunsterziehung einen grundlegenden Beitrag zur Geschmacksbildung, die wiederum mit dem Gedanken an die internationale Konkurrenzfähigkeit der Deutschen als Träger einer modernen Zivilisation verknüpft wird.[110] «Daß der typische Deutsche eine unzulängliche formale Bildung besitzt», sagt Lichtwark, «macht ihn schwach gegen die Einflüsse fremden Volkstums, namentlich des englischen.»[111]

Die Perspektive des nationalbewußten, dabei aber weltläufigen zivilisierten Bürgers bleibt für das Denken der Kunsterziehung gleichwohl nicht bestimmend. Der Kinderkult, wie er im Rahmen der Reformpädagogik vor allem von den Kunsterziehern befördert wird, gerät im Gegenteil sogar zum antizivilisatorischen Programm. Den Grenzüberschreitungen einer allgemeinen «lebensphilosophischen» Stimmung entspricht es, für die Kunst bislang verbindliche Werkkategorien aufzuheben und in vielen anderen Lebensbereichen ebenfalls künstlerische Kräfte am Werk zu sehen. Formulierungen wie «Geschichte als Kunst», «Wissenschaft als Kunst» oder die bald postulierte Aufhebung der Trennung von «Kunst und Leben»[112] deuten darauf hin, wie eine fortschreitende soziale und berufliche Differenzierung ideell überwunden werden soll.[113] Wie kann der herbeigesehnte «ganze Mensch» besser demonstriert werden als durch eben jenes symbolische Verhalten, welches den Terminus a quo all seiner geistigen Aktivität bildet? Den allgemeinsten Ausdruck dieser anthropologischen Bestimmung zur Produktion von Symbolen findet man in der Kunst selbst; die reinste Existenzform des «animal symbolicum» aber ist das Kind, welches sich einerseits bereits symbolisch äußert, dessen mythisches Bewußtsein andererseits noch nicht nach den verschiedenen Systemen der Kultur differenziert ist, kurz: welches noch eine biologisch-geistige Einheit bildet.[114]

In der sogenannten freien Kinderzeichnung tritt dieses unverbildete Ausdrucksvermögen scheinbar am klarsten zutage. Vielfach ist deshalb in den ersten Dekaden des Jahrhunderts von der «Kunst des Kindes», vom «Kind als Künstler» oder von «Kinderkunst» die Rede.[115] Trotz dieser Formulierungen spricht niemand ernsthaft vom Kind als Künstler im Sinne der Erwachsenen. Zwar hat man sehr schnell gelernt, die Zeichnungen der Kinder ebenso wie die der Primitiven unter ästhetischen Gesichtspunkten zu würdigen statt geringzuschätzen, aber trotz ihrer Ausdrucksstärke hat man auch erkannt, daß die Kinder nicht zeigen, was sie sehen, sondern was sie wissen[116], daß sie nicht expressiv sein wollen, sondern es ihnen um Mitteilungen geht[117], die sie mit Eintritt in die Pubertät dann fast ausschließlich nur noch sprachlich und vor allem kaum noch künstlerisch anmutend auf den Weg bringen.[118] Indes sind es die erwachsenen Künstler, die sich nun stärker, als die Historismuskritik des ausgehenden Jahrhunderts es hätte erwarten lassen, bemüßigt fühlen, alles «überflüssig Materielle» aus ihren Bildern zu verbannen und danach streben, zum einfachen und klaren Ausdruck des Kindes zurückzufinden. Am Expressionismus ist dies hinreichend belegt.

Die Kinderzeichnung selbst ist bald zum Feld entwicklungspsychologischer Forschungen geworden und dient ebenfalls als Austragungsort im Streit um den sogenannten psychogenetischen Parallelismus, wonach jeder Mensch in der kindlichen Entwicklung die seelische Entwicklung der Gattung in geraffter Form noch einmal wiederholen muß.[119] Die Evolutionstheorie, die bekanntermaßen um den Begriff der Selektion kreist, greift – wie wir schon am Beispiel von Franz Müller-Lyer sahen – weit in die Geisteswissenschaften hinein. So wird zum einen die kulturelle Entwicklung als genetisch vorherbestimmter Prozeß zum Höheren begriffen[120]; zum anderen wird im gleichen Atemzug die Frage aufgeworfen, welches Prinzip, welche Art, welche Rasse etc. nun sich in diesem Ausleseprozeß als stärkere erweisen wird. Für Max Verworn, der u. a. durch Untersuchungen zur primitiven Kunst hervorgetreten war und von den Kunsterziehern sehr ernst genommen wurde, stand es z. B. außer Frage, daß die im Ersten Weltkrieg zutage tretenden Kampftugenden der Engländer bereits ein Indiz für ihren Selektionsnachteil bildeten.[121] Wodurch aber war der schließlich über Fortschritt oder Niedergang entscheidende Grad der sozialen Organisation vorherbestimmt? Es lag nahe, hierfür wiederum rassische bzw. rassenbiologische Faktoren geltend zu machen. Und nirgendwo anders als in der Person des Kindes glaubte man, diese Eigenarten in reinster Form wiederzufinden bzw. schützen zu müssen. Dies jedenfalls kann man aus zahlreichen Äußerungen der Kunsterzieher entnehmen. Für Walter Krötzsch galt es z. B., den Gesamtrhythmus der kindlichen Zeichnung zu erfassen, die in ihrer Form und in ihrem Inhalt an ein Ganzes gebunden sei und somit vom «Wesensausdruck» zeuge.[122] Dies korrespondiert mit den charakterologischen Theoriemodellen von Ludwig Klages, die rassentheoretischen Erwägungen unmittelbar benachbart sind.[123] Und G. F. Hartlaub glaubte zu erkennen, daß es die verschiedenen Bewußtseinsstufen der Rassenentwicklung sind, «die das Kind in seinen seelischen Verrichtungen unwillkürlich zu treffen und unbewußt zu vergegenwärtigen» trachte.[124] Der mit dem Wort Kandinskys von der «inneren Notwendigkeit» operierende Protagonist der modernen Kunstpädagogik, Gustav Kolb, sieht im Kunstwerk einen «im Wandel der Zeiten sich behauptenden Eigenrhythmus», was gleichbedeutend sei mit der «Bluts- und Lebensgemeinschaft, die wir mit den Begriffen Rasse, Volk unterschreiben», «in die der einzelne Künstler eingebunden ist».[125] «Die aus dem Blute stammenden rhythmischen Formkräfte führen auf geheimnisvolle Art die Hand des schaffenden Künstlers, durchdringen und durchweben sein Werk und geben ihm das Gepräge, den Stil.»[126] «Aus dem Mutterschoße unseres Volkstums» würden die Kunstkräfte des Volkes hervorquellen, «naturtriebhaft in den bildnerischen Erzeugnissen unserer Kinder».[127] Später verkündet Kolb, wer Hitler nicht wähle, sei ein Verräter des Volkes.[128]

6. Die nationale Sendung der Dilettanten

Zu den wesentlichen Merkmalen der avantgardistischen Kunst zu Beginn des Jahrhunderts zählt «das Prinzip der Aufhebung der Kunst in der Lebenspraxis».[129] Die italienischen Futuristen erklärten auch tatsächlich so wenig poetische Dinge wie den Krieg zum Kunstwerk; das Meyerhold-Theater in Rußland animierte zum theatralischen Exhibitionismus fern von der Bühne; und die deutschen Dadaisten erscheinen ebenfalls als Vorläufer der heute allgegenwärtigen künstlerischen Performanzen.[130] Dieser «Aktionismus», der oft nur auf dem Papier konzipiert wurde, blieb in seiner Art höchst symbolisch und hat den Werkcharakter der Kunst allenfalls zwischen den Gattungen, wie etwa zwischen Malerei und Theater, verschoben, keinesfalls aber aufgehoben. Das gleiche gilt erst recht für das formale Repertoire: «objet trouvé» oder Collage als neue Richtungen in der bildenden Kunst wollen zeigen, daß die tagtäglich wahrgenommene empirische Welt genauer betrachtet nicht mehr Realitätscharakter beanspruchen darf als die Kunst selber.[131] Es soll mit anderen Worten deutlich werden, daß sich die Wirklichkeit nach den aus unserer Vorstellungskraft gewonnenen Modellen richtet, wobei die Kunst für sich beanspruchen kann, dieses schöpferische Vermögen immer wieder in einer prototypischen, «reinen» Weise zu demonstrieren.[132] Mit Alltagspraxis im eigentlichen Sinne hat diese Avantgarde insofern nie etwas zu tun gehabt, obwohl es natürlich nahelag, das repressionsbeladene soziale und politische Leben immer wieder mit den Möglichkeiten zu konfrontieren, wie sie dem freien Menschen prinzipiell offenstehen, eine Perspektive, die sich im Phänomen der Kunst immer wieder aktualisiert. In diesen Zusammenhang gehören Vorstellungen wie etwa Blochs «Ästhetik des Vorscheins» und auch noch das von Peter Gorsen in den siebziger Jahren wieder aufgegriffene Konzept einer «transformierten Alltäglichkeit».[133] Blochs Formulierung vom «Aggregatzustand des Herauskommenden»[134] ist zwar nicht frei von Anklängen an jenen Mythos des kommenden Reiches, gleichwohl handelt es sich hier um ein ausgesprochen dualistisches Denken: Das «noch nicht Gewordene» kann niemals mit irgendeiner empirischen Realität gleichgesetzt werden.

Ganz anders stellt sich dieses Problem dar, wenn die Kunst auf organologische Ursachen und Besonderheiten zurückgeführt oder auch nur mit irgendwelchen Naturgegebenheiten in Kongruenz gebracht wird. Solche ebenfalls in der Kunsterziehungsbewegung verfestigten Vorstellungen von einem die gesamte Persönlichkeit, ja die ganze Rasse innerlich bestimmenden Rhythmus, eines Wesens oder Gesamtausdrucks, kann zwischen Kunst und Alltagsverhalten konsequenterweise nur graduelle Unterschiede gelten lassen.[135] Tritt hierzu noch das erklärte Ziel, den eigenen Rhythmus und die eigene Art der Deutschen jeweils unverfälscht zu pflegen und zu befördern, treffen sich die kategoriellen Antinomien von Kunst und Alltag in einer merkwürdig amorphen Praxis, nämlich in der «musischen Bewegung». Auch dem Glauben mystische Kräfte begegnen wir hier wieder; mit den sozialbiologischen Begründungen der Kunst verbindet sich die Auffassung, daß alles kulturelle Geschehen von einer halb verborgenen, jedes einzelne Detail umfassenden Grundordnung abhängig ist – niemals aber vom Willen des einzelnen, sich selbst gegenüber verantwortlichen Individuums.[136]

Ein gutes Beispiel für eine Kunst, die zur reformierten Alltäglichkeit tendiert, bietet der Maler Hugo Höppner, genannt Fidus. Kaum ein Dokument der deutschen Kulturreformbewegung läßt sich finden, in dem Fidus nicht als Illustrator mitwirkt; in zahlreichen einschlägigen Publikationen ist er als Autor vertreten, in anderen werden seine Malerei und seine «vorbildliche» Verkörperung des deutschen Reformmenschen selbst zum Gegenstand literarischer Erörterungen.[137] Höppner erhält seine wesentliche Prägung durch die um die Jahrhundertwende aktualisierte Naturzuwendung, womit viele Menschen sowohl religiöse Bedürfnisse verbinden als auch ein wissenschaftlich begründetes Verhalten erkennen. Die «philosophischen» Gewährsmänner hierfür sind immer wieder dieselben: Friedrich Nietzsche, Julius Langbehn, Ernst Haeckel, Rudolf Steiner.[138] Ebenfalls verkörpert findet man dieses Spektrum in Höppners Lehrer, dem Maler-Propheten Wilhelm Diefenbach, einem Protagonisten natürlicher Lebensweise, in dessen Kolonie Höppner sich von 1887 bis 1889 bewegt[139], einer gelegentlich demonstrativ in reformerischer Nacktheit auftretenden Gemeinschaft von Männern. Von Diefenbach, dessen eigener Sohn übrigens Helios genannt wird, erhält Höppner den Namen Fidus. Und so versteht er sich fortan als «Diefenbacher», was zum Synonym für eine mit den Kräften von Luft, Sonne und Erde verbundene Lebensweise gilt. Daß hiermit wiederum das Idealbild des germanischen Menschen korrespondiert, versteht sich von selbst. Eben dies propagiert Fidus in seinen Werken, wobei er dem von Diefenbach übernommenen Programm recht eigentlich erst Erhabenheit und Würde verleiht, indem er es durch seine lichtanbetenden Gestalten zur «Tempel-Kunst» erklären läßt.[140] Hiermit ist gleichsam ein wagnerianischer Anspruch formuliert, und der um die Kunsterziehung verdiente lebensreformerisch und pädagogisch orientierte Schriftsteller und Sozialist Wilhelm Spohr kann vor der Wagner-Gesellschaft einen «Tempel-Kunst-Abend» mit dem Thema füllen: «Das sichtbare Gesamtkunstwerk bei Fidus als Erweiterung des Bayreuther Gedankens».[141] Dieses Gesamtkunstwerk nun erstreckt sich von dem berühmten Lichtgebets-Gemälde zum Freideutschen Jugendtag und zahlreichen Allegorien und Ilustrationen über Architektur- und Gartenkonzepte, von Reformsiedlungsentwürfen bis zur veränderten Ästhetik von Lebens- und Alltagsritualen.[142] Fidus steht in Kontakt mit reformerischen Siedlungsprojekten, etwa der Villenkolonie Schönblick Woltersdorf[143] und ebenso mit der «Neuen Gemeinschaft». Der Pflege seiner Ideen dient der von ihm gegründete St. Georgsbund, eine Vereinigung von Freunden und Gleichgesinnten «zur Verwirklichung der gemeinsamen Kulturideale, zur Betätigung jenes starken, freudigen neuen Lebensgeistes...»[144] Als Beispiel für eine Verschiebung der Lebensrituale mag eine ebenfalls in dem hervorragenden Fidus-Buch von Frecot, Geist und Kerbs dokumentierte Todesanzeige für Fidus' Tochter Trude dienen; selbst dieser Text erinnert an ein lebensreformerisches Flugblatt. Der Leser erfährt vom «gartenschönen» Augusta-Krankenhaus und den «befreundeten Ärzten», welche die Kranke pflegten. «Sie war glücklich und schied in frohen Träumen.» «Trudens Reste» würden dann auf dem Wedding «in schöner Feier verbrannt werden.»[145] Ähnlich wie Fidus' viel bewundertes, lichtdurchflutetes Wohnhaus soll wohl auch die Bestattung an den altgermanischen Kult erinnern, wie Fidus überhaupt aus dieser Richtung seine Impulse erhält, wenn man z. B. an seinen Aufruf denkt, den Kalendermonaten wieder die alten germanischen Namen zu geben, statt vom August wieder vom «Ernting» zu sprechen.[146] Unmittelbar an Langbehns Belehrungen über etymologische Bedeutungen erinnern Fidus' «dilettantische Etymologien», von denen Frecot und seine Ko-Autoren über 70 Varianten gefunden haben und die sie als Beleg für das «wilde Denken eines Deutschen» vorstellen, etwa: «Erbhofglück», «Allverwurzelung», «Großbildgestalter», «Geistesvaluten» oder Adjektive wie «murxrassig», «aufwärtsgläubig», «tatmenschlich» etc.[147] Daß auch Fidus den Sieg des Nationalsozialismus ersehnte, ist wenig verwunderlich. Seine Hoffnungen auf Anerkennung als Hofmaler wurden allerdings enttäuscht. Eine völkische Ästhetik à la Fidus und Schultze-Naumburg hatte zwar ihren Dienst getan, war in dieser Form aber für die nun anfallende Profilierung des modernen Machtregimes nicht mehr geeignet.

Fidus verkörpert jene Utopie vom ganzen Menschen, die die kulturreformerischen und pädagogischen Programme der Jahrhundertwende beherrscht und die schließlich in der musischen Bewegung trivialisiert wird. Wissensbestände, wie sie z. B. in Cassirers «Philosophie der symbolischen Formen» als Erkenntnistheorie formuliert werden, legitimieren auf der Alltagsebene einen Dilettantismus anderer Art, als ihn Kunsterzieher wie Lange bewußt fördern wollten. Dort sollte der Laie in bestimmtem Umfang Kompetenz und Urteilskraft in ästhetischen Dingen erlangen. Dagegen wird im Verständnis der «Musischen» nun jede Verrichtung zugleich auch *Gestaltung*, *Ausdruck* irgendeiner tie-

■ Fidus: Entwurf zum «Tempel der Erde», 1901. Berlinische Galerie, Berlin

fen Bedeutsamkeit. Von der Kleidung über das Sprechen und die körperlichen Gesten bis zum Wohnen und in die Alltagsgegenstände – nicht zu vergessen die freundschaftliche Begegnung im Kreise Gleichgesinnter – sollte alles von einem einheitlichen inneren Mythos getragen sein.[148] Wer nicht selbsttätig gestalte, so hatte Gustav Kolb seine Variation der Arbeitsschule gerechtfertigt, sei auch nicht in der Lage, große Kunstwerke zu verstehen.[149] Der vor allem in der jugendbewegten Klientel anzutreffende Glaube, Träger einer zu immerwährender Gestaltung drängenden Volksseele zu sein, läßt die Bescheidung des professionellen Künstlers auf eine Werkdisziplin fast überholt wirken. Zwar war die Überwindung einer strengen Trennung von Disziplinen auch kennzeichnend für das Bauhaus. Die Lehrer dort verstanden sich – wenn man von Johannes Itten absieht – aber doch als Berufskünstler, ansonsten durchaus der bürgerlichen Konvention zugewandt und

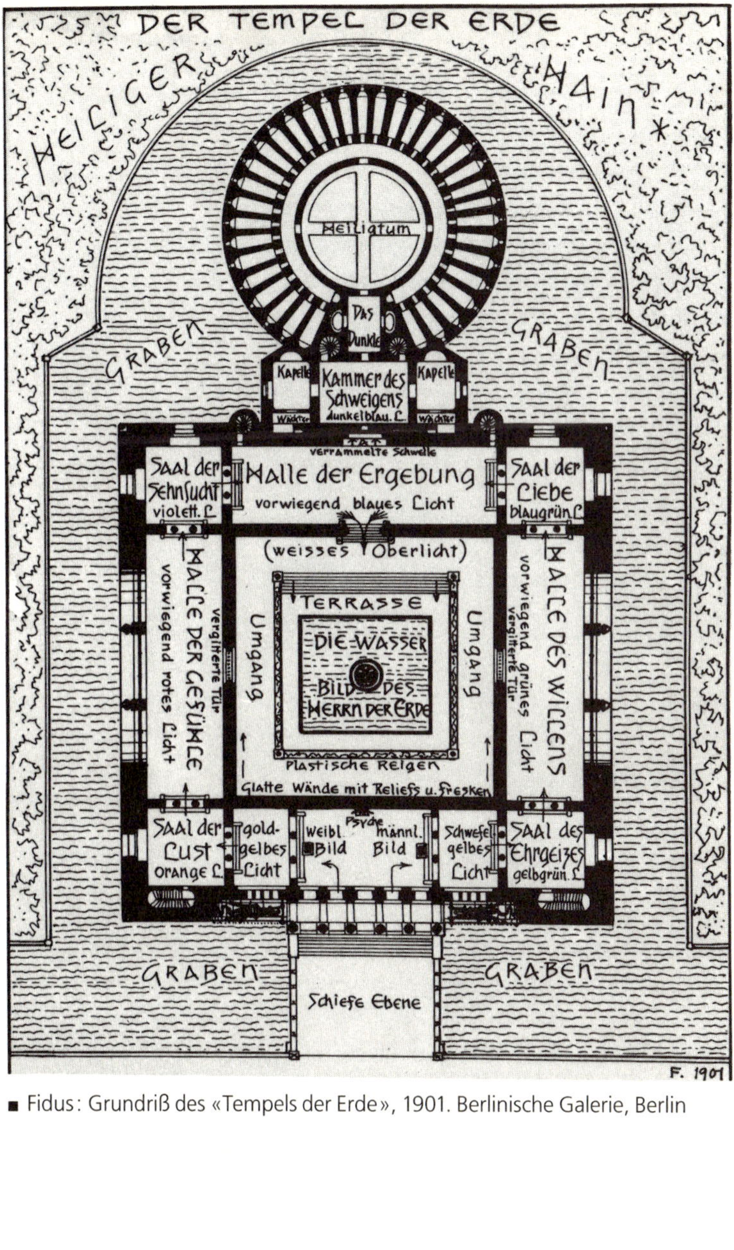

■ Fidus: Grundriß des «Tempels der Erde», 1901. Berlinische Galerie, Berlin

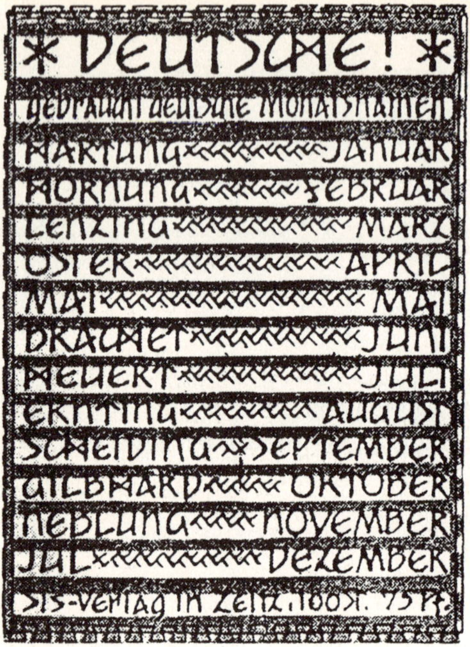

■ Fidus' Beitrag zur Stärkung der Heimatfront während des Ersten Weltkriegs. Berlinische Galerie, Berlin

nicht rundum von einem permanenten Gestaltungsdrang umgetrieben.[150]

Der Weg von der «Verkunstung» lebensreformerischer Ideen in das nationalsozialistische Gesamtkunstwerk führt nicht zuletzt über die sogenannte Körperkulturbewegung. Für eine Ästhetik des lebendigen Körpers hatten traditionellerweise Schauspiel, Oper und Ballett gesorgt. Mit der «Körperkultur» wird daraus eine sportlich-hygienische Veranstaltung, und es scheint so, als würden auf diese Weise das Kunst-Erlebnis-Postulat und der Volksbildungsgedanke der Jahrhundertwende erfüllt.[151] Rudolf Bode, der Gewährsmann des Dritten Reiches in Körperkulturfragen, kam aus dem Kreise um den Choreographen Rudolf von Laban und war Lehrer in der Reformsiedlung Hellerau bei Dresden gewesen. Wo konnten die Merkmale einer völkisch-rassischen Ästhetik besser zur Geltung kommen als im Körper selbst? Wie konnte das Elitäre der Künstlerexistenz besser aufgelöst weden als in der buchstäblichen «Verkörperung» dieses Elitären durch jeden einzelnen Volksgenossen. Voraus ging in den zwanziger Jahren eine «Philo-

■ Fidus: Durchbrechender Michael, 1933. Berlinische Galerie, Berlin

sophie», die der Körperkultur neben praktischen und hygienischen mit großem begrifflichen Aufwand auch ästhetische, ethische und metaphysische Werte zuordnete und sie «in den Gesamtzusammenhang einer Lebens- und Weltanschauung» einordnen sollte.[152] Dies geschieht wiederum nicht ohne eine verachtungsvolle Bemerkung über den angelsächsischen Pragmatismus, wie er im Begriff der «Fairness» das Unvollkommene sogar sanktioniere.[153] Eine deutsche Philosophie der Körperkultur hat demgegenüber kein geringeres Ziel, als «an der kühnen Schöpfung eines monistischen Weltbildes mitzuwirken»[154], «das Aufgehen unseres Ich in der Natur» ebenso zu befördern wie «die Erhebung unseres Ich durch die Kunst». «Natur und Kunst» seien hier in der Körperkultur offenbar gleichberechtigt.[155] Daß beim zitierten Autor, dem Psychologen Robert Werner Schulte, chauvinistische Töne weitgehend fehlen, ändert nichts an der Suggestionskraft seiner Programmatik. Mit der künstlerischen Avantgarde ist die Körperkultur durch die Theorie des Tanzes verbunden. In einer futuristisch orientierten Schrift werden das Triadische und Mechanische Ballett als Stationen auf dem Weg zum «Tanz der Zukunft» gewürdigt, wobei beide allerdings ihre «metaphysische Bindung» verloren hätten.[156] Gelänge es aber, «den Instrumentaltanz zu schaffen, Instrumente für objektive, körperlose Bewegungsdichtungen zu erfinden, dann wird das ganze Streben einer langen Zeit nicht vergebens gewesen sein: Der Körper, der lebendig schwingende, produktive Menschenleib, wird sich in seinen Grenzen seine Ausdrucksformen schaffen, Körpertanz wird sich entwickeln und erblühen und heiliges Menschentum wird gerettet sein, der Weg der Offenbarung inneren Erlebens durch den bewegten Menschenkörper klar, sicher und ohne Abirren weiter beschritten werden.»[157] So wird der Tänzer dann ganz im Sinne von Rudolf Klages zum Träger eines kosmischen Rhythmus.[158] All dies wird als ein Wiedererstarken jener Kräfte gewürdigt, welche schon zu Beginn des 19. Jahrhunderts von Männern wie Friedrich Ludwig Jahn und Ernst Moritz Arndt geweckt worden wären, Kräften, die «aus der gesunden Tiefe deutschen Blutes» kämen und in unmittelbarem Zusammenhang mit dem «Aufstieg der Deutschen aus ohnmächtiger Formlosigkeit zu einer festen und in sich stark gefügten Gestalt» ständen.[159]

7. Die Elite der «Seher» am Beispiel von Stefan George

«Konservative Revolution»[160] – dies ist als Begriff nur unter der Prämisse verständlich, daß die deutschen Anliegen in den Händen der wilhelminischen Patrioten offenbar schlecht aufgehoben waren. Die Vorstellungen von der schöpferischen Potenz des Menschen hatten nicht zuletzt unter dem Einfluß Nietzsches einen ungemein hohen «Standard» erreicht; jedes jedoch greifbare Ergebnis mußte vor diesem Anspruch verblassen. Sollte der Mythos vom «deutschen Menschen» nicht an suggestiver Kraft verlieren, galt es, an die Idee des imaginären Reiches anzuknüpfen. Der allgemeine Nenner hierfür ist das «Geistige» schlechthin, symbolisiert durch die «Form» oder – wie wir noch sehen werden – aufgehoben in der «absoluten Kunst».[161] So reicht das Spektrum von einem naturalistischen Germanenkult auf der einen zu einem «nordischen Expressionismus»[162] auf der anderen Seite. Immer mehr verlieren die sogenannten Jungkonservativen, Männer wie Moeller van den Bruck und Ernst Jünger, gegenüber den besonnenen Älteren wie Max Weber und Ernst Troeltsch die Geduld.[163] Und auch Fidus, der sich selbst als deutscher Künstler schlechthin sah[164], bleibt nicht ohne Konkurrenz. Die intellektuelle Elite, die z. T., noch ohne es zu wissen, dem faschistischen Dritten Reich entgegenstrebt, sieht natürlich in Künstlern wie Nolde und Barlach die unvergleichlich größeren Vorbilder. Konflikte zwischen Rosenberg, dem völkischen Statthalter des Rassenanspruchs, und Goebbels, dem gewieften «Art-director» des Dritten Reiches, werfen ein Licht auf eben jenen drohenden Verlust des Elitären in der Kunst, ein Anspruch, der sich durch jahrelange Propaganda des Rassengenius, Volkstümlichen usw. nivelliert hatte. Die intellektuelle Auszehrung des Dritten Reiches war für Goebbels durchaus ein Problem, und es ist bekannt, wie er diese zu mildern trachtete, indem etwa Fritz Lang Reichsfilmindendant werden sollte und er sich bemühte, einige emigrierte Künstler zur Rückkehr zu bewegen.[165] Nachdem Heinrich Mann aus der Leitung der Sektion Dichtung der Preußischen Akademie der Künste entfernt worden war, setzte er sich für die Kandidatur Stefan Georges ein.[166] Wie kein anderer scheint George das Erbe Friedrich Nietzsches zu repräsentieren: Auf der einen Seite verachtet er die Massen, auf der anderen Seite steht das suggestive Angebot an eben diese Massen, sich mit vornehmen Geschlechtern zu identifizieren und damit die ihnen eben noch bescheinigte Mittelmäßigkeit kompensieren zu können. An keine andere Künstlerpersönlichkeit läßt sich die für die NS-Ideologie so produktive Einheit von der Einsamkeit des Sehers und dem dazugehörigen Herrenvolk als Kollektiv besser assimilieren als an Stefan George. «Sein rassisch-volksmäßiges Bluterbe», heißt es in einer entsprechenden Würdigung, habe «all den Versuchungen seines aristokratischen Geistes und seiner differenzierten Seele erfolgreich widerstanden»[167]. Das Band, welches den «Mystiker» mit den Gemeinen verbindet und seinen «aristokratischen Geist» auf das Volk überträgt, besteht in jenem Führer-Gefolgschafts-Prinzip, das im George-Kreis so beispielhaft gepflegt wurde.[168] Zu den Eingeweihten zu gehören, das Vertrauen des «Meisters» zu genießen – wie George sich von seinen Anhängern nennen ließ – bedeutet eine Absetzung von der Masse und erzeugt das Gefühl, einer verschworenen Gemeinschaft anzugehören. Vor allem in diesem Sinne wird George und der um seine Person betriebene Kult Vorbild für die Bündische Jugend, die sich vom «Mainstream» der in lebensreformerischer Alltäglichkeit schon wieder etablierten Wandervögel absetzen will.[169] Solche männerbündischen Organisationsformen, die in ihrer charismatischen Wirkung durch Körpersprache und Uniform ästhetisch unterstützt wurden, bildeten bekanntlich ein Muster für die nationalsozialistischen Kampfeliten.[170] Den «Ritter» mit seinen «Knappen» umgibt gleichzeitig ein Mythos, welcher viel tiefer angelegt ist als etwa die bierselige Erinnerung der nationalistisch orientierten Korporierten. Der mit Stefan George verknüpfte und mit Carlylechem Gedankengut angereicherte Heldenmythos[171] gründet in einer geistigen Sonderposition. Zu Helden werden der Seher und seine Getreuen nicht etwa durch den Sieg ihrer Ideen, sondern dadurch, daß man diesen Ideen auch im Scheitern innerlich verhaftet bleibt. Das Dichterische und das Heldische seien eins, so gibt Gerd Mattenklott die einschlägige Auffassung Georges wieder und sieht hierin den «apokalyptischen Heroismus des Dritten Reiches in vollem Umfang antizipiert»[172]. Es mag sein, daß George von der Goebbels-Fraktion vor allem deswegen geschätzt wurde, weil des Dichters berühmter Schüler Friedrich Gundolf zu Goebbels' Lehrern gehört hatte[173] und der George-Kreis als die beste Adresse für literarische Fassungen solch zentraler Werte wie «Herrschaft und Dienst» oder «Gefolgschaft und Jüngertum» galt[174], daß man sich als politische Vollstrecker seines Urteils wähnte und mit ihm nun der «blutmäßigen Entartung» und der Herrschaft der Massen ein Ende bereiten wollte.[175] Für George selber sei 1933 das erste Mal gewesen, «daß Auffassungen, die er vertreten habe, ihm von außen wiederklängen»[176]. Ohne den Einfluß von George sei die «konservative Revolution» nicht denkbar, gibt Armin Mohler zu, was aber nicht bedeute, daß man ihn zu den «Kirchenvätern» des Faschismus zählen könne.[177]

Die literatursoziologische Auffassung, der George-Kreis habe eine künstlerisch oder ideologisch-weltanschauliche Mittlerfunktion zwischen Dichtung und Gesellschaft erfüllt, trifft freilich kein singuläres Phänomen; Töne wie die des George-Gefährten Friedrich Wolters, der davor warnt, die Deutschen könnten sich wie Amerikaner und Franzosen in ein «feminiertes Volk» verwandeln[178] oder des Meisters eigene Sorge um die reine Rasse hört man an vielen Orten und von zahlreichen Persönlichkeiten. Indes wirft die Verbindung zwischen George und der kulturellen Ausrichtung des Nationalsozialismus eine bislang weniger beachtete Frage auf, nämlich, ob das Interesse an der künstlerischen Avantgarde nicht doch größer war, als man es angesichts der vielen mediokren Hofpoeten und Maler erwartet hätte. Ein Blick in Zeitschriften wie «Die neue Rundschau» und «Das innere Reich» zeigt, daß hier durchaus noch literarische Qualität in der Tradition von Expressionismus und Neuer Sachlichkeit vertreten ist. (Kap. V) Ist dies wirklich nur ein Verdienst der Herausgeber und der Redakteure, die sich in stillem Widerstand befanden? Proteste der nationalsozialistischen Studentenschaft gegen eine öffentliche Herabsetzung des, wie sie sagten, «nordischen Expressionismus», Versuche etwa Baldur von Schirachs, moderne Kunst und Literatur zu protegierten und nicht zuletzt der erbitterte Streit zwischen Goebbels und Rosenberg verstärken den Eindruck, daß der Nationalsozialismus in seinen ersten Jahren von einer Klientel getragen wurde, die sich weder mit völkischen Platitüden noch mit einem neuen Naturalismus zufriedengeben wollte, die von der Kunst auch mehr erwartete als den ständig sich reproduzierenden Kult um bildungsbürgerliche Werte etwa der deutschen Klassik. Eine Klientel, die repräsentiert wurde durch Leute wie den Kunsthistoriker Wilhelm Pinder, wie Richard Müller-Freienfels, Emil Utitz, den Klages- und Kandinsky-Apologeten Gustav Kolb, durch Pädagogen wie Nohl und Spranger, Philosophen wie Bäumler und Heidegger u.v.a., von denen die meisten die Wahl Hitlers zum Reichskanzler ausdrücklich begrüßt hatten. Will man diese Männer auf ein Niveau festlegen, welches durch Dichter wie Heinrich Lersch und Maler wie Adolf Ziegler markiert wird? In Hitler hatten nicht wenige Mitglieder des George-Kreises den politischen Anwalt jenes «einen Bildes vom schönen Leben» erblickt[179], das Stefan George kreiert hatte. Im Unterschied zu

■ Melchior Lechter: Porträt Stefan Georges als Vorstudie zum Gemälde «Die Weihe am mystischen Quell», 1901, Kohlezeichnung

■ Melchior Lechter: Titelbild zu Georges «Der Siebente Ring», Berlin 1907

Thomas Manns selbstreflexiven und, wie wir gesehen haben, später revidierten Betrachtungen, die den Deutschen jedes demokratische Talent absprechen,[180] konstituiert George den Mythos von der außergewöhnlichen Sendung ganz neu und zwar in einer Sprache, die sich mit nichts Bestehendem mehr gemein machen will.[181] Während mit der Machtübernahme durch die Nazis Stück für Stück der völkischen Ideo-

FÜR · WOLFGANG FROMMEL · ZUM · 8 · JULI · 1930 · GEWIDMET VON · MELCHIOR · LECHTER ·

logie sozusagen realutopischen Charakter annimmt, d. h. zum platten Naturalismus verkommt, steht George weiter für die künstlerische Transzendenz, der die Bewegung einen Teil ihrer ideologischen Stärke verdankt, die nun aber immer mehr verlorengeht. Während Goebbels' offizielle Rettungsversuche dieser ästhetischen Dimension zum Scheitern verurteilt sind, erweist sich Georges Wirksamkeit bei jenen, die aus dem Geist der konservativen Revolution sich nunmehr gegen die «Verräter der Sache» wenden, vor allem in den Kreisen des konservativen Widerstands von der Weißen Rose bis zur Roten Kapelle.[182]

Georges künstlerischer Avantgardismus war eingebettet in einen dezidiert antidemokratischen Gestus, was den Nazis ebenso entgegenkam wie die theatralische Umsetzung des «Führerkultes» in der Art und Weise, wie George sich selbst stilisiert hatte. Nicht zuletzt der «Führer» selbst hatte sich in seiner Jugend hiervon beeindrucken lassen.[183] Dieser Führerkult war zugleich verbunden mit einem organologischen Weltbild, das der herrschenden sozialbiologistischen Auffassung nicht grundsätzlich widersprach, sich aber dennoch und darüber hinaus von der Langeweile der alltäglich proklamierten Sozialhygiene unterschied. Vor allem die noch jugendbewegten Funktionäre des Regimes fanden bei George den nötigen Abstand zum «Pöbel» formuliert, auf den sie trotz aller «Tümelei» außerordentlichen Wert legten. Und hatte nicht George, der selbst durch die « französische Schule» gegangen und von Baudelaire und Mallarmé inspiriert worden war, gefordert, «daß der Deutsche endlich einmal eine Geste, die deutsche Geste bekomme – das ist ihm wichtiger als zehn eroberte Provinzen –.»[184]

Warum gibt es keine ranggleiche Persönlichkeit aus dem Bereich der bildenden Kunst, die noch im Dritten Reich so viel Anerkennung erhielt wie George?[185] Liest man Georges einleitende Worte zum ersten Band der berühmten «Blätter für die Kunst», so scheint der Abstand zu Kandinsky und der Programmatik anderer Avantgardisten nicht gar zu groß zu sein. Die neue Veröffentlichung, so George, «will die GEISTIGE KUNST aufgrund der neuen fühlweise und mache – eine kunst für die kunst – und steht deshalb im gegensatz zu jener verbrauchten und minderwertigen schule, die einer falschen auffassung der wirklichkeit entsprang. sie kann sich auch nicht beschäftigen mit weltverbesserungen und allbeglückungsträumen, in denen man gegenwärtig bei uns den keim zu allem neuen sieht, die ja sehr schön sein mögen, aber in ein anderes gebiet gehören als das der dichtung.» Georges Liebe galt den Symbolisten, vor allem Böcklin und Klinger, doch « für das Gesindel der Kandinsky und Kokoschka hatte er nur Verachtung übrig»[186], wobei aber der Kreis um Kandinsky umgekehrt sehr wohl von George beeinflußt war.[187] Nichts weist zwingend darauf hin, daß es in den künstlerischen Ansichten von George und Klages auf der einen, Kandinsky und den anderen «Verfemten» auf der anderen Seite unüberbrückbare Gegensätze gegeben hätte. Wer wäre für die Geltung kosmischer Gesetzmäßigkeiten in der Kunst offener gewesen als Kandinsky? Wenn schon George die Intention der abstrakten Moderne mißverstand und deren Verwandtschaft zum eigenen Werk über die bloße Zeitgenossenschaft hinaus nicht erkannte, so ist möglicherweise das gesamte Unternehmen für eine neue religiöse und gleichermaßen deutsche Kunst falsch gedeutet worden. Davon zeugt die Entrüstung nationalsozialistischer Intellektueller, die den Angriff auf einen «nordischen Expressionismus», «die Verfolgung von Barlach, Haeckel, Kirchner, Müller, Rohlfs, Schmidt-Rottluff und Nolde als ein völkisch-reaktionäres Vergehen an deutscher Kultur» attackieren [188], und auf der anderen Seite das Unverständnis von Kirchner, Kandinsky, Nolde und Schlemmer, daß ihnen das neue Regime keine Anerkennung entgegenbringt.[189] War es am Ende nur die Schuld oder Unachtsamkeit einer bestimmten Fraktion innerhalb des deutschen Faschismus, daß die künstlerische Moderne nicht ebenso wie in Italien zur kulturellen Elite des Unrechtssystems zählen durfte?

8. Die «nordischen Expressionisten»

Zu Beginn der zwanziger Jahre hätte jedermann erwarten können, daß die expressionistischen Maler in einem neuen großen, in einem dritten Deutschen Reich allerhöchste Anerkennung genießen würden. Beinahe jeder, der in Kunstgeschichte und Kunstwissenschaft Rang und Namen besaß, bestätigt der «jungen deutschen Kunst», sich auf dem richtigen Wege entweder zum rassisch reinen Ausdruck zu bewegen oder zu einer neuen Religiosität zurückgefunden zu haben. «Keine neue Menschheit steht hinter der neuen Kunst», verkündet Wilhelm Worringer, «wohl aber eine neue Menschlichkeit. Von ihr zu sprechen verbietet sich. Es genügt, daß so viele von uns mit einem dunklen neuen Rasse- und Gemeinschaftsgefühl um sie wissen.» [190] Diese Worte stehen im Bann jener umfassenden Katharsis, die zwar nicht wie erhofft durch den siegreichen Abschluß des Weltkrieges eingeleitet werden konnte, die nun aber um so dringender erscheint. Die Revolution, eine neue Religiosität, die Rückbesinnung auf die Selbstheilungskräfte des Volkes – wo kann man diese Erwartungen besser bestätigt finden als in dem neuen «Formwillen» der deutschen Expressionisten, der nach den bereits zitierten Worten von Franz Marc und Hermann Muthesius sich nunmehr ganz Europa aufprägen werde.

Etwa zehn Jahre zuvor, im Jahre 1911, hatte es den berühmt-berüchtigten «Protest deutscher Künstler» gegen eine angebliche Invasion französischer Kunst gegeben. Dabei ging es dem Regisseur der Aktion, dem Worpsweder Maler Carl Vinnen, nach eigenen Worten um «keine chauvinistische Deutschtümelei», gleichwohl könne «ein so mächtig emporstrebendes, großes Kulturvolk wie das unsere nicht ein fremdes Wesen ertragen, das sich die Herrschaft über die Geister anmaßt»[191]. Der bekannte Karikaturist Thomas Theodor Heine pflichtete bei und sprach von «Stümpereien» und «theoretischen Turnübungen», Schultze-Naumburg von einer Koketterie, gemischt «mit Roheit und Äußerungen, die sonst nur Begleiterscheinungen der Paralyse» seien.[192] Man ist geneigt, diese bei Diederichs erschienene Streitschrift als einen nationalistisch-konservativen Angriff gegen die Moderne zu bewerten und hier möglicherweise schon die Verhältnisse von 1937 vorweggenommen zu sehen. Schon damals ließ eine Antwort nicht lange auf sich warten. In einer Gegenschrift ist neben Kandinsky und Franz Marc die damalige Kunstelite vertreten, u.a. August Macke, Max Pechstein, Otto Modersohn, Wilhelm Worringer, Alfred Lichtwark, Carl-Ernst Osthaus, der Kunsthistoriker Pauli, der Verleger Piper, der Kunsthändler Paul Cassirer u.a. Gustav Pauli gab in dieser Antwort-Schrift zu bedenken, daß gewisse Teile des Kunsthandels sich sozusagen zwangsläufig nur mediokrem Material zuwenden würden und der Protest am Ende nur den «besseren anregenden öffentlichen Sammlungen moderner Kunst in Deutschland Unannehmlichkeiten bereiten» werde.[193] Lichtwark meint, daß man ja nicht den mit französischer Ware tätigen Kunsthandel einfach werde ausschalten können.[194] Cassirer stellt wie übrigens alle anderen die Qualität des Kunstwerkes gegenüber der Herkunft in den Vordergrund und vermerkt nicht ohne Herablassung, die Jungen würden «lieber in ihr Unglück rennen auf ihre Art als an der Hand Vinnens in ihr Glück».[195] Kandinsky nutzt die Gelegenheit für ein theoretisches Elaborat, welches mit dem Anlaß nur entfernt etwas zu tun hat.[196] Ohnehin sind die Franzosen für ihn von «leichtem Gewicht», «furchtbar oberflächlich und selbstverliebt».[197] Franz Marc verknüpft seinen Hinweis auf den «gemeinsamen Urgrund künstlerischen Erlebens und Schaffens» mit der Bemerkung: «Wir fühlen uns hierin verwandt mit einigen französischen Kollegen und reichen ihnen *lediglich* (Hervorhebung P.U.H.) darum unsere Hand.»[198] Worringer meint, der Museumsleiter müsse die «relative Güte» gelegentlich opfern «zu Gunsten des entwicklungsgeschichtlich Bedeutsamen», da die Generationen nach uns «nicht nur wissen wollen, welches die Durchschnittsphysiognomie unserer Zeit war, sie werden vielmehr die Entwicklungsvorgänge kennenlernen wollen».[199] Also braucht man sich vor den Franzosen nicht zu fürchten. In einer ersten Antwort auf den «Protest deutscher Künstler» hatte es in den «Süddeutschen Monatsheften» bereits geheißen: «Ein gesundes starkes Volk hat vor solchen Erscheinungen keine Angst und traut seinen Kräften zu, daß sie alles – und besonders das schon an sich Gute – zum Guten wenden. Das deutsche Volk hat auch schon früher solche Proben ausgehalten und als Sieger *eigene* gesunde und starke Kunst hervorgebracht.»[200] Der Beitrag des Schriftstellers Richard Reiche verteidigt die Franzosen sogar mit ausgesprochenem deutschen Rassebewußtsein. «Sollten ängstlich unsere Jungen die künstlerische Auseinandersetzung mit den Nachkommen jener großen Franzosen meiden, denen unsere Alten den Anstoß zu ihrem besten Schaffen danken? Auch für unsere junge Generation hegen wir nicht die Befürchtung, daß sie französischer Art erliegen werde, wir sehen vielmehr durch die innigen Beziehungen zu ihren Freunden in Paris unseren Künstlern eine Fülle der Anregungen aus gallischer Leichtigkeit, geistvoller Erfindung, feinster Empfindsamkeit erstehen, welche die Schwere deutschen Geblüts, das den bildenden Künstler oft zu unfruchtbaren Tiefen der Spekulation zu ziehen droht, in erfrischende Wallung versetzen. Wenn wir Vertrauen zu der sieghaften Kraft germanischer Kunstbegabung haben und neue Möglichkeiten tiefster künstlerischer Beseeligung durch unsere Rasse erhoffen, dann müssen wir aus allen Gründen der Vergangenheit für die Gegenwart der deutschen Kunst eine Auseinandersetzung mit dem französischen Schaffen suchen, welches ein integrierender Bestandteil europäischen Kunstwesens ist, damit die nationale Kunst, nach der wir uns sehnen, groß und frei und weit werde.»[201]

Während des Weltkrieges wird die Auseinandersetzung mit den Franzosen bzw. der romanischen Kultur insgesamt noch vertieft. So erscheinen bei Diederichs ab 1915 die von Richard Benz herausgegebenen «Blätter für deutsche Art und Kultur». In einem ersten Band mit dem Titel «Die Renaissance, das Verhängnis der deutschen Cultur» wird beklagt, daß die Deutschen sich bis auf den heutigen Tag noch nicht von der «geistigen Fremdherrschaft» befreit hätten, die ein roma-

■ Hans Baldung gen. Grien: Christophoros, Holzschnitt

■ Karl Schmidt-Rottluff: Christus, 1918. Holzschnitt. VG Bild-Kunst, Bonn

nisches Kunstideal ihnen im 16. Jahrhundert aufgedrängt habe.[202] Nach Beendigung des Weltkrieges werden vor allem die gegen Frankreich gerichteten Töne sanfter, was jedoch nicht gleichbedeutend ist mit weniger Selbstbewußtsein. Seit dem Erscheinen von Worringers programmatischen Schriften «Formprobleme der Gotik» (1911) und «Abstraktion und Einfühlung» (1912) sind kaum acht Jahre vergangen, in denen man in zahlreichen Publikationen den «Geist der Gotik»[203] für die Deutschen monopolisiert hatte und dazu übergegangen war, dieses scheinbar qualitative Äquivalent zur Renaissance gewissermaßen als Markenzeichen auch der neuen deutschen Kunst aufzuprägen. In der Tat erweise sich «die Gotik als der typische Rassestil». «Was in früheren Zeiten naiv und gefühlsmäßig von den Romanen aufgebracht wurde, daß die Gotik ein barbarisch-germanisches Gewächs sei, ist von der modernen kritischen Einsicht nur bestätigt worden», schreibt der Kunsttheoretiker Gustav Pauli in der berühmten Zeitschrift «Genius», mit der der Kurt Wolff Verlag 1919 die «werdende» und die «alte Kunst» in den rechten Zusammenhang zu rücken versucht.[204] «Die für die bildende Kunst so überaus glücklich begabten Franzosen», so heißt es dann weiter bei Pauli, hätten sich von der Gotik, die sie zunächst «rein, maßvoll und folgerichtig» entwickelt hätten, mit der Renaissance «zu den normativen Formen grecoromanischer Kunst» gewendet.[205] Das archaische, sprich ausdrucksbezogene Bildprinzip der Gotik bliebe statt dessen der Rasse vorbehalten, die es schon immer verkörpert habe. Dasselbe gelte für den Expressionismus als sozusagen neueste Variante des gotischen Geistes; auch diese Kunstrichtung finde man in Frankreich, doch was für die Gotik gelte, gelte auch für ihn: «Der Expressionismus ist zwar wie jeder Zeitstil eine universelle Bewegung; gleichzeitig aber eine Bewegung, die der germanischen Rassebegabung vorzugsweise entspricht.»[206] Je machtvoller eine Form ausdrückt, «was in ihrem Schöpfer nach Entladung verlangt», um so mehr empfänden wir sie als deutsch, stellt der Kunsthistoriker Wilhelm Waetzold in derselben Publikation fest. Dies entspräche dem Selbsterkenntnisdrang der Deutschen, während die Franzosen «im Geiste der Poussin, Claude Lorrain, Watteau und Ingres den uralten Schmucktrieb (ihrer) Rasse in gehaltenen Formen» zu befriedigen suchten. «Wenn heute in Frankreich van Gogh, Cézanne, Matisse als verhunnt (emboché) gescholten werden, weil sie dem Einfluß barbarischer Kunst unterlegen seien, so spricht aus dieser Stimmung die richtige Witterung dafür, daß die expressiven Elemente in der Kunst jener Meister dem gallischen Blute im tiefsten fremd sind.»[207]

Auf diese Weise wird die Moderne nach und nach germanisiert und der Expressionismus als eine Wiederkehr deutscher Macht und Größe betrachtet – so wie man sie sich in Erinnerung an das Mittelalter vorstellt. Dazu können als «geistige Führer»[208] nun auch van Gogh und Cézanne herbeizitiert werden, wobei immer wieder betont wird, es ginge um den Aufbau einer geistigen Anschauung und weniger um den eines Staatswesens. Für Wilhelm Valentiner verkörpert Schmidt-Rottluff, «welcher von einem unbewußten Rasseinstinkt» getrieben werde[209], dieses Programm in reinster Form. Seine Kunst allerdings verlange, «daß man sich ihr rückhaltlos hingebe».[210] Von Schmidt-Rottluff sei eine übernationale Wirkung zu erwarten, doch «wie immer ihre internationale Bedeutung sein mag, für uns ist sie die wahre Kunst des neuen Anfangs», wobei auch an die anderen Künstler der Dresdener «Brücke» erinnert wird, an Heckel, Kirchner, Pechstein und Nolde.[211] Übrigens wundert sich der Autor, daß so etwas in Sachsen habe stattfinden können, wo doch dessen Bevölkerung «den weichen, slawischen Einschlag» nicht verleugnen könne.[212] Bei Schmidt-Rottluff, dessen Holzschnitte an die Holzschnittkunst der Germanen erinnere[213], seien «germanische Härte und Männlichkeit» wahrscheinlich durch die Einflüsse seiner holländischen Mutter mitbedingt.[214] Das Bild «Frau in den Dünen» knüpfe daran an, daß die Deutschen ihren Frauen schon immer «sehende Kräfte» zugemessen hätten[215], und daher sei es auch ein blonder Christus, der die «Ehebrecherin» vor den Fratzen der Pharisäer segne.[216]

Auch den «Anspruch des Seelischen» in der Malerei von Max Beckmann wertet man – ähnlich wie bei Munch, Heckel und Meidner – als «nordisches Erbteil».[217] Es liegt nicht wenig Überheblichkeit in der Art und Weise, wie man nach der militärischen Niederlage die Welt nun verstärkt mit den geistig-seelischen Kräften des Germanentums zu kolonialisieren sucht. Gewiß ist in Verbindung mit der neuen Kunst immer wieder die Rede von der Völkerverständigung, die der Herausgeber des «Jahrbuchs der jungen Kunst» aber sofort wieder zu einer Mission des deutschen Geistes erklärt: «So arm wir auch politisch als Volk geworden sein mögen, indem wir zunächst für die Sünden eines unerhörten Materialismus büßen, so hoffnungsvoll stimmt uns trotz allem der Glauben, der dem Wollen unserer jungen Kunst erwächst. Ein Volk kann äußerlich darben und elend werden im Banne überlegener Macht, die heute noch an das Evangelium von Bajonetten und Kanonen glaubt. Solange sich in ihm die geistigen Kräfte regen, die Weltanschauung propagieren, kann es nicht zugrundegehen.»[218] So scheint die «letzte Gemeinschaft als rein Menschliches»[219] doch der Inspiration durch den deutschen Geist zu bedürfen, der im gleichen Atemzug immer wieder mit Werten wie «Kampfbereitschaft», «kameradschaftliche Reinheit» etc. verbunden wird, so jedenfalls Kasimir Edschmid über den Charakter der Darmstädter Sezessionisten.[220]

Aus der Abwertung des Materiellen entspringt zwangsläufig eine neue Transzendenz, zu der freilich weniger durchdachte Begriffe führen als vielmehr ein allgemeines und diffuses Erlösungsbedürfnis, wie es durchaus auch in einem Wissenschaftsmythos zum Ausdruck kommen kann. So sieht Paul Cohen eine parallele Entwicklung von Kunst und Menschengeist, der auf die Überwindung der Rassen hinausläuft, Europa und Asien zusammenfließen läßt und in einem neuen Glauben an ein und dieselbe Wahrheit kumuliert.[221] Für andere, wie z. B. für Otto Flake, ergibt sich der Übergang von der anschaulichen zur geistigen Kunst, «nach dem die himmlische Hierarchie keine Rolle mehr spiele» – eine pantheistische Weltsicht, die jener Kandinskys nahekommt: «Gott ist uns das Gefäß geworden, das alles umfaßt, also eine rein geistige Vorstellung, deren einzig vorstellbare Projektion der Raum ist.»[222] Zwar unterscheidet sich die romantische und beinahe schon erkenntnistheoretisch inspirierte Suche nach neuer Religiosität von den vor allem von Kunsthistorikern immer wieder geltend gemachten rein rassenspezifischen Einordnungen der Kunst; aber auch hier, wie etwa bei G. F. Hartlaub, sind die Attribute «religiös», «deutsch», «expressionistisch» sehr bald auf einen Nenner gebracht.

Hartlaubs Variation der allbeherrschenden Maxime läuft auf die Feststellung hinaus, daß das künstlerische Bemühen, die «mystische Berührung» von dem «Noch- oder Wieder-Eins-Sein und dem Jenseitsgeiste» inspiriert sei[223], womit auf die gemeinsamen Wurzeln von Kunst und Religion hingewiesen wird. Diese innige Beziehung, so kann man Hartlaubs Bedenken zusammenfassen, wird natürlich im Laufe der Zeit durch die sozialen und geschichtlichen Kontexte überdeckt, religiöse Kunst liefert sozusagen nur die Gelegenheit zur monumentalen Komposition. Wenn man diese heute auch den Expressionisten vorwerfe, so müsse man daran denken, daß die heiligen Bilder «Veroneses, Tizians, Rubens, Ingres'... wahrscheinlich auch nur entstand(en), weil gerade die neue Fassung einer alt hergebrachten Aufgabe die Künstler interessierte». Gegenüber einer «idealistischen Kunst der religiösen Gegenstände», dies fühle man instinktiv, genüge eben «der Anspruch

DIE DACHSTUBE

FLUGBLÄTTER • ZWANGLOS UND KOSTENLOS VON DER VEREINIGUNG DIE DACHSTUBE HERAUSGEGEBEN
BLATT 65 • DARMSTADT IM NOVEMBER 1918 • IV. JAHR

Die Zeit fordert heraus! Wir stehn am Ende! Nun dürfen wir nicht mehr still sein und uns von den Ereignissen rädern lassen. Über vier Jahre flüchteten wir uns vor dem Ungeheuren in astrale Verse. Wir bogen aus und verleugneten, was Schicksalhaftes verhandelt wurde. Es war Lüge, daß wir es taten. Denn unsere Leiber und Seelen waren verfangen.

Doch immerhin: Das Wort war uns schwer gemacht, wenn nicht versagt. Das Einzelleben war mechanisiert, das Denken war nur eine Funktion. Und wir meisten waren an der Front. Man konnte nicht gegen sein eignes Handeln denken, ohne zu zerbrechen.

Doch nun sind wir frei: Und Ungeheures geschieht: Jetzt lebendig einspringen in den Strom der Geschichte, aktiv sein aufs äußerste und nichts sich entreißen lassen. Wer wagt es noch sich von den Dingen treiben zu lassen?

Freunde wir wollen, daß ein Teil unsres Raumes der Zeit gehört. Nicht, daß die Kunst aufhörte, unser letztes heißestes Ziel zu sein. Doch stehen wir an einem Punkte, wo Kunst nur an dem gemessen werden kann, was sie dem ringenden Leben bietet. Brücke zum Unendlichen, vom Zeitlichen ins Ewige, das ist die Kunst. Doch jetzt, wo die Zeit so rießengroß, so schaurig selber mit den letzten Dingen ringt, ist sie selbst das Maß aller Werte geworden und wehe der Kunst, die sie überspringt.

Wir wollen und dürfen nicht mehr schweigen: Wir warten auf Euch, Freunde, auf Euer heißestes Herz, auf Euer reinste Gesinnung! Springt ein und formt euern Mut, sucht Richtung, Wege und Ziele: Unhemmbarer Wille zur Zukunft reiße uns hoch, sei unsere gläubigste Losung. Freunde, greift ein!

■ Ein expressionistisches Manifest von Carlo Mierendorff, 1918

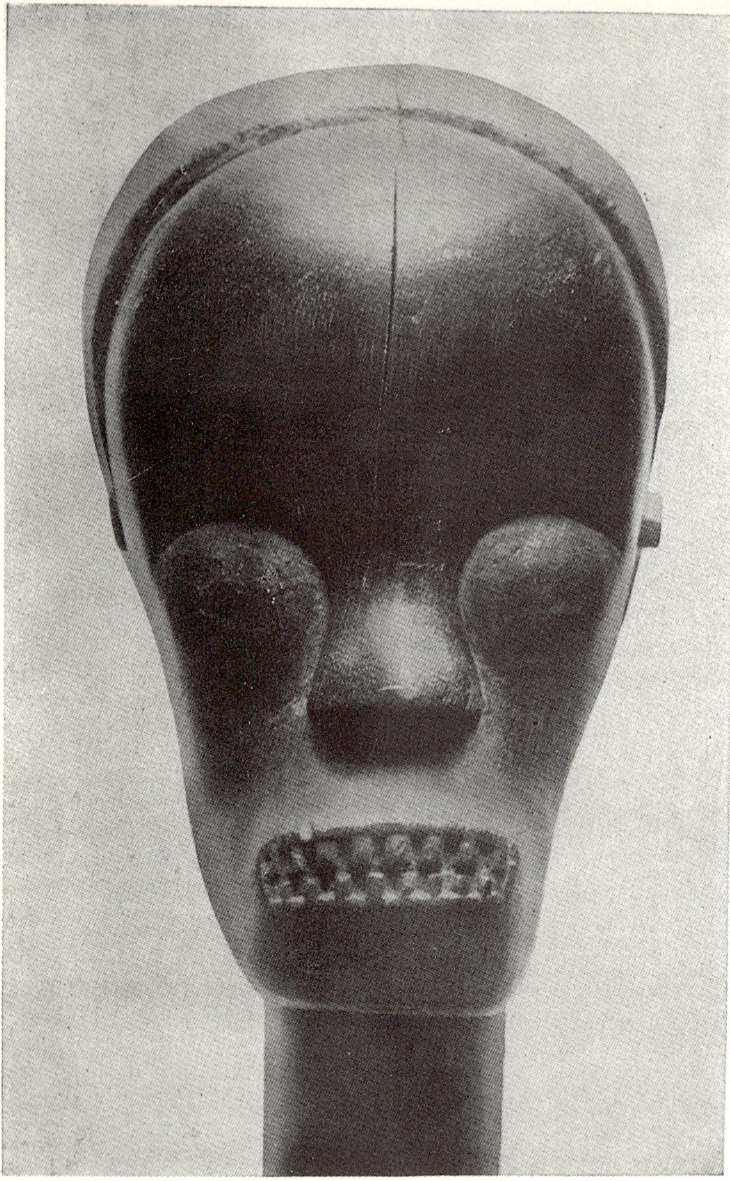

■ «Negerplastik» aus Madagaskar

■ Karl Schmidt-Rottluff: Kopf, 1917, Holz. VG Bild-Kunst, Bonn

einer formalen Gläubigkeit». «Der Expressionismus dagegen prüft die religiöse Gesinnung des Künstlers bis in die Tiefen des Gewissens.»[224] Notabene sind es vor allem wieder die Renaissancekünstler, die sich durch eine lockere, eher formale Beziehung zu ihrem Gegenstand auszeichnen, während die Expressionisten mit diesem gleichsam verschmelzen. «Mit dem Expressionismus ist eine laue Gesinnung viel schwerer vereinbar, weil er zumeist eine viel unmittelbarere Berührung mit dem Transzendenten voraussetzt.»[225] Rechtfertigt dies nun die Erwartung, daß der expressionistische Kunstwille und somit das 20. Jahrhundert berufen sei, der Welt eine neue religiöse Kunst zu schenken?[226] Ein unerreichtes Vorbild sieht Hartlaub in Oskar Kokoschka, während das zeitgenössische Bemühen um echte religiöse Kunst weitgehend noch unter «werkförmigen Reizwirkungen» und «kalt-kunstgewerblichem Geschmack» leide.[227] Legion sind die, welche an ihrer Aufgabe scheitern, unter ihnen Namen wie Slevogt, Corinth und auch Pechstein. Die «innere Not und Notwendigkeit», neu mit Gott zu ringen, so Hartlaub, «können wir nur im Bemühen weniger Maler entdecken, vor allem bei zwei Meistern, die im übrigen durch eine Welt getrennt sind: bei Beckmann und Nolde.» Das «Beste und Stärkste und Ursprünglichste, was im Gemüt dieser beiden Künstler» lebe, sei durch die Berührung mit dem christlichen Mythos gefunden worden.[228] Auch unter den Werken Beckmanns, die Hartlaub besonders hervorhebt, befindet sich wieder das Thema «Christus und die Ehebrecherin». Gleichzeitig werde nun, «nachdem sie die internationale Sprache abgelegt hat, das rein Germanische dieser Kunst erschütternd offenbar. Beckmann ist nicht deutsch im Sinne Eichendorffs, sondern Grabbes. Nicht wie Schwind und Richter, sondern so wie Hans Baldung, Urs Graf, Veit Stoß deutsch gewesen sind. Man könnte von fern an den Schweizer Hodler denken, doch geht der Deutsche viel weniger von allgemein kosmisch-rhythmisch-musikalischen Abstraktionen, sondern von harten tragisch-religiösen Vorstellungen aus. Alles bloß Dekorative ist dieser Figurenkunst fern, aus deren gedrungenen, untersetzten, oft gespenstig grotesken Gestalten immer ein zäher, tiefer, schwerlebiger Mensch mit seinem Widerspruch, ein tragischer Künstler mit seiner ganzen dämonischen Besessenheit spricht.»[229] Während es bei Beckmann eher visionäre Qualitäten sind, die ihn in die Reihe der germanischen Meister stellen, äußert sich der nordische Charakter Emil Noldes viel urwüchsiger. Bei ihm, dem Kind der Nordsee und «Nachfahre der alt niederdeutschen Altarkünstler vom Schlage Meister Bertrams», erscheint noch die Exotik der Südsee eingetaucht in ein spezifisch germanisches Wesen. In der Wildheit solcher Gestalten, wie «Affe, Dirne und Kosack», äußerten sich Religiosität ebenso wie «lauter Zartheiten, Stufungen der Seele, lauter Europäertum, Deutschtum, Niederdeutschtum» des Herzens. So exotisch die Sujets auch sind, orientalische Bazare bei Rembrandt, tropische Küsten bei Nolde, irgendeine «Tümlichkeit» muß mit alledem verbunden werden. Davon nimmt auch ein so gebildeter Kenner wie Hartlaub keinen Abstand.[230]

Karl Schmidt-Rottluffs Versuche verdienten «am ehesten in der Nachbarschaft Noldes genannt zu werden». Mit Einschränkung trifft dies auch auf die anderen Maler der «Brücke» zu.[231] Heckels und Lehmbrucks Gestalten haben diese pralle Lebendigkeit schon überwunden und lassen wie auch bei Paul Klee die «Ahnung einer besonderen Zukunftsrasse des vergeistigten Menschen» aufkommen.[232] «Es wird eine Auferstehung der Natur aus dem Geiste geschehen», prognostiziert Hartlaub, «Wiederaufrichtung der kosmischen Harmonie aus einem Selbst, das den verlorenen Gott in den eigenen Tiefen wiedergefunden hat.»[233] Religiöse Erwartungen, deutscher Charakter und geistige Erhöhung fließen hier zusammen und steigern die mit der Kunst ohnehin verbundene Erwartungshaltung. Der Expressionismus müsse sich treu bleiben und mit am Fundament einer Gesinnung bauen, die neue Symbole schafft, fordert Hartlaub.[234] Die «‹absolute› Malerei eines Kandinsky» bewertet er als künstlerisch möglich, aber nicht ergiebig[235]; denn schon heute suche sich das «neue Wollen, welches sich als Gefühlsausdruck zunächst in der rein abstrakten Beschaffenheit der expressionistischen Form dargestellt hat, sein gegenständliches Korrelat»[236]. Bevor aber ein solches «gegenständliches Korrelat», wie hier die religiöse Kunst, gefunden werden konnte, mußte das «Wollen» zu einem absoluten und unabdingbaren Wert hypostasiert werden. War in nahezu fanatischer Weise das dubiose Wollen erst zum Imperativ geworden, und wie bei Kandinsky zu einer Art innerem Gesetz erhoben, kam es schon gar nicht mehr auf die praktischen Inhalte an, durch die es so sehr mißbraucht werden sollte.

III Die ästhetische Radikalisierung der Kulturkritik

■ «Ich empfand schon sehr früh den Menschen als häßlich... das Tier schien mir schöner, reiner. Aber auch an ihm entdeckte ich so viel Gefühlswidriges und Häßliches, daß meine Darstellungen instinktiv, aus einem inneren Zwang immer schematischer, abstrakter wurden.» ■ Franz Marc

1. «Brücke» kontra «Blauer Reiter»

Südseeinsulaner, exotisch anmutende Masken, dann wiederum laszive, herausfordernde Blicke großstädtischer Huren, blasiert-dekadente Gesten flanierender Müßiggänger – was an alledem «gotisch» sein soll, will dem unbefangenen Betrachter nicht so recht einleuchten. Und in der Tat sind es vor allem die Interpreten, die die formale Reduktion auf das Wesentliche in einen Begriff fassen und hierbei im weitesten Sinne die Formsprache der Gotik als Vorbild bemühen. Das «Organisch Lebenswahre» als Ausdruck eines klassischen «Kunstwollens» weiche in der neuen Kunst dem Prinzip der Abstraktion, was gleichbedeutend sei mit der Suche nach dem «Organisch Lebensvollen» – so hatte Wilhelm Worringer diese Wende in seiner bekannten Schrift «Abstraktion und Einfühlung» beschrieben.[1] Als «barbarisch» oder «wild» konnte man diese Kunst insofern empfinden, als sie tatsächlich von den Beschönigungen und Gefälligkeiten der konventionellen Schale abstrahierte. Dennoch bewahrt sie zunächst nur die ganze Vielfalt und Widersprüchlichkeit der modernen Existenz; ja sie bringt diese im wahrsten Sinne des Wortes erst richtig zum Ausdruck. Den «Brücke»-Künstlern sei es denn auch «stets um das subjektive Ausdeuten sichtbarer Erscheinungen» gegangen, stellt der Chronist dieser Vereinigung, Horst Jähner, fest. Dagegen sieht er beim «Blauen Reiter», also der Gruppe um Kandinsky und Marc, «die Forderung nach einer Autonomie der Künste mit dem Wunsch nach einer Freisetzung des Geistes» verbunden, «für den die Wirklichkeit zu etwas Untergeordnetem gegenüber der Sehnsucht nach dem Unendlichen und Übersinnlichen» geworden sei.[2] Mit Bezug auf die Expressionismus-Debatte und die Realismuskonzeption von Georg Lukács wird versucht, Rationales von Irrationalem zu trennen.[3] Auch in marxistischer Sicht bleiben auf diese Weise dem hauptsächlich durch die «Brücke»-Künstler repräsentierten «nordischen Expressionismus» all jene Attribute und Wertschätzungen erhalten, wie wir sie bereits von den zeitgenössischen Kommentatoren kennen: Was damals in der Tradition Langbehns und verwandter Autoren als Merkmal deutscher Tiefgründigkeit bzw. Gründlichkeit anerkannt wurde, kehrt wieder als Ausdruck subjektiver Betroffenheit, gepaart mit analytischem Scharfsinn. Überhaupt verzichtet kaum eine Abhandlung über die expressionistische Kunst darauf, vor allem zivilisationskritische Aspekte zu betonen, welche da sind die Verlorenheit des Subjekts in der modernen Massengesellschaft, die Sehnsucht nach Ursprünglichkeit, das Leiden an einer materialistischen Weltordnung, die Sehnsucht nach einer allumfassenden Erlösung etc. «Die Suche dieser Künstler nach größerer ‹Echtheit› von Gegenständen», so heißt es, «war ein Ausdruck ihrer Angriffe auf den Materialismus und ihrer Sehnsucht nach einer verlorenen Einheit von Kunst und Gesellschaft.»[4] Immer wieder angeführt in diesem Zusammenhang wird Emil Nolde, der die Lösung des «historischen Widerspruchs in einer zeitlosen, mythischen Weltsicht» gesucht habe, «im Unterschied zu der internationalistischen, modernistischen Haltung des ‹Blauen Reiters›».[5] Kann man daraus den Schluß ziehen, daß der als «nordisch» apostrophierte Expressionismus einem völkischen Mystizismus Vorschub leistete, während Kandinsky den Weg in einen modernen Universalismus wies; oder verhält es sich umgekehrt, haben Marc und Kandinsky einer mystischen Weltfremdheit das Feld bestellt, während die «Nordischen» den realistischen Blick auf die Wirklichkeit behielten?

Diese Fragestellung wirkt angesichts des vorhandenen Werkes eher befremdlich, aber dennoch ist sie ideengeschichtlich untrennbar mit prinzipiellen Erwägungen verbunden. Für die Künstler der «Brücke» übernahmen die führenden Kommentatoren der Zeit die Aufgabe der Auslegung; Marc und vor allem Kandinsky besorgten dies für sich selbst, und niemand wird ihren Schriften den prinzipiellen theoretischen Anspruch aberkennen wollen. Dabei machen die Äußerungen Wilhelm Worringers, des gewiß wichtigsten Theoretikers der neuen deutschen Kunst, deutlich, wie folgerichtig das germanische Rassebewußtsein und eine darauf gar nicht mehr explizit eingehende «absolute Malerei» miteinander verknüpft sind. Der «Geist der Gotik» und die in der abstrakten Kunst aufscheinende Epoche des «großen Geistigen» bedeuten in der Logik seines Denkens ein und dasselbe: Abstrak-

MIT DEM GLAUBEN AN ENTWICKLUNG, AN EINE NEUE GENERATION DER SCHAFFENDEN WIE DER GENIESSENDEN RUFEN WIR ALLE JUGEND ZUSAMMEN UND ALS JUGEND, DIE DIE ZUKUNFT TRÄGT, WOLLEN WIR UNS ARM- UND LEBENSFREIHEIT VERSCHAFFEN GEGENÜBER DEN WOHLANGESESSENEN ÄLTEREN KRÄFTEN. JEDER GEHÖRT ZU UNS, DER UNMITTELBAR UND UNVERFÄLSCHT DAS WIEDERGIEBT, WAS IHN ZUM SCHAFFEN DRÄNGT

tion angesichts der Unübersichtlichkeit und im weitesten Sinne Überflüssigkeit materieller Vielfalt, Dispension «angesichts der ungeheuren Verworrenheit des Weltbildes».[6] In seinem Glauben, daß nur der nordische Mensch zu diesem idealen Zustand vordringen könne, trifft er genau die Stimmung jener, die bereit sind, alles zu akzeptieren, wenn ihnen ein Professor es nur als Ausdruck «gotischen Geistes» vorsetzt. Thomas Mann, der bekanntlich ebenfalls auf seinen «nordischen Charakter» hielt, hat dies in seiner distanzierten Art mit bissiger Ironie bedacht: «Der gotische Mensch! Habt ihr noch nicht vom gotischen Menschen gehört? Dann seid ihr schlecht auf dem laufenden. Der gotische Mensch ist der Mensch der neuen Intoleranz, der neuen Antihumanität des Geistes, der neuen Geschlossenheit und Entschlossenheit des Glaubens an den Glauben; er ist der nicht mehr bürgerliche, der *fanatische* Mensch.»[7] Diese Mode enthält in sich bereits eine Entwertung des avantgardistischen Standpunktes, der ja paradoxerweise immer Exklusivität und Allgemeinverbindlichkeit zugleich beansprucht. Dem ihnen angedienten, überwiegend aber auch gern akzeptierten Etikett des Nordischen konnten die «Brücke»-Künstler selbst kaum nachkommen, ebensowenig den Erwartungen an eine neue Religiosität, wie Hartlaub zu seinem Bedauern feststellen mußte. Dabei war das Gerede vom «gotischen Geist», von «deutscher Art und Kunst» so unspezifisch, daß es nahezu auf alles anzuwenden war. Wenn auch nicht ihrem Selbstverständnis nach, so wichen die Künstler doch in ihren Werken weitgehend von dem ab, was sich mit einiger Treffsicherheit als spezifisch deutsch identifizieren ließ. Auch stand der Einfluß «französischer Künstler» insbesondere auf die «Brücke», außer Frage, so von van Gogh und Gauguin, dessen Reise in die Südsee ihren Vorbildcharakter nicht verfehlt hatte, während das formale Repertoire wesentlich von den Fauves geprägt worden war, etwa von Derain, Matisse und Rouault.[8] Die «karge, strenge Formensprache» des deutschen Holzschnittes, wie er von den «Brücke»-Künstlern adaptiert wurde, deutet Werner Hofmann nur als «einen gewissen nationalen Besinnungsakt» gegen Kubisten und Futuristen, wobei damit nicht deren Einfluß geleugnet werden soll, sondern wohl mehr das Bestreben der deutschen Expressionisten, dieser Richtung einen eigenen Akzent zu geben[9], und unbestritten ist die Bravour, mit der so viele und von allen Seiten

■ Ernst Ludwig Kirchner: Programm der «Brücke», 1906

schnell aufeinanderfolgende Eindrücke verarbeitet und in einem unverwechselbaren, kohärenten künstlerischen Werk zusammengeführt wurden. Während allgemeine öffentliche Anerkennung von Zeitgenossen noch auf sich warten läßt, ist es wiederum der konservative Revolutionär Paul Fechter, der hierin eine «aufdämmernde Kraft der Jugend» begrüßt.[10]

Noch unter einem anderen Aspekt ist die synthetische Leistung der «Brücke»-Künstler außerordentlich. Die Suche nach dem Elementaren findet ihren Niederschlag in den Sujets: archaische Landschaften, jede Menge Akte und eine Vielfalt von Masken, in unverwechselbare Lebendigkeit umgewandelte Physiognomien sind hierfür zum Inbegriff geworden. Noldes Verharren in dieser Thematik wurde unzählige Male kommentiert; seine Wendung von der Südsee zu nordischem Blut und Boden und zwischenzeitlich in die NSDAP ist hinreichend bekannt.[11] Bemerkenswert ist es dagegen, wie es anderen, insbesondere aber Kirchner gelungen ist, das Geschehen der modernen Großstadt in seinen Arbeiten wieder einzuholen, wobei er damit eine weniger spektakuläre Interpretation verfolgt als die der Futuristen. Dekadenz und Sündhaftigkeit erscheinen in seinen Bildern mit nahezu anmutigem Gesicht, nicht als Anklage. Die in der Kritik der «Salonkunst» so viel geschmähte Situationsgebundenheit der – in den meisten Fällen erotischen – Erzählung, ihre «Realistik», wird durch die expressionistische Formulierung des Geschehens reintegriert. Während die Symbolisten, Böcklin, Klinger, Stuck und Uhde, auf dem Weg dorthin noch eines mythologischen Rahmens bedurften, schafft Kirchner dies mit rein malerischen Mitteln.

Wenn im Zuge des Rembrandt-Kultes immer wieder betont wurde, wie vor dem Blick des Meisters alles Menschliche Würde erhält, soziale Außenseiter, Vagabunden, Entstellte und Kranke in einem milden Licht erscheinen[12], so läßt sich dieser Gedanke sicher auch auf Maler der «Brücke» übertragen. Ekstase, Archaik, Barbarei, oder wie immer man dieses extreme Ausdrucksrepertoire umschrieben hat, entziehen sich gleichwohl der begrifflichen Kontrolle, fallen immer wieder aus dem Schema heraus, das die Kulturkritiker der Zeit sich zurechtgelegt hatten. Aber auch der Idealtyp des nordischen Menschen selbst war zunächst keineswegs philiströs ausgelegt, im Gegenteil weist vieles auf eine ausgesprochene Bewunderung der Boheme hin.[13] Als «nordischer» Bohemien ersetzt freilich der leidenschaftliche Haudegen den jederzeit nach wohlfeilen Liebesabenteuern ausschauenden «süd-

■ Nordischer Expressionismus mit Sinn für Dekadenz. Ernst Ludwig Kirchner: Schuh zuknöpfende Frau, 1912, Holzschnitt

lichen» Don Juan. Aus der ebenso verruchten wie einsilbigen Hure, der Kokotte, wird eine Heldin, die gegen die Konvention aufbegehrt. Ein treffendes Beispiel aus der Literatur ist die Wiederentdeckung des schwedischen Rokokodichters Carl Michael Bellman und seiner teils

■ Favorisierung der Tiere als natürlich und schön. Franz Marc: Aus der «Tierlegende», 1911/12, Holzschnitt

authentisch, teils fiktiv gezeichneten Gestalten, insbesondere der modernen Liebesgöttin Ulla Winblad, durch den berühmten Skandinavisten Felix Niedner. «Bellmans Lebenslust», so schildert es bereits eine Literaturgeschichte aus dem 19. Jahrhundert, «kennt kein Zöpfchen, das ihr hinten hängt, sie ist voll Übermut und preist Trinken, Tanzen und Liebesfreuden».[14] Eben jener anakreontische Bellman wird dann im Dritten Reich als Romanfigur zum Inspirator eines nordisch-germanischen Weltreiches erkoren. Der sonst so hedonistische Bellman verkündet hier: «Ein neues Zeitalter kommt, und es darf nicht kommen wie immer noch in dieser argen Welt, daß alte, abgenutzte Lügen von neuen, glänzenden Lügen abgelöst werden, daß alte, abgewirtschaftete Betrüger von neuen, noch großmäulerischer versprechenden Betrügern ersetzt werden, nein, dazu ist die Erde zu alt und müde geworden. Es muß heranziehen unter dem Sonnenbanner unbestechlicher Wahrheit, und keine Spitzfindigkeit des klügsten Klüngels soll dies Banner jemals über ihre schäbigen Kompromisse decken dürfen.»[15] Im Ergebnis zeigt sich hier besonders kraß, was auch andernorts geschieht: das aus der Anschauung erwachsene künstlerische Symbol und seine ideologische Interpretation driften auseinander – so auch bei den «nordischen Expressionisten».

«Was die Künstler der ‹Brücke› aufgrund ihrer Lebensnähe sichtbar zu machen verstanden»[16], entzieht sich immer wieder einer prinzipiellen Verkürzung. So sehr man sich auch von den Überladungen des Historismus und Symbolismus befreit hatte und je öfter Merkmale von Raum und Zeit in den Hintergrund traten, immer ließen sich doch wieder Lebenserfahrungen in einem recht konkreten Sinne mit dieser Kunst assoziieren, provozierte sie jenen «pantheistischen Einfühlungsdrang»[17], den es nach Worringers Auffassung durch Abstraktion zurückzudrängen galt. Und hier liegt der eigentliche Unterschied zum «Blauen Reiter», insbesondere zu Kandinsky. Diese waren nicht unbedingt subtiler und erfindungsreicher im Sinne formaler Anregungen[18]; der Schritt zur «reinen Malerei» bedeutet eher eine Steigerung des bislang verfehlten Prinzips, den Versuch, alles Materielle und Historische weitgehend – um nicht zu sagen endgültig – auszuschließen. So verschwindet alle Dramatik und Tragik der realen Existenz, denn sie scheint nun in Gesetze des absolut Gültigen aufgehoben zu sein. Ausstellen müsse man solche Sachen, läßt sich Kandinsky über die Kunst der «Brücke» herab. «Sie aber im Dokument unserer heutigen Kunst zu verewigen, als einigermaßen entscheidende, dirigierende Kraft – ist in meinen Augen nicht richtig», schreibt er im «Almanach».[19] Gewiß, denn er selbst verband mit seiner Malerei nicht weniger als «die dritte Offenbarung»[20], mit der die Epoche des «großen Geistigen» eingeleitet werden sollte. Die alte Reichsutopie hatte damit aber nicht nur ihr problematisches historisches Inventar eingebüßt; sie war sozusagen selbst absolut geworden, hatte keinen konkreten Inhalt mehr, an dem man sie hätte in Frage stellen können. Hartmut Zelinsky, der es verstanden hat, Kandinsky und Schönberg in die Tradition Richard Wagners zu stellen, bemerkt dazu: «Sollte das neue ‹Kunstwerk der Zukunft› gelingen, das bei Schönberg und Kandinsky von vornherein auf das *neue* ‹Gesamtkunstwerk› und die *neue* ‹Zukunftsbühne› abzielte, d.h., sollte die Ideologie des Neuen als absolutes Zukunftsprogramm der Dissonanz siegreich sein, so mußte die ‹Zertrümmerung› des alten (...) oder präziser ‹die Liquidierung der Tonalität› (...) durchgesetzt werden.»[21] Zumindest brauchten die Nazis den inquisitorischen Gestus ihrer Kulturpolitik nicht erst erfinden. Er war bereits lange vorhanden. Im Vergleich mit den Auseinandersetzungen um eine proletarische Kunst, bei der es immer wieder um den Stellenwert und letztlich um den Erhalt des «Kulturerbes» ging, waren Kandinsky und Schönberg radikaler. Ihre «Bühne der Zukunft» war recht eigentlich für eine Aufführung ohne störende Menschen gedacht.

2. Kulturelle Katharsis durch Abstraktion

Im Vorwort zur Neuauflage seiner Schrift «Abstraktion und Einfühlung» von 1948 berichtet Wilhelm Worringer von einem Erlebnis, welches für sein gesamtes Werk von höchster symbolischer Bedeutung gewesen sei. Als Doktorand führt ein «pflichtmäßiger Besuch» ihn ins Pariser Trocadero-Museum. Es lohnt sich, ihn ausführlich zu zitieren: «Ein stimmungslos grauer Vormittag. Das Museum völlig menschenleer. Das einzige Geräusch: meine hallenden Schritte in den weiten Sälen, in denen sonst alles Leben erstorben ist. Auch von den Monumenten, den gipsernkalten Nachbildungen mittelalterlicher Kathedralplastik, geht keine stimulierende Kraft aus. Ich zwinge mich, ‹Faltengebungen› zu studieren. Nichts weiter. Und der ungeduldige Blick fällt oft auf die Uhr. Da… eine Unterbrechung! Im Hintergrund öffnet sich eine Tür und läßt zwei weitere Besucher ein. Beim Nähertreten welche Überraschung: Ich kenne sogar den einen von ihnen! Es ist der Berliner Philosoph Georg Simmel. Mir nur flüchtig bekannt aus Berliner Semestern, die nun schon Jahre zurücklagen. Damals hatte ich einmal zwei Stunden in seiner Vorlesung ‹geschunden›. Denn sein Name war ja damals in aller geistig-interessierter Freunde Mund gewesen. Mir, der in seine Philosophie nicht eingeweiht war, war von diesen beiden Stunden nur der starke Eindruck seiner durch die Art des Dozierens so besonders sinnfällig vermittelten geistigen Persönlichkeit geblieben. Also, nun hallen außer meinen Schritten auch die Simmels und seines Begleiters an den Monumenten vorbei. Von ihren Gesprächen fange ich nur ein unverständliches Echo auf.»[22] So besonders «bemerkens- und erinnerungswert sei daran», sagt Worringer, «daß sich in *den* Stunden, die ich in einer bloß gegenwartsatmosphärischen Verbindung mit Simmel nun noch in den Trocadero-Räumen zugebracht habe, der sturzartig plötzliche Geburtsakt jener Gedankenwelt in mir vollzogen hat, die

■ Eine von Böcklins Landschaften. Arnold Böcklin: Rast auf der Flucht nach Ägypten. Fresko im Gartensaal des Ratsherrn Sarasin in Basel, 1868

dann in meine Doktorarbeit eingegangen ist und die zuerst meinen Namen bekannt gemacht hat»[23]. Jahre später erhält Worringer einen «spontanen Anruf», in dem Simmel seine Überraschung bekennt, die die Lektüre von «Abstraktion und Einfühlung» ihm bereitet hat, und noch ein Brief folgt, der Worringer durch die «starken Worte seiner Anerkennung und seines Einverständnisses fassungslos» macht.[24] «Abstraktion und Einfühlung» entspricht im wesentlichen der gedanklichen Linie, die auch Simmel verfolgte und die man besonders klar in einem kleinen Aufsatz aus dem Jahre 1898 erkennen kann. Was später aus seinen zahlreichen Schriften und vor allem auch aus der Studie «Rembrandt» zu ersehen ist, demonstriert er bereits anhand der Landschaften Böcklins, indem er die vielfältigen Gefühlslagen, die im Kunstwerk Ausdruck finden sollen, auf einen einheitlichen Begriff zu bringen versucht und die ausufernde Suche nach dem deutschen Wesen auf die zentrale idealistische Kategorie der Transzendenz zurückprojiziert.

Das Kunsterlebnis wird demnach von der Sehnsucht des Menschen bestimmt, sich über die empirische Realität zu erheben. Vor allem in seinen Landschaften gelinge es Böcklin, den Raum aus den Grenzen der Zeit zu befreien, und man genieße bei all seinen Bildern noch mehr als bei anderer hoher Kunst das «Abschütteln allen Drucks, mit dem die Bedingtheiten und Rücksichten, die Nah- und Fernwirkungen des Lebens uns niederhalten».[25] So wie in der süditalienischen Landschaft, die zwischen Sommer und Winter kaum Vegetationsunterschiede kenne und somit kein Kommen und Vergehen anzeige, verspüre man auch in Böcklins Bildern eine gewisse «Unberührtheit durch Vergangenheit und Zukunft».[26] Dies führe über die «Befangenheit im momentanen Schicksal» hinaus[27], wobei das Kunstwerk im tieferen Sinn «die Erlösung und Befreiung von der Enge und Dumpfheit der Wirklichkeit» bewirke.[28] So sehr Simmel hier an Vorstellungen Kants und Schopenhauers anknüpft und die künstlerische Anschauung von den individuellen und willensabhängigen Interessen des Alltags trennt, so ist für ihn das Kunsterlebnis gleichwohl kein Akt der kontemplativen Abgeschiedenheit. Die Überwindung historischer und sozialer Bindungen begreift Simmel als ein geistig-seelisches Vermögen, welches zwar in der künstlerischen Anschauung gipfelt, das aber – wie er sagt – immer in den «vollen Lebensstrom»[29] eingebettet sei. Damit bildet nicht mehr das Kunstwerk selbst das Zentrum der ästhetischen Empfindung, sondern die Bereitschaft des Menschen, sich fortwährend mit seinen Sinnen über das jeweilig Gegebene zu erheben.

In dieser Konstruktion sind schwerwiegende Folgen angelegt. Empirische Gegebenheiten werden damit zu etwas im Kern Irrealen; dessen kann sich der Mensch in Anbetracht der Kunst immer wieder vergewissern. Um dieser Wahrheit selbst so nahe wie möglich zu kommen, nimmt die Kunst den Weg der Reduktion bzw. Abstraktion. Sie steht aber zugleich in einer vielfältigen Beziehung zur Gesellschaft. Hat ein vordergründiger Materialismus seine Bedeutung für das gesellschaftliche Bewußtsein erst einmal verloren, ist damit eine ungeheure Dynamik freigesetzt.[30] Die Menschen entheben die Dinge sozusagen ihrer althergebrachten Bedeutung, setzen sie und damit sich selbst in immer neue Beziehungen und Verhältnisse, wie Simmel dies in seiner «Philosophie des Geldes» besonders anschaulich macht.[31] Damit ist nachvollzogen, was man philosophisch mit dem Sieg des Funktions- über den Substanzbegriff beschrieben hat und in der Physik mit der Relativitätstheorie.[32] Es handelt sich recht eigentlich um das Paradigma der Moderne, der im Rahmen immer neuer Vereinbarungen sich « frei » assoziierenden Individuen. In der ein für allemal « entzauberten Welt », wie Max Weber sie seinen Zeitgenossen schmerzhaft vorgeführt hat, bleibt nichts anderes, als sich auf die Prozesse zu konzentrieren, diese einigermaßen würdig durchzustehen, ohne ein irgendwie geartetes Endziel vor Augen zu haben. « Wer ‹Schau› wünscht, gehe ins Lichtspiel..., wer ‹Predigt› wünscht, gehe ins Konventikel », so lautet die treffende und daher viel zitierte Passage.[33] Und auch Simmel schließt sich dem an, wenn er in « Der Begriff und die Tragödie der Kultur » sagt, daß es wohl in der Bestimmung des Menschen läge, ohne Aussicht auf die große Kultursynthese zu existieren, mit einer Dynamik zu leben, « die die Inhalte der Kultur mit immer gesteigerter Beschleunigung und immer weiterem Abstand von dem Zwecke der Kultur abführt »[34].

Die Entwicklung der Kunst folgt dieser skeptischen Sicht keineswegs. Je klarer den Menschen « die Gottverlassenheit » der Welt geworden war, desto mehr hatten sie Trost und Erhebung im Kunstschönen gesucht, das war schon bei Kant der Fall, und Horkheimers Feststellung, Kunst habe « die Utopie bewahrt, die aus der Religion entwich », reflektiert diese Erfahrung.[35] Was hatte Hartlaub anderes gewollt, als durch Kunst eine neue Religiosität entstehen zu sehen? Seine Vorstellungen allerdings – und dies erklärt auch die ablehnende Haltung gegenüber Kandinsky – gehen in Richtung eines eher romantischen Pantheismus, den Worringer in seiner Dissertation « Abstraktion und Einfühlung » scharf kritisiert hatte. Wenn die einzig verbleibende Gewißheit in der Ausdruckstätigkeit des Menschen selbst enthalten ist, braucht dieser Gott nicht mehr in den ihn umgebenden fremden Mächten, in der Natur zu suchen, sondern konsequenterweise in sich selbst. Eine Kunst muß entstehen, die seiner neuen Rolle als Demiurg entspricht.[36] « Nordisch », « gotisch », « germanisch », « deutsch » – diese mit einem labilen Nationalbewußtsein zusammenhängenden Attribute füllen jedoch immer wieder den Katechismus einer Ersatzreligion. Als Signifikanten deutscher Art und Größe sind sie vielfältig verwoben mit geschichtlichen Ereignissen und sozialen Gegebenheiten, die zwangsläufig zu jener « Materialfülle » zurückführten, die man – wie Simmel in seinem Böcklin-Aufsatz – glaubt, als künstlerisch marginal bewerten zu müssen.

Worringers Intention ist es, den nationalistisch-kulturkritischen Auftrag der Kunst auf eine andere, d.h. nicht mehr gegenständliche

Ebene zu heben. Was auch immer die Porträts Rembrandts oder die Landschaften Böcklins über echtes Deutschtum ausgesagt haben mochten, all dies verblaßt gegenüber dem Abstraktionsdrang selber, der nun zum mentalen Merkmal der Nordländer gemacht wird. Gegen Fidus, ebenso gegen Kirchner und Schmidt-Rottluff ließ sich einwenden, die verbleibende Gegenständlichkeit ihrer Bilder habe mit der Zukunft des Reiches nichts gemein. In die ungegenständliche Kunst konnte man dagegen die weitreichendsten Ansprüche hineininterpretieren. Hiermit wurden ein Künstlerbild und ein Volkscharakter kreiert, welche imstande waren, sich über alles hinwegzusetzen. War Kunst vorher nur unzureichende Akklamation gewesen, so wurde sie hier sozusagen im Einklang mit den avancierten erkenntnistheoretischen Positionen zur nationalen Katharsis aufgerufen. Zum «*barbarischen*» Zug der Gotik, wie er gegen müßige formale Verfeinerungen geltend gemacht wurde, gesellt sich nunmehr ihre vornehme Seite, ihre Erhabenheit gegenüber jeglichem Material. Wie bereits angedeutet wurde, setzt Worringer mit einer Kritik der Lippsschen Einfühlungslehre an. Ihr zufolge sucht der Mensch im Kunstwerk die Bestätigung seiner inneren Bilder und Vorstellungen; sofern das Kunsterlebnis diesem Bedürfnis entspricht, findet eine «positive» Einfühlung statt.[37] Ihrer einstmals erhabenen Bestimmung wird die Kunst damit aber entfremdet, denn es läßt sich denken, welche Vielfalt von Gefühlen und Assoziationen nunmehr durch sie bestätigt werden wollen. Zu Recht ist in diesem Zusammenhang von einer Ästhetik des Baedeker, des Museums und der Abonnentenkonzerte gesprochen worden.[38] Dieses vorherrschende «glückliche, pantheistische Vertraulichkeitsverhältnis»[39] als bestimmenden Faktor des künstlerischen Erlebens gilt es zu widerlegen. Es entspricht weitgehend den Vorstellungen Simmels, wenn Worringer das Kunsterlebnis als Möglichkeit begreift, «von der ungeheuren Verworrenheit des Weltbildes» auszuruhen[40], von der Differenziertheit der empirischen Welt Abstand zu gewinnen. In der künstlerischen Anschauung soll der Mensch dagegen wieder seiner letzten Bildungsgesetze bewußt werden, sich instinktiv wieder dem annähern, was Kant mit dem «Ding an sich» gemeint habe.[41] Bemerkenswert ist,

■ Das Kristalline als absolute Form. Peter Behrens: Ornamentaleinband mit Kristall, 1901; W. A. Hablik: Museum im Hochgebirge, 1920; Bruno Taut: Glashaus auf der Werkbundausstellung in Köln 1914

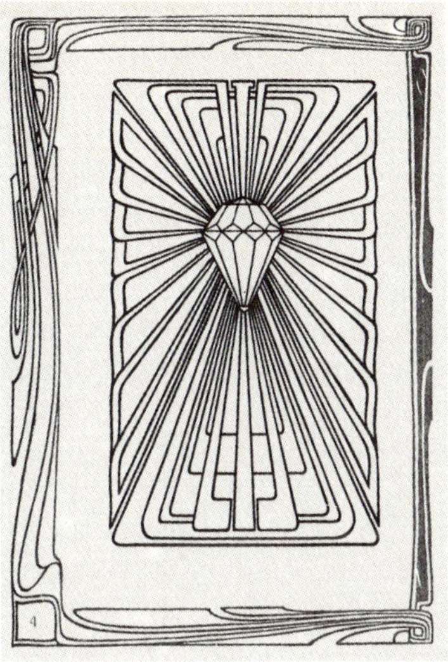

wie Worringer hier philosophisches Gedankengut den seinerzeit aktuellen evolutionstheoretischen Prämissen anzupassen versucht. In der reinen geometrischen Abstraktion habe der «erschöpfte Geist» sich schon früh «von allem äußeren Weltzusammenhang erlöst». «Infolge des tiefinnersten Zusammenhanges aller Lebensdinge ist nun diese geometrische Form auch das Bildungsgesetz der kristallin-organischen Materie.» Ein überzeugter Evolutionist könne – bei aller Vorsicht – die geometrische Form «in der schließlichen Verwandtschaft der Bildungsgesetze organischer und anorganischer Natur suchen ... In der Betrachtung der abstrakten Gesetzmäßigkeiten würde dann also der Mensch gleichsam von dieser Spannung erlöst und im Genusse seiner einfachsten Formel, seines letzten Bildungsgesetzes von seiner Differenzierung ausruhen. Der Geist wäre dann nur der Vermittler dieser höheren Beziehungen.»[42] Simmels höchst spekulatives «Entlastungspostulat» wird mit der Andeutung eines solchen Analogieschlusses unter den Schutz naturwissenschaftlicher Autorität und damit physikalischer «Unbedingtheit» gestellt. Von diesem Gedanken profitiert noch einmal die bereits in ihrer Vorbildfunktion überstrapazierte Gotik. Worringer begreift sie als «die große unvereinbare Gegensatzerscheinung zur Klassik». Sie wird zum Wahrhaftigkeitsprinzip schlechthin, zur Negation des Wirklichen und damit zwangsläufig immer Mangelhaften, zu einer Kraft, «die nicht an eine einzelne Stilperiode gebunden ist, sondern durch all die Jahrhunderte hindurchgehend in immer neuen Verkleidungen sich offenbart und nicht nur eine Zeiterscheinung, sondern im tiefsten Grunde eine zeitlose Rasseerscheinung ist, die in der innersten Konstitution der nordischen Menschheit verwurzelt ist und deshalb auch durch die nivellierende europäische Renaissance nicht entwurzelt werden konnte.»[43]

Folgt man der Logik dieses Gedankenganges, dann tritt die ungegenständliche Kunst das Erbe dieser rassischen Bestimmung an, wobei ausdrücklich betont werden muß, daß Kandinsky sich seinem Selbstverständnis nach von keinem nationalistisch-rassistischen Auftrag leiten ließ. Die Vehemenz und, man muß wohl sagen, teilweise auch die Arroganz, mit der er sein Programm verfolgte, stellt jedoch das alte chauvinistisch gefärbte Sendungsbewußtsein auf eine höhere Stufe. Die «absolute Malerei», die ja nichts anderes darstellt als das künstlerische Substrat all der Gedankengänge Worringers, wird zum rigorosen Vorbild einer neuen Epoche. Alles Leiden an der Realität, wie man es im Deutschland der Jahrhundertwende unzählige Male auf fremde

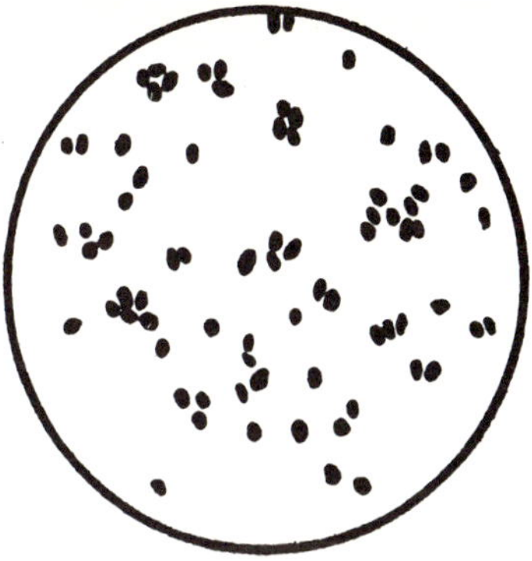

■ Kosmische Gesetze. Sternhaufen im Herkules und Nitritbilder, tausendfach vergrößert, von Wassily Kandinsky aufgenommen in seine Schrift «Punkt und Linie zur Fläche», München 1926

Mächte zurückzuführen gewohnt war, soll in einem radikalen Akt fokussiert bzw. aufgehoben werden. Diese Strategie braucht sich nicht mehr als spezifisch «deutsch» auszuweisen, weil in ihr alle Implikationen der Erkenntnislehre, alle mythologischen Überlieferungen und vor allem der mentale Antrieb, der Welt den Weg zu weisen, vereinigt werden. Radikaler kann keine Kulturkritik sein als jene, die ihren Anlaß gar nicht mehr in gegenständlicher Form formulieren muß. Worringer, dessen Theorie eben darauf hinausläuft, fällt hinter diese Konsequenz seines eigenen Denkens immer wieder zurück. Vor allem in «Abstraktion und Einfühlung» wird die nunmehr in universalistischem Gewand auftretende Sendung der Nordländer auf soziale Archetypen zurückprojiziert, hinter denen sich bekannte Langbehnsche Sozialidyllen verbergen. So sieht er Schopenhauers skeptische Kunstlehre, von der die Zeit wie nur irgend etwas profitiert, zum Scheitern verurteilt, «schon weil der Mensch Individuum geworden war und sich losgelöst hatte von der Masse». Und er stellt fest: «Nur die dynamische Kraft, die in einer vom gemeinsamen Instinkt zusammengepreßten undifferenzierten Masse ruht, hatte jene Formen von höchster abstrakter Schönheit aus sich heraus schaffen können.»[44] Soll man dies so verstehen, daß die in der abstrakten Kunst aktualisierte Gotik nur noch der Zustimmung einer undifferenzierten Masse bedurfte? Worringers Gedankengänge gipfeln schließlich in der Feststellung: «Ein großes letztes Kriterium

■ Wassily Kandinsky: Die dünnen Linien halten Stand vor dem schweren Punkt, 1925

■ Oskar Schlemmer, in: Individualität, 2. Jg., 1927, Heft 3, S. 50

gibt es für das Verhältnis der Menschheit dem Kosmos gegenüber: ihr Erlösungsbedürfnis. Die Art der Ausbildung dieses Bedürfnisses ist ein untrüglicher Gradmesser für die qualitativen Unterschiede in der seelischen Veranlagung der einzelnen Völker und Rassen.»[45] Daß die nordische Rasse ein solches Erlösungsbedürfnis mehr als alle anderen entwickelt hatte, darüber konnte kein Zweifel mehr bestehen, ebensowenig darüber, daß sie sich damit qualitativ über die romanischen Völker erhob.

Irgendwelche Vorbehalte Kandinskys und seines Kreises gegenüber diesen Positionen sind nicht bekannt. Magdalena Bushart berichtet, daß «Abstraktion und Einfühlung» – über einen direkten Einfluß der Schrift auf Kandinskys Werk ist nichts Genaues bekannt – immerhin sehr positiv aufgenommen wurde. Marc stellt es Kandinskys Schrift «Über das Geistige in der Kunst» als ebenbürtig an die Seite. Die Vertreter der expressionistischen Moderne hätten nach kunsthistorischer Absicherung ihrer eigenen Ziele gesucht[46], und in einem Brief von Paul Klee heißt es über Worringers Theorien: «Alles für mich längst Errungenschaft, aber als wissenschaftliche Leistung hoch erfreulich.»[47] Worringer erhält gewiß in erster Linie Zustimmung, weil er den Künstlern eine theoretische Legitimation liefert, nicht wegen der völkisch-chauvinistischen Implikationen. Es liegt aber nahe, daß solche auf einen viel größeren Konsens trafen, als die wenigen verstreuten Texte und verbalen Äußerungen jener Künstler es auf den ersten Blick vermuten lassen. Sogar Simmel hatte ja an der Hypostasierung des nordischen Charakters und des germanischen Rasseinstinktes keinen Anstoß genommen. Selbst Opfer eines fest institutionalisierten Antisemitismus, unterschätzte er die unheimliche Konsequenz des «deutschen Geistes», dem er sich so vorbehaltlos verpflichtet fühlte.

3. «Die Brücke ins Geisterreich»

Die «absolute» Malerei von Kandinsky und Mondrian nimmt Abschied vom «allegorischen Mythos», wie Cassirer einmal die symbolistische Interpretation der sichtbaren Wirklichkeit im Unterschied zum reinen Platonismus genannt hat.[48] Frei werden sollte die Kunst von jeglicher Idealisierung empirischer Gegebenheiten, eine Maxime, der die «große Abstraktion» und «die große Realistik» gleichermaßen folgen sollten. Die reine Form läßt scheinbar keine positiven oder negativen Anmutungen mehr zu; sie soll einer anderen Welt angehören als jener, in der vor allem der Genuß die zentrale ästhetische Kategorie bildet. Die erst «keimende große Realistik» sei ein Streben, «aus dem Bilde das äußerlich Künstlerische zu vertreiben und den Inhalt des Werkes durch einfache (‹unkünstlerische›) Wiedergabe des einfachen harten Gegenstandes zu verkörpern»[49]. Auch die große Realistik abstrahiert insofern von der am Gegenstand sich kristallisierenden historischen Erfahrung. Nicht zuletzt Adornos Definition der Kunst als perennierender Negativität wurzelt in diesen Vorstellungen, vor allem in denen von Kandinskys Weggefährten Arnold Schönberg. Fällt es noch relativ leicht, die aus der neuen Kunst herausfallenden Elemente zu beschreiben, also all die mit malerischen Mitteln aufbereiteten Gefälligkeiten einer Situation, so ist demgegenüber der verbleibende, nun angeblich erst recht zur Geltung drängende Inhalt des Werkes sehr viel schwerer zu fassen, wie Kandinsky ihn auf dem Wege der «großen Abstraktion» und der «großen Realistik» gleichermaßen zum Klingen bringen will. «Die in dieser Art aufgefaßte und im Bilde fixierte äußere Hülse des Gegenstandes und das gleichzeitige Streichen der gewohnten aufdringlichen Schönheit entblößen am sichersten den inneren Klang des Dinges. Gerade durch diese Hülse bei diesem Reduzieren des ‹Künstlerischen› auf das Minimum klingt die Seele des Gegenstandes am stärksten heraus, da die äußere wohlschmeckende Schönheit nicht mehr ablenken kann.»[50]

Was die Negation übrigläßt bzw. freisetzt, ist immaterieller Natur; es handelt sich sozusagen um prozessuale Größen, etwa kompositorische innere Notwendigkeiten oder, wie es immer wieder heißt, um die «zweckmäßige Berührung der Seele».[51] Paradoxerweise eröffnet die Lippssche Einfühlungslehre, also der Gegenpol der Abstraktionstheorie, am ehesten einen systematischen Zugang zum Werk Kandinskys.[52] Lipps hatte die Möglichkeit positiver und negativer Anmutungen in formalen Strukturen und Elementen angelegt, die irgendwelchen gegenständlichen oder naturalistischen Konnotaten weit vorgelagert waren.[53] Und natürlich knüpft Kandinsky hieran an, wenn er sich über die Wirkung und Bedeutung von Farben, Flächen, Linien, Punkten, Keilen usw. ausläßt.[54] Sozusagen neben dem Werk selbst stehend, begeben sich Kandinsky, Schönberg und Mondrian auf ein weites und grenzenloses Gebiet: Hinter so erhabenen Begriffen wie «Geist» und «Seele» wartet ein unentwirrbares Geflecht mystisch-okkultistischer Bezüge, vermengt mit pseudophilosophischen bzw. naturwissenschaftlichen Elementen, die alle ein und dieselbe Funktion erfüllen, nämlich die mit Hilfe der Vernunft überschaubaren und interpretationsbedürftigen Erfahrungstatsachen als unwahr zu entlarven. Anstelle des gewiß fragwürdigen Materialismus des 19. Jahrhunderts tritt eine Wahrheit oder Weltsicht, die mit den Methoden der modernen Wissenschaft nirgendwo auch nur umrissen werden kann, dafür aber um so mehr apodiktisch behauptet wird. Theoretisch sind Kandinskys Schriften ein heilloses Durcheinander unterschiedlicher Lesefrüchte, vorgetragen mit einer selbst den Zeitgenossen oft unerträglichen Selbstherrlichkeit, die im Gestus derjenigen Langbehns durchaus verwandt ist. Einer der wenigen Mitstreiter, der dies offen aussprach, war August Macke. «Ihn störte nicht nur der humorlose Ernst, mit dem Kandinsky unfehlbar als Papst auftrete, er wehrte sich auch gegen die Gestaltauflösung der Dinge in farbige Strudel», die er im Vergleich zu Delaunay «als ‹unendlich komplizierte, ja absolut seichte Farbfleckenkompositionen› abwertete». Und Macke scheute auch nicht davor zurück, dem Meister ironisch zu begegnen: «Ihr letzter Brief war, wie wenn im Kölner Dom die Kaiserglocken läuteten, lang und atemberaubend.»[55] In diesem

«Geläute» klingen auch all jene Töne mit, die das Kunstwerk selbst nicht mehr zur Sprache bringen soll, um nicht in die alltäglichen Diskurse hineingezogen zu werden und an seinem potentiellen Absolutheitsanspruch Schaden zu nehmen. Die aus dem Werk verbannte «vordergründige» Schönheit und Wahrheit wandert dafür ab in den Kommentar, welcher das Kunstwerk begleitet.[56] Dieser Kommentar selbst erhebt einen erhabenen Anspruch und will sich nicht auf die Ebene der gängigen Kritik begeben. Kunstkritik sei überhaupt «der schlimmste Feind der Kunst», hatte Kandinsky vorsorglich festgestellt.[57]

Hinter der autonomen oder absoluten Malerei Kandinskys waltet gleichwohl eine Gedankenwelt, von der auch der kulturkritische völkische Geist inspiriert ist. Die emotionale Schwülstigkeit der Salons und die Genußsucht der Jahrhundertwende werden von Langbehn und Kandinsky gleichermaßen als «Alpdruck der materialistischen Anschauungen» empfunden und bilden für beide die zentrale Angriffsfläche.[58] Kandinsky demonstriert dies am zeitgenössischen Museum: «Oft mehrere Tausende von Leinwänden. Darauf durch Anwendung der Farbe Stücke ‹Natur› gegeben: Tiere in Licht und Schatten, wassertrinkend, am Wasser stehend, im Grase liegend, daneben eine Kreuzigung Christi, von einem Künstler dargestellt, welcher an Christus nicht glaubt, Blumen, menschliche Figuren sitzend, stehend, gehend, auch oft nackt, viele nackte Frauen (oft in Verkürzung von hinten gesehen), Äpfel und silberne Schüsseln, Portrait des Geheimrats N, Abendsonne, Dame in Rosa, fliegende Enten, Portrait der Baronin X, fliegende Gänse, Dame in Weiß, Kälber im Schatten mit grellgelben Sonnenflekken, Portrait Exellenz Y, Dame in Grün.»[59] Drei Namen nennt Kandinsky, welche zunächst die Suche auf «nicht materiellen Gebieten» eröffneten. Neben Segantini und Rosetti[60] wird hier als der «Immateriellste» besonders Böcklin gewürdigt, so wie wir es schon von Georg Simmel kennen.[61] Wie das «dunkle bayrische Bier» verkörpert er das Echte, ganz im Gegensatz zu dem englischen Vorläufer des Jugendstils Edward Burne-Jones, den Kandinsky abschätzig mit dem Genuß von «Pilsener» identifiziert.[62] Ebenso finden wir bei Kandinsky das Klischee von der «französischen Oberflächlichkeit». In unterschiedlichem Grad und mit unterschiedlichem Erfolg sieht Kandinsky Cézanne und Matisse gegen diese Unart ihres Volkes angehen, obwohl bei Matisse oft noch die «äußeren Reize» überwiegen würden. Hier werde «die spezifische französische verfeinerte, gourmante, rein melodisch klingende Schönheit der Malerei auf eine über Wolken stehende kühle Höhe gezogen», wogegen «der andere große Pariser, der Spanier Pablo Picasso», nie «diesem Schönen» unterliege.[63] In einigen seiner Arbeiten sieht er allerdings «geistige Abspiegelungen des Zerfalls», eine «Folge der unvollkommenen Befreiung vom Naturalismus». Er, Kandinsky, «aber strebe nicht Zersetzung, sondern Entmaterialisierung zum freien Kräftespiel an».[64] Bei der Würdigung des von den Impressionisten ausgehenden Impulses und der Initiative der Kubisten liegen, wie auch in den Reihen der Kulturkritiker, die Vorbehalte im Prinzipiellen: Der Impressionismus erscheint am Ende zu naturwissenschaftlich[65], Picasso zu «skelettierend».[66] Auch bei Kandinsky steht die Wertschätzung der jungen Franzosen im Gegensatz zu seinem Frankreich-Bild insgesamt. Gabriele Münter versicherte er: «Ich bin glücklich, daß ich diese egalbürgerlichen-liberalen Menschen nicht mehr vor mir habe, sondern die kohlenschwarzen, freundlich-lustigen Bayern.»[67] Es ist der schon bei der Germanisierung der französischen Gotik reklamierte «barbarische» Zug, der auch im günstigen Urteil über Picasso wiederkehrt, ebenso wie die rembrandtdeutschen «Urviecher» als Kandinskys geliebte Bajuwaren noch einmal wiederkehren. Während seine Vorbehalte gegen den Kulturbetrieb, gegen Genußsucht und lateinisches Gefälligkeitsstreben noch eher zwischen den Zeilen formuliert werden, kommt die Abwertung der ja ebenfalls mit dem französischen Zivilisationskonzept verbundenen gesellschaftlichen Bindung der Menschen klarer zum Ausdruck. Kandinskys Konstruktion des «geistigen Dreiecks» bildet eine eigentümliche Übersetzung der sozialen Schichtungspyramide, woraus sehr viel Verachtung für die unteren Abteilungen spricht. In einer ihrer «untersten, größten Abteilungen» erreichten die Menschen gerade erst «die ersten Schlagworte des materialistischen ‹Credo›». Diese vermeintliche Regression spiegelt sich auch in der traditionellen Religionszugehörigkeit dieser Schicht: «Sie heißen Juden, Katholiken, Protestanten usw. In Wirklichkeit sind sie Atheisten, was einige der Kühnsten oder Beschränktesten auch offen bekennen.»[68] Denn, so könnte man den Hintergedanken Kandinskys erläutern, sie alle buchstabieren doch nur einen naturalistischen Gottesbegriff, der längst hinfällig geworden ist, während nur Eingeweihte zu einer neuen geistigen Religiosität zurückfinden können. Ebenso niedrig wie das religiöse wird das politische Bewußtsein der Masse eingestuft. «Politisch sind diese Einwohner Volksvertretungsanhänger oder Republikaner», spottet Kandinsky. «Die Angst, den Abscheu und Haß, welchen sie gestern gegen diese politischen Ansichten hegten, haben sie heute auf die Anarchie übertragen, die sie nicht kennen und von welcher ihnen nur der schreckeinflößende Name bekannt ist.» Vor diesem Hintergrund mußten auch politische und ökonomische Gleichberechtigung wie ein minderwertiges Ansinnen dargestellt werden. «Ökonomisch sind diese Menschen – Sozialisten. Die schärfen das Schwert der Gerechtigkeit, um der kapitalistischen Hydra den tödlichen Hieb zu versetzen und das Haupt des Übels abzuhauen.» Jedermann muß erkennen, wie einfältig sie sind in dieser Abteilung des Dreiecks, wie wenig sie verstehen von den Nöten derer, die wirklich zu Höherem berufen sind. «Da diese Einwohner dieses großen Abteiles des Dreiecks nie selbständig zur Lösung einer Frage gekommen sind und stets in der menschlichen Karre durch sich selbst opfernde Mitmenschen, die stets hoch über ihnen standen, gezogen wurden, so wissen sie nichts von diesem Schieben, welches sie stets nur aus großer Entfernung beobachtet haben. Sie stellen sich deswegen das Schieben sehr leicht vor und glauben an einwandfreie Rezepte und an unfehlbar wirkende Mittel.»[69] Auch diese Diagnose deckt sich mit dem Urteil der konservativen Kulturkritik, etwa der Thomas Manns. Auch die nächsthöhere Abteilung der gesellschaftlichen Pyramide gibt Anlaß zur Klage. «Wissenschaftlich sind diese Menschen Positivisten und anerkennen nur das, was gewogen, gemessen werden kann. Das übrige halten sie für denselben, manchmal schädlichen Unsinn, für welchen sie gestern die heute ‹erwiesenen› Theorien hielten.»[70] Damit versucht Kandinsky den wissenschaftsgläubigen Bildungsphilistern eins auszuwischen, die auch Langbehn kritisiert hatte.[71] In einer weiteren, wiederum höheren Abteilung des «geistigen Dreiecks» findet Kandinsky den Personenkreis der Gelehrten, die sich beeilen, in ihren Expertisen immer den Stand der Entwicklung zu repräsentieren, insbesondere «Kunstgelehrte», die jedoch durch ihre Bücher nur die Schranken wegnähmen, «über welche die Kunst ihren Sprung längst gemacht» habe. Je unverzichtbarer der Kommentar zum modernen Kunstwerk wird – so lehrt uns übrigens auch die aktuelle Erfahrung –, desto mehr gerät der Kommentierende in Verruf, sich bloß in einer parasitären Beziehung zum Künstler zu befinden. Langbehn hatte jeden intellektuellen Zugriff auf die Kunst verdammt, und auch bei Rosenberg werden wir noch feststellen, wie besonders die psychologischen Ästhetiker ob ihres analytischen, zergliedernden Blicks zu Feinden des deutschen Kunstlebens gemacht werden. Es könne keine «Theorie des Prinzips für den weiteren im Reich des Nichtmateriellen liegenden Weg geben», behauptet Kandinsky in deutlichem Widerspruch zu seinen eigenen Bestrebungen. «Der in das Reich von morgen führende Geist kann nur durch Gefühl (...) erkannt werden.»[72] Auf einer noch höheren Stufe sehen die Menschen daher jede architektonische und mathematische Ordnung im Wanken begriffen; für sie liegt der zum Himmel reichende, aus «unsterblichen geistigen Pfeilern gebaute Turm» in Trümmern. «Alte vergessene Gräber öffnen sich, und vergessene Geister heben sich aus ihnen»,[73] womit die mystische Sicht des Künstlers nun sozusagen zum neuen Erkenntnismodell erhoben wird. Auf der höchsten Ebene schließlich sei überhaupt keine Angst mehr zu finden, auch unter Gelehrten, «die endlich die Materie, auf welcher noch gestern alles ruhte und das ganze Weltall gestützt wurde, in Zweifel ... stellen.»[74] Noch sind es – vor allem auf dem Gebiet der Kunst – «vereinsamte Hungerer und Seher», «seltene Seelen»,[75] welche die Spitze des Dreiecks bilden; langsam, aber sicher bewege es sich mit unüberwindlicher Kraft vor- und aufwärts, der Epoche des großen Geistigen entgegen.[76]

Die Reichsutopie hat sich hier von der Stufe eines zunächst noch naiv-naturalistischen Rembrandt- und Dürerkultes über die anspruchsvollere Akklamation des gotischen Geistes hin zu einem Zustand entwickelt, der überhaupt keine materiellen Grenzen mehr kennt. Die Konstruktion des «geistigen Dreiecks» analog zur Schichtungspyramide läßt dabei keinen Zweifel offen, daß es sich im Kern um eine Sozialutopie handelt, welche sich auf die bislang nur der Kunst zugänglichen Höhen schwingt. Das Erbe Nietzsches, Langbehns und Georges – um die letzteren nur stellvertretend zu nennen – wirkt sich freilich dahin gehend aus, daß diese Utopie nicht ohne eine Elite von Mystikern, d.h. in Kandinskys Sicht von auserwählten Künstlern bestehen kann. Sein Engagement im revolutionären Rußland und später am Bauhaus sprechen für diese, dem Künstler zugedachte «Erlöser-Rolle», wie man sich überhaupt vergegenwärtigen muß, welch große Bedeutung mystisch-religiöse Motive im Kontext der Russischen Revolution gespielt haben.[77] Während es jeder Künstler-Philosophie zum Vorteil gereicht, wenn sie konventionelle Grenzen überschreitet, fügt der Mystizismus Kandinskys, der im Grunde eine Weltanschauung propagiert, sich eher in die Gedankenwelt der konservativen Revolution ein. Man beachte genauer, was hinter der zentralen Offenbarung verborgen ist, mit der Franz Marc das Programm des «Blauen Reiters» zusammenfaßt: «Man hängt nicht mehr am Naturbilde, sondern vernichtet es, um die mächtigen Gesetze, die hinter dem schönen Scheine walten, zu zeigen. Indem sie dies leistet, wird die Kunst zur Brücke ins Geisterreich, Nekromantik der Menschheit.»[78]

Worum handelt es sich bei diesen mächtigen Gesetzen? Sind es die Naturgesetze? Diese dem künstlerischen Schaffen zugrunde zu legen, dafür bestand ja seit Haeckel eine große Bereitschaft, und auch der «gotische Geist» war – wie wir sahen – unter dem Vorzeichen einer sich geradezu zwangsläufig vollendenden Gesetzmäßigkeit eingeführt worden. Sind es die Gesetze der kulturellen Evolution mit ihren Zyklen, wie sie sich Oswald Spengler ausgedacht hatte? Auf jeden Fall handelt es sich um Gesetze, die auf eine empirische Überprüfung kaum angewiesen sind, die aber auch nicht von der Freiheit rein spekulativer geistiger Ordnungsvorstellungen zeugen. Sie walten auf unentschiedene Art zwischen beiden, präsentieren sich mit einer naturwissenschaftlichen Selbstverständlichkeit, als handele es sich um ein einfaches Gravitationsmodell, verweisen aber zugleich auf ewige, im Verborgenen wirkende kosmische Kräfte.

Kennzeichnend für die Kompositionslehren von Kandinsky und auch der von Paul Klee ist daher eine mit der Metaphysik parallel verlaufende positivistische Beweisführung. Apodiktisch, wie es eben geht, wird der «Abschied vom Prinzipiellen» durchgeführt. Keine historische Kunstlehre ordnet jeden Kreis, jede Linie, kurz jedes Zeichen in derart eng formulierte Bedeutungskoordinaten[79], womit der künstlerische Prozeß gewissermaßen einer Bauanleitung unterzogen wird. Vielleicht erscheint es zu kühn, hierin wiederum eine Entsprechung zu den Tableaus zu sehen, mit deren Hilfe man von Stilelementen der Handschrift über Nasenformen bis hin zur gesamten Physiognomie charakterologische Expertisen und Werturteile aufstellte.[80] Davon abgesehen aber ist diese Mischung aus einer klaren Rezeptur einerseits und dem verschwommenen Ziel andererseits, welches man nicht rational begründen, dessen Evidenz man nur fühlen und empfinden kann, paradigmatisch für den Weg in das historisch dann tatsächlich zustande gekommene Dritte Reich. Die Prämissen der «absoluten Malerei» sind zugleich aber auch Grenzträger dieser unheilvollen Utopie. Zwar werden Weg und Ziel von allen historischen Störfaktoren befreit; keine abgestandene «Tümelei», kein «Armin der Cherusker» und kein Rembrandtscher Gassenjunge laden mehr zu vielfältigen Assoziationen ein und lassen damit Zweifel an der Stimmigkeit des Konzeptes aufkommen. Es geht einer neuen Epoche entgegen, ganz gleich ob sie rot oder schwarz oder braun gefärbt wird, nur muß sie im vorhinein als künstlerisch-metaphysischer Wert nobilitiert sein. Die in der Weimarer Republik sich nicht selten personalisierende Kompatibilität von rechtem und linkem Extremismus bietet hierzu reichhaltiges Material. So sehr sich die konservative Revolution mit diesem «Aggregatzustand» aber auch identifiziert, so kann sie letztlich doch den Preis der «Entorganisierung des Organischen»[81] nicht entrichten. So wie der «wissenschaftliche Sozialismus» sein Prinzip schnell unter dem Druck der historischen Klientel aufgeben mußte, bereitete die Trivialität der kleinbürgerlichen Existenz und ihres geschmacklichen Umfeldes auch der Aussicht auf ein «großes Geistiges» sehr bald ein Ende. Die ehemals als gotische Barbarei gefeierte Wende zum Anorganischen wird später als «Verlust der Mitte» beklagt werden.[82] «Über sich selbst hinausgetrieben, in wahrem Ikarusflug, stürzt die völlig entgegenständlichte Malerei zum monumentalen Vorsatzpapier herab; sie gelangt ins Unter- statt ins Übersprachliche.»[83]

Derlei kritische Bemerkungen, verfaßt von Günstlingen des Dritten Reiches, überdecken verständlicherweise den Beitrag der «absoluten Malerei» zur präfaschistischen Gedankenwelt. Ein weiteres tritt hinzu. Die Tatsache, daß Hitler Sektierertum aller Art aufs äußerste bekämpfte, kann leicht als dessen prinzipielle Widerständigkeit mißverstanden werden. Erscheint so nicht auch Kandinskys Nähe zur Theosophie Rudolf Steiners als grundsätzliche Distanz zur Ideologie des Dritten Reiches? Wir wissen, wie viele Elemente sektiererischen Denkens schließlich im Nationalsozialismus zusammengeflossen sind, nachdem die Hitlerpartei ihren eigenen Sektenstatus überwunden hatte.[84] Das sprunghafte Ansteigen des Sektenwesens hatte Max Weber scharfsinnig mit der zunehmenden Säkularisierung der großen Konfessionen und ihrer Kirchen erklärt, als eines besonderen Aspektes jener «Entzauberung der Welt», zu der eine kaum noch überschaubare Differenzierung der Wissensbestände und der kulturellen Sphären hinzutrat.[85] Wollte der Nationalsozialismus alle sektiererischen Hoffnungen auf sein eigenes Konzept vereinen, konnte er freilich keine konkurrierenden Weltbilder dulden, sei es auch, wie das der Anthroposophen, noch so marginal. Bemerkenswert ist, daß Kandinsky, trotz aller Vergottung der Kunst selber, einer solchen Inspiration und andauernden Hilfestellung bedurfte[86], daß die Avantgarde überhaupt mit Okkultismus und Geheimlehren ebenso korrespondiert, wie sie zugleich auch in das hochrationale Konzept neukantianischer Philosophie einzupassen ist.[87] Kandinsky selbst beruft sich bei seiner als «geistiges Dreieck» präsentierten Schichtungspyramide auf die berühmte Madame Blavatsky, deren ostasiatisch geprägte Gnostik er bald mit der Anthroposophie Rudolf Steiners identifizierte.[88] Was immer die Kunst in ihren mystischen Elementen einschließt, dies ist auch Gegenstand der Theosophie als einer «ewig währenden Wahrheit»[89], die «als Erlösungsklang zu manchem verzweifelten in Finsternis und Nacht gehüllten Herzen gelangen wird»[90]. Kandinsky ist der «theurgische Künstler»[91], der auf und neben der Leinwand wie ein Medizinmann mit den Kräften des Bösen kämpft, dem scharzen Feld, der schwarzen Hand usw. All dies dient dem Sieg des Geistes in einem kosmischen Ringen. «So trat ich endlich in das Reich der Kunst ein», bekennt er, «das mit den anderen Reichen zusammen im letzten Grunde das große Reich bildet, das wir nur dumpf ahnen können. Heute ist der große Tag der Offenbarung dieses Reiches... Hier fängt die große Epoche des Geistigen an, die Offenbarung des Geistes. Vater – Sohn – Geist.»[92]

Neben Kandinsky selbst steht lange Zeit ein anderer Magier – sozusagen als weiterer Repräsentant der exklusiven Spitze des «geistigen Dreiecks». Im geistigen Austausch mit dem «konservativen Revolutionär» Arnold Schönberg[93] beweist sich die Tragfähigkeit und auch Kombinationsfähigkeit dessen, was Wagner, Schopenhauer und Nietzsche über die Entmaterialisierung der Musik gesagt hatten. Überhaupt ist in Kandinskys und Schönbergs Denken das Erbe Wagners von entscheidender Bedeutung, was sich bei Kandinsky schon durch die Verwendung des wagnerischen Begriffs der «inneren Notwendigkeit» andeutet.[94] In einer der Anthroposophie entlehnten Begrifflichkeit tauchen beide das Interesse am Okkulten in ein quasi wissenschaftliches Licht, und wir treffen hier ebenso auf kabbalistisch geprägte Geheimbündelei wie auf den Anspruch universeller Welterlösung.[95] Auf dem Wege zum innerlich Notwendigen, so Kandinsky über Schönberg, habe dieser «schon Goldgruben der *neuen* Schönheit entdeckt. Schönbergs Musik führt uns in ein neues (!) Reich ein, wo die musikalischen Erlebnisse keine akustischen sind, sondern rein *seelische*. Hier beginnt die ‹Zukunftsmusik›.»[96] Wie auch bei Kandinsky läßt sich das Großartige der Zukunft am «abstrakten» Geist allein nicht demonstrieren; die hysterische Verdrängung des Stofflichen bewirkt am Ende, daß soziale Assoziationen sich um so stärker aufdrängen. Kaum ein Zeugnis aus dem Bereich der klassischen Genie-Ästhetik verrät so viel Emphase wie Schönbergs «verstecktes Selbstportrait»: «‹Die Ganz-Großen haben stets aus der Gegenwart in die Zukunft flüchten müssen, aber so ganz hat die Gegenwart nie den Mittleren gehört wie heute ... das ist das wesentliche am Genie, daß es diese Zukunft ist. Das ist der Grund, warum der Gegenwart das Genie nichts ist. Weil Gegenwart und Genie nichts miteinander zu tun haben. Das Genie ist unsere Zukunft. Das Genie leuchtet voran... Dort, wo es sich befindet, ist's schon hell. Das Genie leuchtet voran und wir bemühen uns nachzukommen. Wir werden nachkommen, denn wir müssen. Ob wir wollen oder nicht. Es zieht uns hinan, wir müssen mit...›»[97]

Es erscheint aus heutiger Sicht einigermaßen plausibel, daß eine solche Energie oder – wenn man es philosophisch ausdrückt – ein solcher Wille mit seinem eigenen Ziel, einen Zustand von absoluter Harmonie zu schaffen, in Widerspruch geraten mußte.[98] Das Ziel wird dominiert und pervertiert, indem Postulate wie «Erneuerung», «Erlösung», «Katharsis» usw. zu einer Art intellektueller Manie werden, welche sich quer durch alle politischen und weltanschaulichen Lager zieht. Siegfried Kracauer hat dieses sehr treffend an der Mentalität des sogenannten Tat-Kreises demonstriert, eines fast schon den Übergang zum Nationalsozialismus repräsentierenden intellektuellen Zirkels. Man würde dort etwas fordern, was nicht zu fordern sei.[99] Das hindert nicht daran, die Forderung als solche aufrechtzuerhalten und die Erwartung ins Unermeßliche zu steigern. Was sich dem rationalen Vorstellungsvermögen entzieht, taucht somit ins Übersinnliche bzw. Untersprachliche und aktualisiert «die alte, gnostisch-okkulte Theorie vom pneumatischen Funken, von der Göttlichkeit im Menschen und der Aufgabe, die Materie zu besiegen»[100], «die Vernunft in Magie aufzulösen», wie Zelinsky es am Schluß seines hervorragenden Textes über Schönberg und Kandinsky mit den Worten Thomas Manns ausdrückt.[101] Hier finden wir auch einen treffenden Hinweis auf die außertheoretische, gewissermaßen lebensweltliche Perspektive, wie sie aus dieser Erwartungshaltung erwächst: «Es müßte einer kommen», zitiert Zelinsky den Schönberg-Gefährten Franz Schreker, «ein ‹neuer Parsival›, ein freier, kühner Mensch – unwissend und ohne Mitleid – gefeit gegen alle Torheiten des Beglückungsgedankens. Für sich selbst handelnd, folgend seinem inneren Drange – nur an sein Ich denkend – befreite er alle. Diese Welt harrt des großen Egoisten.»[102]

In seinem Buch «Zeit-Bilder» warnt Arnold Gehlen vor der Anmaßung des Künstlers, der «vollkommenen Harmonie und dem Gleichgewicht im Weltall» nachspüren zu wollen. «Jedermann kann zwar irgendwelche subjektiven Meinungen über die Beschaffenheit des Welt-

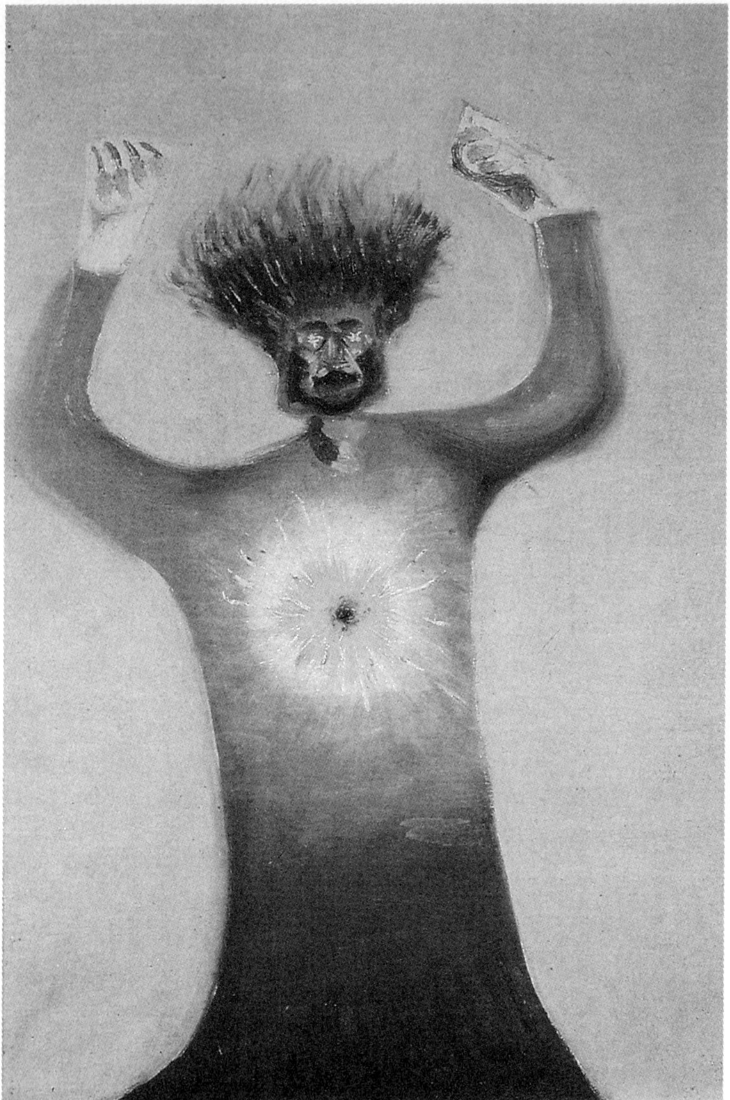

■ Arnold Schönberg: Haß, Ölgemälde. Galerie St. Etienne, New York

inneren hegen, die ihm plausibel vorkommen, aber solche Meinungen in abstrakte Kunst umzusetzen, das bedeutet doch, sich der eigentlichen Schwierigkeit der Aufgabe zu entziehen, denn im Grunde handelt es sich ja dann um einen ‹*Ersatzgegenstand*›: Man verzichtet darauf, Häuser und Gitarren zu malen, will aber das Gleichgewicht des Weltalls oder die absoluten Urformen darstellen, von denen niemand außer dem Betreffenden etwas weiß.»[103]

Während die gegenständliche Kunst – soweit sie Nähe zur «großen Wahrheit» suchte – auf deren «unvollkommene» Spuren angewiesen war, werden mit der absoluten Malerei Kunst und Wahrhaftigkeit zu Synonymen. Wenn *nur* die Kunst diesen Weg weisen konnte, barg umgekehrt jeder Ansatz einer realistischen Weltsicht das Unwahre bereits in sich, was in der Tat der Transformation in negative Dialektik bedarf, um nicht ins Nichts zu führen.[104] Im traditionellen Denken des transzendentalen Idealismus war dieser Konklusion insofern ein Riegel vorgeschoben worden, indem man an der Dualität von Praktischem und Reinem festhielt, den «Polytheismus der Einbildungskraft» vom «Monotheismus der Vernunft» zu trennen wußte und im Platonismus einzig das Agens der Poesie erblickte. Und noch Cassirer hält darin im Prinzip fest, wenn er die symbolischen Formen, Kunst, Wissenschaft, Mythos, untereinander ein Konkurrenzverhältnis eingehen sieht und das Unheil darin erblickt, wenn nicht jede sich auf ihrem eigenen Felde zu behaupten versteht.[105] In kritischer Sicht ist aus dieser, den geistigen Funktionen zugedachten Arbeitsteilung der Vorwurf der Kompensation abgeleitet worden: Intellektualismus als Kompensation eines verlorenen Mythos oder umgekehrt Mythologisierung als Kompensation eines übertriebenen Rationalismus, schließlich der bekannte Vorwurf an die Kunst, das Leiden durch «schönen Schein» zu kompensieren. In der absoluten Malerei wird die Wende zum Monismus auf die Spitze getrieben; mythischer, ästhetischer und theoretischer Raum bilden eine Einheit, in der dieselben Strukturgesetze walten.[106] Goethe, Haeckel und Rudolf Steiner können hier gleichermaßen als Zeugen bemüht werden.[107] Das Totalitäre in Kandinskys und Schönbergs Denken besteht also auch darin, die traditionell ersehnte, allumfassende Harmonie des kosmischen Gleichgewichts als Gesetz zu formulieren, sie als real darzustellen, sie nicht mehr als Utopie, als Möglichkeit zu belassen. Je einheitlicher und umfassender aber das gesamte Gebäude, sprich das Gesamtkunstwerk, sich präsentiert, desto mehr droht es als «Ersatzgegenstand» entlarvt zu werden, worin sich aber wiederum nur die Enttäuschung gegenüber den falschen Versprechungen spiegelt. Mit Kandinsky und Klee werden im Dritten Reich nicht die Erwartungen an eine neue Epoche verabschiedet; «Führer», «Genie», «Gottmensch» sind in der faschistischen Semantik keine Fremdkörper. Eher trifft ihre Protagonisten der Vorwurf des Mißlingens, und Empörung über ihre erfolglose Methode wird laut. Dem schlichten Gemüt wollte es ohnehin nie einleuchten, wie solche «Kritzeleien» für höchste Ziele einstehen sollten. Aber auch für die Gebildeten will das avantgardistische Konzept seine Funktion nicht mehr erfüllen, und so wird es mit naturalistischen Figuren ausstaffiert, deren unheilverheißende Mienen man verkennt, weil es eine «Frage der Form im Prinzip» nicht mehr gibt.

Kandinsky selbst hat wie die meisten der Weggefährten die subtile Wirkung seiner Theorien nicht reflektiert und wahrscheinlich auch nicht überblicken können. Noch 1938 in Paris kritisiert er die «Ismen» als verschiedene Schubfächer der Kunstgeschichte. Sie seien numeriert und trügen ihren Inhalt anzeigende Etiketten, so daß es scheine, als existierten keine Probleme mehr. Dagegen ließen die Debatten um die «konkrete Kunst» ihr Ende nicht voraussehen. «Umso besser!», stellt er fest, «die konkrete Kunst ist voller Entwicklung, vor allem in den freien Ländern... das ist die Zukunft!»[108] Gewiß konnte von lebendigen Debatten um die Kunst im Hitler-Deutschland keine Rede sein, aber es waren auch hier vor allem die «Ismen», welche als zergliederndes Prinzip gescholten wurden. Die Zeit der «Ismen» sollte ein und für allemal vorbei sein, darin waren Hitler und Rosenberg sich einig.[109] Von ganz unterschiedlichen Motiven geleitet, begegnen sich hier Kandinsky und die braunen Baumeister in der Auffassung, daß es keine grundsätzlichen historisch-ideologischen Auseinandersetzungen um die Kunst mehr geben dürfe. Auf der Seite der Nationalsozialisten wähnte man sich im Übergang zu einer Epoche, in der es überflüssig sein würde, irgendwelchen unterschiedlichen Weltauffassungen ein ebenso unterschiedliches programmatisches Profil zu geben, wie dies noch in den «Ismen» zum Ausdruck gebracht worden war. Auch für Kandinsky sind die Debatten der Zukunft nur noch innerhalb der «konkreten Kunst» zulässig; die Geschichte ist eliminiert, die Malerei bedarf keines historischen Materials mehr, sie ist gewissermaßen in die Sphären des Geisterreiches entrückt. Trägt nicht übrigens auch die Malerei der Ziegler, Erler, Eisenwenger u.a. Züge der großen Realistik? Es würde sich lohnen, diese Werke einmal unter dem Gesichtspunkt zu untersuchen, ob sie wirklich dem ihnen zunächst unterstellten An-

■ Hermann O. Hoyer: Am Anfang war das Wort, 1937

spruch der Heroisierung und Idealisierung genügen. Noch nie war so viel Konkretes auf der Leinwand geeignet, so viel Teilnahmslosigkeit beim Betrachter hervorzurufen. Die Böcklin- bzw. Klinger-Plagiate von Kiefer und Pieper lassen kaum Emotionen aufkommen. Und auch vom «Führer», sei es in dem Bildnis Fritz Erlers oder in der Agitationsszene von Hermann Hoyer, geht keinerlei Ausstrahlung aus. Die symbolistisch gedachten Bildhauerwerkzeuge auf dem Bild von Erler sind nur noch als reine Zeichen beigegeben und übertreffen den additiven Symbolismus, wie er oftmals die Arbeiten Klingers kennzeichnet, bei weitem. Die große Realistik erscheint hier als die perfekteste Abstraktion von jeglichem sinnlichen und somit artifiziellen Zusammenhang. Zwischen Kandinskys Konzept von «großer Realistik» und «großer Abstraktion» – wie man es immer wieder als Kernstück seiner Theorie herausstellt[110] – und der trostlosen Leere in den soeben genannten Bildern will sich kein direkter Rezeptionszusammenhang herstellen lassen; vielleicht zeigt aber die zweifellos vorhandene logische Entsprechung, daß Kandinsky in diesem Punkt das Potential und die Tendenzen präzise erkannt hat, die in der Moderne angelegt waren, daß näm-

■ Adolf Ziegler: Vier Elemente, 1937

■ Fritz Erler: Bildnis des Führers, um 1939

lich auch der Realismus vor der historischen Komplexität kapitulieren würde. Die einzelnen Bildelemente ergeben keinen inneren mythologischen Zusammenhang, keine Geschichte mehr. Dieser wird ebenso wie in der abstrakten Malerei durch die «Bildrationalität» ersetzt.[111] Im Unterschied zum vorausgegangenen Symbolismus der Jahrhundertwende, der seine surreale Mitteilung immer wieder durch eine Zurücknahme naturalistischer Ziselierungen glaubhaft unterstützte, wird hier nun das absolut Reale, sei es das eiserne Kreuz auf der Brust des Führers oder ein noch so unbedeutender Gegenstand, in einen absolut irrealen Zusammenhang gestellt. Als Prinzip mußte diese Art von «großer Realistik» den Kulturvorstellungen des Nationalsozialismus sehr gelegen kommen, die im Kern darauf hinausliefen, ein über jede Geschichte hinausweisendes Reich mit dem Zeichenreservoir des plattesten Naturalismus in Szene zu setzen.

4. Vom tragischen Bewußtsein zum «Vollmenschentum»

Die allzu symbolträchtige Malerei Kandinskys – so die Meinung August Mackes – sei auf die spezifische Erlebnisweise des Asiaten zurückzuführen.[112] Und es gibt immer wieder Versuche, die Eigenart Kandinskys in einer fremden und geheimnisvollen Kultur zu begründen. Demgegenüber haben wir gesehen, wie sehr Kandinsky sich auf der Linie deutscher Denktraditionen bewegt, die vor dem Hintergrund einer lebensphilosophischen Stimmung allerdings aus einer gewissen begrifflichen Schwerfälligkeit herausgerissen und auf ihren Erlebnisgehalt hin verwendet werden. Insbesondere die Philosophie Schopenhauers hatte es nahegelegt, daß sich die Menschen in den asiatischen Kulturen, in Japan und Indien, viel eher durch unmittelbare Anschauung und Inspiration der Wahrheit zu nähern versuchen, vor allem, indem sie sich stärker als im Westen in einer Einheit mit der Natur begriffen.[113] Im Unterschied zu dem eher bodenständigen Naturbegriff von Jugend- und Reformbewegung ist der Weg in die Abstraktion dadurch gekennzeichnet, daß er den eingeführten Gegensatz von Geist und Natur in einem Erkenntnis- und zugleich Erlebnisakt miteinander zu versöhnen sucht, in kosmischen Gesetzen, die allem Sein zugrunde liegen würden. Während Kandinsky sich noch darauf konzentriert, die Kunst zu entmaterialisieren und sie als rein geistiges Potential zum Paradigma einer neuen Epoche erhebt, geht der Niederländer Piet Mondrian und die ihn umgebende Stijl-Bewegung einen Schritt weiter. Die Kunst hat nicht mehr den Auftrag, «die (idealistische) Realität als die hinter der Erscheinungswelt wirkende universale Ordnung aufzuzeigen, sondern muß diese Wirklichkeit gleichzeitig auch als in Raum und Zeit zu realisierende vorstellen, da für Mondrian und den neuen Künstler ja nur das Ideale real ist.»[114]

Vollkommene Harmonie und absolutes Gleichgewicht, wie sie nirgendwo vorfindbar sind und erst in einer von allem Empirischen gereinigten Kunst zur Anschauung kommen, sollen sich wieder in Materialität zurückverwandeln. Der Denaturalisierung folgt hier die Rematerialisierung.[115] Nicht nur der Künstler, auch der Betrachter, so lautet Mondrians Prognose, «wird nicht eher ruhen, als bis er die Faktenwelt ideal umgestaltet haben wird».[116] Kandinskys Malerei muß diesem Anspruch gegenüber zurückfallen und wird von den Stijl-Künstlern entsprechend gering eingestuft. Durch ihren «Mangel an neuem Inhalt» und ihre «innere Armut» habe die expressionistische Kunstrichtung «keinen Wert für die neue Kultur, ja sie wirkt auf diese sogar hemmend.»[117]

Mondrian ist ebenfalls Anhänger der theosophischen Lehre und zwar in der Variante eines gewissen M.H.J. Schoenemaekers, eines positiven Mystikers, der seine Lehre «Christosophie» nennt. In diese ließ sich wiederum – wie es Beat Wismer gezeigt hat – das spinozistische Erkenntnismodell, dem Mondrian nachhing, vorzüglich einfügen.[118] Auch hier geht es zunächst noch um die Ablehnung der empirischen Faktenwelt, während die Wahrheit darin gesucht wird, «die Relativität der Naturgegebenheiten auf das Vollkommene zurückzuführen», welches dann als geläuterte Realität den Charakter der Naturgegebenheit beansprucht. Als evolutionärer Prozeß, der von der «Natur zum Geist» führt, ist sie bestimmt durch Gegensatzpaare wie «männlich-weiblich», «universal-individuell», «Geist-Materie» usw., womit kein geringerer Anspruch erhoben wird, als hierin die Struktur des Weltbaues erkannt zu haben.[119] Jene Zielprojektion «Geist» entspricht also selbst einer «gesäuberten Natürlichkeit», die nichts mehr mit der Natürlichkeit der Natur zu tun hat, sondern in der Weise der Kunst als verinnerlichte zu begreifen ist und somit einer höheren Geistigkeit entspricht. Auch eine «geläuterte Geistigkeit ist keine Geistigkeit in der Weise der Menschlichkeit, es ist Geistigkeit, so wie sie sich objektiv, d.h. als universale offenbart». In ihrem Gleichgewicht – was im Kern nichts anderes als absolute Identität bedeutet – liefert sie die Voraussetzung, im Zeitlichen selbst Harmonie entstehen zu lassen.[120] Solcherart Begriffsakrobatik, wie wir sie schon von Kandinsky kennen, präsentiert sich philosophisch als die traditionelle Vorstellung von einer Überwindung des großen Dualismus, wofür man aber das unmittelbar Evidente, die Natur als Paradigma heranzieht, nachdem man ihr freilich erst einen rein spekulativ erworbenen Sinn unterschoben hat. All dies kann nur durch die Annahme einer göttlichen Instanz zusammengehalten werden.

Weit offener als Kandinsky formuliert Mondrian, was auf dem Weg zur Erlösung der Welt noch beiseite geschafft werden muß, was sozusagen auf der Strecke bleibt bei der Einführung einer neuen Geistigkeit, «die der Weise der Menschlichkeit» nicht mehr entsprechen soll. So handelt es sich denn auch um einen «neuen Menschen», der in der «lebendigen Realität des Abstrakten (...) die Gefühle von Heimweh, Freude, Entzücken, Schmerz, Schrecken usw.» überschreitet.[121] Deren Verabschiedung ist «absolut und definitiv»; auch das Tragische wird verschwinden, das in der Kunst vor allem mit dem Prinzip des Weiblichen gleichgesetzt werden kann. Der Haß «gegen die Frau, das Feminine, welches in einem futuristischen Manifest erschien», so Mondrian, sei gänzlich gerechtfertigt.[122] Die Futuristen sind für Mondrian aber nicht radikal genug, da sie ihren Haß auf den Verstand beschränken. Durch den neuen Geist, prognostiziert Mondrian, würden Gefühl und Verstand ihr besonderes Wesen verändern. Der neue Mensch ist über einen im «partikularen Gedanken» sich äußernden Verstand hinausgewachsen; Gegenstand des schöpferischen Gedankens sind nur noch Erkenntnisse von universaler Geltung.[123] Im Unterschied zu jenem alten Geist, in dem die Kunst gelegentlich an menschliches Scheitern erinnert, zielt der neue Geist auf «die Gewißheit» als solche. «Er stellt keine Frage, er gibt eine ‹Lösung›».[124] Immer noch ist es diese alte Mentalität, die «dem neuen Geiste Hindernisse in den Weg» legt. «Leider ist die Kunst für den Schwachen der Boden par excellence, um in der traditionellen Schönheit und vom Angenehmen und Lieblichen umgeben beim Wiegenliedrhythmus einzuschlummern.»[125] Wie auch Kandinsky kommt Mondrian nicht umhin, sein Avantgarde-Konzept am Sozialgefälle zu demonstrieren. Die Avantgarde bildet hier so etwas wie die Spitze der Evolution, die schließlich alle Menschen einbezieht. Zugleich bleibt aber eine Ungleichheit der Menschen erhalten, «die einen Stil für alle unmöglich macht» und der minderen Qualität der alten Kunst die Existenzberechtigung neben der neuen gibt.[126] Mit ihrer «verkappten Natürlichkeit» wird der Mensch der Zukunft sich nicht zufriedengeben; «er bedarf zur Befriedigung seiner ästhetischen Bedürfnisse einer völlig anderen Realität».[127] So tief Mondrian die Fundamente dieses Gebäudes aber auch zu legen versucht, zur Illustration gebraucht er die bekannten Klischees der Futuristen[128], wonach dem Zukunftsmenschen schon bald das Geräusch der Maschinen als Klangfarbe sympathischer erscheinen wird als der Gesang von Vögeln und Menschen.[129] Die Klangfarbe einer Stampfpresse wird ihm vertrauter sein als Psalmengesang, denn nicht mehr als Individuum wird er hiervon berührt, sondern nur noch in einem objektiven, universellen Sinne. An der Herrschaft des Individualistischen sei im übrigen auch Schönberg gescheitert. Die kompositorische Anwendung der Pause habe ihn letztlich daran gehindert, «den Ausdruck des neuen Geistes in der Musik zu erreichen». Dieser erfordere, «daß man stets gestaltet, ohne in der Musik an die Zeit oder in der Malerei an den Raum Zugeständnisse zu machen.» Die Pause dagegen schafft eine Leere, die ganz entgegen den Intentionen des reinen Klangs wiederum «durch die Individualität des Zuhörers erfüllt» würde.[130]

■ Das Gesicht der neuen Zeit. J. J. P. Oud: Entwurf für eine Strandpromenade

Hier bleibt kein Raum mehr für irgendeine hedonistische Kunstauffassung, wie Beat Wismer treffend bemerkt[131], nichts ist mehr «der Natur oder dem Zufall» überlassen[132], alles unterliegt einem großen architektonischen Entwurf[133], in welchem jede menschliche Regung nur noch als gestaltetes Element erlaubt ist, nicht im individuellen, sondern nur noch im universellen Sinne Geltung beanspruchen darf. Die Meister des Stijl, so dokumentiert es H.L.C. Jaffé, projizieren diese Ordnungsvorstellungen auch auf die «Organisationen der Massen, der politischen Parteien, der Gewerkschaften».[134] Es ist daher nicht verwunderlich, wenn Mondrians Utopie überwiegend dem neuen Menschenbild des Sozialismus zugeordnet wurde. In der Weltstadt der Zukunft, in der der Mensch sich voll auf das Materielle konzentriert, sieht Mondrian das Materielle als Zwang überwunden; keine Ich-Sentimentalität wird dieses Gleichgewicht mehr stören.[135] «Kunst war jahrhundertelang das Surrogat, das die Menschen mit dem äußeren Leben versöhnte. ‹Gestaltete› Schönheit hielt den Glauben an ‹wahre› Schönheit aufrecht, wenn auch nur bedingterweise auf bedingtem Boden, sie erlebt die Schönheit im Schauen. Wo der ‹Glaube› eine übermenschliche Abstraktion zum harmonischen Leben verlangt, wo Wissenschaft nur vernunftmäßige Harmonie biete, da läßt uns die Kunst diese Harmonie in unserem ganzen Wesen erleben. So kann sie dies mit Schönheit durchdringen, bis diese eins mit uns geworden ist. Dann realisieren wir in allem Schönheit: Das Äußere um uns kommt zu gleichwertigem Verhältnis zum Mensch-Sein» – zum «Vollmenschentum», wie Mondrian diesen Gedankengang ergänzt.[136]

Man erinnert sich an einen Satz von Marx aus der Kritik der Hegelschen Rechtsphilosophie: «Die Kritik hat die imaginairen Blumen an der Kette zerpflückt, nicht damit der Mensch die phantasielose, trostlose Kette trage, sondern damit er die Kette abwerfe und die lebendige

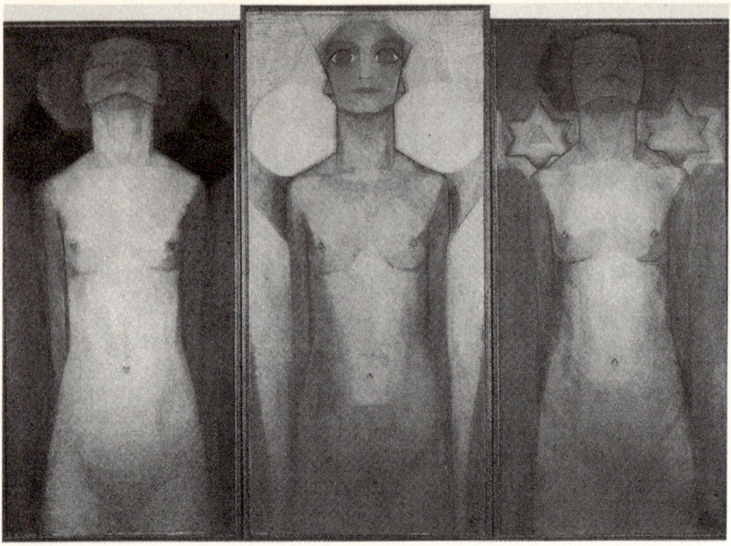

■ Piet Mondrian: Evolution, 1910/11, Ölgemälde.
Bildrecht, Amsterdam/VG Bildkunst, Bonn

Blume breche.»[137] Kaum mehr läßt sich der von Mondrian avisierte Zustand mit den Bedürfnissen eines jeden im Sinne von Vielfalt und Individualität vereinbaren, wie Marx dies im Auge hatte. Der Mensch erreicht den Zustand ausgesprochenen Gleichgewichts, absoluter Harmonie nur, indem er seinen Individualismus und die hiermit verbundenen Regungen, Empfindungsweisen und Bedürfnisse ebenfalls überwindet. Sehr treffend resümiert Beat Wismer Mondrians Beschreibung einer «idealen Zukunft» mit der Frage: «Was täte der Mensch nach der zu ihrem Ende gelangten Evolution solcher Art gestalteter Welt, d.h. auch: In einer verwirklichten, zu sich selbst gekommenen Welt, in der er als neuer ohne jegliche Bedürfnisse leben würde?»[138] Die prinzipielle Antwort erübrigt sich, da dieser Zustand unerreichbar bleibt. Die Faszination der klaren Linie und des Vorscheins vollkommener Ordnung bewährt sich in der Gegenwart daher nur als Antithese zur falschen Fassade, zum überladenen Dekor, als Aufhebung verlogener Sentimentalität, kurz als kathartisches Prinzip. Die Konsequenzen der erstrebten totalitären Ordnung dagegen sind unmenschlich. Wenn die faschistischen Bewegungen in Europa einschließlich des Nationalsozialismus ihr Kulturprogramm formulierten, so brauchten sie sich weder vom Geist noch von der Semantik der «neuen Gestaltung» allzuweit entfernen: denn *erstens* dürfte es in der Kunst keine individuellen und abweichenden Vorgänge mehr geben, erlaubt war nur, was sich dem Kontext der totalitären Vision einfügen ließ; *zweitens* war bereits eine mentale Bresche geschlagen, die heterogene Gegenwartskunst als Ausdruck eines vermeintlich Überkommenen und Regressiven wenn nicht gerade auszuschalten, so doch zu diffamieren; *drittens* ließ all dies sich legitimieren mit der Vision eines monumentalen Reiches, das, wie es auf alle mystischen Gegenstände zutrifft, einen unbedingten Wahrheitsanspruch vertritt. Die Wege waren weitgehend geebnet, nur der Inhalt, der bereits zur Unkenntlichkeit abstrahiert worden war, mußte noch neu formuliert werden.

5. Das Bauhaus

Ein umfassendes Konzept und eine einheitliche Linie, wie sie der Stijl-Bewegung[139] vorschwebten, verkörperte das 1919 in Weimar gegründete Bauhaus nicht. Nachdem seine Erwartung sich zerschlagen hatte, als Lehrer ans Bauhaus berufen zu werden, konnte der führende Kopf der Stijl-Bewegung, Theo van Doesburg, noch mehr Überzeugung in sein abwertendes Urteil legen, das Bauhaus sei «leer», Kandinskys Veröffentlichung über Punkt, Linie, Fläche seien dafür der beste Beweis.[140] Neben Kandinsky war es vor allem Johannes Itten, der ihm als Vertreter einer allzu romantischen Linie suspekt erschien[141], wie wohl man auch Gropius in der ersten Zeit einen Hang zum «pseudomittelalterlichen Handwerkskult» und sogar «völkische Obertöne» bescheinigt hat.[142] Mystisch durch und durch ist auch das «bildnerische Denken» Paul Klees, vielleicht gerade weil es sich so szientistisch präsentiert. Was Klee über das «weltschöpferische Tun» zu sagen hatte[143], ist trotz einer gewissen Distanz zu Rudolf Steiner nicht weit von Mondrians rational ummantelter Theosophie entfernt, womit sich – von den gedanklichen Voraussetzungen betrachtet – der Kreis zu den Vorstellungen der Stijl-Bewegung wieder schließt. Eben dieses enge Beieinanderliegen oder, besser gesagt, «Changieren» von Rationalität und Mystizismus wird durch die Institution des Bauhauses und die in ihr eng miteinander korrespondierenden Künstler auf unvergleichliche Weise offenbar. So erweist sich ein sogenannter Bauhausstil in der Tat als

- Erstes Signet des Bauhauses von Karl-Peter Röhl, bis 1922 verwendet
- Titelholzschnitt des «Bauhausmanifestes» von Lyonel Feininger, 1919. VG Bild-Kunst, Bonn

Mythos[144], geben derzeit bevorzugte Architektur- und Designvorbilder nicht das wieder, was das Bauhaus in Wirklichkeit verkörperte. Bei seiner Vielfalt aber war es lokalisierbar, und der Begriff Bauhaus gab noch so unterschiedlichen Künstlerpersönlichkeiten eben jenes Etikett, mit dem die Nazis erst das definieren konnten, was sie abschaffen wollten, da ihnen selbst ja nicht ganz klar war, was eigentlich genau sie bekämpften. Erst so erklärt sich die widersprüchliche und sehr selektive Haltung zum Bauhaus, das sich sehr wohl in den Dienst nationaler Interessen gestellt hatte.[145]

Als Institution ist das Bauhaus ein Produkt der lebensreformerisch orientierten deutschen Kulturbewegung der Jahrhundertwende und somit eine Spezifizierung des Werkbundgedankens auf dem Gebiet der Künstlerausbildung. Im Gründungsjahr 1919, also eigentlich schon nach dem Höhepunkt der expressionistischen Bewegung, werden deren Perspektiven in der künstlerischen bzw. kulturpolitischen Essayistik erst in ganzer Breite diskutiert. Überall lesen wir Elogen auf das Nordische bzw. Gotische in der Kunst[146], ein Gedanke, der sich vor allem in der bürgerlichen Publizistik problemlos zu den 1918 von der Revolution freigesetzten Zukunftshoffnungen gesellt. Die «Tat» von Eugen Diederichs liefert hier wiederum ein gutes Beispiel. Töne der völkisch orientierten Kulturreform sind ebenso vertreten wie Manifeste über die kommende sozialistische Gesellschaft.[147] Bei der Lektüre der betreffenden Jahrgänge erhält man kaum den Eindruck kontroverser Positionen; es überwiegt die gemeinsam getragene Hoffnung auf eine neue Zeit. «Etwas im Sinne Lagardes müsse dabei herauskom-

men», so erläutert Diederichs den Sinn einer von ihm organisierten Lauenburger Kulturtagung, womit er sich den Spott Max Webers einhandelt[148], dem offenbar das weltanschauliche Spektrum derer, die hier auf eine gemeinsame Richtung verpflichtet werden sollten, abenteuerlich breit erscheint. Vorstellungen über einen künftigen Sozialismus, über eine Verwirklichung des tradierten Kulturideals, über die in jener Umbruchphase als Chance enthaltene schöpferische Anarchie und schließlich der Gedanke, damit auch wirtschaftlich als Gruppe bzw. Nation zu reüssieren – all dies bildet ein nicht voneinander trennbares ideelles Geflecht, was mit der Metapher des «Bauens» auch das Bauhaus-Manifest von 1919 beherrscht. Alle Werkleute sollten mit- und ineinander wirken, der architektonische Geist, welcher durch die Salonkunst verlorengegangen war, sollte wiedererstehen; alle mußten daher zum Handwerk zurück, denn «der Künstler ist eine Steigerung des Handwerkers», wobei im Werkmäßigen «der Urquell des schöpferischen Gestaltens» läge. «Bilden wir also eine *neue Zukunft der Handwerker* ohne die klassentrennende Anmaßung, die eine hochmütige Mauer zwischen Handwerkern und Künstlern errichten wollte! Wollen, erdenken, erschaffen wir gemeinsam den neuen Bau der Zukunft, der alles *in einer Gestalt* sein wird: Architektur *und* Plastik *und* Malerei, der aus Millionen Händen der Handwerker einst gen Himmel steigen wird als kristallenes Sinnbild eines neuen kommenden Glaubens.»[149] Daß der bereits erwähnte und hier programmatisch zum Ausdruck gebrachte «mittelalterliche Handwerkskult» in der Praxis des Bauhauses besondere Bedeutung erlangt hätte, ist nicht bekannt; aber es sind zweifellos eher ständische Ideale, die auch die soziale Phantasie der Bauhauskünstler mehr inspirierten als republikanische Ziele. Auch hier ist der Geist Langbehns durchaus lebendig, wenn es z.B. heißt: «Die Schule ist die Dienerin der Werkstatt, sie wird eines Tages in ihr aufgehen. Deshalb nicht Lehrer und Schüler im Bauhaus, sondern *Meister*, *Gesellen* und *Lehrlinge*.» Zum Programm gehört u.a. die «gemeinsame Planung umfangreicher utopischer Bauentwürfe – Volks- und Kulturbauten – mit weitgestecktem Ziel. Mitarbeit aller Meister und Studierenden – Architekten, Maler, Bildhauer – an diesen Entwürfen mit dem Ziel allmählichen Einklangs aller zum Bau gehörigen Glieder und Teile.»[150] Auch viel später, nach seiner Wende zum Konstruktiven[151], verwendet Gropius noch gerne organologische Bilder; erinnert an den Urstoff, von dem sich das gestaltete Ding zunächst hat ablösen müssen; erläutert, daß wir den Raum, wenn wir ihn gleichermaßen mit Seele, Verstand und Leib empfänden, ihn also auch mit allen leiblichen Organen gestalteten. Intuition und «metaphysische Kraft», die der Mensch «aus dem All saugt», bildeten dafür die Voraussetzung.[152] Wie in der Kunsterziehungsbewegung insgesamt einiges davon abhängt, in welchem geschmacklichen Kontext und bei welcher sozialen Klientel die Erneuerungsvisionen fruchtbar werden, ergeben sich auch für den Mystizismus des Bauhauses unterschiedliche Wirkungsperspektiven. Im esoterischen Zirkel, den Meister und Schüler im Bauhaus miteinander bilden, inspiriert er vielleicht den jeder schöpferischen Atmosphäre eigenen «asketischen Eros».[153] Wie sich eine am Bauhaus orientierte Pädagogik aber auch dem völkischen Kult von Blut und Boden annähern ließ, man in diesem Zusammenhang durchaus auch auf Kandinsky verweisen konnte, zeigt neben Gustav Kolb das Beispiel des Kunstpädagogen Christoph Natter. Über die neuen Wege der Kunstpädagogik ist u.a. zu lesen: «Waagerechte und Kurve sind weich, *moll*, *feminin*. Senkrechte und Winkel hart, *dur*, *maskulin*. Die Kurve ist das Fließende, das Strömende, das Bewegliche. Die Gerade und der Winkel, das Halt, die Grenze, das Gesetz (...) Alles aber wird umfangen von dem immer wogenden Rhythmus, dem Lebensstrom, der Blutwelle, wodurch immer nur etwas Unteilbares, Organisches gebildet werden kann (...) Was mühelos aus dem innewohnenden Rhythmus, dem fließenden Blut, strömt, ist Leben, und was aus der Seele quillt, ist unbewußtes Leben (...) Alles, was aus den Verstandeskräften kommt, also was uns bewußt wurde, ist für das künstlerische Schaffen Tod, und alles, was aus der Blutwelle kommt, ist Leben. Hier liegt die Grenze zwischen Kunst und Nichtkunst.»[154]

Ein Mystizismus dieser Art verlangt gerade danach, durch geographisch-biologisches Anschauungsmaterial unterfüttert zu werden und ist daher wohl paradoxerweise als «realistischer» eingestuft worden als die esoterische Kosmologie manches Bauhausmeisters selbst. Innerhalb der konservativen Revolution bzw. der Jugendbewegung gibt es Beispiele, wie eine ästhetisch ambitionierte Mystik mit unmittelbarer sozialer Wirkung einhergehen konnte. Eberhard Koebel (Tusk), der Gründer der deutschen Jugendschaft vom 1.11.1929 (d.j.1.11), unter anderem ein hervorragender, am Bauhaus und am russischen Konstruktivismus orientierter Typograph, der gewöhnlich dem Lager des Nationalbolschewismus zugeordnet wird, verordnete seiner elitär denkenden Anhängerschaft so unterschiedliche Symbole wie die russische Kosakenbluse, das als Kote bekannte nordische Feuerzelt, vor allem aber die Liebe zu asiatischer und buddhistischer Religion und Philosophie.[155] Koebel, der nie am Bauhaus studierte, ist recht eigentlich das «Produkt», das man manchen Äußerungen zufolge von der «Bauhauspädagogik» erwarten sollte. Zum Beispiel hatte die von Walter Hammer herausgegebene Zeitschrift «Junge Menschen» ein ganzes Heft dem Bauhaus gewidmet und darin statt der kraftlosen «Tolstoi-Revolte» eine «neue Männlichkeit» in der Gestaltung gefordert. «Bringt nun die junge Bewegung neue plastizierende Kräfte mit, die sich in den Gang des schöpferischen Geistes hineinwirft und ihn ‹richtet›?», fragt einer der Autoren und zieht sogleich gegen die Ästhetik des Wandervogels zu Felde. «Wir glauben: Ja! und das deshalb, weil wir überzeugt sind, daß die langen Haare, die man mit schauspielerischem Ruck in den Nacken wirft, daß die Mandolinen und Gitarren, die gebräunten Waden und Tusneldazöpfchen sowie viele andere Romantismen der Deutschtümelei oder Internationalie gewiß nicht die bezeichnendsten Symptome sind für das ganze Phänomen. Diese Äußerlichkeiten werden sich im Strom des um- und übergreifenden Geschehens wie eine Mode ‹auf Natürlichkeit› reduzieren. Aber alles zusammengenommen drückt doch etwas aus und zeigt wie der Seismograph ein neues Verhältnis zu den letzten Beziehungen des Lebens an. Es liegt ja nun einmal im Wesen des Geistes, daß er sich in bunte Übergänge kleidet, die nicht selten ersterbenden Gebärden seiner selbst noch einmal bis zur närrischen Verzerrung zu aufflackerndem Dasein verhelfen, während er unter dieser Verkleidung bereits einen Sprung in neue Dimensionen tut.»[156] Der esoterische Kreis um den Meister, die Durchstilisierung der Person, angefangen von der Körpergestik über die Bekleidung bis hin zu den pseudoreligiösen, geistig-rhythmischen Sammlungs- und Reinigungsritualen – dies alles gehört auch zur Realität des Bauhauses. In der ersten Phase hatte vor allem Johannes Itten in diese Richtung gewirkt, dessen Kunstlehre – wie Rainer Wick richtig feststellt – zwar nicht nur aus Irrationalismen besteht,[157] der sein Wirken aber völlig im lebensreformerischen, ganzheitlichen Zusammenhang sieht. Mazdaznan heißt das biologisch-geistige Lehrgebäude, welches u.a. zu richtiger Ernährung und Atemtechnik anhält, dadurch lange Jugendlichkeit und kaum versiegende sexuelle Leistungskraft verspricht und – wie Itten einmal bemerkt – die eben zu diesem Zweck übliche Transplantation von Affendrüsen überflüssig mache.[158] Mazdaznan bedeute «Gott kennen, eins werden des Menschen mit dem göttlichen Geiste in ihm selbst. Gott in Dir. Die Auswirkung und Darstellung dieser Erkenntnis im täglichen Leben durch schöpferische Arbeit – das ist das Ziel des Mazdaznan-Menschen.»[159] In einer von Bruno Adler herausgegebenen Schrift mit dem Titel «Utopia – Dokumente der Wirklichkeit» stehen Beispiele ostasiatischer Mystik neben Zeugnissen christlicher Mythologie und Itten liefert typographisch eigenwillige Analysen alter Meister, womit eine Bewegungsrichtung angezeigt werden soll, die «im alten Mythos» wie in der «neuen Systematik» lebendig ist. «Hier ist kein Platz für die verfluchte Sicherheit, die des Unsagbaren spottet, auch keiner für die ästhetische Dekoration eines an Leib und Seele verhungernden Lebens. Hier soll, mitten in den Streu- und Flugsand dieser windigen Gegenwart, ein Fundament gelegt werden.»[160] Die Leitgedanken aus Ittens berühmtem Vorkurs[161] und jene in «Utopia» findet man im weiteren Umkreis wieder, z. B. bei L.W. Rochowansky, dessen Veröffentlichung «Der Formwille der Zeit in der angewandten Kunst» zur Bauhausliteratur gehört und als Kulmination der expressionistischen Literatur über Kunst und Kunsterziehung überhaupt angesehen werden kann. Vor allem die Gedanken des Wiener Kunstprofessors Franz Cizek erscheinen in diesem Werk denen Ittens unmittelbar benachbart. Einziger Besitz des Schülers sei zunächst das mitgebrachte Erbgut. «Es mag groß oder klein sein, es läßt sich niemals verleugnen, jede Arbeit verrät es. Die ewig wirkenden Erbgüter: das triebhaft-Treibende (die Gotik), das Erbgut ernster Wohlgewogenheit, klingender Ruhe (die Klassik), das Beschwingende, Belebende (die Barocke).»[162] Daraus wird nun in einem rhythmischen Schaffen ein Neues, welches sich wiederum durch die Überlagerung sogenannter innerer und äußerer Ornamente zusammensetzt und von Rochowansky in einer sehr an Kandinsky erinnernden Diktion vorgetragen wird: «Das innere Ornament hatte seinen Quell in der Religion, in seinem gliederreichen Brückenbau zum Kosmos, war unerschöpflich in der Kraft des Seelenbildes. Das äußere Ornament ist jenes neue, das keine Eltern und Verwandten hat, nur hie und da Beziehungen (unbewußt oder heimlich, zu totem Volk, wiedergeborener Zeit) oder Korrespondenzen (in veränderter Schrift). Da seine Quellen außerhalb liegen, kann man das Ornament des Auges, das Ornament des Ohres, das Ornament des Geruches, das Ornament des Tastens und das Ornament der Geschmacksnerven erkennen. Diese Gruppe von Quellen, von denen gewöhnlich mehrere, manchmal auch alle zusammen speisen und nähren, ergibt das Ornament der Zeit.»[163] Man vermöge noch nicht zu sagen, «inwieweit der eine der beiden großen Lehrer seine elementaren

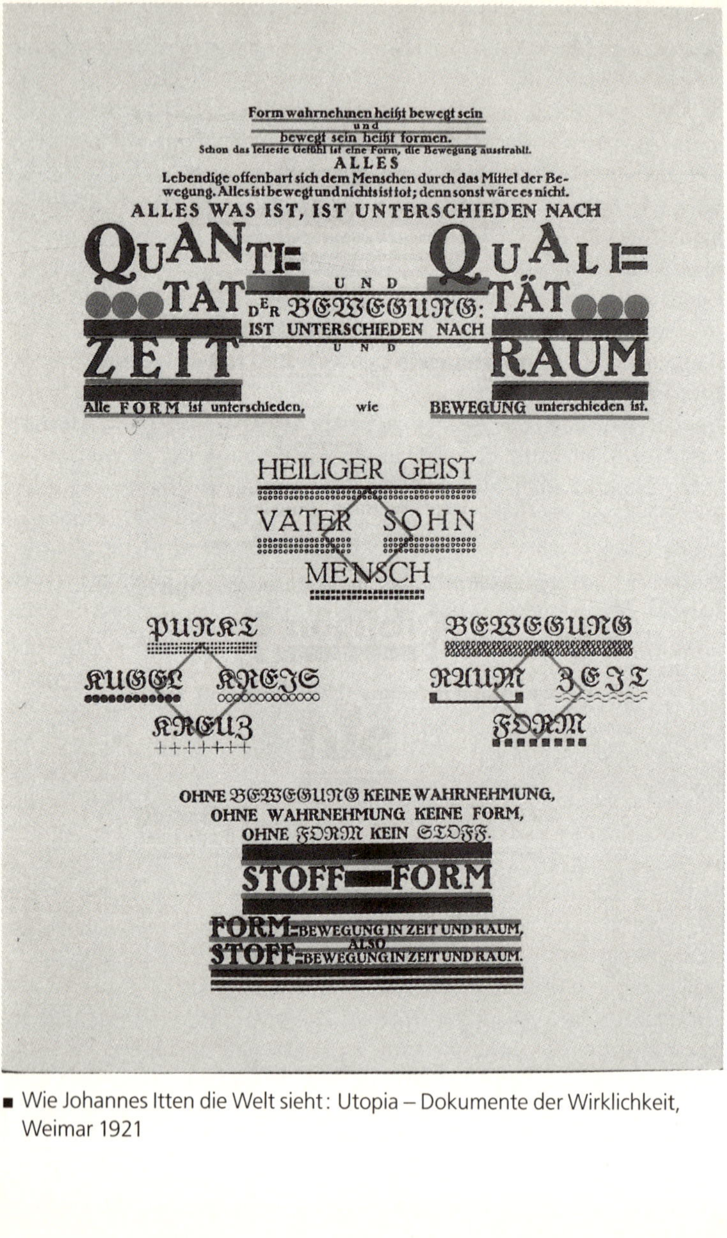

■ Wie Johannes Itten die Welt sieht: Utopia – Dokumente der Wirklichkeit, Weimar 1921

künstlerischen Ausbildungsmethoden vom anderen übernommen» habe, «Cizek von Itten oder umgekehrt», kommentiert der Herausgeber des Bauhaus-Reprints, Hans M. Wingler.[164]

Mit seinen dem Mazdaznan verfallenen Jüngern bildete Itten als Guru sozusagen das jugendbewegte Element im Bauhaus, und man weiß, daß in diesem Kreis die Prophetien der sogenannten Inflationsheiligen, insbesondere der Wanderprediger Gusto Gräser und Ludwig Christian Haeusser, sehr wohl ernst genommen wurden.[165] Hierzu paßt wiederum die von Itten bevorzugte, düstere Philosophie Oswald Spenglers in einem sehr wörtlichen Sinn.[166] Angesichts des drohenden Untergangs des Abendlandes schienen die Chancen für eine morgenländisch inspirierte Errettung nicht schlecht zu stehen. Wie ein an sich schwer verträglicher Unfug im Rahmen der künstlerischen Subkultur wiederum neutralisiert und zum Spaß wird, schildert Lothar Schreyer in einer köstlichen Anekdote: Eine Studentin hatte sich aus der Menge der im Schneidersitz hockenden Bauhauslehrlinge erhoben und war im gleichen Moment in längere Ohnmacht gesunken, bald darauf aber von Johannes Itten, dem «Medizinmann» des Instituts, mit einem geheimnisvoll im Glase geschüttelten Wasser bespritzt und somit wiedererweckt worden. Am anderen Tage gestand sie den Grund ihres fingierten Breakdowns: Sie liebe Johannes Itten und suche die Gelegenheit, ihm näherzukommen. «Endlich, endlich – gestern hat er mich angerührt. Bitte erzählen Sie Meister Itten nichts.» Schreyer hat dieses Versprechen, wie er berichtet, gehalten, nachdem er die Schülerin – dies war offenbar auch möglich – mit zwei Ohrfeigen versorgt hatte. Von seiner eigenen übertriebenen Reaktion aus dem Gleichgewicht gebracht, sucht er das Gespräch mit Itten und philosophiert über das Gleichgewicht der positiven und negativen Kräfte, wobei er in Erfahrung bringt, daß Itten solche Probleme längst hinter sich gelassen hat und sich selbst im Besitz einer höheren Ordnung des Gleichgewichts befindet. Näheres bleibt jedoch dessen Geheimnis, und Geheimnisse, so Itten, «lassen sich nicht austauschen»[167].

Meister Itten hatte sich bei alledem jedoch so viel Realitätssinn bewahrt, daß er bis ins Jahr 1937 sehr erfolgreich blieb. Erst 1938 muß er wegen schweizerischer Staatsangehörigkeit als Direktor seiner Krefelder Schule für «Textile Flächenkunst» ausscheiden. «Trotzdem meine Krefelder Arbeit die allergrößte Anerkennung gefunden hat», schreibt er nach Zürich, «sowohl bei den Behörden wie in den Kreisen der Industrie, trotzdem nach sehr großem Erfolg meiner Schule an der Reichs-Textil-Ausstellung in Berlin, 1937, das Reichswissenschaftsministerium mich beauftragt hatte, einen Plan für eine allgemeine deutsche Akademie der Textil- und Mode-Industrie auszuarbeiten und dieser Plan im Juni 1937 von einer Versammlung von Delegierten aus sämtlichen Branchen der deutschen Textilindustrie einstimmig angenommen war, trotzdem kündigte mir die Behörde auf Veranlassung der Partei zum 1. April 1938.»[168]

Ein weiterer Mystiker des Bauhauses ist Paul Klee. Im Unterschied zu Itten verlangen seine «höheren Erkenntnisse» nicht danach, in eine neue Körperlichkeit und eine zukunftsträchtige Sozialorganisation umgesetzt zu werden, sondern dienen zunächst der Kunst selber. «Im Grunde bin ich nichts als ein Zauberlehrling, vor dem der Zaubermeister Verstecken spielt», sagt er zu Schreyer.[169] Was er unter dem Begriff «bildnerisches Denken» zusammengetragen hat, mutet tatsächlich an wie eine unerschöpfliche Sammlung von Zauberformeln, in Skizzen und Diagramme gefaßt, wobei die demonstrierte wissenschaftliche Logik offenbar wieder mit ihrer alchemistischen Herkunft fusioniert werden soll. Wie sehr die Form der Erkenntnis einen symbolisch-schöpferischen Akt voraussetzt – diese Prämisse der Cassirerschen Philosophie kann man hieran eindringlich studieren.[170] Dennoch ist die Kunstlehre Klees geeignet, den von Fiedler übermittelten radikalen Subjektivismus zu vernebeln und das künstlerische Geschehen auf teils magische, teils organologisch angelegte Urkräfte zurückzuprojizieren. Zunächst philosophiert Klee über die Stellung des Menschen im «Weltganzen», ein erhabener Anspruch, zu dem sich Stilblüten folgender Art problemlos hinzugesellen: «Uns zwingt das Lot als ein Gebot, das sich löst in den Richtungen nach Ei und Tod.»[171] Den «Urvorgang der Formbildung» demonstriert Klee ebenfalls an einem biologischen Muster, dem der «Zeugung» und der «Zellteilung».[172] Aus diesem zunächst noch ungeordneten «weltschöpferischen», «kosmogenetischen» Zustand wird durch die Tat des Schöpfers der «geordnete Kosmos»[173], wobei Klee diesen Vorgang wieder an einem biologischen Grundmuster demonstriert: «Die Genesis als formale Bewegung ist als wesentliche am Werk. Im Anfang das Motiv, Einschaltung der Energie, Sperma. Werke als Formbildung im materiellen Sinne: urweiblich. Werke als formbestimmendes Sperma: urmännlich.»[174] Die kosmischen Energien pflanzen sich im Gestaltungsprozeß gewissermaßen fort: «Der Punkt ist kosmisch, als Urelement. Jeder Eisamen ist kosmisch», woraufhin

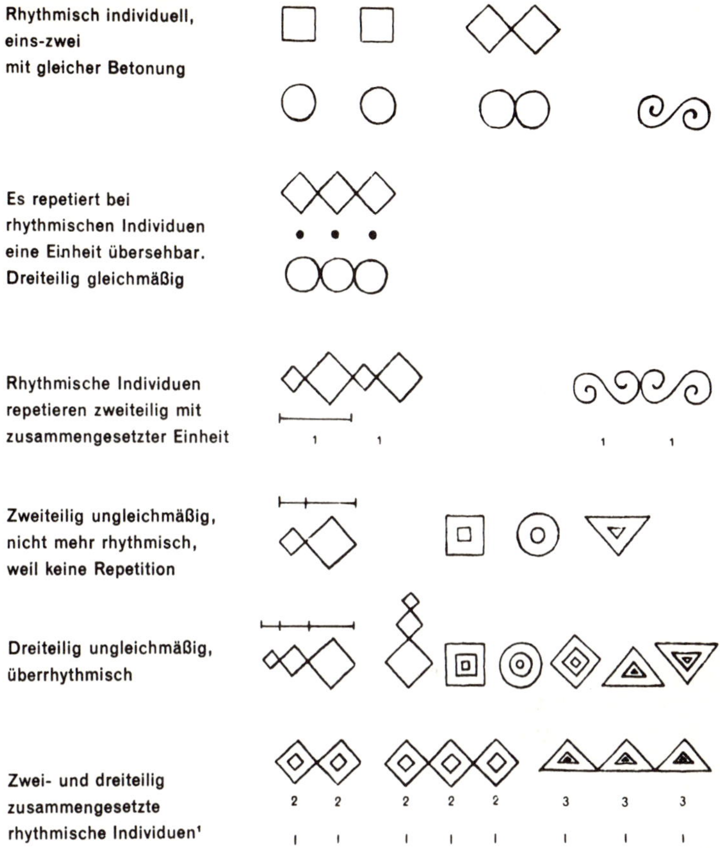

■ «Niedrigere und höhere Individuen». Aus: Paul Klee: Das bildnerische Denken. Basel 1956. VG Bild-Kunst, Bonn

auch die «Fleischwerdung der Linie» nichts als ein organisches «Strömen» bedeutet[175], dessen Resultat in seiner «energetischen Dichte» erkenntlich wird.[176] Aus der Grundform des Kreises, gleichbedeutend mit dem «umfassenden Wesen», dem «All», dem «Kosmos», entwikkelt Klee u. a. Metaphern wie die der «Urbewegung des Herrschers».[177] «Die Formel der Funktion», der Klees Forscherdrang gilt, ist eingestandenermaßen weit, «aber sie ist als quellender Urpunkt irgendwo.»[178] Der Eingeweihte, der Weise, also der Künstler «ahnt die Zeugung. Dann weiß er um das erste Tun einigermaßen Bescheid, jene Dinge zum Werden zu bewegen und selbst bewegt sichtbar zu machen. Es bleiben in ihnen Spuren hinter seiner Bewegung, und der Zauber des Lebens ist gegeben. Und für die anderen der Zauber des Erlebens.»[179] Der Zauber des Erlebens gründet in der «gemeinsamen irdischen Verwurzelung», in «optisch kosmischer Gemeinsamkeit», die in ihrer Vereinigung «metaphysische Wege» geht und schließlich ein «Gleichnis zum Werke Gottes» bildet[180], zur «Totalisation» gelangt in der «Begnadung des Genies».[181] Im obersten Kreis der Kunst stehe «hinter der Vieldeutigkeit ein letztes Geheimnis, und das Licht des Intellekts erlischt kläglich»[182].

Wie alle Magier unterliegt auch Klee dem Widerspruch, das gewiß unbestrittene, aber eben auch nicht zu lüftende Geheimnis, welches immer schon ein Thema der Kunst war, mit allerlei Formeln aufdecken zu wollen, die trotz innerer Stimmigkeit der Vielfalt des Lebens nicht gerecht werden können. Eher noch harmlos in diesem Zusammenhang erscheint die Suche nach «Energien», «exzentrischen» und «konzentrischen» Kräften sowie die alte Faszination angesichts des Pendels.[184] Stellenweise gerät Klee aber auch auf das Gebiet charakterologischer Urteile, wo mit Hilfe physiologischer Skizzen Typisierungen vorgenommen werden und z. B. an der Linienführung der «Sieg eines flüssigen Charakters über den festen» erkennbar werde.[185] Das, was hier auf eine reine Kunstlehre gemünzt ist, wird uns noch als Vokabular in ganz anderen Zusammenhängen wiederbegegnen. Klee war geradezu beglückt, wenn Arbeiten von ihm mit denen von «Geisteskranken» verglichen bzw. verwechselt wurden.[186] Er konnte nicht wissen, wie seine zutiefst menschenfreundlich gemeinte Auffassung, «daß die ganze Welt ein Tollhaus ist», bald aufgegriffen und als Waffe gegen ihn selbst verwendet werden sollte.[187] Ausgerechnet der Klages-Schüler Hans Prinzhorn, der dem Bauhaus ebenso verpflichtet war wie Kreisen, in denen auch Hitler verkehrte[188], hatte die «Kunst der Geisteskranken» als autonomes Ausdrucksverhalten rehabilitiert. Auf ihre Weise nahmen die Nazis die Aussagen über die Authentizität solcher Arbeiten und der benachbarten Moderne ernst und bezogen die dahinter stehende «Substanz» um so mehr in ihre Vernichtungsstrategien mit ein.

Der Aspekt des Okkulten, der Kreisbildung und der Allbeseeltheit des Musischen wird gern aus dem überlieferten Bild des Bauhauses getilgt. Dabei bilden nicht einmal musische und konstruktivistische Perspektiven einen Gegensatz, der ernsthaft zur Entscheidung gedrängt hätte. In der Wende zum Konstruktiven, zur Funktion, wie man sie gewöhnlich mit der «Neuen Sachlichkeit» in Verbindung bringt, liegt selbst schon eine Mystifikation des Funktionalen. Denn um dieses definieren zu können, geriet man immer mehr in die Diskussion um anthropologische und biologische Gesetzlichkeiten, die – wie wir gesehen haben – sehr von der Phantasie der Bauhausmeister geprägt waren. Die Verbindung mit der Industrie, wie sie ab Mitte der zwanziger Jahre verstärkt einsetzt, ist wiederum von einem Mythos der Technik getragen.[189] Der einst noch etwas sentimental auf Germania gerichtete Erneuerungswille erscheint auf eine funktionale Essenz, ein dynamisches Prinzip, reduziert. Mit Henri Bergson im Hintergrund stellt Paul Klee fest: «Präzises Heute ist getan, ist vorbei.»[190] Und die 1924 dem Bauhaus gewidmete November-Nummer von «Junge Menschen» bringt die Quintessenz dieser Mischung von Mythos und Moderne auf den Punkt: «Die Zukunft des Baues wird jenseits von jedem ‹ismus› und Stil stehen. Zu seinem Meister muß einer geboren sein. Vielleicht sind wir die Brücke zu ihm, indem wir uns losreißen von dem ‹Alten›, radikal brechen mit dem absterbenden Drang in uns, die Wände zu bemalen und unsere Gesichte in Stein zu bilden. Nicht daß die Farben- und Formenphantasie als solche abstürbe, aber der ihnen zugrundeliegende innere Sinn dafür wird neue Verbindungen eingehen. Vielleicht werden die Leiber, die nach uns kommen, schon nach Farben tanzen, die kristallene Wände als *biologisch-wirksamer* zerlegtes Sonnenlicht in den Raum brechen lassen: begeisternd, steigernd als durch den Menschengeist hindurchgegangene Natur. Wir werden nicht mehr den Mond anschwärmen und vor einer schönen Landschaft träumerisch versunken stehen. Das, was wir da anschwärmen, fühlen und tasten, wird in unserem Bewußtsein liegen und durch die Eigenart des Raumes, der unseren feinen Organismus umgibt, ein Schöpferauferstehen feiern. Noch ist der Weg weit zu jenem tieferen Begreifen dessen, was es heißt, Kunst und Industrie in eine innere Einheit zu setzen. So viel ist aber vielleicht schon heute klar, daß das, was wir bisher unter ‹Kunst› verstanden, nur noch die Rolle einer Propädeutik spielt, wir brauchen sie nicht mehr, sie ist in das Plasma unseres Leibes hineingebildet: Der freie Geist, der seiner selbst gegenüber der bedrückenden Magie des Seins und seiner eigenen Verwicklungen sicherer geworden ist, fängt an, aus sich selbst zu *evolutionieren*.»[191]

Vielleicht liegt der Haß der Nazis gegen die Dessauer Bauschule am

Ende darin begründet, daß hier das Neue, was sie für sich selbst reklamierten, bereits bis an die seinerzeit möglichen Grenzen ausgekundschaftet worden war. In ihren Reihen standen ja nicht nur Menschen, die Expressionismus, Technik, Funktionalität und schon gar nicht deren okkulte Interpretation grundweg ablehnten. Und Peter Behrens wäre in den dreißiger Jahren gewiß kein vielbeschäftigter Mann gewesen, wenn nicht die Monumentalität von Futurismus und Konstruktivismus ebenfalls Anhänger im neuen Regime gehabt hätte.[192] Rosenberg, der Gegner von Expressionismus und großstädtischer «Mestizenkunst», konnte trotz seiner Ausfälle einer monumentalen, «klaren» Architektur durchaus etwas abgewinnen – im Gegensatz zu dem in neoromantischen Konzepten befangenen Schultze-Naumburg.[193] Auch der Dessauer Landeskonservator Grote gab immerhin zu bedenken: «Der neue Stil kann marxistisch-kommunistisch sein, er kann aber auch deutsch und klassisch sein.»[194] Vielerlei pragmatische Gründe lagen auf der Hand, die am Ende eine radikale Unterbrechung der Bauhaustradition verhinderten, etwa eine mit Bauhauskonzepten verbundene gemeinnützige bzw. genossenschaftliche Siedlungspolitik, die natürlich auch von den Nationalsozialisten sehr ernst genommen werden mußte.[195] Umgekehrt weiß man von Ludwig Mies van der Rohe, der den Sozialisten Hans Meyer als Bauhausdirektor abgelöst hatte, wie gerne er dem neuen Regime weiter zur Verfügung gestanden hätte.[196]

6. Die Bekehrung zum Bilde

Um den Anforderungen einer modernen Massengesellschaft zu genügen, konnte auch das nationalsozialistische System die Methoden der modernen Fertigung nicht ignorieren und schon gar nicht die Möglichkeiten einer technischen Weltbeherrschung, die allein den «nationalen Willen» erst richtig zur Geltung bringen würden. Es ist daher nicht verwunderlich, daß nicht nur auf dem Gebiet der Architektur, sondern auch bei Entwurf und Fertigung von Gebrauchsgegenständen andere Werkstätten, wie etwa das mittlerweile traditionsreiche Hellerau, Teile des Bauhausgedankens nach 1933 durchaus weiterführten.[197] Und selbstverständlich stand die von Itten geleitete Textilkunstschule in Krefeld – um nur ein weiteres Beispiel zu nennen – ebenfalls in der Tradition der konstruktivistischen Moderne. Wenn man bedenkt, wie sehr diese wiederum von einer Reaktualisierung mystischer, magischer, symbolistischer Überlieferungen lebt, ist nicht mehr ganz so schwer verständlich, wie es dem Nationalsozialismus gelingen konnte, moderne Funktionalität mit Elementen einer archaischen Symbolwelt andererseits zu verknüpfen. Freilich erweist das Zusammentreffen von Symbolen etwa der militärischen Hochtechnologie mit einer altgermanischen Heraldik auf dem Gelände nachempfundener germanischer Thingstätten, in römischen Arenen oder auch auf der Filmleinwand und im Rundfunk sich dem heutigen Blick als ein eher zwanghaftes und nicht selten komisches Unterfangen.[198] Die Wirkung national eingefärbter Elementarsymbole war aber seit der Jahrhundertwende gut vorbereitet worden, wovon die Untersuchung Klaus Theweleits über «Männerphantasien» ein beeindruckendes Zeugnis liefert.[199] Den nun schon Jahrzehnte währenden Streit, in welchem Geschichte und Mythos, Anschauung und Begriff, Geist und Materie, Kunst und Zivilisation einander als alternative kulturelle Paradigmen gegenübergestellt worden waren, entschieden die Nazis auf ihre Weise, indem sie beides eklektisch zusammenfügten oder, besser gesagt, abrufbar hielten. Offenbar gelang es ihnen in den Jahren vor und nach ihrer Machtübernahme, sich ebenso glaubhaft als Garanten einer weiter funktionierenden kapitalistischen Produktion zu präsentieren, wie auch als Erneuerer eines längst verlorenen germanischen Mythos und damit als jene Kraft, die eine «verderbliche» Übermacht der alles zergliedernden Vernunft endlich zu brechen imstande war. Erst wenn er sich wieder zum Bilde kehre, werde der Deutsche wieder Bildung haben, hatte Langbehn prognostiziert.[200] Diese Empfehlung klingt – verglichen mit den Zeitdiagnosen und den daraus gezogenen Konsequenzen zweier anderer populärer Denker der Weimarer Zeit, Ludwig Klages und Oswald Spengler – eher noch harmlos romantisch.

Die Grundgedanken der Lehre von Ludwig Klages finden wir in vielen zeitgenössischen Betrachtungen über avantgardistische Kunst wieder. Ausgestattet mit erheblicher wissenschaftlicher Reputation, scheint es so, als arbeite Klages den Impuls Nietzsches nun erst recht für die Bedürfnisse der darstellenden und bildenden Kunst auf. Leidend unter dem «Druck des siegenden Logos» suche der Darstellungstrieb Genüge «in einer hochmütig abgesonderten Kunst-Ausübung».[201] Die Bilder sind gewissermaßen zum Epiphänomen des Logos herabgesunken; eine «genüßliche Lehre vom ästhetischen Schein»[202] hat ihre ursprüngliche und elementare Kraft überdeckt. Eine völlig «entzauberte» Bildungsmenschheit weiß nichts mehr von dem «Verhängnis des Schauens» und begnügt sich – oberflächlich wie sie ist – mit den «Zufällen des Erblickens». Einzig und allein am Sachverhalt des Traumes werde die Macht der Bilder zwar noch theoretisch bejaht, was jedoch ein «herzblutleerer Gedanke» bliebe.[203] Resistenz gegen die unmenschliche und verheerende Wirkung des Geistes – und dies ist das Generalthema von Klages – beweist sich darin, das anschauliche Ergriffensein vom intellektuell geleiteten Begreifen freizulegen. Allerdings «wird mit Erfolg nur *der* diese willenswidrige Tat vollbringen, dem die Vergegenwärtigung des *tief* Ergreifenden offensteht. Hat er mit ihrer Hilfe aber erkannt, daß es Bilder und nichts als Bilder waren, wovon er je im Leben ‹erschüttert›, ‹gepackt›, ‹überwältigt› wurde, so bringt ihn der folgende Schritt der größeren Einsicht nahe, daß *alles* die Seele Ergreifende (...) Bilder und nichts als Bilder sind.»[204]

Während sich Klages mit seiner konsequenten Propaganda gegen die Vernunft von der Schulphilosophie eher Schelte einhandelt – die bekannteste stammt von Max Scheler[205] –, haben eine Reihe seiner aufgrund der Sichtung umfangreichen Materials aufgestellten Thesen durchaus Zustimmung gefunden, z. B. bei Cassirer, der vor allem die Aufhebung einer Leib-Seele-Polarität in der Klagesschen Ausdruckslehre zu würdigen wußte.[206] Gestützt auf Ergebnisse der Symbolforschung, kann Klages versichern, daß alles, was wir heute im Dienste von Mitteilungszwecken als Zeichen benutzen, zurückgeht auf eine «Symbolsprache des urgeschichtlichen Glaubens», in der das Bild die magische und funktionelle Bedeutung des Dings als Einheit entstehen läßt.[207] «Selbst das Werkzeug an und für sich, also von schmückender Zutat abgesehen, steht ursprünglich auf *einer* Linie mit dem Idol.»[208] Primitive und Kinder haben diesen «Bilderdienst» bewahrt, indem sie «das Abbild oder gar ein Zeichen der Sache für die Sache selber» nehmen.[209] «Was in Vergleichung damit nun unsere im Sterben liegende ‹Kunst› betrifft, so ist zu sagen, daß sie den ihr heute unterschiedlich eigentümlichen Wert einer ‹sprechenden› oder ‹formvollen› Physiognomie damals mit *jedem* Gebilde der Menschenhand teilen mußte und vom unübersehlichen Reichtum ursprünglicher Formcharaktere nur insoweit einen Rest sich bewahrt, als die Seele des Schöpfers genug von der Seele der Vorzeit birgt, um – vorübergehend entselbstet – *aufzunehmen*, wovon allein die Geburt im Einklang mit dem Rhythmus des Alls erfolgt: den Einstrom der *Bilder*. Kunst, wenn sie mehr sein soll als vernünftelndes Paradieren mit abgeblätterten Oberflächen, ist gläubige und demgemäß symbolische Kunst.»[210] Wie sehr diese symbolische Kunst an ein Kollektiverlebnis gebunden ist, glaubt Klages durch den Vergleich der primitiven Gruppe mit der Person des «gebildeten Dichters» erläutern zu können, der dem sogenannten Pelasgertum im Grunde schon untreu werde.[211] Eben dieses Pelasgertum bzw. der pelasgische Bewußtseinszustand[212], der die Welt in Bildern entstehen läßt, ist das Credo in Klages Argumentation; diese entspricht dem durch Begriffe wie Ausdruck, Anschauung, Mythos usw. gekennzeichneten Programm der neuen Kunst, ihrem Bekenntnis zum Primitiven, ihrer Sehnsucht nach kindlichen Zuständen und ihrer Abscheu vor dem schönen Schein.

Und doch kommt Klages am Ende zu einer anderen Konsequenz, als wir sie in den Programmen des «Blauen Reiter» und des Bauhauses kennengelernt haben. Steht das Paradigma eines in primitiver Kollektivität sich bewährenden Bilderdienstes mit Worringers sehnsüchtigem Blick auf die «undifferenzierte Masse» in Einklang, so grenzt Klages sich scharf ab gegen eine Kunst, «die ohne die Unterlage einer Wirklichkeit, ja gerade aus übernatürlicher Freiheit von ihr gebildeten Vorzugsintelligenzen die erlesene Freude der ‹reinen Formen› biete»[213]. Wir denken natürlich sofort an Kandinsky und Mondrian, deren Spiritualismus hier bei aller Ähnlichkeit im Ansatz eine Absage erhält. Kandinsky und Mondrian sind, bei allem Respekt, Ludwig Klages theoretisch nicht gewachsen, so daß es von vornherein unzulässig ist, Textvergleiche anzustellen. Klages' Wirkung hat etwas Beängstigendes: Für die Kunsttheorie seinerzeit hat er es fertiggebracht, alle kathartischen Ambitionen der Moderne, die früher oder später in intellektueller bzw. spiritistischer Exklusivität münden mußten und bis zum heutigen Tag ihre Geltung innerhalb einer Eliten-Kultur entfalten, noch einmal mit der Vehemenz Nietzsches zu einer kollektiven Perspektive umzuformulieren. Wenn man sich im Sinne von Klages wieder zum Bilde kehrte, war aller Streit um Abstraktion und Realität, um Materialität und Spiritualität ungültig geworden, weil das Bekenntnis zum Bild wieder mit seinem einstmaligen, kulturkritischen – soll man sagen Langbehnschen? – Ziel versöhnt wurde, um die Vorherrschaft der begrifflichen Vernunft und damit des westlichen Zivilisationskonzeptes endgültig zu durchbrechen. Die abstrakte Moderne schien durch ihre Kommentarabhängigkeit und Intellektualität ja selbst schon wieder ein Stück Begriffskultur geworden zu sein. Das

Fühlen in Bildern aber, wie es Klages vorschwebte, war gebunden an Kollektivsymbole, an Idole und – wenn man so will – an Götter, die sich selbst nur bildhaft offenbaren konnten, die auf diese Weise überhaupt erst Realität wurden. Und wahrscheinlich hätten die Inszenierungen des Nationalsozialismus nie so viele Gebildete in ihren Bann gezogen, wenn nicht eine Bereitschaft bestanden hätte, die so banalen Heldengestalten und Runensymbole eben mit jenen magischen Kräften auszustatten, auf die das Publikum seit nunmehr vierzig Jahren durch die gesamte Moderne vorbereitet worden war.

Mit seiner Schrift «Der Geist als Widersacher der Seele» und dem darin enthaltenen zentralen «Pelasgerkapitel»[214] bewegt sich Klages auf der Linie der in der ersten Jahrhunderthälfte vor allem in Deutschland stark verbreiteten, umfassenden Expertisen über den Gang der Kultur. Die Geschichte wird eingeteilt in Kulturzyklen; Kräfte werden gefunden, die die Kultur in diese oder jene Richtung bewegen; Mächte werden entdeckt, die im Gegensatz zu allem empirisch Erfaßbaren die eigentlichen Aggregatzustände bilden würden, die Menschen in den Abgrund reißen oder sie erhöhen. Seele, Geist, kollektives Unbewußtes werden zu neuen Religionsträgern mystifiziert.[215] Erwägungen sind im Umlauf, ob die Gegenwart im Zeichen des Untergangs steht oder vor einem nie geahnten Aufschwung. Meistens werden Untergang und Neubeginn in einem Atemzug beschworen. Insofern liegt es nahe, daß Klages' Bestrebungen mit denen von Oswald Spengler verglichen wurden, der in seiner Schrift «Der Untergang des Abendlandes» ebenfalls ein an Ursymbolen orientiertes Konzept vorlegt, wie aus dem zum Untergang geweihten Abendland doch noch eine neue caesarische Kultur werden könne.[216] Niemals agieren allerdings Gruppen mit alltäglichen und zugegebenermaßen unheroischen Bedürfnissen zu diesem Zwecke, immer sind es ganze Epochen bzw. Weltkulturen, die miteinander ringen. Spengler verfügt über das bekannte Schema des kulturkritischen Vokabulars: Prototyp des Untergangs ist der «zivilisierte Nomade», sind die « formlos fluktuierenden Massen», ist eine Kunst ohne innere Notwendigkeit.[217] Analog zur Metamorphosenlehre Goethes vollzieht sich ein organisches Wachstum der Kultur, dem in diesem Falle die Sehnsucht der Germanen nach Walhall innewohnt und worin ein faustisches Wollen den heutigen Deutschen immer wieder bestärkt.[218] Dies ist der nordisch-gotische Mensch, der sich als Rassemensch «gegen den raffinierten, überfeinerten Stadtmenschen zur Wehr setzen wird»[219]. Worringers Thesen, so Beat Wyss, hätten auch Spengler nachhaltig beeinflußt.[220] Rosenberg war offenbar wieder von Spengler beeindruckt, der angesichts von Expressionismus und «Niggertänzen» der Großstadt «Rassenselbstmord» witterte.[221] Wahrscheinlich faszinierte Spengler, wie übrigens auch Moeller van den Bruck[222], am Futurismus vor allem die Möglichkeit, mit quasi kybernetischen Mitteln Ordnung in die verhaßte kulturelle Pluralität zu tragen. Spengler, der die überkulturelle Existenz des Bauernhauses verehrt, zugleich jeden Aquädukt seiner technischen Perfektibilität wegen einem Tempel vorzieht und die «prachtvoll klaren, hoch intellektuellen Formen eines Stahlwerkes, einer Präzisionsmaschine» aller herkömmlichen Ästhetik vorzieht, beschwört zum Schluß die «Faustische Technik», «die mit vollem Pathos der dritten Dimension, und zwar von den frühesten Tagen der Gotik an auf die Natur eindringt, um sie zu beherrschen (...) der faustische Erfinder und Entdecker ist etwas Einziges. Die Urgewalt seines Wollens, die Leuchtkraft seiner Vision, die stählerne Energie seines praktischen Nachdenkens müssen jedem, der aus fremden Kulturen herüberblickt, unheimlich und unverständlich sein, aber sie liegen uns allen im Blute.»[223] Ob mit oder ohne Begriffe, ob durch spirituelle Erhöhung oder durch die Magie der unmittelbaren Anschauung – all dies dient keinem geringerem Ziel, als den zivilisatorischen Konsens der westlichen Völker zu zerschlagen und durch eine neue mythische Ordnung zu ersetzen.

7. Exkurs: Kunst für ein sozialistisches Zukunftsreich

Schon längst wird den Leser die Frage beschäftigen, wo sich das Kunstverständnis der konservativen Revolution gravierend von dem der sozialistischen Bewegungen unterscheidet. Ein totalitäres Denken, welches mit allem Tradierten brechen will und das Reich der Zukunft in strahlenden Farben malt, ist bekanntlich auch vielen linken Intellektuellen und Künstlern nicht fremd. Viele Gedichte Wladimir Majakowskis tragen ausgesprochen futuristische Züge und enden in einer Apotheose der Technik. Nicht sehr weit entfernt von Majakowski behauptet George Grosz, daß es die Pflicht des revolutionären Künstlers sei, «verdoppelte Propaganda zu treiben, um das Weltbild von den übernatürlichen Kräften, von Gott und den Engeln zu reinigen, um dem Menschen den Blick zu schärfen für sein reales Verhältnis zur

Umwelt».[224] Niemand wird allerdings auf die Idee kommen, etwa die Malerei von Grosz mit sozialistischem Realismus in Verbindung zu bringen, der schon lange vor den Wende-Zeiten dazu herausforderte, an die Seite des «Nazi-Klassizismus» gestellt zu werden. Grosz bewegt sich zusammen mit Künstlern wie Else Lasker-Schüler und den Herzfelde-Brüdern am Rande der dadaistischen Bewegung[225], die ihrerseits – wie das Beispiel Hugo Balls zeigt – keineswegs verläßliche Barrieren gegen Spiritualismus und Mystizismus aufstellt.[226] Die linke Agitationskunst Ende der zwanziger Jahre erhielt wiederum einen so groben Zuschnitt, daß keine Veranlassung bestand, sie grundsätzlich von der Diktion der nationalsozialistischen Propaganda zu unterscheiden.[227] Und für das Piscator-Theater, so berichtet Franz Jung gewiß überspitzt, habe sich schließlich nur noch Goebbels interessiert.[228]

Die kulturellen Strömungen in der Weimarer Republik eindeutig in rechts und links einteilen zu wollen, wie dies vor Jahren versucht wurde, ist so gesehen aussichtslos geworden. Schon die berühmte, in der Emigration geführte «Realismus-Debatte» zeugt vom Zweifel, eine politische Haltung bzw. das Bekenntnis zum Sozialismus bis in die formale Struktur des Kunstwerkes zurückverfolgen zu können.[229] Andererseits ist davor zu warnen, Faschismus und Sozialismus als totalitäre Erlösungsvisionen auf eine Stufe zu stellen und in der Option mancher Künstler und Theoretiker für das eine oder das andere keine unterschiedlichen Beweggründe mehr zu sehen oder politische Enthaltsamkeit als die beste Position anzuerkennen. Männer wie Worringer und Itten waren im Grunde unpolitische Personen, und doch hantierten sie mit hochpolitischem ideologischem Material, was nicht von ungefähr im Kontext der konservativen größere Bedeutung erlangte als in jenem der sozialistischen Revolution. Bedeutet die Präsenz so hervorragender Köpfe, von Stefan George bis Arnold Schönberg, von Thomas Mann bis Gottfried Benn, im Denken der konservativen Revolution nicht am Ende, daß hier eigentlich eine richtige Perspektive gelegen hat, die dann durch den Hitlerfaschismus nur pervertiert wurde?[230]

Man kann nach allem, was Sozialgeschichte und Kultursoziologie über mentale Muster in Deutschland zusammengetragen haben, gewiß behaupten, daß liberale Muster bei Rechten und Linken gleichermaßen unpopulär waren; die Jungkonservativen sahen im Liberalismus der Weimarer Zeit den größten Feind; die Sozialdemokratie war als Organisation autoritär und hierarchisch strukturiert und in ihrem Weltbild nicht nur aus Gründen der Marxschen Lehre antiliberal. Vom sprichwörtlichen «asiatischen Despotismus» des schließlich dominierenden Sowjetkommunismus ganz zu schweigen.[231] Im Kampf gegen die Macht des Geldes, in dem Sozialisten und konservative Revolutionäre sich einander näherten oder in den Kreisen des Nationalbolschewismus sogar zusammenfanden[232], schwingt immer auch eine Abscheu vor dem «Sich-frei-in-Beziehung-Setzen» mit, was für Simmel, den bedeutenden Zeitdiagnostiker, ja die wichtige soziale Entsprechung der Geldwirtschaft bildet. In Simmels Verständnis verkörpert der großstädtische Flaneur diese Loslösung von kontinuierlichen, tieferen Bindungen, seine Beziehungen und Orientierungen sind temporärer Art, eben vorübergehend.[233] Nahezu alles, was die Moderne in Deutschland über sich selbst hat verlauten lassen, richtet sich gegen die Verwandelbarkeit, nicht nur gegen das Unrecht in den jeweiligen Geld- und Beziehungskonstellationen. Auch daß es keine Frage der Form im Prinzip mehr geben soll, hat mit allem anderen als mit dem «Abschied vom Prinzipiellen» zu tun.[234] Indem das Prinzipielle der äußeren Erscheinung gebrochen wird, bestimmt es nur noch umfassender die einzelnen Handlungsstrukturen; erlaubt ist nur noch, was eben jener «inneren Notwendigkeit» entspricht. Man höre noch einmal ausführlich, wie Kandinsky das Kommende charakterisiert und welchen Stellenwert er seiner eigenen Lehre in diesem Zusammenhang einräumt. In einer Selbstdarstellung heißt es: «Die Theorie Kandinskys ist auf dem Prinzip der inneren Notwendigkeit gegründet, die er für das Hauptprinzip der sämtlichen Gebiete des geistigen Lebens erklärt. Seine Analyse der zeichnerischen und farbigen Form beruht auf der psychischen Wirkung der Form auf den Menschen. Er lehnt jede Aufstellung einer absoluten Formlösung ab und behauptet, daß die Konstruktionsfrage stets einen rein relativen Wert hat: Jedes Werk wählt sich seine Form und unterliegt nur der inneren Notwendigkeit. Jedes Formelement hat seine absolute physische Wirkung (= Wert); die Konstruktion wählt unter diesen Mitteln so, daß sie den absoluten Wert zu einem relativen macht (...)? Die absolute Freiheit des Künstlers wird durch die innere Notwendigkeit beschränkt, die wieder von drei Forderungen bestimmt wird: 1. die Aufgabe des einzelnen Künstlers, 2. die Aufgabe der Zeit und des Volkes (solange einzelne Völker existieren) und 3. die Aufgabe der in der Abstraktion lebenden und nach Materialisierung suchenden Kunstelemente des Persönlichen, Element der Zeit und Element des Ewigen, wobei die ersten zwei Elemente mit der Zeit abklingen und das dritte ewig lebendig bleibt. Den Schluß des 19. Jahrhunderts und den Anfang des 20. hält Kandinsky für den Anfang einer der größten Epochen des geistigen Lebens der Menschheit. Er nennt sie die ‹Epoche des großen Geistigen›.»[235]

Selbst im Hinblick auf das Kunstwerk ist zu bezweifeln, ob es allein auf «Notwendigkeiten» aufbauen soll. Eine soziale Ordnung, ein soziales Bewußtsein, welches allen Handlungsabläufen irgendwelche Notwendigkeiten unterschiebt, seien sie naturwissenschaftlich, religiös oder ideologisch begründet, umgibt die Individuen schließlich mit unerträglicher Dogmatik. Auch die Maschen des Sozialismus schienen hier besonders eng geknüpft zu sein; Veränderung des Systems bedeutet zugleich Kenntnis seiner kleinsten Verästelungen, was historisch zu dem Versuch geführt hat, auf alle Lebensbereiche dogmatisch und bürokratisch Einfluß zu nehmen. In Kandinskys ästhetischer Utopie verschwinden – analog zum Absterben des Staates – eines Tages die Nationen und auch die Elemente des Persönlichen und Zeitlichen, d.h., das in seiner historischen Befangenheit lebende Individuum wird ebenfalls hinfällig. Ähnlichkeiten mit der sozialistischen Vision einer Überwindung der Geschichte sind hier zweifelsfrei gegeben. Ebenso führt die absolute Dominanz *einer* Nation, noch dazu, wenn sie sich berufen fühlt, über die Geschichte hinauszuwachsen, zum selben Ergebnis. So hält die Vision von einer «Epoche des großen Geistigen» Reverenzen an beide großen ideologischen Richtungen bereit, wobei der durch konservative Revolution und Faschismus gekennzeichnete Komplex sich von Anfang an eher als Vollendung einer *geistigen* Bestimmung begreift, als es bei der Arbeiterbewegung der Fall war.

Darwinismus und Rassenkunde sind auch in der Sozialdemokratie der Jahrhundertwende keine Fremdworte. Nicht umsonst kann sich der biologistische Sozialtechniker Franz Müller-Leyer (s. Kap. 1) sehr gut auf Engels berufen; Bebel, Bernstein und Kautsky sind schon ihres Antiklerikalismus wegen darwinistisch orientiert[236]; und kein Geringerer als Brechts Lehrmeister in Sachen Sozialismus berichtet in der «Tat» wiederholt über die Vorzüge der Rassenhygiene.[237] Während die intellektuellen Mitstreiter der Weltrevolution ebenso wie die der konservativen, also Männer wie Ernst Bloch auf der einen und Paul Fechter auf der anderen Seite, expressionistische Emphase als unverfälschten Zugang zum ersehnten Reich empfinden,[238] sind sich die Bürokraten, die ihre Hoffnungen beerben und pervertieren sollten, in der Unterdrückung des Expressionismus wie überhaupt jeder experimentellen Kunst erstaunlich einig. Beinahe gesetzmäßig wirkt es, wie Rechts und Links in ihrer ideologischen Arrondierungsphase zunächst vom kritischen und künstlerischen Potential leben, welches die vorherrschende kulturelle Konvention aufzulösen versucht; wie man sich nach der Konsolidierung der Macht im Sinne einer «geschlossenen Gesellschaft» dieses Potentials weitgehend zu entledigen sucht, steht jedermann vor Augen. Und beide Richtungen können mit dem, was sie anschließend «Realismus» nennen, auf erhebliche Wirksamkeit bauen und auf weitgehende Akzeptanz bei ihrer Klientel. Gerade die Wirksamkeit künstlerischer Inszenierungen – darüber bestehen keine Zweifel – hat Goebbels in der kulturellen Experimentierküche der Weimarer Republik studieren können; was den Genossen zuzumuten war, so dachte er ganz richtig, würde zunächst auch bei den Volksgenossen auf fruchtbaren Boden fallen. Wie viele Zeitzeugen zu berichten wissen, war der «Übergang» viel subtiler, für manchen kaum bemerkbar und schon gar nicht ein solcher Bruch, wie wir ihn retrospektiv zur Illustration des schwer Faßbaren immer noch annehmen.

Jedoch waren die Protagonisten einer sozialistischen Zukunft vorsichtiger im Umgang mit der Kunst. Das materialistische Denken hinderte eher daran, allzu große Hoffnungen in die Kunst zu setzen. Diese dient letztlich doch im Sinne der Widerspiegelungstheorie oder der Dekadenztheorie Plechanows der Analyse der gesellschaftlichen Verhältnisse.[239] «Erst die neue gesellschaftliche Formation oder deren Antizipation in den Kämpfen des Proletariats ermöglichen auch dem Künstler eine Perspektive, die im Hinblick auf seine gesellschaftliche Rolle wie für seine ästhetische Arbeit realistisch genannt werden kann.»[240] Die deutsche KP vor 1923 hat kein kunstpolitisches Konzept entwickelt; wo das Proletariat den Sieg noch nicht davongetragen hatte, so die grobe Richtung dieses Denkens, war auch von einer neuen, sprich proletarischen Kunst nicht viel zu erwarten.[241] Der Proletkult, vielfach verschränkt mit dem russischen Konstruktivismus, war demgegenüber praktisch und experimentell orientiert, ähnlich wie die operative Ästhetik Tretjakows. «Der Held der operativen Ästhetik war – und ist – nicht der Aktivist, nicht die zum Gruppenportrait versammelte Stoßbrigade, nicht die Ahnengalerie der revolutionären Führer. Sondern den Helden des Abbildrealismus ersetzt die operative Ästhetik durch die ‹Handlung› des Dings.»[242] Diese Ästhetik ist am Ende aber

■ Georgj Jakulov: Entwurf für ein Denkmal, 1923

so komplex, daß sie ebenfalls nichts anderem dient als dem theoretischen Diskurs, diesem aber in außerordentlich fruchtbarer Weise, wie überhaupt daran zu erinnern ist, daß kunsttheoretische Experimentierfreude, sozusagen Sondierungen auf der «zweiten Ebene der Realität»[243], nicht mit dem persönlichen politischen Handeln zusammenfallen müssen. Der revolutionäre Sprengstoffexperte und literarische Formalist Viktor Sklovsky ist hierfür ein Beispiel.[244]

Es bestand lange Zeit die Auffassung, es habe ein unscharfer, schwammiger Kulturenthusiasmus und ein verklärter Blick auf die Großartigkeit der neuen Zeit, die kulturpolitischen Vorstellungen der Sozialdemokratie der Jahrhundertwende geprägt, in dem das Freiheitspathos Schillers mit Hauptmanns naturalistischem Pathos des Elends verschmolz. Die Folgen dieser Art «ästhetischer Sozialisation» sind ambivalent. Einerseits waltet hier ein moralisierender Antikapitalismus, in den sich durchaus auch antisemitische Töne einfügten. Die Lassallesche Botschaft wirkt nach: Erst müsse der deutsche Arbeiter sich vom Joch der Franzosen befreien, um die wirkliche Freiheit zu gewinnen.[245] Wollte man das Kulturerbe für den vierten Stand zugänglich machen, mußte diesem das «deutsche Kunstwollen» in seiner besonderen Art überhaupt erst nahegebracht werden. Wäre der Nationalsozialismus eine reine Kulturbewegung gewesen, kaum jemand an der Basis der Sozialdemokratie hätte die späteren Ausfälle gegen die Moderne als besonders problematisch angesehen. Für die sozialdemokratische Klientel bedeuteten Schillerfeiern, Volksbühne und Arbeiterbildungsveranstaltungen bei allem Pathos eben auch Unterhaltung, Divertissement, Abstand vom Alltag. Der Zugang zum Schönen war «genußorientiert», und damit oft vom Gegenteil dessen bestimmt, was die Avantgarde anstrebte. Die Kunst galt im ganz banalen Sinne als erstrebenswerter sozialer Besitzstand und diente nicht wie im bürgerlichen Kultursektor der Sondierung verlorengegangener Selbstverständlichkeiten. Zentrales Anliegen der Sozialdemokratie war eben doch die Institutionalisierung von Rechten mit parlamentarischen Mitteln. Dabei mag der eine oder andere die Hoffnung gehabt haben, deutscher Wesensart zu dienen und in eine neue Zeit mit ganz anderen Maßstäben einzutreten; gleichwohl blieb neben dem «Sägen zäher Bretter» als politischer Alltagsarbeit wenig Raum für kulturelle Illusionen, was der Sozialdemokratie bis heute als Mangel an utopischer Potenz nachhängen mag. Eben dieses Korrektiv einer rationalen Rückkoppelung mit der komplexen sozialen Wirklichkeit aber fehlte den bürgerlichen Utopien und hatte zum Ergebnis, daß sie den Kunstenthusiasmus der Jahrhundertwende ungleich stärker assimilieren und auf das Tausendjährige Reich projizieren konnten.

IV «Die Überwindung des Expressionismus»

■ «Aber jedesmal, wenn sich die Baukunst immer und immer wieder durch die kleinen, durch die Ornamentiker, von ihrem großen Vorbilde entfernt, ist der große Baukünstler nahe, der sie wieder zur Antike zurückführt.» ■ Adolf Loos

1. Der gescheiterte Autonomieanspruch – Eine Zwischenbilanz

Ein neuer Begriff vom Verhältnis des Lebens zu seinen Elementen und Inhalten würde uns lehren, so schreibt Georg Simmel 1914, «die ganze Sauberkeit und Geschlossenheit des rein artistischen Standpunktes, die Befreiung der Kunst von allem, was ihr Wesen als Kunst verfälscht, zu bewahren – und sie mit alledem als Welle in dem Lebensstrom zu begreifen, der seine Ganzheit als historischer und als religiöser, als seelischer und als metaphysischer entwickelt.»[1] Dieser Satz postuliert die Autonomie der Kunst und beschreibt zugleich ihre gesellschaftliche Einbindung. Man hat in solchen Konstruktionen oft einen Widerspruch gesehen, was allerdings in den falschen Prämissen begründet liegt. Als soziales Handlungssystem kann Kunst niemals autonom sein, obwohl in der künstlerischen Subkultur auch andere Konventionen gelten können. Kunst spiegelt immer und ausnahmslos das wider, was wir mit dem weiten Begriff Gesellschaft oft nur unvollkommen beschreiben können. Um Kunst handelt es sich erst dann, wenn irgend jemand das Bild oder den Satz wahrnimmt und damit ein Erlebnis verbindet dergestalt, daß diese Gebilde in ihm soziale Erfahrungen und psychophysische Dispositionen aktivieren.[2] Daß dies so ist, erfahren wir erst, wenn das Erlebte in irgendeiner Form mitgeteilt wird. Alphons Silbermann hat recht, wenn er sagt, daß eine Hervorbringung, die nicht *einen* Rezipienten erreicht, den Anspruch auf Kunst nicht stellen kann.[3] Erst durch Kommunikation – und, so sei hinzugefügt, wenigstens durch potentielle Kommunikationsfähigkeit – entsteht überhaupt ein Anlaß, dieses Kunst, anderes dagegen nicht Kunst zu nennen. Wie die Kinderzeichnung und die Bilder der Geisteskranken ist auch das Kunstwerk seinem eigentlichen Charakter nach Mitteilung.[4] Kandinsky hat sich in dieser Hinsicht sehr eng an die psychologischen Ästhetiker gehalten und das Einfühlungsprinzip paradoxerweise zugleich für die Vorgänge der Abstraktion nutzbar gemacht. Die Analyse der zeichnerischen und farbigen Form, so kommentiert er sich selbst, «beruht auf der psychischen Wirkung der Form auf den Menschen».[5] Diese Wirkung, so die Einfühlungslehre von Theodor Lipps, beruht auf «objektivem Selbstgenuß»: psychosoziale Prädispositionen werden durch das Kunstwerk – wie es immer wieder heißt – zum Klingen gebracht,[6] oder es kommt, wie Kandinsky sagt, zu einer «zweckmäßigen Berührung der Seele»[7]. Wie wir gesehen haben, verlieren die sozialen Determinanten, Nation und Persönlichkeit, in Kandinskys Konzept immer mehr an Bedeutung, um schließlich das Feld ganz dem «Element des ewig Künstlerischen» zu überlassen. Wenn man die Epoche des großen Geistigen als Aufhebung alles Gesellschaftlichen, als die Alleinherrschaft des «Kosmischen» versteht, erübrigt sich schließlich auch die Autonomiefrage. Allerdings verlegt Kandinsky diesen Zustand in eine Zeit, wo keine Nationen mehr existieren.

Wie wir schon erwähnten, hat Georg Lukács die reduzierte bzw. introvertierte Form der künstlerischen Mitteilung nicht ohne gute Gründe kritisiert (vgl. Kap. 1) und versucht, alledem eine Ästhetik des Realismus entgegenzuhalten[8], welche eine komplizierte und folgenreiche Wirkungsgeschichte haben sollte. Das realistische Kunstwerk dient hier bekanntermaßen der Widerspiegelung einer Realität, die vorher bereits begrifflich sondiert worden ist, etwa mit Kriterien wie Tendenz und Typus.[9] Kunst, welche diesen Ansprüchen genügt, galt lange Zeit als «gesellschaftlich» im Sinne der Widerspiegelung realer Verhältnisse; Kunst, auf die sich diese Kriterien nicht anwenden ließen, galt «gesellschaftlich» nur in einer, und zwar negativen Hinsicht: In ihr schienen sich die dekadenten und irrationalen Wesenszüge der bestehenden, kapitalistischen Gesellschaft insgesamt widerzuspiegeln. In der abstrakten Kunst korrespondieren sie – so Leo Kofler – «mit den zur Herrschaft gelangten Zügen der Pathologie, der Isolation, der Sprach- und Gedankenlosigkeit, der entwicklungslosen Leere und der Wiederholung des Nichtig-Immergleichen, kurz des Nihil.»[10] Dies sei ein sträflicher Fehler der Avantgardisten, spottet Beat Wyss, und stellt Lukács als Urheber eines Pathologievorwurfes von links in eine Linie mit Nordau, Spengler und Sedlmayr, als so den Repräsentanten eines vor allem in der Kunstauffassung des Faschismus wiederzufindenden hegelianischen Denkens.[11]

In Wirklichkeit zeugt die abstrakte Moderne weder von Dekadenz und Weltverlorenheit noch von einer am Muster der naturwissenschaftlichen Realität orientierten Fragmentarisierung des Lebens.[12] Und schon gar nicht äußern sich in ihr irgendwelche kosmischen Gesetze, gewährt sie Einblick in mystische Gefilde oder reproduziert sich in ihr eine biologische Gesetzmäßigkeit, wie man dies neuerdings wieder unter dem unverfänglich klingenden Deckmantel einer «anthropologischen Ästhetik» zu vermitteln sucht.[13] Die Moderne, ganz gleich, wann man ihren Anfang datiert, hat sich zum Ziel gemacht, Potentiale, Ressourcen und die Reichweite symbolischen Handelns vor Augen zu führen. Wenn Malerei, Musik und Literatur dabei ungegenständlich bzw. disharmonisch werden, ist damit kein epigonales Verhältnis etwa zur Physik begründet. Die Naturwissenschaften selber sind es, die mit der modernen Erkenntnistheorie in ihrem «Modellcharakter», d.h. als symbolische Form erkannt werden. In der Einleitung zu seiner «Philosophie der symbolischen Formen» erinnert Ernst Cassirer an Heinrich Hertz' Äußerung über die Ableitung des Zukünftigen aus dem Vergangenen. Sie bestehe darin, «daß wir uns ‹innere Scheinbilder oder Symbole› der äußeren Gegenstände machen, die von solcher Art sind, daß die denknotwendigen Folgen der Bilder stets wieder die Bilder seien von den notwendigen Folgen der abgebildeten Gegenstände»[14]. Es geht hier nicht darum, Kunst und Technik gleichzusetzen, sondern um die Entdeckung, daß sich uns die Wirklichkeit unumgänglich in Symbolen und Bildern präsentiert, wobei diese als physikalische gewiß ein engeres Verhältnis zur Erfahrung voraussetzen als etwa in der Kunst. In der Distanzierung der Moderne zum Historischen, Empirischen oder Materiellen wird diese Erkenntnis gewissermaßen immer noch reflektiert, wobei in Frankreich Bergsons «Metaphysik der Zeit» den philosophischen Hintergrund bildet, in Deutschland der Neukantianismus.[15] Dies ist der rationale Kern des Autonomiebegriffs: das Postulat einer moralischen und empirischen Ungebundenheit des Denkens.[16]

Die Apotheose des Geistigen, die Suche nach einer neuen Religion oder die Erwartung eines neuen kosmisches Gleichgewichts, wie sie bei Kandinsky, Kokoschka und Mondrian anklingen, bilden nun Versuche, die mit ihrer eigenen Prozessualität befaßte Kunst an irgendeine Form von geschlossenem Weltbild zurückzuvermitteln.[17] Merkwürdigerweise wird kaum registriert, welche Kluft zwischen der forcierten Demonstration von Autonomie einerseits und den sektiererischen, philosophiegeschichtlich eher marginalen Welterklärungsmodellen liegt, für die sich Kandinsky und Mondrian interessierten. Das Werk beider nimmt in der Kunst und Kulturgeschichte des 20. Jahrhunderts einen zentralen Platz ein; wer waren verglichen damit Rudolf Steiner oder M. H. J. Schoenemaekers? Die Abstraktion von allem scheinbar Äußerlichen und Überflüssigen birgt nun die Gefahr, daß das Kunstwerk in seinem Absolutheitsanspruch zur Stütze aller möglichen Weltdeutungen wird. Die unumgängliche Kommentarbedürftigkeit des modernen Kunstwerkes ebnet also einer Ideologisierung erst recht den Weg.[18] So schreibt Leo Kofler richtig: «In der abstrakten Kunst und ebenso in der absurden Literatur verfängt sich also ästhetisch nicht Wirklichkeit, sondern bereits Ideologie: Ideologie dieser Wirklichkeit von dieser Wirklichkeit. Moderne Bilder und Bühnen sind also die künstlerischen Räume, in denen Ideologie zur Sprache kommt; ihre Aussagen sind auf eine ‹höhere› ästhetische Ebene gehobene Reflexionen von bereits in der ‹tieferen› Basis des Gesellschaftlichen existierenden ideologischen Reflexionen, oder was das selbe ist, sie sind Ideologien über Ideologien», welche sich zum «subjektiven Weltbild grotesk-symbolischer Wesenheit steigern»[19].

Weil man sich der Mitteilung des modernen Kunstwerkes nicht anders als ideologisch vergewissern kann, scheitert immer wieder der Anspruch auf Autonomie.[20] Desto autonomer – so kann man vereinfacht sagen – sich ein an der modernen Kunst entstandener Diskurs zu geben versteht, je mehr muß er sich von einer lebensweltlich faßbaren Wirklichkeit entfernen und Appelle an ein «Geisterreich» richten, seien sie religiös, mystisch, naturwissenschaftlich oder gesellschaftstheoretisch intendiert. Die beanspruchte Autonomie rückt die moderne Kunst daher zwangsläufig in die Nähe phantastischer Lebensentwürfe, skurriler Weltanschauungen und Sozialutopien, wie man es bei Mondrian und Kandinsky, bei Fidus und Itten, aber auch immer wieder in der Gegenwartskunst, z. B. bei Joseph Beuys, erkennen kann. Die Gesellschaft hat dies längst als utopisches Bewußtsein der Kunst sanktioniert.

Blicken wir dagegen zurück auf Simmels Konzept einer «reinen» Kunst und ihrer Einbettung in den «vollen Lebensstrom», so sind damit nicht die geringsten sozialutopischen oder ideologischen Ambitionen verknüpft. Ja, es scheint so, als habe Simmel die von seinem Schüler Karl Mannheim Ende der zwanziger Jahre prognostizierte Stagnation von Ideologie und Utopie vorhergesehen.[21] Was Cassirer in der «Philosophie der symbolischen Formen» erkenntnistheoretisch präsentiert, «die Wirklichkeit als ‹schöpferische› Evolution»,[22] hat Simmel in der «Philosophie des Geldes» bereits soziologisch veranschaulicht. Er sagt: «Wenn es wahr ist, daß die jeweilige Kunst allmählich die Art bestimmt, wie wir die Natur *sehen*, wenn die spontane und subjektive Abstraktion aus der Wirklichkeit, die der Künstler vollzieht, das scheinbar so unmittelbare sinnliche Bild derselben für unser Bewußtsein formt – so wird wohl der Überbau der Geldrelationen über der qualitativen Wirklichkeit in noch viel eingreifenderer Weise das innere Bild derselben nach *seinen* Formen bestimmen.»[23] «Unruhige, nach Abwechslung drängende Klassen und Individuen» fänden über die potentiell alles miteinander in Beziehung setzende Kraft des Geldes «das Tempo ihrer eigenen psychischen Bewegungen wieder».[24] Für Simmel handelt es sich hierbei keineswegs nur um Moden. Aus seiner Darstellung geht hervor, wie das durch die moderne Kunst präfigurierte Bekenntnis zum eigenen Ausdruck sich auf der gesellschaftlichen Ebene wiederum der Materialfülle des Historismus bedient. In der «Philosophie des Geldes» sieht Simmel bereits «die Vielheit der Stile, mit denen die täglich anschaubaren Objekte uns entgegentreten – von Häuserbau bis zu Buchausstattungen, von Bildwerken bis zu Gartenanlagen und Zimmereinrichtungen, in denen Renaissance und Japonismus, Barock und Empire, Präraffaelitentum und realistische Zweckmäßigkeit sich nebeneinander anbauen. Dies ist der Erfolg der Ausbreitung unseres historischen Wissens, welche nun wieder in Wechselwirkung mit jener hervorgehobenen Variabilität des modernen Menschen steht. Zu allem historischen Verständnis gehört eine Biegsamkeit der Seele, eine Fähigkeit, sich in die von dem eigenen Zustand abweichendsten seelischen Verfassungen hineinzufühlen und sie in sich nachzuformen. (...)! Die historisierenden Neigungen unseres Jahrhunderts, seine unvergleichliche Fähigkeit, das Fernliegendste – im zeitlichen wie im räumlichen Sinne – zu reproduzieren und lebendig zu machen, ist nur die Innenseite der allgemeinen Steigerung seiner Anpassungsfähigkeit und ausgreifenden Beweglichkeit. Daher die verwirrende Mannigfaltigkeit der Stile, die von unserer Kultur aufgenommen, dargestellt, nachgefühlt werden.»[25] Auf diese Weise steht uns, so fährt Simmel fort, eine «Welt nach eigenen Normen entwickelter Ausdrucksmöglichkeiten, der Formen, das Leben überhaupt auszudrükken, gegenüber, so daß eben diese Formen einerseits und unser Subjekt andererseits zwei Parteien sind, zwischen denen ein rein zufälliges Verhältnis von Berührungen, Harmonien und Disharmonien herrscht»[26]. Um diese mit dem modernen Leben genuin verknüpfte Herausforderung zu bewältigen, bieten sich beide zentralen Paradigmen der Kunst gleichermaßen an: Abstraktion und Einfühlung. Nicht zufällig hat man den in den zwanziger Jahren dominierenden Kunststil, die sogenannte Neue Sachlichkeit, als eine Verknüpfung bzw. Vermittlung beider Prinzipien interpretiert.[27] Dies war die Zeit, in der «fluide Massen»[28] und ein neues Heer von «Angestellten»[29] um eine gesellschaftliche Positionierung und kulturelle Identität bemüht waren und einen unvergleichlichen «Symbolbedarf» entwickelten.

Doch beide in der modernen Kunst vorgeprägten Modelle der Wirklichkeitserfahrung sind im Deutschland der Weimarer Zeit zum Scheitern verurteilt. Jener skeptische großstädtische Flaneur, der sich mit der Kurzlebigkeit und Vergeblichkeit kultureller Bemühungen, mit einem vorübergehenden «Als ob»-Verhalten abzufinden versteht[30], läßt sich als Idealtyp vielleicht im überlieferten Bild des modernen Berlin wiederfinden; dort wächst aber ebenso der intellektuelle Haß gegen dieses Lebensgefühl.[31] In sehr einseitigem Bezug auf Simmel geißelt der «Tat»-Autor Ferdinand Fried die Macht des Geldes, welche den «wirtschaftenden Menschen bis in alle Fasern» beherrsche und den «letzten Rest von Seele und Gefühl» verkapsele. Es handelt sich dabei stellenweise um eine konservative Entsprechung der Kulturkritik der Frankfurter Schule. «Das neueste Theaterstück, der neue Schauspieler, das neue Buch, sie sind gangbare Münze, gleichgültig, ob Schund oder nicht. (...)! Persönlichkeiten, Individualitäten werden nicht mehr eingesetzt, sondern nur noch die allgemein gültigen Tauschmittel. Also man ist nicht mehr ‹ich selbst›, sondern offen oder versteckt Teil einer Masse; -ist (Monist, Idealist usw.) oder -ianer (Kantianer, Freudianer) und sieht die Welt, von Stellung zu Stellung leicht und flüchtig wechselnd (...)»[32] Je mehr die Kunst der Ausstattung der so beschriebenen großstädtischen Lebensbühne dient, desto nachdrücklicher verlangt man von ihr die Eröffnung einer Alternative, sei es «die Epoche des großen Geistigen», ein großes Aufklärungs- und Reinigungswerk[33], oder auch eine neue, durch rassische Reinheit erzeugte Ordnung, welche das Durcheinander nun endlich ablöst. Ginge nämlich die Vermischung ständig weiter, so der einstige Reformarchitekt Paul Schultze-Naumburg gegen Ende der Weimarer Republik, «würde zum Schluß der ‹Normalmensch› herauskommen, ein farbloser Brei von charakterloser Häßlichkeit».[34] Sowenig man Kandinsky mit Schultze-Naumburg vergleichen kann, so deutlich ist die Ähnlichkeit in ihren Prämissen; es verbindet sie die Ablehnung, wenn nicht gar der Haß, den sie der oszillierenden Vielfalt der modernen Gesellschaft gegenüber an den

Tag legen, wie er sich paradoxerweise nur mit den arriviertesten Mitteln eben jener Moderne formulieren läßt. Gleichwohl markiert Schultze-Naumburgs rassenästhetisches Resümee schon neue Qualität. Die an die Kunst assimilierten Erwartungen einer großen Katharsis sind von der Avantgarde so hoch geschraubt worden, daß das Mißverhältnis zum alltäglichen Betrieb immer auffälliger wird und die gegenstandslose Kunst von einer frustrierten Masse leicht als «Ikarusflug» (vgl. Kap. 3) empfunden werden kann. Wer den «Tanz auf dem Vulkan» verabscheut, wofür es gegen Ende der Weimarer Zeit gute Gründe gibt, und ernüchtert vor den «metaphysischen Errungenschaften» des Expressionismus steht, für den besteht die Versuchung, die moderne Kunst selbst für das Chaos, für den «Verlust der Mitte» verantwortlich zu machen, welcher sich im Wirbel der modernen Kostümierungen und in der Verabschiedung des erkennbaren Gegenstandes gleichermaßen anzudeuten schien. Schon die Kunst Cézannes, daran hält Hans Sedlmayr nach dem Zusammenbruch des von ihm geschätzten Dritten Reiches fest, habe den Ausbruch des Außermenschlichen vorbereitet. «Denn sie führt dazu, daß der Mensch im Widerspruch zur natürlichen Erfahrung mit den anderen Dingen auf eine Stufe kommt.» Der Mensch, so Sedlmayr, «werde bei Matisse zum Tapetenmuster, bei den Kubisten zum Konstruktionsmodell» herabgesetzt. «Hier grenzt das Verhalten dieser vermeintlich ‹reinen› Maler an das Pathologische, an jene krankhaften Erscheinungen, die in einem *Versagen der Einfühlung* bestehen. Alles ist in diesen Zuständen tot und fremd, die Menschen sehen nur noch äußerlich, aber sie werden sich des seelischen Lebens der anderen nicht mehr bewußt. Und zugleich beginnt die Welt labil zu werden. Denn sobald Phänomene ohne Bedeutung gesehen werden, werden sie als schwankende, flüchtige, unbestimmte, nicht solide Phänomene erlebt (Usnadze). Von hier ist es zu verstehen, warum die Richtungen, die ein labiles Weltbild anstreben, zur bedeutungsfreien, absoluten Malerei getrieben werden.»[35] Mißtrauen und Geringschätzung des «fait social» zeichneten Kandinsky und Mondrian ebenso aus wie die Anhänger des Nationalsozialismus. Erst heute, so scheint es jedenfalls, ist die von Simmel beschriebene Struktur des modernen Lebens in Deutschland einigermaßen akzeptiert, scheint die notwendige Kritik daran eher pragmatischen als dogmatischen Mustern zu folgen. Heute ist die Kunst in einer Weise akzeptiert, die Simmel als ihre gesellschaftliche Funktion beschrieben hat. Sie dient der Inspiration, der Entlastung, als Symbol jener unverzichtbaren, «nach eigenen Normen entwickelten Ausdrucksmöglichkeiten», welche erst ein «labiles Weltbild» den Menschen eröffnet hat. Utopische Konstrukte, wie sie ursprünglich hinter der abstrakten Malerei und der atonalen Musik standen, werden heute selbst von Kunstwissenschaftlern nicht mehr recht registriert. Ende der zwanziger Jahre standen sie noch im Zentrum der Auseinandersetzung. Damals war in Deutschland die Zeit für den heute üblichen, «gelassenen» Umgang mit der Kunst noch nicht reif. Die politisch und kulturell vielfältig vermittelte Disposition zur Diktatur machte sich somit auch auf dem Gebiet des Schönen bemerkbar. Und das Vakuum, welches entstanden war, da die am absoluten Ausdruck orientierte Kunst an ihrer sozialen Akzeptanz ebenso wie an ihrer weitgesteckten Utopie des Gesamtkunstwerks gescheitert war, nutzten die Nazis geschickt aus: Der Frustration und Hilflosigkeit, mit der sich ihre Klientel dem «labilen Weltbild» gegenübersah, begegneten sie werkästhetisch mit der Wiedereinsetzung der zentralen naturalistischen Figur, um die sich das Geschehen gruppieren sollte.[36] Aber an der Metaphysik der Moderne, wonach die Kunst im Begriff war, einer neuen Epoche den Weg zu ebnen, hielt man fest: Die große Veränderung, auf die alle warteten, wurde nun mit aller Macht inszeniert.

2. Die Metamorphose romantischer Illusionen

Die Kunstdebatten der zwanziger Jahre, in denen es vordergründig um Expressionismus, Realismus, magischen Realismus oder Neue Sachlichkeit geht, verweisen auf eine Umschichtung im Haushalt der politischen Energien. Dies zwingt uns, das Augenmerk auf ganz andere Zusammenhänge zu richten, als es in kunstgeschichtlichen Betrachtungen üblich ist. «Neue Sachlichkeit», eine von Hartlaub 1925 eher zufällig gefundene Formulierung[37], ist nicht unbedingt gleichzusetzen mit «neuer Nüchternheit». Hoffnungen, wie sie sich um die Jahrhundertwende an einen unbestimmten Reichsmythos geheftet hatten, suchen jetzt nach einer neuen Symbolsprache, die auf den ersten Blick «konkreter» anmutet, auf die sich gleichwohl die ganze Emphase der jahrzehntelang angeheizten Erlösungsbedürfnisse überträgt. Wie ist es zu verstehen, wenn wir erst nach 1918 eine Etablierung des expressionistischen Denkens feststellen können und andererseits hören, «wie allgemein und verbreitet die Ablehnung des Expressionismus unter den lebendigen Geistern in diesen Jahren unmittelbar nach dem Ende des ersten Weltkrieges» gewesen sein soll?[38] Nur so, daß unter verschiedenen Etiketten sehr ähnliche, um nicht zu sagen dieselben Bestrebungen im Gange sind. Es ist auffällig, daß nun gegen den Expressionismus die gleichen Argumente geltend gemacht werden, die seine Vertreter seinerzeit gegen den Historismus verwendet hatten. Doch das politische Äquivalent des angestrebten Kunst- bzw. Geisterreiches verändert sich. Die vage Vorstellung von einer am nordischen Geist orientierten Zukunft erhält nach und nach ein griffigeres, der politischen Situation angepaßteres Inventar. An die Seite einer von Führermythos und Rassenzugehörigkeit getragenen Zukunftsvision tritt vorübergehend die Faszination von Politik überhaupt. Ein sozialer Artikulationsdruck, der aus traditioneller Befangenheit herausgetreten ist, der sich jedoch weder in großstädtischer Permissivität verlieren noch wirklich traditionelle Bindungen zurückgewinnen kann, entlädt bzw. inszeniert sich selbst als politisch-ästhetische Bewegung.[39] Das bedeutet keine grundsätzliche Abkehr von künstlerischen Mitteln; es handelt sich um einen Zugriff des – um beim eingeführten Terminus zu bleiben – künstlerischen Wollens auf ein verändertes Material. Die «zweckmäßige Berührung der Seele», der «reine Ton», die «vollkommene Harmonie» sollen sich nunmehr am sozialen Organismus selbst bewahrheiten, der Geist der Gotik endlich an einem geeigneten Objekt offenbar werden, sich eine klare und konsensfähige Gestalt verleihen. Der Expressionismus «war eine *falsche*, eine *unechte* Gotik; er war eine pathologische, gewollte, künstliche Aufreizung», schreibt ein Kunstschriftsteller 1925, «nun tut uns Abklärung und Ruhe not. Wir waren an der Welt verzweifelt und hatten uns an irrationale, höhere Mächte angeklammert; nun müssen wir uns in der Welt neu zurecht finden, neu an ihre Rationalität *glauben* lernen. In uns selbst ist die Welt zum Chaos geworden; in uns müssen wir sie als Kosmos neu aufbauen.»[40] Doch während man sich in der eigentlichen expressionistischen Phase noch zur Irrationalität bekennt, wird nun das Irrationale rationalisiert.[41] Was auf den ersten Blick so aussieht wie ein Übergang vom Gefühl zum Verstand, von der Kunst zur Politik, erweist sich eigentlich nur als eine Steigerung des geltenden Prinzips. Auf der Seite der «konservativen Revolution» wird die Überführung des künstlerischen Gedankens in kulturpolitische Aktionen, was lange als Privileg der Linken galt, besonders gefördert. Den Futurismus hatte Moeller van den Bruck als Impuls begrüßt, dessen «anarchische Ethik durch eine kategorische des Nordens zu ersetzen» sei.[42] Bald darauf, im Jahre 1916, folgt sein Buch

«Der preußische Stil», in dem die «Wende» zur «Neuen Sachlichkeit» vorweggenommen wird. In Erinnerung an die ersten Jahrzehnte des 19. Jahrhunderts heißt es da: «Das Preußentum war der Geist, der in Zeiten, in denen wir in Deutschland an Romantik, und wir können sagen, an Deutschtum, beinahe zugrunde gingen, die Schwärmerei durch den Willen, den Schein durch die Sache und Sachlichkeit ablöste und unter uns wieder die Sendung zur Tat übernahm.»[43] Nach zahlreichen Schriften über Kunst und Literatur[44] verfaßte Moeller van den Bruck 1921 schließlich sein bekanntestes Werk, «Das Dritte Reich», eines der zentralen Manifeste der konservativen Revolution, welches dann später im real existierenden Dritten Reich begreiflicherweise hoch im Kurs stand. In einer Propagandaschrift ist über Moeller van den Brucks Entwicklung zu lesen: «Bisher hatte ihm einzig die Kunst Entgelt geboten für die verlorene Hoffnung, daß im deutschen Volke ein neuer, Geschichte bildender Wille erstehen könne. Nun aber bricht aus verschütteten Tiefen politischer Wille in gedrängtester Wucht hervor: Und Moeller van den Bruck, der Ästhet und Denker, findet für all sein rastloses Suchen, das ihn in Kunst und Geschichte geführt, plötzlich in deutscher Wirklichkeit die Erfüllung.»[45] Trotz der politologisch klingenden Ausführungen über Begriffe wie «Revolution», «Liberalismus», «Demokratie», «proletarisch», «reaktionär», «konservativ» usw. bleibt auch dieses Werk Moellers «politische Poesie».[46] Allerdings trägt es einem breiter werdenden Bedürfnis Rechnung, per Deklamation mit romantischen Illusionen zu brechen. Die alte «Wandervogelromantik» erscheint durch die Weltkriegserfahrung doch sehr in Frage gestellt. Ihrem Äußeren nach erinnern die Mitglieder der Münchener Freikorps noch ganz an Fahrende und Vaganten; anstelle der Mandoline halten sie aber bereits das Gewehr in den Händen. Einer ihrer Führer, der Oberleutnant a.D. Gerhard Roßbach, beklagt 1925, daß die mühsam gebauten Pfade zu deutscher Erneuerung mit Illusionen, Pazifismus und Kulturproblemen zertreten würden und fordert: «Fort mit der übertriebenen Romantik – auch in der Jugendbewegung. Denn der Geist der Bünde wird nur siegen – im Frontgeist.»[47] Unzählige bündische Lieder in den zwanziger Jahren erzählen von letzten Schlachten, verlorenen Regimentern und kommenden Siegen. Dies als militaristische Selbstsozialisation zu bewerten, ist genauso falsch wie, umgekehrt, hierin allein eine kulturpubertäre Sublimierungserscheinung zu sehen. Eine mit Ritterromantik angereicherte Laienspieltätigkeit war in vielen Bünden gang und gäbe[48], Publikationen tragen Na-

KÜNFTIGES REICH

TEXT UND MELODIE VON JFF

■ Lied der stark am Georgekreis orientierten nationalrevolutionären bündischen Gruppe «Die Trucht». Aus: Die Trucht, Nr. 5/6, erschienen zwischen 1933/34

men wie z. B. «Weißer Ritter» oder «Jungentrucht». Zugleich entwikkeln manche jugendbewegte Kreise, die das vitale Kleinbürgertum idealtypisch repräsentieren, so etwas wie ein politisches Programm, diskutieren mit ihrem meist weltkriegserfahrenen älteren Führer über einen großdeutschen Bund, eine unabhängige Jugendbewegung oder widmen sich dem «Volkstumskampf» in den Ostgebieten.[49] So romantisierend völkisch die Ausdrucksformen auch anmuten – im Unterschied zu der ersten Phase der Jugendbewegung und ihren neoromantischen Vorstellungen trägt all dies schon programmatische und praktische Züge. Andererseits werden gewissermaßen das Gewehr oder der Spaten mit einer ähnlichen symbolischen Inbrunst getragen, wie man ehedem die Laute in den Händen hielt. Und so konnten sich in den zwanziger Jahren bestimmte völkische Hirngespinste zugleich als Inspiration jugendlicher Romantik und als sanktioniertes politisches Programm präsentieren.

Hitlers spezifische Vorstellungen vom Nationalsozialismus, bei denen es sich um eine Mischung mystisch-okkulten Gedankenguts mit klaren politischen Durchsetzungsperspektiven handelt, entsprangen einer Sphäre, die dem Ordensbewußtsein mancher Jugendbewegter nicht gar so fremd war. Hitlers und Rosenbergs Entschluß, den Zweiten Weltkrieg zu entfesseln, könne man besser verstehen, wenn man ihrem unrealistischen, utopischen Imperialismus volle Beachtung schenken würde, bemerkt Fritz Stern.[50] Für Hitler war der «Ritter» Georg Lanz von Liebenfels, eigentlich ein gewisser Adolf Josef Lancz, von entscheidender Bedeutung gewesen. Lanz verbreitete seine mystisch-okkulte Rassentheologie – Ariosophie, wie er sie nannte – in dem berühmt-berüchtigten Periodikum «Ostara», zu deren Lesern Hitler schon früh zählte. Geradezu vergottet wird hier die nordische Rasse; schon die Deutschen des Mittelalters hätten sich die christliche Kirche als «ein ariosophisches Institut für sakrale heroische Rassenzucht» vorgestellt.[51] Auch dem Hakenkreuz, der Swastika, als «mittelpünktlichem Symbol der vorgeschichtlichen Menschheit», wie Alfred Schuler aus dem George-Kreis es beschrieben hatte, mußte in diesem Zusammenhang magische Bedeutung zuerkannt werden. Diese Interpretation wird bis zum Malteserkreuz durchgehalten, denn Lanz ist zugleich der Begründer eines sogenannten Neutemplerordens. Die in diesem Kreis anzutreffende Symboldeutung erinnert methodisch in fataler Weise an Erklärungen, wie wir sie auch von Kandinsky kennen. Über die Heraldik des Malteserkreuzes heißt es z. B., daß in ihr ein

■ Rückseite eines «Ostara»-Heftes, Magdeburg 1922

«redendes Haupt» verborgen sei, was aber keiner Erklärung bedürfe, denn dieses Zeichen zeige «die Verdichtung des Geistes durch alle Grade der Aggregatzustände der Materie herab bis zur Erde und deren Wiederauflösung (Entdichtung) bis zurück zum reinen Geiste.»[52]

Daß hier mit dem gleichen Vokabular operiert wird, wie wir es von Kandinsky und Mondrian gewohnt sind, bedeutet keine unmittelbare Verwandtschaft der politischen Ziele. Gleichwohl führt die gleichermaßen okkult-mystische Grundlage ihres Denkens zu einer Welterklärung in ähnlichen Kategorien. Hier wie dort werden Evolutionsbegriffe verwendet und naturwissenschaftlich-darwinistische Befunde mit spirituellen Figuren zu einer Pseudoordnung des Weltenbaus zusammengefügt. Nicht so sehr die parallele Handhabung symbolischen Materials ist dabei entscheidend, sondern die darin angelegte Wirkungsperspektive, die viel weiter reicht als in die Reihen präfaschistischer Geheimbünde und Orden sowie in die späteren SS-Ritterschaften.[53] Sie bestimmt nämlich die visuellen Codes in jener Phase angeblicher «Sachlichkeit» durchaus mit. Man kann beobachten, wie die Beschwörung mystischer Kräfte sich in Form einer modernen Heraldik konzentrieren läßt. Kein neoromantischer Mummenschanz erinnert mehr an einen etwaigen Anachronismus des aufzuführenden Stückes; im Symbolkrieg der Weimarer Zeit, im Kampf der Bilder[54], ringen keine Geringeren als überindividuelle kosmische Kräfte miteinander. Das Hakenkreuz, das nicht von ungefähr auch das erste Bauhaussignet ziert, die Tableaus der absoluten Malerei und die Konstruktionen der neuen Architektur stehen möglicherweise für die besten Absichten; allesamt bewähren sie sich jedoch als Code einer reduzierten Komplexität: Aus der Allegorie wird das Symbol und daraus die abstrakte Form. In diesem Sinne bestreiten sie zunehmend den politischen Diskurs. Ohne die Konditionierung der Eliten auf diese reduzierte Komplexität wäre der Erfolg der faschistischen Heraldik überhaupt nicht zu erklären. Das Beispiel Italien zeigt sehr deutlich, wie Faschismus und Avantgarde durchaus dasselbe Antlitz tragen konnten.[55]

Was sich in Deutschland auf der politischen Kampfbühne begegnet, rote Blusen, braune Hemden, schwarzes Korps, weiße Ritter usw., wird für kommende Generationen immer schwerer eindeutig voneinander zu trennen sein. Für die Akteure selbst hatte die Symbolik aber eine gewaltige Bedeutung und war so mit dem Grundsätzlichen verwoben, daß sich auch damals die Sinngehalte fast gegeneinander aufhoben und man in manchen Bereichen beinahe von einer Herrschaft der

Nuancen sprechen kann. So ist von der «Degradierung des Wortes zur Parole» oder der «Degradierung des Symbols zum Abzeichen» gesprochen und dabei nicht zu Unrecht auf die Hilfestellung der bürgerlichen Moderne verwiesen worden.[56] Jene, die im Rhythmus der modernen Großstadt gefangen waren und dort von «ständigem Reizhunger angetrieben» und zugleich von der allgemeinen «Führungslosigkeit der Massengesellschaft» frustriert wurden[57], waren offenbar bereit, sich solche Abzeichen anzuheften. Erst so konnte es Hitler gelingen, «die Energie der tellurischen Ströme auf seine Getreuen im Nürnberger Stadion» zu übertragen.[58]

3. Abgesänge auf den Expressionismus

Die Parole, die einer als eruptiv und primitiv apostrophierten expressionistischen Kunst in den zwanziger Jahren immer wieder entgegenschallt, heißt «Männlichkeit». Auch hier werden wir erkennen, daß es nicht um die totale Ablösung des neoromantisch-völkischen Gefühls, nicht um eine Revision der Ausdruckstheorien geht, sondern darum, sie in neuer Form zu straffen und zu konturieren. «Der Expressionismus, der ausging, alle historische Bindung zu *zerreißen*, hat uns also im Gegenteil und gegen seinen Willen gelehrt, daß wir unbedingt irgendwo Anlehnung brauchen», schreibt Bertalanffy 1925 in einem vorausschauenden Aufsatz mit dem Titel «Expressionismus und Klassizismus».[59] Daß wir in den expressionistischen Manifesten ganz im Widerspruch zu dieser Auffassung immer wieder an die nordische Bindung des Künstlers erinnert werden, fällt mehr oder weniger aus rhetorischen Gründen unter den Tisch. Denn wo die deklamatorische Beschwörung des Eigentlichen und Wahren zum kulturellen Imperativ geworden ist, da muß das jeweils schon Bestehende zwangsläufig der Negation anheimfallen. Man beruft sich dabei auf allgemeine Entwicklungsmuster, wonach Kunst regelmäßig zum Kitsch verkommen müsse[60] oder, wie man es bereits am Hellenismus erkennen könne, eine späte Kunstentwicklung immer zum Pathetischen und Barocken tendiere.[61] «Das ist mit ein Zeichen des Auflösungsprozesses der Kultur: daß der Künstler und ästhetische Betrachter nicht mehr imstande ist, seine Sinnlichkeit zu bändigen und sie in klaren Formen auszudrükken.»[62] Was noch einige Jahre vorher an die Adresse der impressionistischen Künstler gerichtet worden war, trifft nun den Expressionismus selber und wird mit den Worten Schillers als «schmelzende» Schönheit abqualifiziert. Wieder ist es ein Entwicklungs- bzw. Auflösungsprozeß, dessen Schrecken an die Wand gemalt werden. Will man ihn verzögern, «dann geht das Bedürfnis nach dem Paradigma einer männlichen, kalten, gewaltigen Kunst, die unsern allzu weichlichen, schwülen und bedrückten Gemütern Leitstern sei»[63]. Dem Expressionismus dagegen wird schon eine Neigung zum pathologischen Affekt bescheinigt, und es gelte, seine eigenen Grenzen zu erkennen und seine Kräfte nicht am Unmöglichen zu erschöpfen.[64]

Wilhelm Worringer hatte schon einige Jahre früher, kaum daß dieser richtig etabliert war, vom Expressionismus Abschied genommen, wobei er nicht im engen Sinne die Malerei, die Literatur oder die Musik meinte, sondern «das Organ unserer heutigen Existenz überhaupt, das mit dieser Frage in Frage» stände. Mit einer abnehmenden Vitalität insgesamt geriete auch der Expressionismus in die Krise. «Vital hat er ausgespielt, nicht rational.» Von denen, die im Strom der expressionistischen Gesten mitschwimmen, spricht Worringer als «bankrotten Expressionisten, die von Kunst gar nichts wissen».[65] Der große Verfechter des Expressionismus selber leitet also zum Teil schon die Kritik ein, die später von Schultze-Naumburg und Rosenberg formuliert werden wird. Die rationale Begründung des expressionistisch-nordischen Kunstwollens bleibt erhalten, seine künstlerische Legitimität jedoch verliert es, je mehr es zum modischen Gestus wird. Als hehrer, absoluter, oder welche Weihen ihm auch sonst noch verliehen wurden, muß der «nordische Kunstwille» sich ein neues Gewand suchen. Seiner ganzen Anlage nach ist der beschworene «Geist der Gotik» Zivilisationskritik und verträgt daher keine Interpretation aus alltäglichem Geschehen. Das bedeutet zugleich, daß er seine legitime Herrschaft nie antreten kann; immer sind es andere, fremde Einflüsse, die noch dominieren. Wenn mittlerweile jedermann sich mystischer Gewißheiten rühmt, verliert die «nordische» Mystik ihre Exklusivität. So geht es aus der Sicht des konservativen Denkens nun darum, die Erscheinungsformen der expressionistischen Kunst abzuqualifizieren, die theoretischen Konstrukte, soweit sie dem Deutschtum dienen, aber aufrechtzuerhalten.

Die Polarisierung der Begriffe «Expressionismus» und «Neue Sachlichkeit» liefert daher ein schiefes Bild, und es gibt natürlich auch unter den Zeitgenossen Stimmen, die es zurechtrücken. Herwarth Walden hält denen, die vom Tod des Expressionismus sprechen, entgegen, daß es bei diesem in erster Linie um die Erkenntnis von Kunst als organischer Gestaltung von Farbformen geht und Expressionismus in diesem Sinne eine «Kunstwende» bedeute, nämlich die Besinnung auf elementare Gesetze, wie man sie fände «bei den Negern und den Südseeinsulanern, im alten Ägypten und im alten China, in Südamerika; besonders in Peru, in der frühesten Gotik und bei allen Kindern. Der europäische Größenwahn vermißt bei den Genannten wahrscheinlich die famose Zivilisation, die überall nur das Tempo nicht aber den Rhythmus geändert hat.»[66] Da Rhythmus und Farbeffekte nicht ans Gegenständliche gebunden sind, spricht Walden vom Konstruktivismus als einer «Maschinenromantik».[67] Gemessen an der grundsätzlichen Aufgabe des Künsters, «Bilder zu malen» und nicht zum «bewußten Denken von Bildern» herauszufordern[68], seien es die Begriffe, welche Mißverständnisse nahelegen, so jener der «Neuen Sachlichkeit», durch den versucht werde, «den alten Kitsch neu aufzulackieren».[69] Beim Expressionismus dagegen läge das Mißverständnis in seiner einfachen Übersetzung als Ausdruckskunst. Hier trifft sich Walden mit denen, die jeden geschmäcklerischen und genüßlichen Zugang zur Kunst ablehnen und ein Publikum verachten, welches vom Künstler seelische Offenbarungen erwartet. Die Sicht des breiten Publikums karikiert er mit folgenden Worten: «Die Künstler wollen etwas ausdrükken, also die Seele ausdrücken, die Seele ausquetschen, und man kann wieder einmal über die Seele sich ausquatschen wie einst im Mai. Der Herr Künstler oder die Frau Künstlerin haben ihre unerhörten, aber nicht unersehenen individuellen Erlebnisse, die sie durch Öl der staunenden, aber leider nicht gaffenden Menge übermitteln. Unerhörte individuelle Erlebnisse. Einer ist traurig gewesen, das hat die Welt zwar schon gehört, aber offenbar noch nicht gesehen. Ein anderer ist lustig gewesen. Einer womöglich schwermütig, einer womöglich leichtmütig. Das sind Erlebnisse. Die müssen im Bilde mit Öl festgehalten werden.»[70] Natürlich sind diese ironischen Worte an das Durchschnittspublikum gerichtet, welches mit der Kunst keine höheren bzw. exklusiven Ambitionen hegt, das schlicht auf Genuß aus ist und sich nun auf oberflächliche Weise auch am Expressionismus delektiert. Auch hier gilt die Kritik also dem «unzureichenden Organ unserer heutigen Existenz». Für die Nationalsozialisten war es später ein leichtes, beide Motive miteinander zu verbinden. Die oberflächliche Genußsucht der Masse und die elitäre Distanz der Avantgarde wurden einfach zusammengeworfen und gleichermaßen als großstädtische Entartung verdammt.

Und selbst damit bewegte man sich auf vorbereitetem Terrain. Denn was spiegelte sich in der wortreichen intellektuellen Distinguierung vom Massengeschmack anderes als eine dem «wirklichen» Wesen des Volkes fremde Eitelkeit der Kritiker?

Aus den Reihen der Anthroposophen kommt das Eingeständnis, daß eigentlich alle «mit den neuen Sachlichen irgendwie verwandt» seien. «Die Zeiten der Extase sind vorbei, d.h. unsere Extase gilt nun dem Handgreiflichen.»[71] Der Expressionismus sei ja gerade erst geboren worden, und es gelte, ihn zu fördern, wenn auch seine erstaunlichen Äußerungen und Begabungen «nicht für die Vollendung an sich» zu halten seien.[72] Rudolf Steiner selbst habe als erster die Malerei geschaffen, auf welche die ganze Malerei des Expressionismus hinziele: den «exakten Expressionismus». Die Rede ist hier von der Kuppel im «Goetheanum»[73], die Steiner selbst entworfen hatte. Bei dieser Malerei handele es sich um «abstrakte Ideen» bzw. «Imaginationen». «Unter ‹Imagination› ist das bildhafte Erleben eines Ausschnitts der übersinnlichen Welt zu verstehen. Diese Welt ist nicht im metaphysischen Sinne übersinnlich, sie befindet sich nicht jenseits der Sinne, sondern schließt sich an diese unmittelbar an.» Sie erweitert die Sinne sozusagen.[74] Wo Spiritualität selbst zur sachlichen Substanz geworden ist, läßt sich der Begriff der «Neuen Sachlichkeit» auch auf alles anwenden, was außerhalb des empirisch Gewohnten Geltung beansprucht. Die spekulativen Abenteuer des Denkens werden sozusagen naturalisiert. Diese Vermischung erweist sich auch in anderer Richtung als folgenschwer. Jeder Naturalismus zielt mithin aufs «Surreale», was freilich schon in der symbolistischen Malerei geschieht. Hier bediente man sich aber noch weitgehend der traditionellen Allegorie, bereitete den Betrachter, indem man Geschichten aus der Mythologie auswählte, auf den Übergang zu einer anderen Realität vor. Die Bezeichnung «magischer Realismus» trifft die Wirkweise der «nachexpressionistischen» Kunst[75] in diesem Falle besser, wird doch nunmehr auch den banalen Dingen der alltäglichen Erfahrung eine magische Dimension gegeben, wovon vor allem die Technik profitiert. Im Hinblick auf die Kunst des Faschismus und Nationalsozialismus ist dies äußerst bedeutsam, denn mit der Magie des Realen gelingt eine Heroisierung und Verklärung der weitgehend entzauberten Alltagsrealität. Wenn die Führerphysiognomien des 20. Jahrhunderts trotz modern geschnittener Uniformen in Kreuzritterpose gestellt werden, fällt dies kaum mehr als Anachronismus auf, auch nicht, wenn etwa Frauengestalten, in der jede Büroangestellte

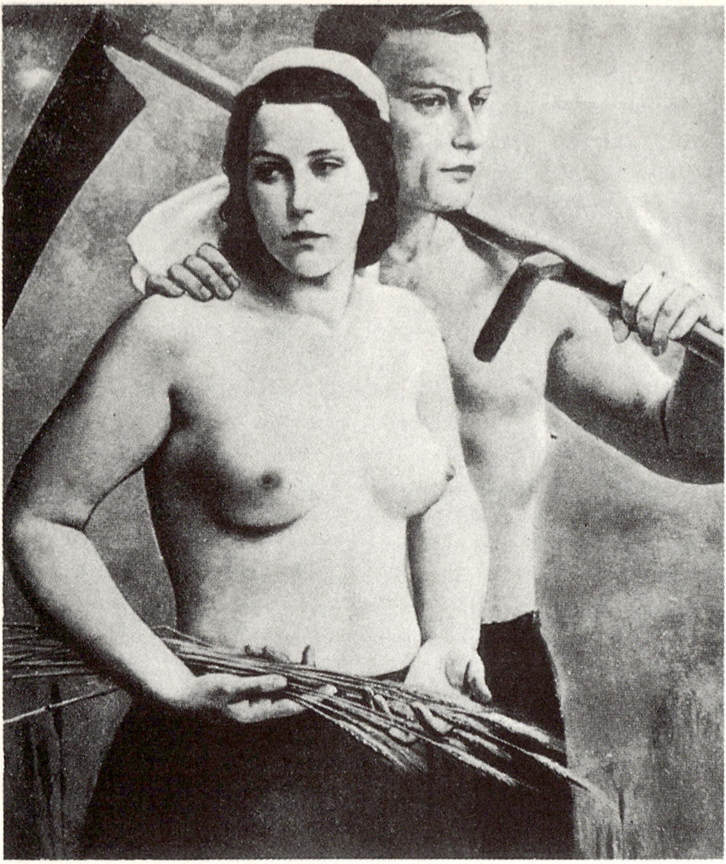

■ Johannes Beutner: Reifezeit, 1935–40

oder Telefonistin sich habituell wiederfinden kann, als germanische Schnitterinnen über die Muttererde schreiten. Auch die vielen okkulten Vereinigungen und Orden, die in den zwanziger Jahren Handelsvertreter und Hauslehrer gleichermaßen in mittelalterliche Kutten zwingen, werden mit diesem Widerspruch fertig. In Anknüpfung an Kandinskys Wendung von der «großen Realistik» kann man sagen, daß das Bild den Menschen aus jedem durchgängigen ideellen Kontext isoliert, zugleich aber auf einer zweiten konnotativen Ebene Angebote und Vorschläge für einen solchen Kontext bereithält und dem Betrachter suggerieren will, sein gemaltes Gegenüber unterhalte dazu eine wesentliche Beziehung. Das ganze «germanische» und in Restbeständen noch historistische Inventar, welches der nordische Expressionismus auf den Nenner eines ethnisch gebundenen schöpferischen Aggregatzustandes hatte verkürzen müssen, kann nun wieder zum Vorschein gebracht werden; schlichter Naturalismus als Erbe des 19. Jahrhunderts und Spiritualität als Erbe des Expressionismus ergänzen sich hervorragend im Hinblick auf ihr gemischtes Publikum.

Abgesehen von dieser Neuformierung und Operationalisierbarkeit künstlerischer Wissensbestände, wie sie sich in den zwanziger Jahren abzeichnet, gibt es für die Tendenz, die vom Expressionismus abführt, eine Reihe philosophischer und politisch-mentaler Motive, die man in ihrer Wirkung nicht unterschätzen darf und die gewiß die später verordnete Abwendung von der Avantgarde sehr begünstigt haben. Anschaulich zusammengefaßt findet man sie in einer zu Unrecht kaum mehr beachteten Schrift von Emil Utitz. Sie trägt den Titel «Die Überwindung des Expressionismus». Utitz, der bedeutendste Schüler Max Dessoirs, führte nach 1933 dessen berühmte Zeitschrift für «Ästhetik und allgemeine Kunstwissenschaft» weiter; in den vierziger Jahren steckten ihn die Nazis in ein Konzentrationslager. Sein vehementes Eintreten gegen eine am Primitiven sich delektierende Schickeria und für «Disziplin» und «Manneszucht» ist nicht zuletzt aus diesem Grunde sehr aufschlußreich, zeigt sich hier doch, wie undankbar die Nazis gegenüber Vertretern konservativ-revolutionären Gedankenguts sein konnten. Unabhängig davon, was die Zukunft bringen würde, sei anzuerkennen, «daß in irgend einer Form das Klassische neuen Wert empfängt. Daß man müde geworden ist schweifender Romantik und ihrer bunten Abenteuer, daß man mißtraut der vulkanischen Explosion der Leidenschaften, daß man die lauten Schreie ablehnt, die unerträglich schrill im Ohre gellen.»[76] Nutznießer der Ablehnung gegenüber allem irgendwie Expressionistischen, so scheine es auf den ersten Blick, sei der totgesagte Naturalismus[77], während das eigentliche Ziel jedoch in einer neuen Klassik läge, die kein Abklatsch der alten sein dürfe.[78] Ihre Chance läge einzig und allein in der Neuen Sachlichkeit.[79] Denn im «Namen der Wahrheit des Ausdrucks», dessen Recht Utitz in keiner Weise bezweifelt, «wurde die Wahrheit des ‹Gegenständlichen› und ‹Wirklichen› verrenkt und vergewaltigt.»[80] So sehr der Kubismus und «jene schrankenlose, explosionsartige Ausdruckslehre» sich voneinander unterscheiden mögen, sie träfen doch in einem entscheidenden Punkt zusammen: «der Entwertung der Wirklichkeit, ihrer Bagatellisierung, ihrer verklärenden umnebelnden Romantisierung.»[81] Trotz Überzeichnung fehlt es dieser Darstellung doch nicht an Plausibilität, und auch der Unterschied leuchtet ein, den Utitz zwischen der Bildnerei geistig Kranker als bedeutender Entdeckung macht und einer daraufhin vollzogenen modischen Wende zum affektierten schizophrenen Gestus.[82] Die Haßreaktion des Expressionismus zählt er zu den Merkmalen einer schweren kulturellen Krise der Gegenwart. Der Expressionismus verdamme den Impressionismus, verlästere Rationalismus und Kapitalismus, schmähe und verhöhne die Wissenschaft. «Bis zum Nihilismus steigert sich diese Raserei, die zerbrechen, zerstören, zerreißen will (...). Verschwommene Ahnungen, Sehnsüchte, Programme tauchen auf; riesenhafte Pläne werden entworfen, hochfliegende Wünsche treiben dahin. Aber die Verwirklichung straft solche Träume Lügen, weil sie an der Realität vorübergehen, und die Wucht des Tatsächlichen sie erdrückt, weil Jugendüberschwang nicht sein Können wägt, da er die Welt nach seinem Willen sieht und blind ist gegen alles Widerstreitende (...) Fluchtversuche in die Vergangenheit werden unternommen; in jene Vergangenheit, die wie ein Trost und Frieden hinüberlächelt ins trübe Gewirr des Tages.»[83]

Dies alles hat für Utitz nichts mit einer legitimen Beachtung des Mythologischen zu tun. Für die Primitiven «war der Mythos stärkste Stütze ihres praktischen Lebens, uns verflüchtigt er die Wirklichkeit»[84]. Aus heutiger Sicht wird man fragen, welche Variante leichter zu ertragen ist, die spielerische, gewiß in der sozialen Not der Weimarer Zeit oft schwer zu verstehende, oder jene, die Utitz allein akzeptabel erscheint. Denn er verkündet: Nur *den* Mythos könnten wir willkommen heißen, «der durchtränkt wäre von unserer gesamten Gegenständlichkeit und sie restlos mit Sinn erfüllte, der also das Wunderbare nicht vor, hinter oder über unsere Welt verlegte, sondern in diese Welt hinein»[85]. Da die «gegenwärtige Welt» wesentlich durch Technik bestimmt ist, eröffnet sich hier die Möglichkeit, auch diese in den modernen Mythos einzubeziehen, als «Dämonie des Maschinellen, Division dieses Zeitalters, die zwingende Stringenz mechanischer Ordnung»[86]. Die emphatische Parteinahme der Expressionisten, die Utitz als Haß bezeichnet, die in Wirklichkeit aber nur den kulturkritischen Imperativ grundsätzlicher Ablehnung markiert, bleibt in der nunmehr als neu, als revidierend apostrophierten Kunst erhalten. Aus dem expressionistischen Rundumschlag – dies erfordert sozusagen der Dienst an der Ratio – wird nun das gezielte Verdikt, was uns einmal mehr in der Auffassung bestätigt, daß erst in der Neuen Sachlichkeit die vom Expressionismus freigesetzten Energien ihre eigentliche politische Richtung erhalten. Dazu eine längere Ausführung von Emil Utitz: «Gewiß springt uns in den Arbeiten eines *George Grosz*, *Dix* oder *Scholz* ein fanatischer Haß an, demgegenüber das Meiste der letzten Vergangenheit geradezu zahm anmutet. Aber einerseits erscheint vielleicht dieser giftige Haß als expressionistisches Erbgut in naturalistischer Form, und andererseits ist es ein – sozusagen – klarer Haß, der keineswegs seine Feinde leicht nimmt, sondern mit verbissener Wut gegen ihre Großmachtstellung anrennt. Besonders eigenartig berührt dabei, daß der Versuch gemacht wird, dem Haß gleichsam alles Affektive und Triebhafte zu entziehen und seine Befunde als objektive, sachliche Konstatierungen hinzustellen. Es ist ein blitzend kalter Haß, schneidend wie Winterfrost. Es ist ein antiromantischer Haß, obgleich Romantik ihm über die Schulter lugt, denn die Furcht vor ihr führt den Griffel.»[87] Daß ein solcher Haß sich in seiner eigenen Objektivität sicher weiß, macht ihn im Prinzip gefügig für den Rassen- wie für den Klassenkampf.[88]

Utitz' überaus lesenswertes Buch versucht in der Folge in Neukantianismus und Phänomenologie Argumente dafür zu finden, wie eine neue, an ontologischen Fragen orientierte Rationalität nicht in den alten schematischen Intellektualismus zurückfallen muß[89] und kehrt sogar zum eigentlichen kulturkritischen Ansatz des Expressionismus, nämlich der Kritik des bürgerlichen Salons und der großstädtischen Zivilisation zurück, die um so notwendiger erscheint, als sie zwischenzeitlich mit expressionistischen Übersteigerungen angereichert worden ist. «So lebensvoll überschäumend das nächtliche Bild der Weltstadt lockt mit brillanten Lichtreklamen, so fantastisch und verzaubert; in den Autobussen und Untergrundbahnen, da hocken und drängen die müden, überwachten, bleichen oder schwammigen Menschen. Triebhafte Gier nach schnell errafftem Vergnügen züngelt auf; nicht nach Behaglichkeit, Gemütlichkeit – vielleicht dunkel ersehnt, erscheinen sie doch spießbürgerlich veraltet – nein, der grelle Rhythmus der Arbeit wird so bejaht, daß er hineingeschleudert wird in die Lüste der Erholung, in die Feier der Ungläubigen, die sich berauschen müssen.»[90] Eine Rückkehr scheint ausgeschlossen, »desto handgreiflicher die überdeutlichen nächtlichen Lockungen des Rausches und der Orgie in unzähligen Tanzpalästen, Revuen usw. Die schlanken, edelsteingeschmück-

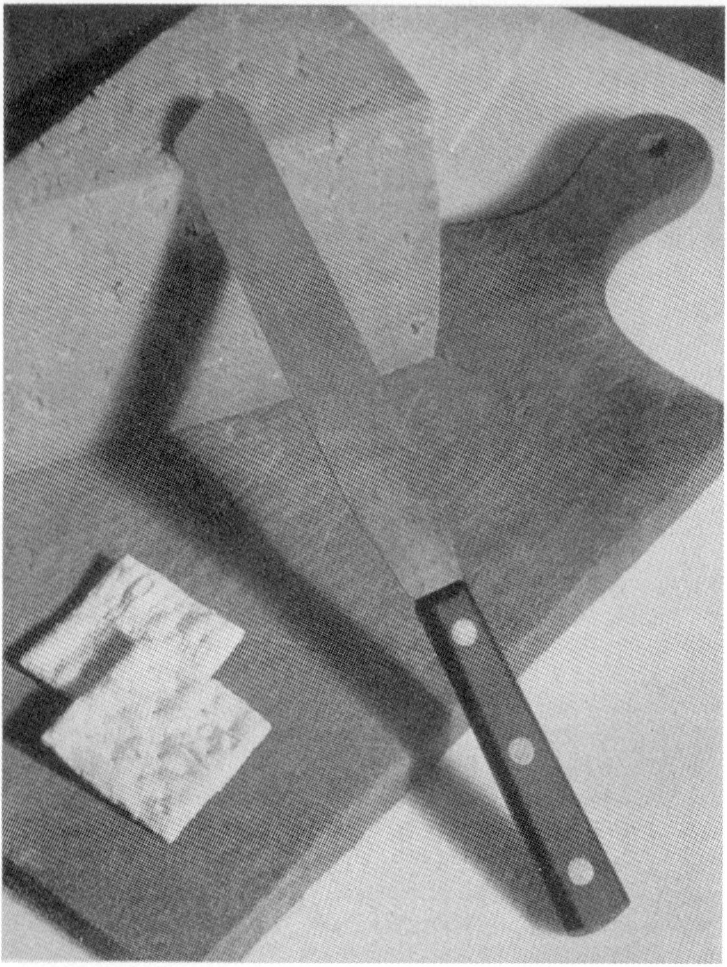

■ Von Emil Utitz für sein Buch «Die Überwindung des Expressionismus» ausgewählte Beispiele «Neuer Sachlichkeit». Paul Outerbridge: Küchenbrett mit Käse, Fotografie; Walter Gropius: Einzelhaus in Dessau; Rudolf von Laban: Hamburger Bewegungschöre

ten, fast nackten Glieder der leidenschaftlich dahintollenden Tänzerinnen werden zur betörenden Verheißung.»[91] Was sich Utitz also vornimmt, ist die entfesselte Triebhaftigkeit des Menschen, zu deren Protagonisten er in gewisser Weise auch Ludwig Klages zählt, wenn nicht gar den ehemaligen Kreis um Stefan George überhaupt.[92] Auch Georges Priestertum, welches sich in «grellen Straßen der Großstadt» drängt, wird zum Problem. Nicht um schöne Jünglinge handele es sich, «vielmehr um reife, kampferprobte Männlichkeit», ein Motiv, welches zum Credo der ganzen Schrift wird.[93] «Wir können nur volle Menschen sein», verkündet Utitz, «falls die Verleibung des Geistigen und die Vergeistigung des Leiblichen gelingt. Das erscheint als das ‹Magische› im neuen ‹Naturalismus›, das als das eigentlich Göttlich-Wunderbare, daß diese irdische Welt zugleich eine geistige und wertdurchzogene ist, und daß allein in diesem Medium Geistiges und Werthaltiges sich verwirklichen.»[94] Nicht anders hat auch die Körperkulturbewegung sich legitimiert, die sich zunehmend von expressionistischem Bewegungsfirlefanz zur paramilitärischen Sportveranstaltung entwickelte. Der Durchbruch zur Männlichkeit, gegen den gewiß auch Mondrian nichts einzuwenden gehabt hätte, begeistert auch einen anderen bedeutenden ästhetischen Theoretiker dieser Jahre. Richard Müller-Freienfels, dem es Jugend- und musische Bewegung besonders angetan hatten, sieht später – wie viele Zeitgenossen – deren Geist nirgendwo anders besser erfüllt als in der Hitlerjugend.[95]

Auch Utitz muß zugeben, daß der Expressionismus Wesentliches zum Ausdruck von «Deutschtum» beigetragen hat, doch er fragt: «Entdeutschen sich all jene, die aus expressionistischen Stürmen zu männlicher Reife und Ruhe wachsen? Ist dieses Wachstum Entartung?» Es sei nur eine Trotzaufwallung gewesen, «das Deutsche dem ‹Barbarischen› anzugleichen» und damit «dem Asiatischen und Afrikanischen mehr anzunähern, als dem Europäisch-Abendländischen». Erneutes Studium werde zweifellos zeigen, «daß etwa Bamberg und Naumburg nach expressionistischem Wollen weit verwandter sind als expressionistische Kunstlehren»[96]. Wenn man sieht, wie selbstverständlich hochkarätige Denker der Zeit mit Begriffen wie Entartung hantieren, wie nahezu identische Inhalte, in diesem Falle das «Deutschtum», von scharf polarisierten Positionen beansprucht werden, ist wirklich immer weniger einzusehen, was an der nationalsozialistischen Kulturkampf-Metaphorik wirklich prinzipiell neu gewesen sein soll. Die Stunde, so schreibt Utitz im Jahre 1927, «gehöre jener machtvollen

Strenge, jener Ordnung und jenem Maß, jener stählernen Harmonie, die das Bild des neuen Menschen bestimmen und auch seine Architektur».[97] Wie im «klassischen Altertum» ist «Zucht» angesagt[98], während der Schrei des Expressionismus verhallt sei und nur noch eine «leere Fratze» uns angähne.[99] Demokratie sei – wie allgemein zugegeben – «sicherlich nicht mehr das Bekenntnis zur Gleichheit von allem, was Menschenantlitz trägt», so beschließt Utitz seine aufschlußreichen Betrachtungen, «sondern soll sein der Weg zur Auslese der Führer». Durch alle Parteien gehe derselbe Zug, «Probleme der Volksgemeinschaft zu lösen und das Führerproblem»[100]. Im Geist des Expressionismus ist dies nicht zu bewältigen, sondern nur mit einer neuen «Klassik» und «Humanität»[101], mit «Besonnenheit, Maß, Zucht, Überlegenheit»,[102] für die Utitz Männer wie Ernst Barlach ebenso als leuchtende Beispiele bemüht wie Walter Gropius, Le Corbusier, Bertolt Brecht und den späteren Nazi-Dichter Erwin Guido Kolbenheyer.

4. Perspektiven der «Neuen Sachlichkeit»: Realität als Unglück und als Ideal

Es ist nur zu verständlich, daß nach so viel Emotionalität, Magie und Mythologie die Auseinandersetzung mit dem Gegenstand einen neuen Reiz bietet. Denn noch ist das Stadium der reinen Reflexionskunst, auf die das Programm der Moderne nach Arnold Gehlen hinausläuft, nicht erreicht.[103] Die Freilegung des malerischen Grundvokabulars, um die Impressionisten und Expressionisten sich verdient gemacht hatten, ermöglicht es, die banalsten Gegenstände primär unter dem Gesichtspunkt zu sehen, was sie zum *Bild* beizutragen haben und weniger unter dem Aspekt, welche Geschichte mit ihnen lebendig werden könnte. Und so mag zunächst einleuchten, daß hier wiederum Kandinskys Wort von der «großen Realistik» Anwendung findet. «Das auf Rousseau gemünzte Wort Kandinskys von der ‹großen Realistik›, öfters im Zusammenhang mit der Neuen Sachlichkeit zitiert, darf wirklich auf sie angewendet werden, denn im letzten und in ihren hervorragendsten Ergebnissen ging es ihr gerade in der Darstellung der kleinsten Gegenstände um das ‹große Reale›, wie oft oder wie selten immer sie es tatsächlich zu fassen bekam. Noch in einem anderen Sinn aber darf das Wort Kandinskys hier zitiert werden, in seiner Kennzeichnung der großen Realistik als von allen ‹künstlerischen› Intentionen freies Sprechenlassen des Objektes selbst.»[104] Die Abstraktion von allen künstlerischen Intentionen ist aber nichts anderes als selber eine eminent künstlerische Intention, die man am besten mit einer gewissen Skepsis gegenüber den an theoretischen Anmaßungen nicht eben armen Jahrzehnten vor 1920 betrachten kann oder, positiv formuliert, als die Suche nach einer weitgehend interpretationsunabhängigen Wirklichkeit. Daß wir in diesem Kontext vor allem der engagierten Kunst der Weimarer Zeit begegnen, mag zunächst verwundern. Denn gehört nicht zum Engagement eine gewisse Überinterpretation des Gegenstandes bzw. die Akzentuierung der künstlerischen Mittel im Hinblick auf ihre emotionale Wirkung? Gewiß, und diese liegt zum großen Teil in der ausgesprochenen Betonung des Leids, wofür besonders eine der herausragendsten Persönlichkeiten der Malerei dieser Zeit, Otto Dix, ein Beispiel bildet. Indem er seine Figuren von optimistisch-heroischen Anmutungen befreit, ebenso die theatralische Anklage vermeidet, erscheint eine Realität ohne Transzendierungsangebote. In den Bildern existiert kein lokalisierbares Böses, gegen welches sich Entrüstung mobilisieren ließe. Trostlosigkeit und Leid liegen in der Unsentimentalität der Bilddaten, in ihrem Verismus, wobei dieser Effekt bei Dix oder bei Räderscheidt oft noch dadurch unterstützt wird, daß die Konzentration auf das Objekt[105] dieses isoliert und eine gewisse Verlorenheit, Atomisierung anklingen läßt, mit der man heute unwillkürlich die sozialen Depravierungen der zwanziger Jahre assoziiert. Demgegenüber war das Menschenbild des Expressionismus ein in naturhafte Rhythmen integriertes und insofern viel weniger problematisches. Wo weder das Abbild noch der Rhythmus der Hand[106] irgendeinen organischen Bezug herstellen, da muß das Porträt, das Gesicht des Abgebildeten, dem Betrachter selbst all das Material für die fehlenden Außenbezüge liefern. Hier liegt nun bei aller Unterschiedlichkeit der Grund, warum man George Grosz, Otto Dix, Christian Schad und Anton Räderscheidt – um nur einige zu nennen – in einem Zusammenhang erwähnt. Die Karikaturhaftigkeit in den Bildern von Grosz läßt sich mit einiger Logik als gesteigerte Typisierung erklären, die sich in den Porträts der anderen Künstler ebenfalls feststellen läßt.

Ist hier nun wirklich der Mittelweg zwischen Abstraktion und Einfühlung beschritten[107], oder wird nicht durch jene Sachlichkeit das Einfühlungsprinzip eher noch gesteigert? Während man angesichts der Malerei von Kandinsky und Mondrian auf spirituelle Evidenzen zu verweisen angeregt wird, bietet die neue Gegenständlichkeit trotz ihrer

■ George Grosz: Mädchenbildnis, 1927. © George Grosz, Estate, Princeton, N. Y./VG Bild-Kunst, Bonn

befremdlichen Arrangements gerade so viel Bekanntes, daß der Betrachter sein gesamtes, vom Bild unabhängiges Wissen erst recht mit den Gegenständen auf der Bildfläche assoziieren kann. Das vorausge-

■ Anton Räderscheidt: Mann und Laterne, 1924. VG Bild-Kunst, Bonn

setzte Wissen bezieht sich nicht auf irgendwelche sekundären Motive, wie den «Mantel des heiligen Martin», von dem Arnold Gehlen spricht[108]; entgegen dem von Gehlen selbst erhobenen Zweifel absorbiert und mobilisiert das Porträt der neuen, sachlichen Malerei die soziale Erfahrung des Betrachters.[109] An die Stelle einer kosmisch-utopischen Ordnung tritt als zentrales Thema die «Realität» in den Mittelpunkt der Malerei. Aus der Imagination des «Vollkommenen», die so organisiert war, daß keine individuelle Disposition mehr daran zu rütteln vermochte, ist nunmehr die Imagination des Unvollkommenen hervorgegangen. Wenn es irgendein unerschöpfliches Reservoir für jene Positionen gibt, die den sozialkritischen Anspruch der Kunst nachweisen wollen, fehlen niemals Beispiele aus dieser Zeit. Hierbei dürfen wir freilich nicht unterschlagen, daß der sozialutopische Optimismus von Bauhaus und konstruktivistischer Malerei à la Mondrian zeitlich parallel verlaufen.

Die künstlerische Gleichbehandlung der Leidenserfahrung und ihrer gesellschaftlichen Transzendierung kann auch Utitz nicht verborgen geblieben sein, der, ohne auf die neue Malerei besonders einzugehen, sich der Lobpreisung eines gewissen Karl Holl anschließt, welcher deutlich «ein Streben nach Versöhnung von Stoff und Geisteswelt» erblickt, «woraus eine neue Sachlichkeit (...) entstehen will. Es scheint, daß damit der Weg zu einem Neuklassizismus beschritten werden soll, der gegenüber der Maßlosigkeit romantisch getönten expressionistischen Sturm und Drangs zu einem geistbeseelten Realismus, zu einem neuen Idealismus von Maß, Zahl und Ordnung hinführen möchte (...).»[110] Vom Verismus zum Neoklassizismus gab es für die Zeitgenossen also offenbar Verbindungslinien. Erst später hat man sich bemüht, jede Affinität zur Kunst des Nationalsozialismus herunterzuspielen. «Eine innere Beziehung der Kunst der neuen Sachlichkeit zur offiziellen ‹Kunst› des Dritten Reiches vermögen wir nur auf Umwegen, in Nebensächlichkeiten oder über Hilfskonstruktionen zu sehen (...).» Viel eher ließe sich dagegen eine Beziehung zum sozialistischen Realismus der fünfziger Jahre herstellen.[111] Entgegen dieser Auffassung halten wir es für unwahrscheinlich, daß das Wohlgefallen an neuer Sachlichkeit, Klarheit und vor allem «Männlichkeit», für die Künstler wie Gropius und Brecht, aber auch Franz Werfel und Stefan Zweig herangezogen werden[112], nach 1933 ausschließlich frustriert wurde. Berthold Hinz sagt zwar mit Recht, daß es beim faschistischen Kampf gegen die Moderne «vorwiegend um das massenintegrierende Moment der *Negation*» gegangen sei[113], er räumt aber selbst ein, wie willkürlich auch indifferente und sogar linientreue Kunst unter dieses Verdikt fielen. Hinz findet eine treffende Erklärung: «Damit man ‹sehen› konnte und meinen sollte, diese ‹Mißstände›, die doch so offensichtlich das Weimarer ‹System› bezeichnet hatten, seien nach der ‹Machtergreifung› endgültig und auf Nimmer-Wieder-Kehr vorbei, mußte die moderne Kunst – gemeinsam mit den Juden, den Zigeunern, Zeugen Jehovas und Homosexuellen, sowie endlich auch der politischen Opposition – zu deren Zerschlagung das Ganze inszeniert wurde –, auf Nimmer-Wieder-Kehr und endgültig von der Bildfläche verschwinden.»[114] Unter den «neusachlichen» Malern, die von den Ausstellungen der NS-Kulturgemeinde oder des Kampfbundes ostentativ ausgeschlossen wurden, befanden sich auch Georg Schrimpf, Franz Lenk, Alexander Kanold, denen, so Hinz, «inhaltlich und formal nichts anzulasten war». Dies sei nur zu erklären «aus dem Affekt gegen das den ‹Ismen› gleichgesetzte Stilphänomen ‹neue Sachlichkeit›», zu dem auch sie sich bekannt hatten.[115] Der Haß gegenüber allen «Ismen» als Ausdruck einer künstlerischen Vorgeschichte, welche es in einer neuen Epoche zu überwinden galt, dies war aber nun keineswegs eine Erfindung der Nazis. Nur scheint es so, als wollten diese davon ein letztes Mal Gebrauch machen und alles Dynamische und Wandelbare in einem letzten gewaltigen Akt der Negation zu endgültiger Klassizität zurückverwandeln. Die Front gegen «Kunstsybariten, Ästhetengesindel und Internationalitäts-Snobs»[116] ist vielleicht der Sprache, nicht aber dem Inhalt nach eine absolute Abkehr von der Moderne und für Zeitgenossen wie etwa Utitz nicht auf den ersten Blick als eine Abkehr vom «Prinzip» der Moderne erkennbar. Berthold Hinz glaubt, daß es Hitler eben darum gegangen sei, und er zitiert aus dessen berühmter Rede: «Von all den fraglichen Machwerken unserer sogenannten ‹modernen Kunst› hätten keine 5 v.H. irgendeinen Platz im Kunstbesitz des deutschen Volkes erobern können, wenn sie nicht durch eine mit der Kunst an sich in gar keinem Zusammenhang stehende, sondern politisch-weltanschaulich orientierte Propaganda der öffentlichen Meinung aufgeredet, ja durch ähnlich eingestellte politische Faktoren aufgenötigt worden wären.»[117] In besonderem Maße trifft dies natürlich eben auf jene weltanschauliche Propaganda zu, die etwa ab 1890 völkische und deutsche Themen in die Kunst hineinpreßte und schließlich auch Hitler zur Macht verholfen hatte. Das Prinzip der Moderne, so wie es in Deutschland gehandhabt worden war, versucht sich hier mit eigenen Mitteln aufzuheben. Wo statt Pluralismus immer schon Dogmatik vorgeherrscht hatte, war es nicht verwunderlich, daß mit einem letzten gewaltigen «Willensakt» und unter Zuhilfenahme modernster Propagandamethoden alles Wandelbare und als zeitlich begrenzt Erkennbare beseitigt werden sollte.[118] Was nun als «Stil» übrigbleibt, entspricht in seiner Kläglichkeit zwangsläufig dem Voluntarismus auf politisch-sozialem Terrain, obwohl gerade die Kulturpolitik die Aufgabe hatte, die Zerbrechlichkeit des gesamten Unternehmens zu kaschieren.

In der umfangreichen nationalsozialistischen Kunstpublizistik fällt auf, wie Romantisch-Expressionistisches mit dem Ruf nach Klassizität relativiert, umgekehrt aber neoklassizistische Kunst ihrer fehlenden Romantik wegen vor Gericht gestellt wird. In einer Schrift von 1934 über das Deutsche in der deutschen Kunst wird betont, es solle «keineswegs einer romantischen Weltanschauung das Wort geredet werden, das wäre völlig sinnlos und lächerlich in dieser Zeit, denn die Uhr geht nicht rückwärts, trotz aller sentimentalen und revolutionären Renaissancen. Aber es muß auch abgelehnt werden, daß immer wieder die sogenannte ‹Sachlichkeit› romantisch genannt wird, daß man diese Krusepuppen der neuen Abmaler mit Runges Kindern, diese Öldrucklandschaften mit Friedrichs Erdlebenbildkunst, diese peinlichen Friseurköpfe der sogenannten Sachlichkeit mit der romantischen oder neudeutschen Kunst verwechselt. Kunst ist niemals sachlich. Es ist eine Majestätsbeleidigung der Romantik, den Naturalismus unserer geschleckten ‹Matrosenmalerei› Romantik zu nennen.»[119] Neuromantisch, wie zum Teil im Expressionismus, wollte man die Kunst nicht haben; expressiv sollte sie aber dennoch sein. «Alle wahre Kunst ist Expression, d.h. Ausdruck des Inneren. Jede Kunstform ist sozusagen abstrakt, wenn man sie mit der Naturform vergleicht. Es kommt auf den Künstler selbst, auf den Menschen, den ganzen Menschen an, auf die Kraft, Innigkeit, Beseelung seiner Kunst.» Auf die neue Sachlichkeit gemünzt heißt es dann weiter: «Es ist die völlige Seelenlosigkeit, die Lieblosigkeit, die Unmenschlichkeit dieser strittigen Werke, das Artlose, Blutlose, Bodenlose, Heimatlose dieser Kunst, was wir ablehnen. Der ‹intellektuelle Sündenfall› dieser Künstler ist unverkennbar, wenn man ihre älteren Werke kennt.»[120] So mußte es denn zum Charakteristikum der «neudeutschen» Kunst der dreißiger Jahre werden, daß der reine Gegenstand wiederum idealisiert, umgekehrt die archaische Emphase des nordischen Expressionismus durch Gegenständlichkeit zur Ordnung gerufen wurden. In gewisser Weise lebt so das Negationsprinzip der «Moderne» als opportunistische Vermeidungsstrategie weiter. Das Massenpublikum des Nationalsozialismus mag damit zufriedengestellt und an goldene Zeiten erinnert gewesen sein. Aber Hofmaler wie Ziegler und Erler sind von Hitlers großen Vorbildern Hodler und Thoma eben auch aus dem Grund so weit entfernt, weil in ihrer Malerei die gesamten Ansprüche von dreißig Jahren lebendigen Kunstgeschehens nun in einer gewaltsamen Synthese zusammengeführt werden. Daher kommt es, daß den Betrachter der «Nazi-Kunst» heute vieles an die neue Sachlichkeit erinnert, anderes wieder an die Zeit des Expressionismus, ohne daß er wirklich eine Kontinuität feststellen kann – und eben daran kranken einschlägige Thesen[121], daß sie die «Schuld» einseitig ausfindig zu machen suchen und dabei übersehen, daß es das komplexe Zusammenspiel aller Wissensbestände der künstlerischen Moderne war, was uns in der sogenannten NS-Kunst entgegentritt.

5. Die Verlagerung des Mythos in die Technik

Wenn auch der Überdruß am Expressiven schon aus einem gewissen Abwechslungsbedürfnis, als Abwendung von einer ausgereizten Thematik zu erklären ist, so darf doch die technische Entwicklung der industriellen Massengesellschaft als bestimmender Faktor nicht unterschätzt werden. Romantizismus und Klassizität, die sich als Ordnungsprinzipien im Begriff der «Neuen Sachlichkeit» gegenüberstehen, um ihre Geltung kämpfen und schließlich eine merkwürdige Verbindung eingehen, sind in gewissem Grade Synonyme für ein vorindustrielles Lebens- und Arbeitsidyll auf der einen und technische Rationalität auf der anderen Seite. Die für die Ideologie des Nationalsozialismus entscheidende Parallelität von Blut- und Bodenromantik und naturwissenschaftlich-technischem Omnipotenzgehabe kann ebenfalls auf Argumente zurückgreifen, die im wesentlichen in den zwanziger Jahren ausgearbeitet worden waren, ohne damit direkt auf der Linie des Futurismus zu liegen. Wie dort begegnet uns im expressionistischen Kunstwerk, insbesondere im Film, die Faszination der Maschine und der taylorisierte Mensch als Glied einer kybernetischen Kette, die wie das moderne Staatsgebilde nur ihrer eigenen inneren Funktionalität verpflichtet scheint. Horrorvision und Apologie liegen hier – wie Siegfried Kracauer gezeigt hat – sehr nahe beieinander.[122] Die Assimilation des völkischen Mythos an die Welt der modernen Fabrik und Großstadt bedient sich zudem erkenntnistheoretischer Argumente, welche um die Rehabilitation des Irrationalen kreisen und von der – wie die Zeitgenossen selber sagten – «Dilthey-Schule» bis in den avancierten

Neukantianismus hineinreichen.[123] In seiner engagierten Zeitdiagnose bemerkt Emil Utitz, anstelle einer Philosophie der symbolischen Formen, die Legenden und Mythen zu durchforschen habe, «würden Legenden und Mythen zum Ziel. Das Symbol sollte zum Sinn der Wissenschaft werden. Damit glich man die Wissenschaft der Kunst an.»[124] Cassirer selbst hat sich sehr energisch gegen eine Verwischung der Grenzen etwa zwischen Kunst und Technik verwahrt. Es seien gewissermaßen Romantiker der Technik, «die sie mit dem ganzen Zauber der Poesie umkleiden». Wenn man allerdings vom Schönen schon überall dort spreche, «wo ein Sieg der ‹Form› über den ‹Stoff›, der ‹Idee› über die ‹Materie› hervortritt, so kann kein Zweifel daran sein, in welch hohem Maße gerade die Technik an ihr Anteil hat»[125]. In der gestalteten Sachwelt der technischen Sphäre löse sich das Werk vom Schöpfer ab, spräche «nur noch von sich selbst», während vom Kunstwerk doch die Spuren des individuellen «Daseins und So-Seins» zu erwarten wären. «Diese Art der ‹Harmonie› zwischen Werk-Schönheit und Anspruchs-Schönheit kann das technische Schaffen weder erreichen noch auch nur anstreben.»[126] Die Herausarbeitung der Unterschiede innerhalb der symbolischen Konstruktion von Wirklichkeit als mythisch, religiös, künstlerisch, technisch usw. wird Cassirer in den dreißiger und vierziger Jahren immer mehr betonen, ohne natürlich den Ansatz preiszugeben, daß es sich bei alledem um genuine, evolutionär nicht überwindbare Funktionen des Geistes handele.[127] Aber nicht dieser erkenntnistheoretisch ambitionierte Gedanke an die Einheit des Geistes begleitet in den zwanziger Jahren den Weg der Erklärung der Welt als einer nur modellhaften, sondern umgekehrt ein dieser «Zergliederung» entgegengesetztes, unbedingtes Streben nach Synthese. Die allgemeinste rationale Vorstellung einer solchen historischen Einheit ist in dem mehrfach erwähnten Begriff des Kunstwollens angelegt, in dem sich scheinbar alle Motive des Menschen vereinigen. Während Denker wie Wölfflin und Worringer daraus einen wissenschaftlichen Beleg für den nordischen Charakter ableiten, dient das «Wollen» den Sozialwissenschaften als Modell einer sogenannten Weltanschauungslehre[128], die ihrerseits die unterschiedlichen «Systeme der Kultur», Recht, Sitte, Kunst usw., auf einen Begriff bringen will.[129] Vernunftkritisch ist damit angezeigt, daß sich «Weltanschauung» ebenso im vortheoretischen wie im theoretischen Raum konstituiert, wobei der Begriff selbst das hier entstehende Amalgam nicht leugnet; so verwundert es nicht, wenn als der eigentliche «Kompositeur» der Weltanschauung,

■ Carl Grossberg: Taucher, 1931. Privatbesitz, New York

der unterschiedlichen Denk-, Handlungs- und Erfahrungstatsachen, die es zusammenzubringen gilt, wiederum eine tiefere Substanz – und sei es die der Rasse – herangezogen werden kann. Eine darüber hinausgehende reflexive Trennung von lebensweltlicher und theoretischer Erfahrung im symbolischen Interaktionismus[130] widerspricht freilich jeder auf Synthese angelegten Anschauungslehre, und an eine Theorie des kommunikativen Handelns ist noch nicht zu denken.[131]

Das traditionelle Gebiet nun, auf welchem sich Glaube, Identität, Wissen – eben «Weltanschauung» – zu repräsentieren pflegt, bildet die Architektur. In ihr treffen mythische, als dem Kult oder Ritual verpflichtete Energien auf die Notwendigkeit einer künstlerischen Regie, welche wiederum mit einem Kanon von Alltagsanforderungen, individuellen Gewohnheiten, Idiosynkrasien sowie Funktionalitätsgesichtspunkten zu rechnen hat. Vor allem aber ist es die «stoffliche» Bewältigung in Form von Technik, die hierbei eine ungleich größere Rolle spielt als in anderen Gattungen. In der nachexpressionistischen Zeit, wo die Polarisierung von Mythos und Rationalität weniger reale Lebens- als vielmehr Denk- und Orientierungsalternativen aufzeigen will, ist nun der synthetisierende Charakter der Architektur besonders umworben. Wenn überhaupt, dann kann hier eine scheinbar immer mehr ihren eigenen Gesetzen und rasanten Entwicklungen unterworfene Technik auf künstlerisch-nationale Werte zurückverpflichtet und umgekehrt eine letztlich von der individuellen Disposition abhängende Kunst dem überindividuellen Rhythmus der Moderne angepaßt werden. Hier liegt die große Faszination des Bauhauses und der mit ihm verbundenen Bewegungen. Diese Faszination hatte es auch für viele Intellektuelle, die der nationalsozialistischen Bewegung nahestanden oder mit deren Programm sympathisierten. Die vom Bauhaus versprochene «Kathedrale der Zukunft» war als «großes Kunstwerk des Volkes» gedacht und sollte sozialistische Züge tragen, sich zugleich aber als das «Werk einer verschworenen Gemeinschaft», einer exklusiven «Bauloge» ausweisen.[132] Wie anders konnte man sich die Kathedrale der Zukunft vorstellen denn als ein gotisches Bauwerk. «Eisenbahnbrücke und Gotik sind die Pole unserer neuen Baukunst, die beide wieder zusammenbringen will», heißt es in einer entsprechenden programmatischen Äußerung.[133]

Der Kunsthistoriker Wilhelm Pinder, der wie kaum ein anderer Vertreter seines Faches den Nationalsozialismus begrüßte, machte sich genau diesen Gedanken zu eigen. Auch er glaubt in der Bauhausarchitektur den Geist der Gotik wiederzufinden[134], den man wenige Jahre zuvor noch für die wilde, expressionistische Geste reklamiert hatte. Anstelle irgendwelcher mystizistischer Spintisiererei treten in seiner Laudatio der neuen Zeit fast republikanisch-modernistisch anmutende Erwägungen zutage, wenn er z. B. auf die auch vom Bauhaus realisierte Praktikabilität von Nutzbauten verweist: «Sehen Sie doch in die neugestalteten Münchener Postämter», ruft er seinem Publikum zu. Man müsse staunen, «wie hier ohne Veränderung der äußeren Raumgrenzen mit einem Male ein Gefühl der Lichtheit, der Freiheit und der menschlichen Würde eingezogen ist. Früher stand man in schlechter Luft da wie ein Bettler vor dem Schalter, heute wie ein Freier! Das ist Luft, Licht, Freiheit!»[135] Entsprechend modern und sportiv präsentiert sich auch der Phänotypus des neuen Bürgers und seiner Lebensart: «Ein nüchtern-heller, klarer, männlicher Kapitänsstil ist das, ein Stil von Menschen mit Luft um den Kopf herum, der Stil des geistigen Menschen, der auch sein Auto oder sein Motorrad chauffieren kann, von Menschen, die im Flugzeug durch das Luftmeer fahren und sich nur noch mehr als früher Gefahren aussetzen.»[136] Dies ist nicht mißzuverstehen als eine naive Technikgläubigkeit, denn nicht von der Maschine ist das Höchste zu erwarten; sie ist ein geistiges Produkt und verdankt sich insofern letzten Endes nicht nur dem Vernünftigen. «Das Irrationale, das hinter allem Leben steht, das weitab von Fahrrad, Auto, Flugzeug liegen kann (und nicht einmal muß), das bleibt uns. Eben hier liegt die Quelle künftiger zusammenfassender Möglichkeiten des Geistes.»[137] Man würde Pinder mißverstehen, wenn man in dem «Außervernünftigen» wiederum nur eine allgemein mystische Bestimmung sehen würde. Der gemeinsame Mythos braucht zunächst den «schöpferischen Unterschied». Gerade «Unterschiedene Menschen brauchen vereinigende Ideenwelten. ‹Einheitsmenschen› brauchen nichts Einigendes mehr»[138]. Mit ausdrücklichem Hinweis, daß hier keineswegs soziale, rechtliche und politische Ungleichheit gefordert werde, bezichtigt er aber nun vor allem Corbusier – Utitz machte ihn zur Galionsfigur der neuen Sachlichkeit überhaupt[139] – eines falschen Gleichheitsbegriffs.[140] «Was Corbusier fordert», so Pinder, «ist ein *mythenloser Mensch ohne Unterschiede*, und der darf, will, kann und wird in keinem Sinne sakral bauen, und wenn wir an den glauben, so verzichten wir von vorne herein auf die Möglichkeit, in der Baukunst etwas Festliches, Erhabenes, Zusammenfassendes auszudrücken»[141]. Monu-

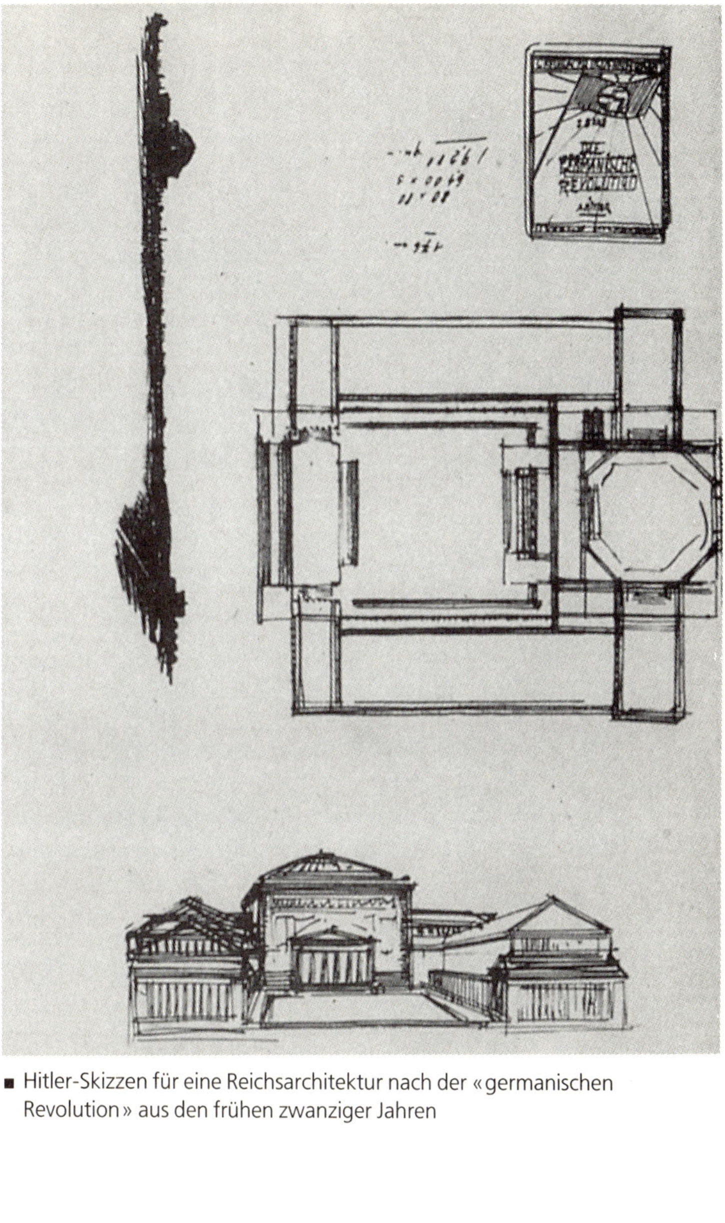

■ Hitler-Skizzen für eine Reichsarchitektur nach der «germanischen Revolution» aus den frühen zwanziger Jahren

■ Wahlplakat der NSDAP mit Anklängen an konstruktivistische Architektur

mentalität in diesem Sinne sei erledigt, so habe es eine radikale holländische Stimme vermerkt; Pinder, der dieses Phänomen ebenfalls zu beobachten glaubt, will sich damit aber nicht abfinden. Er warnt allerdings vor dogmatischen Entscheidungen. Da einem mit dem «neuen Menschen» jemand entgegentrete, der «möglichst auch freie Wahl haben möchte», schlägt er «gegenüber aller großen feierlichen Architektur im heutigen Augenblicke noch ein vorsichtiges Abwarten» vor, würdigt zugleich die «großen technischen und praktischen Bauten, die zum Teil ganz ausgezeichnet» seien und allgemeinen Zweckbedürfnissen ebenso wie den herrschenden Gefühlen entsprächen.[142] In diesem Sinne wird Wilhelm Pinder später den Bauhausstil als eine Synthese von Mythos und Technik gegen die von ihm sonst so geschätzten Nazis verteidigen müssen: «Vor einem Jahr las ich den Aufsatz eines italienischen Architekten, der aufs Tiefste beeindruckt war von dem ausgemacht national-deutschen Charakter dieses angefochtenen ‹bolschewistischen› ‹Bauhaus-Stiles›, und der sich bemühte (nicht ganz überzeugend für einen Deutschen), diesen ‹nuovo stile tedesco› aus dem deutschen Naturgefühl, dem deutschen Freiheitsgefühl, dem deutschen Walde herzuleiten, und sogar aus der sonst so oft genannten ‹deutschen Gotik› – das letztere geht zu weit, aber es kommt der Wahrheit immerhin näher als der Glaube vieler Deutscher, diese sehr eigene deutsche Leistung sei bolschewistisch!»[143]

6. Rassenästhetik

Paul Schultze-Naumburg und Alfred Rosenberg eröffnen am Ende der Weimarer Republik dem Bedürfnis nach «zuchtvoller Einordnung» auf «ästhetischem und anderem Gebiet»[144] eine radikale Perspektive. Schultze-Naumburgs Schrift «Kunst und Rasse» und Rosenbergs «Mythus des 20. Jahrhunderts» sind deshalb bemerkenswert, als sie ihren brutalen Rassismus zunächst mit halbwegs geläufigen und allerorts vorfindbaren Argumenten vorbrachten. Schultze-Naumburg bedient sich dabei einer Art kunstwissenschaftlich empirischer Methode; Rosenberg geriert sich eher als Philosoph. Weder Emil Utitz noch Wilhelm Pinder noch Heinrich Wölfflin wären in ihren Bemühungen um eine «neue deutsche Klassik» jemals zu solchen Ergebnissen gekommen; gleichwohl stand bei ihnen das Motiv, die Unübersichtlichkeit gegen ein erhabenes Gleichmaß auszutauschen, ähnlich stark im Vordergrund. Waren somit nicht alle Wege erwägenswert, auf denen man sich der neuen Klassizität nähern konnte? Bei der Auseinandersetzung um den Rassegedanken, so beginnt Schultze-Naumburg seine Ausführungen, ginge es nicht um «Glauben» und «Meinen», sondern man bewege sich hier auf naturwissenschaftlichem Gebiet[145], womit die Methode gekennzeichnet ist, wie man den kulturellen Problemen der Zeit zu begegnen hat. Denn diese Zeit «steht unter dem Zeichen des Krankseins und der erblichen Übel». Alles «krankhaft Veranlagte und Lebensuntüchtige», für dessen Absterben die Natur früher mit grausamer Härte gesorgt habe, werde von der heutigen Zeit nicht nur bewahrt, sondern sogar zur Fortpflanzung aufgemuntert. «Es gibt ganze Generationen von Verbrechern, Prostituierten, Trinkern, Irren und Epileptikern, die ihren Stammbaum auf einen einzigen Minderwertigen zurückführen. Wäre es möglich, auch nur solch ausgesprochene Schädlinge der Menschheit von der Fortpflanzung auszuschalten, wie es heute schon in Amerika (besonders in Kalifornien) geschieht, so wäre in der Tat ein Weg beschritten, der uns eines Tages zum ‹Übermenschen› führen könnte, wie ihn Nietzsche, weniger mit wissenschaftlicher Klarheit als aus dichterischer Seherkraft erblickte.»[146] Die wichtigste Voraussetzung, derlei zu vermeiden, ist die Einhaltung der Rassenhygiene, Auslese der Gesunden und Tüchtigen, Ausmerzung der Kranken und Häßlichen, wobei die «Vorliebe für die eigene Rasse noch lange nicht Haß gegen eine andere» bedeuten müsse.[147]

Ganz im Sinne Hippolyte Taines erläutert Schultze-Naumburg, daß der Künstler aus seiner natürlichen Umgebung schöpfe und die Kunst wesentliche Züge seiner Rassenzugehörigkeit trage. Auch der Maßstab, «nach dem die Welt seiner Sehnsucht geformt ist», hänge hiervon ab. Denn auch für Schultze-Naumburg gilt die Lehre Fiedlers, wonach es in der Kunst nicht um das reine Abbild der Natur geht.[148] Darauf hinzuweisen, ist insofern von großer Bedeutung, als das naturalistische Prinzip, das Schultze-Naumburg nunmehr der Adäquanz von Kunst und Rasse unterlegt, auf Dauer nicht durchzuhalten ist. Die «Geschöpfe des Künstlers seien Fleisch von seinem Fleisch und Bein von seinem Bein», heißt es zunächst, und in zahlreichen Beispielen, angefangen von Rubens bis zu Rembrandt und Michelangelo werden physiologische Vergleiche zwischen dem Künstler und den von ihm geschaffenen Körpern und Physiognomien angestrengt, mit dem Ergebnis, daß das leibliche Prinzip des eigenen Typus des Künstlers «in seinen Werken immer und immer instinktiv, ja sogar gegen den eigenen

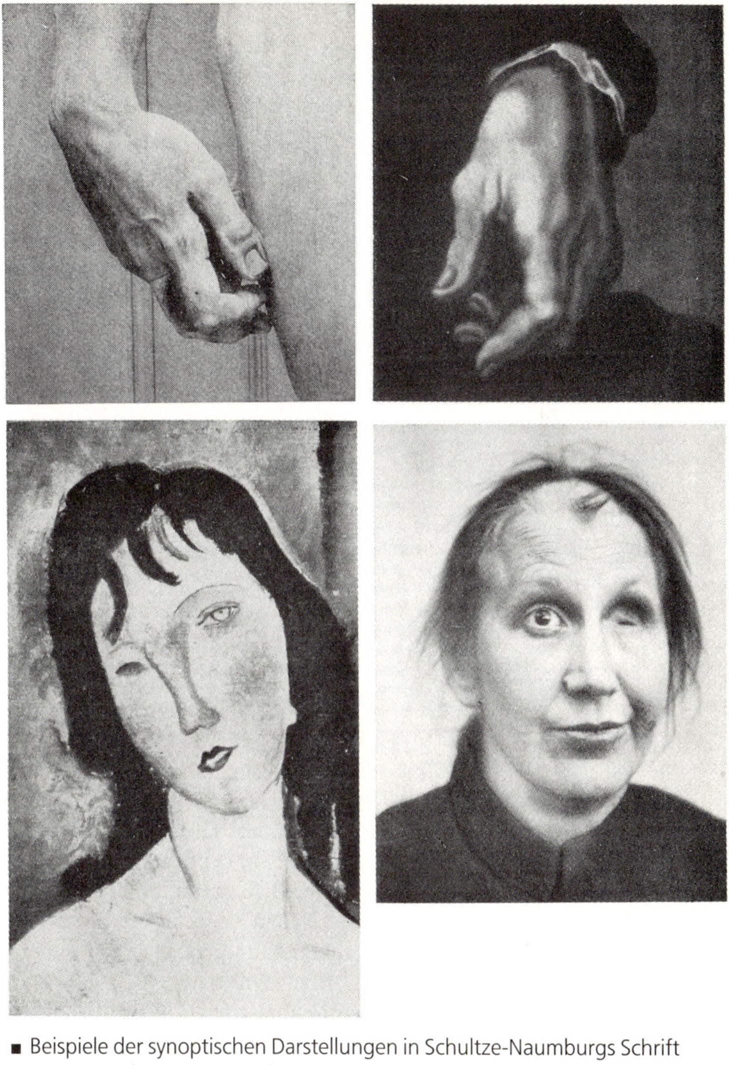

■ Beispiele der synoptischen Darstellungen in Schultze-Naumburgs Schrift «Kunst und Rasse», München 1928. Oben: Michelangelos eigene Hand und ihre angebliche Wiederkehr im Werk. Unten: Eine Physiognomie aus der Malerei Amedeo Modiglianis wird einem Paralyse-Befund gegenübergestellt

Willen» wiederkehre.[149] Die Grenzen dieser Übertragung liegen auf der Hand; denn was passiert, wenn der Maler krumme Beine hat oder Pykniker ist? Was bleibt dann vom nordischen Heldenmenschen? Schon das Beispiel Rembrandts zwingt Schultze-Naumburg, sich herauszureden, indem er rassentheoretisch nach Phäno- und Ideotypus, eigentlich Genotypus, unterscheidet. Ein mißgebildeter Künstler brauche «seine leibliche Erscheinung in keiner Weise zum Ausdruck» zu bringen. «Seine Sehnsucht richtet sich allein nach dem Ideotypus, wie er seiner Anlage nach entspricht.»[150] Wo also die abstruse Kongruenz von Künstler und gemalter Figur nicht stimmt, muß eine mentale Affinität konstruiert werden: Auf der Leinwand erscheint dann ein klassischer Idealmensch, weil dieser der genotypischen Bestimmung der germanischen Malerei entspricht, unabhängig davon, ob irgend jemand überhaupt so aussehen kann. Die naturalistische Kongruenz von Lebendem und Gemaltem spart Schultze-Naumburg sich zur Diffamierung der expressionistischen Kunst auf, während das klassische Ideal nun zum Signifikanten der nordischen Rasse gemacht wird. Zur mittlerweile fünzig Jahre währenden Hypostasierung einer deutschen Kunst war es – wie wir gesehen haben – notwendig gewesen, die kunstgeschichtliche Vorbildstellung der Renaissance abzubauen, was sich nun anläßlich der Wende zu einer «neuen Klassizität» als hinderlich erweist. Ein argumentativer Ausweg bot sich dadurch an, indem die Renaissance-Kunst als eine Art Verfälschung der eigentlichen griechischen Klassik hingestellt wurde, welche in höchster Form wiederum nichts anderes dargestellt habe als eine genuin nordische Ästhetik. Man würde gewöhnlich übersehen, «auf welch eine kurze Zeit sich die eigentliche Blüte Griechenlands zusammendrängt». «Erst mit dem Beginn der Perserkriege geht die archaische Kunst zu Ende, die noch so viel Steifes und Unbeholfenes zeigt, und der sich oft genug Fratzenhaftes beimischte. Und schon nach dem Peloponnesischen Krieg ist die eigentliche Hochblüte zu Ende. (...). In diesen achtzig Jahren hat dieses außerordentliche Volk der Griechen all das geschaffen, was uns heute noch als menschlich unerreichbare Großtat erscheint.»[151] Über die anthropologische Zusammensetzung dieses Volkes hege man eigentlich mehr Vermutungen. «Aus verschiedenen Anzeichen können wir jedoch Schlüsse daraus ziehen, daß es sich bei ihnen um ein nordisches Volk handelt oder doch um ein solches, das stark mit nordischem Blut gemischt» sei.[152] Die Helden und Götter, wie sie bei Homer anzutreffen sind, seien hochgewachsene, blonde, blauäugige Wesen, was zumindest auf eine nordische Oberschicht hindeute. «Denn außer der nordischen Rasse findet sich auf der ganzen Welt keine weitere hochgewachsene, schmalgesichtige Menschenart, die blond und blauäugig ist.»[153] Das Ende der griechischen Hochklassik erscheint denn auch nicht mehr als die Veränderung historischer Konstellationen und des hierin eingebetteten Kunstwollens; Schultze-Naumburg sieht seiner «naturwissenschaftlichen» Prämisse zufolge einzig eine Vermischung des hochwertigen rassischen Materials. Ähnliches gilt auch für die Frührenaissance, in deren Meisterwerken das Blut der Goten, Vandalen und Langobarden noch nachwirke[154], während sich später das «Zahlenverhältnis immer mehr zu Ungunsten des nordischen Typs» verändert und mit Recht eine Kritik an dem nun zutage tretenden Akademismus hervorgerufen habe, was freilich auch für die kalten und leblosen Adaptionen des 19. Jahrhunderts gelte.[155]

Da es mittlerweile zur kulturkritischen Tradition geworden ist, an jedem «Ismus» etwas auszusetzen, liegt es nahe, den Ursachen der schädlichen Rassenvermischung nachzuspüren. Denn hierin läge ja auch die ganze Not der Zeit begründet, weswegen denn spätere Generationen nicht sehr viel Gutes von ihr zu berichten haben würden. «Sollte einmal später eine Gruppe hochstehender Menschen unsere Zeit untersuchen», so schreibt der ehemalige Protagonist der Lebensreform, «so wird sie die aufquellende Flut eines der Zahl nach bedeutenden, aber farblosen Menschenbreies feststellen, dessen erdrückende Masse alles Überragende zu überschwemmen und zu ersticken droht.»[156] Ihre Symbole seien «unverkennbar die des primitiven Menschen», in den Bildern und Plastiken dominierten «der Idiot, die Dirne, die Hängebrust». Es sei eine wahre Hölle des Untermenschen, die sich hier vor uns ausbreite.[157] Da Schultze-Naumburg nun in den Werken von Modigliani, Schmidt-Rottluff und Picasso schlechterdings die Physiognomie ihrer Urheber nicht wiedererkennen kann, wendet er die ideotypische Variante in einer anderen Richtung an: die expressionistische Kunst soll als mentale Orientierung am Krankhaften entlarvt werden, wobei er hier argumentativ dem Muster folgt, welches Max Nordau schon gegen die impressionistische Kunst angewendet hatte. Hätten früher «die Höchstentwickelten das Schönheitsideal in der Kunst bestimmt, so (fange) heute die Schicht der Versunkenen, der leiblich und geistig Tiefstehenden an, den Typus Mensch zu bestimmen und den Kanon zu bilden.»[158] Neben dem unentwegten Lamento über eine gescheiterte Auslese findet sich hierfür jedoch eine Erklärung, die den als Blut- und Boden-Propheten apostrophierten Schultze-Naumburg noch in ein anderes, gewissermaßen modernes Licht rückt. «Es könnte etwa der Fall sein, daß die stärksten Begabungen sich in unserer Zeit so vorwiegend der Technik, der Naturwissenschaft und dem Handel zuwenden, daß diese Berufe gewissermaßen die Tüchtigsten und die Schöpferischsten des Volkes ganz für sich mit Beschlag belegten, und für die Kunst im allgemeinen mehr diejenigen übrig blieben, die neben einseitigen Begabungen allerlei Züge von Entartung trügen und vielleicht durch die vermeintliche Ungebundenheit des Künstlerberufes und manches Andere angezogen würden, die also ungünstige Auslese im Volkskörper darstellten.»[159] Schultze-Naumburg erweist sich hier also keineswegs als ein Feind der Technik und des Fortschritts. Auch der Verfechter gedrungener Walmdächer und organisch gewachsener Landschaftsgärten läßt sich hier zu einer Lobrede auf die Technik hinreißen, was in Verbindung mit der Propagierung klassischer Strenge keine Ausnahme in den neusachlichen Diskussionen dieser Zeit bildet: «In der Welt der Technik tritt dieser Tiefstand (der gegenwärtigen Kultur; P.U.H.) noch nicht so hervor. Ihr strömt ohnehin heute überwiegend das Beste zu, was an Talenten auftritt. Sie sind die Schöpfer der Modelle, welche die Maschine, deren Bedienung oft von ganz unschöpferischen Leuten kleinsten Ausmaßes besorgtwerden kann, verhundertfacht, vertausendfacht, vermillionenfacht.»[160]

Alfred Rosenberg, der Gründer des berüchtigten «Kampfbundes für deutsche Kultur» und parteiinterne Widersacher von Josef Goebbels, geht die Rassenfrage in der Kunst weniger naturwissenschaftlich an. Daß sein Werk «Der Mythus des 20. Jahrhundert» kaum zitiert wird, liegt nicht zuletzt an seiner stilistischen Gebrochenheit. Zunächst enthält es über weite Strecken übelste politische Hetze. Was Schultze-Naumburg noch distanziert und zurückhaltend als minderwertig und untüchtig klassifiziert, wird hier zum Gegenstand von Haßtiraden: «Barbarische Ausgeburten», heimgesucht von «geistiger Syphilis», verursachen ein «Rassenchaos», in welchem die «Mestizenkunst» «naturentfremdeter Straßengeschlechter» grassiert.[161] Daß im Verlaufe der Konsolidierung nationalsozialistischer Herrschaft ohne jegliche Differenzierung auch Sympathisanten und treue Anhänger der Bewegung, Männer wie Nolde, Radziwill oder der psychologische Ästhetiker Müller-Freienfels plattgewalzt werden, kann nach der Lektüre von Rosenbergs Schrift nicht mehr verwundern. Denn schon 1930 geht es darum, alle bisherigen Bemühungen um nationale Erhebung, im weiteren Sinne um einen neuen Stil, als verraten und gescheitert zu erklären, für den nun aber doch noch bevorstehenden befreienden Akt von allem Übel das Monopol des Nationalsozialismus anzumelden und zu sichern. Die Kultur der vergangenen vierzig Jahre als eine Abfolge des Scheiterns darzustellen ist insofern nicht ungeschickt, da der Nationalsozialismus ja im Kern das Erbe all jener Bemühungen antreten muß, auf die sich vielfältige Hoffnungen richteten, die man aber zunehmend als verraten glaubt. Und so ist es für Rosenbergs Vorgehen kennzeichnend, daß er die Intentionen der künstlerischen Moderne teilweise sogar würdigt, allerdings ihre praktischen Formen diffamiert. Über das Schicksal des Impressionismus heißt es z. B., er sei «ursprünglich von starken Malertalenten getragen» gewesen, dann «zum Schlachtruf des allzersetzenden Intellektualismus» geworden. «Die atomistische Weltbetrachtung atomisierte auch die Farbe; die platt verstandesmäßige Naturwissenschaft ergab in den Praktikern und Theoretikern des Impressionismus ihren Niederschlag. Die mythenlose Welt schuf sich auch eine mythenlose Sinnlichkeitskunst. Menschen, die innerlich aus dieser Öde hinauswollten, zerbrachen. Van Gogh ist ein tragisches Beispiel für wahnsinnig gewordene, unbefriedigte Sehnsucht. Gauguin ist ein anderes Gleichnis für die Versuche, sich vom Intellektualismus freizumachen. Nur die Paul Signacs pinselten hemmungslos darauflos und klebten unbekümmert ihre Farbstücke nebeneinander!»[162] Die darauffolgende Reaktion des Expressionismus trifft also im Grunde auf Rosenbergs Verständnis; wiederum ist es die Ausformung, an der er kein gutes Haar läßt: «Man suchte im richtigen Gefühl, Ausdruck und Kraft. Und die Folge dieser starken Spannung war – die Spottgeburt des Expressionismus. Ein ganzes Geschlecht schrie nach Ausdruck und hatte nichts mehr, was es hätte ausdrücken können. (…)? Es wollte neuschöpferisch ins Leben greifen und hatte jede echte Gestaltungskraft verloren. So wurde Ausdruck Manier; so wurde, an Stelle eine neue stilbildende Kraft zu zeugen, die Atomisierung erneut weitergeführt.»[163] Auch Böcklin bleibt nicht verschont. Ausgerechnet mit dem geschmähten Julius Meier-Graefe stößt Rosenberg ins gleiche Horn, wenn er Böcklins starke Ursprünglichkeit in früheren Werken preist, aber anläßlich der «Toteninsel» vermerkt, daß «das Spiel der Nymphen in den Wellen» uns einen Stoff aufdränge, «den wir einfach nicht vertragen können».[164] Die Moderne, wie sie ist, scheitert also trotz aller Bemühungen: «Starke Kräfte wie Cézanne und Hodler unterliegen in ihrem Kampf um einen neuen Stil, trotz aller Versuche ihrer Gefolgschaft, sich an diese beiden als an die Bannerträger eines neuen Wollens zu klammern und trotz aller philosophisch-literarischen Bemühungen, diesem Sehnen intellektuelle Krücken unterzuschieben. So wechselte eine Kaschemmenmystik mit Zerebrismus, Kubismus, mit linearem Chaos ab, bis man auch dies alles satt bekam und es heute wieder – umsonst – mit ‹neuer Sachlichkeit› versucht.»[165]

Die auf Erlösung gerichteten Intentionen der modernen Kunst sind also nicht per se zu verurteilen; sie werden jedoch immer wieder kompromittiert durch mestizenhaft-jüdisches Antlitz.[166] Rassenchaos und die rassenvernichtende Wirkung der Weltstadt sind der Hauptgrund für das Mißlingen aller guten Ansätze. Dagegen nun macht Rosenberg eine Metaphysik des ästhetischen Willens geltend[167], eine Mischung aus Idealismus und Rassenbiologie, wie wir sie von Houston Stewart Chamberlain kennen. Der dringend gefragte, mächtige ästhetische Wille soll sich formal in einer Weise zeigen, wie sie dem klassischen Griechentum entspricht; dem dynamischen Prinzip jedoch sollen vorsokratische Verhältnisse Pate stehen. «Das artbedingte Schöne als äußere Statik der nordischen Rasse, das ist Griechentum, das arteigene Schöne als innere Dynamik, das ist nordisches Abendland.»[168] Und wie erklärt sich der allmähliche Verfall besser als im Rückgriff auf Nietzsches erste «Unzeitgemäße Betrachtung»? Die neue Dynamik, des Griechen Wille, «war so weit in der Bekämpfung des Triebes aufgebraucht, daß bei der Schöpfung der Kunst die überlegene Vernunft die Führerrolle übernahm»[169]. Diesen, sozusagen durch Triebbewältigung verschlissenen Willen schenkt nun der heutige nordische Mensch der europäischen Kultur und ihrer verweichlichten Kunst zurück. Gewiß funktioniert dies nicht, ohne vorher von der Schopenhauerschen Lehre Abstand zu nehmen, wonach der Blick hinter den «Schleier der Maja» einen kontemplativen Zustand beschreibt. Und wo Vernunft ohnehin nichts zu sagen haben soll, dort kann auch nicht die subjektive Allgemeinheit des Geschmacksurteils in interesselosem Wohlgefallen aufgehen, womit auch die kantische Philosophie und Ästhetik erledigt werden. Anstelle einer nur «rein menschlichen Stimmung der Erkenntniskräfte» sei die «Allgemeingültigkeit des Geschmacksurteils auf ein rassisch-völkisches Schönheitsideal» gestützt. D. h. auf «jene Kreise, die bewußt oder unbewußt, die gleichen Ideale von Schönheit im Her-

■ Arno Breker: Prometheus

zen tragen». Eine «organisch-seelische» Weltauffassung steht damit sowohl einer «abstrakt universalistischen» als auch einer «atomistisch-individuellen» entgegen.[170] Die Begründung des ästhetischen Willens in der Disposition der Rasse sieht Rosenberg paradigmatisch im Werke Richard Wagners verkörpert. «Das Wesentliche aller Kunst des Abendlandes ist aber in Richard Wagner offenbar geworden: Daß die nordische Seele nicht kontemplativ ist, daß sie sich auch nicht in individuelle Psychologie verliert, sondern kosmisch-seelische Gesetze willenhaft erlebt und geistig-architektonisch gestaltet.»[171] Mit dem Verweis auf jene «kosmisch-seelischen» Gesetze schließt sich nun wieder der Kreis zu der eigentümlichen Mischung von religiösen, okkulten und mystischen Denkmodellen, wie sie uns in den Kunstdebatten jener Jahre schon häufiger begegnet sind. Hier geht es nun darum, alle angeblich gescheiterten Ausdrucksversuche, alles scheinbar vergebliche Ordnungsstreben noch einmal für den kommenden «deutschen Ordensstaat» zu mobilisieren. In ihm sollte der Deutsche eins werden mit dem kosmischen Gesetz und zugleich in strenger Selbstzucht verharren, und es wird unterstrichen, «daß eine echte Weltanschauung nicht allein in theoretischen Grundsätzen, auch nicht nur in seelischen Bekenntnissen sich schöpferisch äußern wird, sondern daß sie kultische Gestalt annehmen muß».[172]

V Kunst und Künstler im Dritten Reich

■ «Was taten wir anderes, als die Hinterlassenschaft der gefallenen Kameraden fortzusetzen, dem Geiste nach, weniger der Form, denn deren den Krieg vorausahnende, aufwühlende, expressionistische Ausdrucksweise mußte von einer neuen Ahnung abgelöst werden, von einer Kunstart, die sich um Ordnung, Strenge und Gesetz bemühte.»

■ Oskar Schlemmer 1933

1. Das Neue Reich als große Enttäuschung

Schon bevor Hitler am 5. März 1933 die Reichstagswahlen gewonnen hatte, gab es praktische Erfahrungen mit nationalsozialistischer Kulturpolitik. Denn die Angriffe auf das Bauhaus im Weimar waren in erster Linie das Werk der bereits 1930 von den Nationalsozialisten dominierten Thüringischen Landesregierung und ihres Volksbildungsministers Wilhelm Frick. Eine rechtliche Grundlage etwa für die Zerstörung von Wandfresken Oskar Schlemmers oder die Entfernung von mißbilligten Gemälden aus Museen hatte man sich mit einem abstrus formulierten Erlaß geschaffen, welcher lautete: «Wider die Negerkultur für deutsches Volkstum.»[1] Derlei Vorfälle und die Lektüre der jedermann zugänglichen Schriften von Rosenberg und Schultze-Naumburg hätten als Warnsignal eigentlich reichen müssen. Daß es weitgehend überhört wurde, hat wahrscheinlich mehrere Gründe. So weiß man aus anderen Zusammenhängen, wie leichtfertig die Hitlerpartei mit ihren frühen Erfolgen als vorübergehende Absurdität, als flüchtiger Spuk abgetan wurde.[2] Und wie sollte sich auch andererseits so etwas wie Widerstand unter den Betroffenen erheben? Ein geschlossenes Bekenntnis oder auch nur eine Kooperation, die eindeutig nach links gewiesen hätte, war für das Bauhaus-Kollegium undenkbar. Der 1928 zum Direktor berufene Sozialist Hannes Meyer erscheint Oskar Schlemmer eher als «Grabschaufler» des Bauhauses.[3] Und als Mies van der Rohe 1930 anstelle des abgesetzten Meyer zum Direktor aufsteigt, erheben die Studenten den Verdacht, daß auch Kandinsky an diesem Wechsel nicht unbeteiligt gewesen sein könnte.[4] Die von Schlemmer formulierte Ablehnung «kommunistischer Tendenzen», «weil sie meinen Idealen und Talenten völlig wesensfremd gewesen wären» – so in einem Brief an den preußischen Kulturminister Bernhard Rust im April 1933 –, ist keine bloße Rechtfertigung, sondern ernst gemeint.[5] Genau hier liegt das tragische Mißverständnis begründet: Jene Klassifizierung als Kulturbolschewisten war zwar ärgerlich und beängstigend; im Bewußtsein der auf diese Weise Angegriffenen muß sie jedoch als derart abwegig aufgenommen worden sein, daß man sich noch in Sicherheit wiegte und das Ausmaß der Gefahr nicht recht erkannte. Selbst als der letzte Versuch scheiterte, in Berlin ein Bauhaus aufrechtzuerhalten, erwägt Schlemmer noch das Gerücht, daß das «Ganze ‹ein Mißverständnis› gewesen» sei und gibt die Stimmung Kandinskys mit den Worten wieder, daß dieser auch noch nicht daran glaube.[6] Woran man nämlich nicht glauben konnte oder wollte, war der Vorwurf der Nazis, nicht um die deutsche Sache bemüht zu sein. Die nationale Sendung der Kunst war den meisten später als «entartet» Eingestuften so selbstverständlich, daß sie gar nicht auf die Idee kamen, sie könnten vom Aufbau des Dritten Reiches ausgeschlossen werden. Wenn auch die Ausfälle Schultze-Naumburgs und Rosenbergs, die Aktivitäten des «Kampfbundes für deutsche Kultur» und schließlich die Aktionen der Thüringischen Landesregierung Schlimmes befürchten ließen, so glaubte doch niemand so recht daran, daß man ihm ernsthaft einen Mangel an nationaler Gesinnung werde nachweisen können, weswegen übrigens auch sehr viele patriotisch gesinnte Juden 1933 nichts Schlimmes befürchteten.[7] Die «verbindliche Sinnsetzung» der Kunst, nämlich zur nationalen Wiedergeburt beizutragen, war bei allen Unterschieden im einzelnen niemals ernsthaft umstritten gewesen, und man muß wohl dem harten Urteil Bazon Brocks zustimmen, wenn er sagt: «Das Resultat wäre nicht anders gewesen, wenn Emil Nolde statt des Reichsschamhaarmalers Ziegler Präsident der Kunstkammer geworden wäre, wenn Fritz Lang – wie ihm von Goebbels angeboten wurde – die Reichsfilmkammer übernommen hätte und wenn Walter Gropius statt Albert Speer das Bauprogramm des Führers verwirklicht hätte – bis 1935 jedenfalls wäre Gropius von einem solchen Ansinnen kaum überrascht worden.»[8]

Die Reichsidee und der Mythos des Nationalsozialismus, teilweise wohl auch schon der Mythos des Führers, übten eine Faszination aus, welche die Chauvinismen der völkischen Fraktion überstrahlte. Durfte man vom Führer nicht mehr erwarten als die buchhalterische Kleinlichkeit solcher Inquisitoren wie Schultze-Naumburg, Rosenberg und

Adolf Bartels? In dieser Richtung äußert sich Wilhelm Pinder 1933 anläßlich einer Tagung des «Reichsbundes Volkstum und Heimat»: «Ohne daß ich für irgendeinen der angefochtenen ‹Modernen› heute im geringsten die gleiche Begeisterung verspüren könnte wie für die Werke der großen alten Deutschen – das glaube ich doch, daß die Ehrlichkeit, das Ringen und meinetwegen die ‹Absonderlichkeit› unter solchen Menschen schon mehr vom Kommenden verraten als die fleißigen Spießereien, die sie mit billiger Verachtung bekämpfen.» Denjenigen, die es sich im nachgeahmten altdeutschen Ambiente bequem machten und sagten: «Wir *haben* ja schon den ‹deutschen Stil›, wir sind bloß verkannt worden» –, diesen könne er nur erwidern: «Ihr glaubt noch gar nicht wirklich an die Größe der neuen Bewegung, denn, wenn ihr an sie *glaubtet*, so wüßtet ihr, daß der neue große Stil durch sie *erzeugt* werden wird und vor ihrem seelischen Endsiege – der erst vor uns liegt – ja noch gar nicht dasein kann!»[9] Was die Rolle der völkisch-reformerisch orientierten Heimatboden-Ästhetiker anbelangt, sollten solche Erwartungen auch erfüllt werden, spätestens als Hitler sich auf seiner Parteitagsrede 1934 gegen das – wie er es rhetorisch geschickt verpackt – «plötzliche Auftreten jener Rückwärtse» wendet, welche meinten, «eine ‹teutsche› Kunst aus der krausen Welt ihrer eigenen romantischen Vorstellungen der nationalsozialistischen Revolution als verpflichtendes Erbteil für die Zukunft mitgeben zu können...».[10] Wahrscheinlich war es aber immer noch für viele mißverständlich, was Hitler mit seinem Motto «deutsch sein, heißt klar sein» recht eigentlich beabsichtigte. Denn diese Worte klangen nicht gänzlich unvertraut, sondern im Gegenteil sehr vielversprechend. Daß die nationalsozialistische Partei «kein Debattier-Club wurzelloser Literaten oder chaotischer Salon-Bolschewisten werden sollte», statt dessen eine «Organisation der Disziplin», klang vor dem Hintergrund neusachlicher Diskussionen eher vielversprechend [11], zumal auch Goebbels die Neue Sachlichkeit als «deutsche Kunst des neuen Jahrzehnts» gefeiert hatte.[12] Und von den Bewegungs-Chören des Rudolf von Laban, wie Utitz sie willkommen hieß, zu den Chören des nordischen Thing-Theaters gibt es institutionelle und personelle Verbindungslinien, wie sie sich auch schon im Semantischen ankündigen: Aus der zuchtvollen Einordnung, die Utitz heraufziehen sah, sind in der Vorstellung der Nationalsozialisten inzwischen «Bataillone der Zucht, der Eingliederung und des Gehorsams» geworden.[13]

Es ist nur ein anderer Aspekt der allgemeinen Sprachverwirrung, wenn Oskar Schlemmer 1935 in sein Tagebuch notiert: «Das Klassisch-Klassizistische ist meine Domäne, mein natürliches, als ein Ordnung suchendes und Klarheit anstrebendes Bemühen.»[14] Ein Jahr zuvor hatte er dem Direktor des Folkwang-Museums, dem SS-Hauptsturmführer Klaus Graf Baudissin versichert, er «sehe mit großer Gelassenheit der Entwirrung der Kunstdinge entgegen und mit einem beträchtlichen Glauben an das unzerstörbare Deutsche, das sich naturnotwendig durchsetzen» werde.[15] Sein Klassizismus, so heißt es in einem anderen Brief an den kommissarischen Direktor der Berliner Nationalgalerie, Alois Schardt, erkläre sich schon durch die Römersiedlungen des in der Nähe seines Geburtsortes Stuttgart gelegenen Cannstatt, also angelegt nicht nur durch eine geographische, sondern auch durch eine «psychische» südliche Orientierung. Und er fragt: «Kann es nicht auch ein Verdienst sein und ein echtes Bestreben, das Extatische-Faustische zu *überwinden*, statt es zu suchen? – Ich habe es mir immer zum Ziel gesetzt, das Überschwengliche-Dionysische zu läutern und zu *formen*, um das Apollinische zu erreichen.»[16] Schlemmers Streben zum Apollinischen dient aber nun keineswegs der Neuen Sachlichkeit. Ganz entgegen den geringschätzigen Aussagen von Rosenberg glaubt Schlemmer zu sehen, daß der «Instinkt der Nationalsozialisten» gerade hierauf verfalle[17] und man sich vornehmlich auf die Vertreter jener biedermeiernden Neuen Sachlichkeit berufe.[18] «Selbst Gutgläubige und Gutwillige» hätten sich vom Nationalsozialismus abgewandt, «der im Kulturellen Furchtbares erwarten ließe».[19] Schlemmer muß selbst immer wieder erkennen, wie sein Patriotismus ins Leere läuft, wie «das Gute, Typische, Deutsche, das auch in der Kunst herauszustellen Unterton und Wille sei»[20], nicht anerkannt wird, auch nicht die Ideen, die ihm «als deutschem Christen... in die Seele gepflanzt wurden, und denen Ausdruck zu verleihen, seit Jahrzehnten (sein) ausschließliches Bestreben» gewesen sei.[21]

Natürlich sprach eine von heutigen, in jeder Hinsicht überversorgten Generationen nicht mehr nachvollziehbare Existenzangst mit, wenn Schlemmer einen Brief an den preußischen Kulturminister Bernhard Rust mit folgendem Bekenntnis einleitet: «Als deutscher Mensch und Künstler protestiere ich mit aller Entschiedenheit gegen die Verdächtigung, ein Jude zu sein, als welcher ich gestern im Vestibül der Vereinigten Staatsschulen in der Hardenbergstraße auf schimpflichste Weise gebrandmarkt wurde. Von den Rektoren und Präzeptoren Schlemmer in Schlüchtern, Hessen, abstammend, ist meine christlich-protestantische Herkunft bis zum dreißigjährigen Krieg makellos nachgewiesen.»[22] Auf diese Weise haben nicht nur Künstler ihre Haut retten wollen, und jedem, der darüber moralisch urteilen will, sei Zurückhaltung angeraten. Gleichwohl bedeuten solche – wie gesagt nicht vereinzelte – Äußerungen objektiv die Einwilligung, daß Sanktionen gegen «echte» Juden und andersartige Fremde durchaus als rechtens zu beurteilen seien, während man sich selbst – wie Schlemmer es ausdrückt – zu Unrecht als ein solcher *gebrandmarkt* sieht.

Oskar Schlemmer, der hier als Beispiel vieler ähnlicher Reaktionen bemüht wurde, war gewiß kein Chauvinist. In seinen Brief- und Tagebuchaufzeichnungen gibt es viele Hinweise, wie sehr er die Nazis verabscheute. Mehrfach bezeichnet er sich als jemand, der in der Mitte steht, unpolitisch ist. Äußerungen, daß der «Nationalkommunismus» vielleicht begrüßenswert sei[23], verraten wie bei anderen eher politische Unbedarftheit. Dennoch bleibt bei alledem der Eindruck, als werde in den Reaktionen der avantgardistischen Künstler weniger das grundsätzlich vom Nationalsozialismus verantwortete Übel angesprochen, sondern in erster Linie der Nachweis geführt, daß ihnen selbst durch die Verkennung nationaler, rassischer und anderer Zielsetzungen großes Unrecht geschehen sei. Neben denen, die sich 1933 davonmachen mußten, um dem Zuchthaus oder dem Konzentrationslager zu entgehen[24], gab es eine eindeutige Reaktion bei Personen wie Heinrich Mann oder Käthe Kollwitz. Als sie aus der preußischen Akademie der Künste entfernt wurden, wußten sie längst, mit wem sie es zu tun hatten und absolvierten den unwürdigen Vorgang ohne weiteren larmoyanten Kommentar.[25] Auch von Kandinsky sind keine wehleidigen Protestschreiben bekannt.[26] Er begibt sich noch 1933 nach Paris. Aus vielen anderen Reaktionen, die zum Teil erst durch Schriftstücke Mitte der dreißiger Jahre dokumentiert sind, spricht dagegen in erster Linie Verunsicherung. Sollte nicht trotz der schrillen Töne aus Kampfbundkreisen noch ein Platz für Expressionisten und Neue Sachliche zur Verfügung stehen, zumal – wie wir noch sehen werden – Teile des nationalsozialistischen Kulturmanagements sich zunächst durchaus als ‹Verbündete› zu erkennen gaben. Bei allem Verständnis für existentielle Beweggründe ist die immer wieder formulierte Enttäuschung darüber, vom nationalsozialistischen Regime *nicht* anerkannt worden zu sein, kein Ruhmesblatt in der Chronik der deutschen Avantgarde. Dem Ausschluß aus der preußischen Akademie antworteten nicht wenige mit Anbiederung, so der Bildhauer Ludwig Gies, der betonte, er fühle sich weder durch seine politische Einstellung als auch nach seiner künstlerischen Leistung «*ungeeignet*, in der heutigen Akademie an der deutschen Kunst mitzuarbeiten».[27] Mies van der Rohe lehnt den Austritt u. a. mit dem Argument ab, daß «ein solcher Schritt in der heutigen Zeit zu Mißdeutungen Anlaß geben» könne.[28] Ernst Ludwig Kirchner lebte bereits in Davos und antwortete auf die Aufforderung, aus der Akademie auszutreten, mit dem Bekenntnis: «Seit nun bald dreißig Jahren kämpfe ich durch meine Arbeit für eine neue, starke und echte deutsche Kunst und werde das tun, solange ich lebe.»[29] Und noch 1937, als kein Zweifel über die NS-Kulturpolitik mehr bestehen kann, schreibt er: «Ich bin doch kein Feind, wenn ich gesund wäre, würde ich ja so gerne mitarbeiten am Aufbau einer neuen deutschen Kunst.»[30] Der Architekt Bruno Paul fügt seiner erzwungenen Rücktrittserklärung fast noch ein Bekenntnis zum Nationalsozialismus hinzu. In den schwersten Kampfzeiten der nationalsozialistischen Bewegung habe er wegen «hitlerfreundlicher Haltung» Schwierigkeiten mit dem damaligen Kultusministerium bekommen und sei gar verdächtigt worden, heimlich Mitglied der NSDAP zu sein. Auch mit dem Führer habe er korrespondiert, habe ihm einen Reisebericht mit Widmung geschickt und sei sogar ins «Braune Haus» in München eingeladen worden. Von Max Liebermann, dem ehemaligen Präsidenten der Akademie, sei er dagegen als «antisemitischer Nationalist» abgelehnt worden. Wie könne es kommen, daß er nun als Judenfreund hingestellt würde?[31] Emil Nolde erinnert noch einmal daran, wie er «gegen das einstige unsaubere Kunsthändlertum, gegen die Überfremdung der deutschen Kunst und gegen die Liebermannsche und Cassirersche Macht» angegangen sei. Seine hochgestellten Ideale seien im wesentlichen die gleichen wie jene «durch den Nationalsozialismus durchkämpften». «Als die deutsche nationalsozialistische Partei in Nordschleswig gegründet wurde, bin ich deren Mitglied geworden. Meine Gesinnung und ganze Liebe ist für Deutschland, das deutsche Volk und seine Ideale. Heil Hitler.»[32] Ausgeschlossen wird 1933 auch jener Th. Th. Heine, der sich in Vinnens Protest noch gegen die Überfremdung durch die Franzosen gewendet hatte.[33] Ein anderer großer Expressionist, Max Pechstein, betont in einem ähnlichen Schreiben, daß er und seine Frau Vollarier seien, der älteste Sohn SA-Mann, der jüngste im Jungvolk und er selbst Mitglied im NS-Luftsportverband. Mit Stolz blicke er auf seine Vorfahren, «ein altes Geschlecht von Huf- und Waffenschmieden». «Daß mir der Dank des Vaterlandes einmal in dieser Form zuteil würde, glaubte ich bis jetzt nie!»[34]

So bedeutete die Politik der Nationalsozialisten eine herbe Enttäuschung. Die politische Kraft, die am lautesten einer kulturellen Katharsis und einer Wiederbelebung deutschen Geistes in der Kunst das Wort geredet hatte, wollte mit den künstlerischen Vorkämpfern dieses Ideals anscheinend nichts mehr zu tun haben. Jene, die ihre Utopie so weit und so grundsätzlich formuliert hatten wie Kandinsky, mußten eigentlich damit rechnen, daß ein sich etablierendes Regime vom Schlage des Nationalsozialismus keinen Platz für sie bereithielt. Kandinsky selbst mußte sich seiner Herkunft und seiner Verbindungen zum revolutionären Rußland wegen ohnehin als gefährdet fühlen, so daß ihm nur die Emigration blieb. Andere, wie Emil Nolde und Franz Radziwill, waren treue Parteigenossen gewesen, Radziwill sogar weit über den Zeitpunkt hinaus, zu dem man begonnen hatte, seine Arbeit als entartet zu klassifizieren. Er ist nicht der einzige, der trotz aller Demütigungen noch lange Zeit um Anerkennung bemüht ist.[35] In einer von Reinhard Merker zusammengestellten Liste ist erkennbar, daß der überwiegende Teil der Emigranten von 1933 kommunistisch, sozialistisch oder jüdisch war, darunter John Heartfield und George Grosz. Klee geht ebenfalls 1933, Kokoschka, Moholy-Nagy und Walter Gropius 1934.[36] Für diese erfolgsgewohnten Männer besteht kein Anlaß, ihre Arbeit nun gänzlich aufzugeben. In den USA stand Gropius bekanntermaßen noch eine große Karriere bevor. Die meisten großen Namen verschwanden erst später aus den deutschen Adreßbüchern; Feininger, Beckmann, Belling, Schwitters emigrieren 1937; Itten, Max Ernst, Ludwig Meidner, Mies van der Rohe zwischen 1938 und 1941. In der sogenannten «inneren Emigration» reicht das Spektrum von vorwiegender Anpassung, wie etwa bei Karl Rössing, Franz Radziwill, Conrad Felixmüller, Erich Heckel und Karl Schmidt-Rottluff, bis hin zum politischen Widerstand, wie dem von Karl Schumacher und Otto Nagel.[37] Die meisten, so heißt es, lebten zurückgezogen. Ob der eine oder andere nicht nur verbittert sein Schicksal beklagte, sondern auch darüber nachdachte, was die einstige künstlerische Überhöhung des Begriffes «Deutsch» zu alledem beigetragen hatte, ist nicht bekannt.

2. Interessenkonflikte und Richtungskämpfe im Nationalsozialismus

In die nationalsozialistische Bewegung auch im Sinne der Kunst gewisse Hoffnungen zu setzen, war nicht abwegig. Als eine Strömung der konservativen Revolution partizipierte der Nationalsozialismus an deren ästhetischem Anspruch. Seine nicht unbeträchtliche jüngere Klientel war weitgehend durch die Jugendbewegung sozialisiert worden[38], und wenn man auch nicht so recht wußte, wie das vehement geforderte Reich der Zukunft aussehen sollte, so galt in der Gegenwart dem Philiströsen und Gestrigen doch alle denkbare Verachtung. Mit diesem – wenn man so will – revolutionären Bewußtsein ließ sich wiederum die Orientierung an sogenannten bleibenden Werten, wie Volk, Heimat, Nation usw., durchaus vereinbaren. In die Jugendbewegung war alles aufgenommen worden, was irgendwie geeignet war, « die Seele zu weiten » ; auch wenn die Gehalte im einzelnen sehr weit auseinanderlagen – alles was sich ‹verkündigen› ließ und dem prophetischen Gestus gut zu Gesicht stand, wurde als literarisch-ästhetisches Material mit Interesse aufgenommen. Siegfried Bernfeld hat darin eine besondere Form der Pubertät erkennen wollen und die psychische Verfassung des jugendbewegten Führers, der seinen Kreis unentwegt mit neuen Grundwahrheiten versorgt, als die Psychologie des Künstlers schlechthin bezeichnet.[39] Diesen Phänotypus hat kein anderer besser verkörpert als der Verleger Eugen Diederichs, dessen Name in keinem der zahlreichen Kulturbünde fehlte, der « für alles offen war », der die hochkarätigsten Autoren betreute, aber wie auch Heinrich Wölfflin genausogut dem « Kampfbund für deutsche Kultur » als Redner zur Verfügung stand.[40] Von diesem jugendbewegten Enthusiasmus reicht das Spektrum der nationalsozialistischen Klientel über bildungsbürgerlich-akademische Mentalitäten bis hin zur preußisch-militaristischen Stahlhelm-Fraktion.[41] Und offenbar glaubte noch eine Zeitlang jede dieser Gruppierungen, daß die Bewegung und das Reich sich in ihrem Sinne entwickeln würden.

Es ist nun sehr schwierig, aus der Zugehörigkeit zu einer sozialen Gruppe, Schicht oder Konfession eindeutige kulturelle bzw. künstlerische Dispositionen und Präferenzen abzuleiten. Neue Analysen der NS-Wählerschaft zeigen ein außerordentlich differenziertes Bild.[42] Wir haben jedoch keinen Anlaß daran zu zweifeln, daß jene Wende zur « Männlichkeit », ob sie sich nun wie bei Franz Roh als künstlerischer

Erkenntniswille[43] oder wie bei Rudolf Bode als Körper-Ideal[44] abzeichnete, im Übergang zu den dreißiger Jahren skeptisch beurteilt worden wäre. Ohne daß damit schon eine dezidierte künstlerische Interpretation gemeint war, finden wir die «Männlichkeitssymbolik» in den militärischen und paramilitärischen Subkulturen der zwanziger Jahre[45], in der Bündischen Jugend und in ihrem weiteren Umfeld, weltweit aber auch in der künstlerischen Symbolik der dreißiger Jahre.[46] Die weitere Anerkennung der Moderne innerhalb des Hitlerfaschismus oder sogar die Aussicht des Expressionismus, zur Staatskunst zu avancieren[47], hätte aber zur Voraussetzung gehabt, den expressionistischen Aufbruch der Jahrhundertwende mit dem neuen Idealbild von Klassizität weiter versöhnen zu können. Dies hätte einer gewissen intellektuellen Beweglichkeit bedurft, wie sie anfangs noch erwartet wurde und gewiß auch einem Teil der Anhängerschaft des Nationalsozialismus entsprach. Bis 1937 zeigten sich solche Hoffnungen mehr und mehr enttäuscht. Theodor Geiger verweist in seinem Exkurs über «Die Mittelstände im Zeichen des Nationalsozialismus» auf «weite Kreise der jüngsten – auch der akademischen – Jugend. Gerade diese Anhängerbestände geben aber innerhalb der Bewegung durch ihre Stoßkraft auf der Linie der nationalistischen Gesinnung den Ton an. Sie sind die Träger des nationalen Aktivismus, während die älteren Jahrgänge des Bürgertums mehr in passiver Gläubigkeit von der Bewegung das Wunder erwarten, das sie aus ihren Bedrängnissen erlöst.» Die Haltung der Jugend sei nun aber «schlechthin ungeschichtlich». Man habe dieser Jugend klarzumachen versäumt, «daß Geschichte Erbgang ist». «Nicht darauf kommt es hier an, daß dieser Nationalismus revolutionär ist und also dialektische Wendung; Revolution ist letzthin *Wendung des Geistes* und der Geist wahrt über sie hinweg seine Kontinuität, die von einem höheren Geist des historischen Standorts aus erkennbar bleibt. Aber diese Revolution des Nationalsozialismus ist *Wegwendung vom Geist*, sie verleugnet den Geist überhaupt, verleugnet die Nation selbst, die doch geschichtliche Entfaltung des Geistes ist.»[48] Geiger hat mit dieser Auffassung nicht ganz recht behalten. Denn es waren eben Teile dieser Jugend, die sich innerhalb der Bewegung von der Rosenbergschen Linie distanzierten und damit keineswegs eine ungeschichtliche Haltung an den Tag legten – es sei denn, man verwechselt Geschichte mit der Konsolidierung und Institutionalisierung von Macht. In den ersten Jahren des Regimes sind die nationalbolschewistisch orientierten Gruppierungen ein dominierender Unsicherheitsfaktor. «Hütet

Euch vor dem Nationalbolschewismus», lautete ein Aufruf an die Jugend, verfaßt von August Winnig und Hans Grimm.[49] Anlaß für eine solche Warnung besteht überall, wenn man Otto Ernst Schüddekopf, dem Chronisten dieser Strömung, folgt. So sei es den aktiven, zum Nationalbolschewismus tendierenden Jugendlichen nicht darum gegangen, «Deutschland die Grundlagen einer bescheidenen bürgerlichen Existenz zu erhalten, (...) sondern den Kampf um die Macht nach großen Gesichtspunkten zu organisieren.»[50] Der spätere Leiter des Verlagsreferats im Reichspropagandaministerium, Heinz Gruber, gehörte Ende der zwanziger Jahre der «Freischar junger Nation» an. Sein Werdegang und seine Haltung geben ein typisches Beispiel für jene «linken Leute von rechts», die den reibungslosen Ablauf des nationalsozialistischen Herrschaftsapparates zunächst noch behinderten. Gruber bekannte sich zur sogenannten schwarzen Front, dem Kreis um Otto Strasser, und war zugleich einer der Führer der Berliner Hitlerjugend. Sein Bericht wirft ein Licht auf eine außerordentlich unübersichtliche Situation.[51] Der damals Einundzwanzigjährige ist Organisator der sogenannten Stoßtrupps, einer Art Agitationstheater für nationalsozialistische Volkskultur. Am 10. Oktober 1932 findet in einem Berliner Kino eine Aufführung statt, der u.a. Robert Ley, Heinrich Himmler und Josef Goebbels beiwohnen. Zentrales Thema des aufgeführten Stückes ist das «Aufsteigertum» jener Funktionäre, die das Volk verlassen hätten, zu bürgerlichen Spießern geworden seien und die aus der Reformbewegung tradierte Verpflichtung, dem «ganzen Menschen» zu dienen, verraten hätten. Vom Leiter der deutschen Arbeitsfront, Robert Ley, erhält Gruber mehr als eine Million Reichsmark, um seine Agitation im Rahmen des «Reichsbundes Volkstum und Heimat» auszubauen. Dies erweckt das Mißtrauen der bereits im Parteiapparat Avancierten, Baldur von Schirach und Artur Axmann[52], die Grubers und weiterer zweihundert Hitlerjungen Austritt aus der HJ provozierten. Auf Axmanns Betreiben werden Gruber und eine Reihe anderer Hitlerjugendführer in der Berliner Gestapo-Zentrale gefangengehalten, wo auch Eberhard Koebel, der Gründer der Deutschen Jugendschaft d.J. 1.11. einsitzt. Gruber wird Zeuge, wie der zwischen Lenin und Hitler hin und her schwankende Koebel sich umzubringen versucht. Am 24.5.1933 hat Koebel seinen Jungen übrigens den Eintritt in die Hitlerjugend empfohlen.[53] Gruber entkommt diesmal der Einlieferung in ein KZ (bis 1937 ist er kurzfristig zweimal diesen Weg gegangen), weil Görings Staatssekretär die Intervention des HJ-Gebietsführers Axmann als Einmischung in seine Angelegenheiten scharf zurückweist. Im selben Jahr, auf dem Reichsparteitag, steht Gruber bereits wieder mit dreitausendfünfhundert Jungen in Nürnberg; die vermeintliche «zuchtvolle Eingliederung» begeistert den Führer so, daß aus den dreitausendfünfhundert mit blauen Jugendschaftsblusen bekleideten Stoßtruppmitgliedern schon bald hunderttausend werden sollen. In dieser Megalomanie glaubt Gruber jedoch einen Verrat an nationalsozialistischer Volkskultur zu erkennen: Gruber und einundsiebzig von zweiundsiebzig Stoßtruppführern stellen – so fährt sein Bericht fort – ihr Amt zur Verfügung und werden für längere Zeit arbeitslos. Durch «jugendbewegte» Verbindungen wird Gruber 1936 zum Leiter der Abteilung Eigenwerbung im Ullstein-Verlag, 1937 zum Verlagsreferenten bei Goebbels. Dort wird er Zeuge, wie Arno Breker sich für das unmittelbar bedrohte Leben von Peter Suhrkamp einsetzt, während es ihm selbst gelungen sei, Ernst Jüngers «Marmorklippen» durchzusetzen und Erich Kästner mit der Arbeit für das «Münchhausen»-Drehbuch zu versorgen.

Ein Blick auf die Aufmachung der zahlreichen bündischen Schriften, die im großen und ganzen der nationalsozialistischen Ideologie huldigten, bestätigt die Feststellung Grubers, daß man in Kreisen des Jungvolks eindeutig an so etwas wie der Bauhaus-Ästhetik orientiert war und von den völkischen Reden auf Anraten Schultze-Naumburgs wenig wissen wollte.[54] Wir haben dem Bericht Grubers hier aber auch deswegen so viel Platz eingeräumt, weil er einmal mehr zeigt, wie die expressionistische Emphase keinen unbedingten Gegensatz zur Strenge der Neuen Sachlichkeit aufweist; im Gegenteil, die «Nüchternheit und sachzugewandte Herbheit» an den Tag legende Jugend war mit ihrer «Abneigung gegen literarische Sentimentalität», mit ihrer gesunden Opposition gegen alles «geistige Gehabe und das weihrauchqualmende Zelebrieren der Kultur» durchaus geneigt, in den vergangenen dreißig Jahren die Inspiration ein und desselben «deutschen» Geistes zu sehen.[55] Dies ist der Hintergrund der immer wieder angeführten ersten Oppositionswelle gegen die nationalsozialistische Kunstdiktatur. Sie kulminierte am 29. Juni 1933 in einer Kundgebung in der Berliner Friedrich-Wilhelm-Universität unter dem Motto: «Jugend kämpft für deutsche Kunst»[56] und einer ebenfalls vom NS-Studentenbund organisierten Ausstellung in der Berliner Galerie Moeller unter dem Titel «Dreißig deutsche Künstler». Vertreten waren u.a. Rohlfs, Pechstein, Macke, Schmidt-Rottluff, Barlach und Nolde.[57] Außer mit dem Goebbels-Referenten Hans Weidemann ist dieses Aufbegehren vor allem mit dem Namen Otto Andreas Schreiber verbunden, der ebenfalls aus bündischen Zusammenhängen hervorgetreten war, sich bereits als SA-Mann und NS-Studentenführer verdient gemacht hatte[58] und in den Ruf eines «kulturellen Otto Strasser» geraten war.[59] Zur kulturellen Reglementierung durch die Behörden sagt Schreiber auf der Kundgebung: «Der Versuch der kunsthistorischen Dogmenbildung durch unschöpferische Menschen liegt wie ein Alpdruck auf allen jungen Künstlern unserer Bewegung... Die nationalsozialistischen Studenten kämpfen gegen die Kunstreaktion, weil sie an die lebendige Entwicklungskraft der Kunst glauben und weil sie die Verleugnung der deutschen Kunstgeneration, die der heutigen vorausging und deren Kräfte in die Kunst der Zukunft einmünden, abwehren will. Die nationalsozialistische Jugend... glaubt an nichts so fest wie an den Sieg der *Qualität und der Wahrheit.*»[60] Die Ausstellung wurde bekanntlich sofort geschlossen, konnte aber, nachdem der Name des NS-Studentenbundes aus dem Spiel gebracht war, mit Goebbels' Duldung in privater Regie weitergeführt werden. Doch schon ein Jahr darauf machte Schreiber wieder von sich reden. Anläßlich der Futuristen-Ausstellung 1934 in Berlin, zu deren Schirmherren u. a. Rust, Göring und Goebbels gehörten, bemerkt er, daß die Italiener recht eigentlich gar nicht in der Lage seien, Einfluß auf die deutsche Malerei auszuüben, «da vor zwanzig Jahren die deutschen Expressionisten weitaus tiefer und gründlicher in der Richtung Neueroberung künstlerischer Grundelemente vorgestoßen sind und zugleich dem nordischen Menschentum neue Möglichkeiten eröffneten». Es solle zwar nicht verleugnet werden, «daß der Faschismus den Futurismus über formale Errungenschaften hinaus auch ein neues Menschentum propagieren läßt. Nur ist dieses Menschentum zu sehr romantischer Prägung, als daß es uns Nordländern zugänglich wäre. Die geistige Fruchtbarkeit der nordischen Rasse erweist sich gerade in diesem Bereich.»[61] Daß der Vorkämpfer nationalsozialistisch-revolutionären Gedankenguts in der Hochschulszene die «geistige Fruchtbarkeit der nordischen Rasse» nur taktisch erwähnt, ohne selbst daran zu glauben, darf bezweifelt werden, wie man sich überhaupt davor hüten sollte, über dem teilweise mutigen Verhalten der «Strasser-Leute» zu vergessen, welche politischen Ziele sie verfolgten.[62] Immerhin hat Schreiber als Schriftleiter der Zeitschrift «Die Kunst der Nation» versucht, für künstlerische Freiheit – wie er sie verstand – einzutreten und ein Bild des Nationalsozialismus aufrechtzuerhalten, wie es vielen Sympathisanten vorschwebte: ideologisch streitbar, nicht aber diktatorisch und zur ideellen und physischen Vernichtung des anderen bereit. Der vom «Führer» eingesetzte Führer der deutschen Jugend, Baldur von Schirach, war dagegen ein Opportunist. Zwischen den ebenfalls sich noch im jugendlichen Alter bewegenden Akteuren des Autodafés und der intelligenteren, jugendbewegt-musischen Klientel wollte ihm eine programmatische Vermittlung nicht so recht gelingen. In seiner Eigenschaft als NS-Funktionär in der «Ostmark» förderte er 1942 eine Ausstellung vorwiegend expressionistischer Kunst in Wien[63], und bis 1932 hatte er den in der Reichsführung der Hitlerjugend vertretenen Werner Haverbeck am Aufbau eines Jugendverbandes für musische Erziehung arbeiten lassen, der sich mit seinen Laienkultur-Konzepten im Kontext der Kunsterziehung durchaus sehen lassen konnte.[64] Doch machte sich Schirach zunehmend zum Repräsentanten der sogenannten «Goldfasane», also der aufgeputzten NS-Würdenträger. 1933 erscheint unter seinem Namen ein dicker Foliant mit dem Titel «Die Pioniere des Dritten Reiches». Porträtiert werden hundertfünfundzwanzig Männer, die uns einen Eindruck davon vermitteln, wer anstelle der kulturell ambitionierten, am nordischen Expressionismus interessierten Klientel Einfluß im NS-Staat gewinnt und die zunehmende Auszehrung an Kreativität mitverantwortet. Unter den Porträtierten befinden sich gleich zwei der «apokalyptischen Drei», der «Dicke und der Hinkende», wie Klaus Mann sie in «Mephisto» genannt hat – Göring und Goebbels. Auch Himmler und Bormann sind vertreten, Hess sowie der Reichsbauernführer Robert Walther Darré, der Protektor des besonders widerwärtigen Bilderstürmers Wolfgang Willrich[65] und auch des sogenannten Reichsschamhaarmalers Adolf Ziegler. Mit diesem korrespondierte Darré ausführlich – um ein prägnantes Beispiel zu geben – über «den Studienkopf der rassisch so vorzüglichen jungen Holsteinerin».[66] Darré übrigens war Sohn eines leitenden Angestellten im Import-Export-Geschäft und Austausch-Schüler am berühmten King's College in London. 1922 hatte er die Universität Halle als Diplomlandwirt verlassen.[67] Überhaupt liest sich die von Schirach aufgestellte Liste nicht unbedingt wie eine Chronik der Gescheiterten. Bei einem Drittel der ehrenwerten Gesellschaft handelt es sich – wie man damals sagte – um Vollakademiker, darunter eine Reihe promovierte Volkswirte, Juristen und Philologen. Läßt man jene beiseite, die nur als Angestellte der NSDAP ihr Brot verdienten, so bleiben ca. 60 %, die längere Zeit einem bürgerlichen Beruf nachgehen.

Das Kämpferische in der Kunst der Deutschen

VON MAX WEGNER

Wie unsere deutschen Lande in ihrer Fülle und Kargheit, Kraft und Milde, Gewalt und Zartheit sich hinbreiten und jeder Schritt des Bodens in wortloser Sprache aussagt: Das ist dein Deutschland, ebenso gleichen auch die zahllosen Werke der Kunst einer vielgesichtigen Landschaft, die erschaffen wurde aus der Schöpfungskraft der deutschen Seele. Suchen wir unseres Volkes Gesicht und Geist zu erfassen, wird es gut sein, eine Wanderschaft anzutreten durch die Landschaften unserer Kunst. Dann erblicken wir das Antlitz unseres Volkes, wie es sich leidgeprüft, kampfgestählt

Der Braunschweiger Löwe,
das Sinnbild des Welfenherzogs, der den Deutschen den Lebensraum im Osten erschloß
Nach einer Aufnahme von Senta Woelfle-Grüning (Heimeran-Verlag)

■ Seite aus der SS-Schriftenreihe «Zucht und Sitte», 1944

■ Adolf Hitler: Burg Utopia, Aquarell

Der Anteil von Arbeitern ist verschwindend klein, der von Soldaten erwartungsgemäß größer. Aus einem bürgerlichen Milieu teilweise akademischer Prägung (Beamte, Angestellte, Kaufleute) stammen ebenfalls 60 %, die Gutsbesitzer-, Handwerker- und Berufssoldatensöhne nicht mit eingerechnet. Die meisten «Pioniere des Dritten Reiches» kamen aus der Provinz. Diese Mischung aus Provinzialität, Verwaltungsbeamtenmentalität, deutsch-nationaler Handelsgehilfenideologie läßt erkennen, daß der entscheidende Parteiapparat für den kulturellen Neubeginn intellektuell nicht gerüstet war und schon gar nichts für künstlerische Experimente übrig hatte. Man kann sich diese in Reitstiefel und unter Schulterriemen gezwängten juristischen Doktoren und Studienräte besser als Bewunderer eines gymnasialen ‹Griechentums› denn als Apologeten der nordisch-expressionistischen Boheme vorstellen. Umgekehrt aber waren diese Figuren durchaus Träger bürgerlicher Hoffnungen. Die Ergebnisse der Reichstagswahlen geben hier zusätzliche Anhaltspunkte, wenn z. B. die Tendenz vor allem eines protestantischen Bürgertums erkennbar wird, sich zugunsten der NSDAP von den liberalen Parteien zu lösen.[68] Wer sich mit Kunst beschäftigte – Männer wie Emil Nolde, Gustav Kolb und Wilhelm Pinder – und dabei auf den Nationalsozialismus setzte, tat dies nicht ohne Kenntnis eben dieser «Pioniere» und der von ihnen repräsentierten ästhetischen Stimmung. Wer 1928 «Männlichkeit» forderte wie Emil Utitz, muß die merkwürdige Männlichkeit der SA vor Augen gehabt haben. Ebenso wie Otto Andreas Schreiber und Paul Fechter, die glaubten, trotz alledem noch dem Expressionismus zum Recht verhelfen zu können.

In diesem Zusammenhang ist die Haltung eines Großteils der akademischen Elite bis heute schwer verständlich.[69] Als Wilhelm Pinder 1938 seinen sechzigsten Geburtstag feierte, eröffnet der durch den Anschluß seiner österreichischen Heimat ebenfalls ins Reich heimgekehrte Hans Sedlmayr eine zu diesem Anlaß erschienene Festschrift u. a. mit den Worten, daß aus der ursprünglichen Überzeugung des geistigen Zusammenhangs «heute die Wirklichkeit des einigen Reichs geworden ist». An Pinder persönlich gewendet, schreibt er, «daß wir Ihren Geburtstag im Lichtschein dieses noch kaum begreiflichen Ereignisses feiern, ist für Sie, das weiß ich, ein Glück, vor dem jedes andere Geschenk bedeutungslos wird. Ich weiß auch sehr gut, daß das Meine Sie nicht annähernd so sehr erfreuen kann wie die Tatsache, daß ich es Ihnen als ‹Reichsdeutscher›, als Vertreter der jüngsten und nun ältesten reichsdeutschen Universität, bringe. Das eine wie das andere verdanken wir Adolf Hitler. Mit seinem Namen beglückwünsche ich Sie von Herzen zu diesem Höhepunkt Ihres Lebens und Ihres Wirkens. Es konnte für Wilhelm Pinder keinen schöneren sechzigsten Geburtstag geben.»[70] Heute taucht der Name Pinder häufig im Zusammenhang mit einer inneren Kunstopposition auf.[71] Pinder repräsentiert neben Leuten wie Martin Heidegger und Hans Freyer eine Gruppe von Denkern, die die vom Nationalsozialismus umgesetzte Metapher vom «erwachenden Deutschland» freudig begrüßten, es sich im einzelnen aber alles etwas vornehmer gewünscht hätten. Pinder z. B. paßt es gar nicht, daß die Kunst zum innenpolitischen Disziplinierungsinstrument herabgezogen wurde. Kunst und Volk, Kunst und Nation, das gehöre unlöslich und unaufhebbar zusammen, aber «Kunst und Innenpolitik, zumal Kunst von parteiischen Künstlern oder gar von ganz Kunstfremden innenpolitisch beurteilt, das (geht) nicht.»[72] Wobei Pinder keineswegs seinen Grundsatz preisgeben will, daß Internationalismus in der Kunst nur Ausflucht und Vorwand der Wurzellosen und Entarteten sei.[73] Man könne aber nicht Barlach als «gut deutsch» bewundern und

Nolde als bolschewistisch einordnen, wo doch gerade Barlach vom jüdischen Kunsthändler Cassirer «gemacht» worden sei.[74] Aus schwerem Kampfe deutscher Seelen sei all das hervorgegangen: «Stahlmöbel, ‹Bauhausstil›, Heckel, Schmidt-Rottluff, Barlach, Nolde».[75] Folglich sei der Schweizer Hannes Meyer bald als Kommunist entlarvt worden und das Bauhaus von Mies van der Rohe in einem nationalen Sinne weitergeführt worden.[76] Was hieße überhaupt bolschewistisch? «Wir stehen vor der Tatsache: Der Faschismus baut ‹bolschewistisch›, der Bolschewismus ‹faschistisch›. Wer behält da den Mut, den Stil, den der Faschismus von uns bewundernd und dankbar übernommen hat, als ‹bolschewistisch› zu bezeichnen?»[77] In all den Übergriffen auf Ausstellungen und Museen sah Pinder die Anmaßung der «kleinen örtlichen Instanzen» von Leuten, «die sich sonst nie in ihrem Leben Bilder ansahen». Dies geschehe – so rief er aus – «entgegen dem Willen der Führung natürlich!»[78] Und er beruft sich dabei sogar auf Rosenberg; auch dieser habe davor gewarnt, «Begriffe wie ‹Reaktion› und ‹Revolution› einfach auf die künstlerische Formenwelt zu übertragen».[79]

Wie weit sich diese unterschiedlichen Erwartungen und Interessen administrativ niederschlagen, ist inzwischen erforscht und umfassend dokumentiert[80], wobei die flächendeckende Ausschaltung der Moderne und ihrer Vertreter vorwiegend als hausgemachter Handlungszwang interpretiert werden muß. Ein Mangel an nationaler Gesinnung jedenfalls konnte den meisten verfemten Künstlern ernsthaft nicht nachgewiesen werden – eher war das Gegenteil der Fall. Und überall findet man den Hinweis, auch Hitler habe die Affäre mit Barlach bedauert.[81] Vielleicht kommt man der Wahrheit einigermaßen nahe, wenn man sagt, daß in den Metropolen bis einschließlich 1936 Nischen für die einigermaßen «liberale» Klientel innerhalb der Bewegung, aber auch für jene Kreise bestanden, mit denen man sich nach dem bereits erfolgten ersten Exodus republikanischer Eliten nicht auch noch überwerfen wollte. So wurde die Aufmüpfigkeit des Kreises um Otto Andreas Schreiber zwar von Goebbels offiziell nicht gutgeheißen, es wurde ihm aber so viel Spielraum gelassen, daß man sich Ende 1934 noch einmal formieren konnte, und zwar in Form der Künstlergruppe «Der Norden», welcher u. a. Schüler von Müller und Rohlfs angehörten. Bis 1935 durfte Schreiber die Zeitschrift «Kunst der Nation» redigieren, in der man streitbar für den Expressionismus eintrat. Vom selben Personenkreis initiiert wurden die sogenannten Fabrikausstellungen, die in der Regie der «NS-Gemeinschaft Kraft durch Freude» bis in die Zeit des Krieges zu festen Einrichtungen wurden und die Hildegard Brenner als das «einzige vor der Öffentlichkeit verborgene Reservat, das der nationalsozialistischen Kunstavantgarde übrig bleiben sollte», bezeichnet hat.[82] Sozusagen gedeckt hat dies immerhin einer der «Pioniere» des Dritten Reiches, der Leiter von «Kraft durch Freude», Robert Ley, der sich – wie wir gesehen haben – schon für Grubers Laienspiel hatte begeistern können. Publizistisch sind die Verfechter des Expressionismus und der Neuen Sachlichkeit natürlich auch noch in anderen, meist literarisch ausgerichteten Zeitschriften vertreten. Im «Deutschen Wort» konnte man 1935 noch Positives über Feininger und Nolde lesen; in der von Paul Alverdes und Karl Benno herausgegebenen Zeitschrift «Das Innere Reich» wurden 1935 noch die Gedichte von Georg Heym gedruckt.[83] Hier lernten die Zwanzigjährigen, die den Zusammenbruch des Tausendjährigen Reiches unmittelbar erlebten, auch eine neue abgeklärte Avantgarde kennen, Dichter wie Johannes Bobrowski und Walter Bauer.[84] Mit der «Neuen Rundschau», einem Projekt des S. Fischer Verlages unter der Leitung von Peter Suhrkamp, präsentierte man sich gern dem Ausland, und Auszüge aus «Josef und seine Brüder» von Thomas Mann waren hier ebenso zu finden wie gelegentliche Würdigungen moderner Maler, so z. B. ein Essay über Max Beckmann.[85] Im Windschatten der Futurismus-Ausstellung von 1934 kamen Schreiber und sein Kreis noch einmal ausführlicher zu Wort. Ein Mitstreiter, der – wie Hildegard Brenner berichtet – aus Dada-Kreisen hervorgegangene Rudolf Blümmer[86], unterstreicht im Berliner «Börsenkurier» die Verdienste der radikalmodernen Künstlerschaft um die Staatsidee des italienischen Faschismus.[87] In einer kleinen Zahl von Galerien und Museen zeitigte dies sofort Wirkung, und Feininger, Nolde, Schmidt-Rottluff u. a. werden wieder ausgestellt.[88] Nach der Entfernung des Geheimrats Dr. Justi als Direktor der Berliner Nationalgalerie gelang es seinem Nachfolger Alois Schardt, der Moderne bis 1936 im oberen Geschoß des Kronprinzenpalais einen Platz zu reservieren: den Malern des «Blauen Reiters», der «Brücke», Künstlern wie Nolde, Barlach, Lehmbruck u. a.[89] Eberhard Hanfstaengel, seit 1933 Direktor der Nationalgalerie, konnte diesen ‹Freiraum› bis 1937 einigermaßen absichern.[90]

Wenn es nach Goebbels und Göring, die sich nicht ungern als Kunstmäzene gerierten, gegangen wäre, vielleicht wäre dieser «Freiraum» auch erhalten geblieben. Vielleicht stand ihr Sinn überhaupt mehr nach italienischen Verhältnissen. Beide bewegten sich gerne in Künstlerkreisen und waren intelligent genug, die Tristesse der kulturellen Auszehrung wahrzunehmen. Göring, ein Meister des Zynismus, sicherte sich Franz Marcs «Turm der blauen Pferde» zur privaten Erbauung,[91] während Goebbels die «Noldes», mit der er seine Wohnung schmückte, nach Hitlers Mißbilligung brav wieder abhängte.[92] Dabei soll auch Reichsminister Rust Nolde zu den größten deutschen Malern gezählt haben. Die für den Machtanspruch von Goebbels nicht ungefährliche Kritik an diesem ‹laissez faire› kommt bekanntlich in erster Linie von Alfred Rosenberg. Dieser war in zweifacher Hinsicht ambitioniert. Als Mitbegründer und Chef des «Kampfbundes für deutsche Kultur» hielt er ein Machtinstrument in der Hand, mit dem er beträchtlichen Einfluß gewonnen hatte, welcher aber wiederum durch die Kompetenzen des Reichsministers für Aufklärung und Propaganda, Josef Goebbels, permanent gefährdet war.[93] Macht und Einfluß zu erhalten und auszubauen war somit sein erstes politisches Interesse. Andererseits war Rosenberg die undankbare Rolle eines ‹Chefideologen› des Nationalsozialismus zugefallen.[94] Aus dieser Kombination oder besser gesagt, apokalyptischen Einheit von Theorie und Praxis, läßt es sich erklären, warum die fanatisch übersteigerten Urteile über Kunst und Rasse sich unmittelbar in administrativem Handeln niederschlugen. Wie viele andere Suborganisationen innerhalb der NSDAP bildeten auch der Kampfbund und das daraus hervorgegangene «Amt Rosenberg» eine Art Staat im Staate. Die verheerende Wirkung Rosenbergs liegt aber zum Teil schon darin begründet, daß der Mann mit seiner Rolle des ‹Chefideologen› überfordert war, wobei hier gar nicht von intellektueller Unfähigkeit die Rede sein soll. Autoren und Agitatoren, die ihm in ihrer antisemitischen und chauvinistischen Haltung durchaus ebenbürtig waren, gäbe es genug zu nennen.[95] Doch Rosenberg stand unter dem Zwang, diesem völlig disparaten Gebilde «Nationalsozialismus» eine irgendwie einheitlich wirkende theoretische Fassade zu geben. Rosenberg, der u. a. in Moskau studiert hatte und dem die ‹bolschewistische› Agitation gewiß vertraut war, konnte gegenüber diesem immer und immer wieder erwähnten Feindbild wissenschaftlich-literarisch auch nicht nur annähernd Paroli bieten. Und so wirken die Direktiven des vom Führer persönlich «Beauftragten für die Überwachung der weltanschaulichen Erziehung der N.S.D.A.P.» außerordentlich selbstgestrickt und hilflos. Die Folge davon ist eine besondere Verbissenheit. Den gelehrten Sympathisanten des Nationalsozialismus konnte es freilich nicht verborgen bleiben, wie dilettantisch der gelernte Architekt mit den trotz aller lebensphilosophischen Lockerheit sehr wohl noch behüteten Begriffen der deutschen Philologen umging. «Sieht man von Alfred Bäumler ab», so bemerkt Reinhard Bollmus, «so hat wohl kaum einer der Philosophie-Professoren, die der Partei nahestanden, den ‹Mythos› in seinen Schriften erwähnt. Die Gründe dafür bedürfen keiner Erklärung. Während das Werk wegen seiner unzureichend begründeten und kaleidoskopartig gehäuften Behauptungen ein Ärgernis für den unterrichteten Leser darstellte, war es für Leute wie Hitler und die meisten NSDAP-Funktionäre ‹zu schwer verständlich geschrieben›».[96] Die «offizielle Distanzierung» der Partei vom «Mythos des 20. Jahrhunderts» ist deshalb wohl weniger – wie Reinhard Bollmus meint – Ergebnis einer widersprüchlichen Haltung von Hitler und anderen Funktionären, als vielmehr der wohlüberlegte Versuch, sich bei den Kirchen und der großen Zahl gelehrter Sympathisanten nicht unnötig zu kompromittieren.[97] So verblieben Rosenbergs philosophische Expektorationen zwar an hervorragender Stelle der theoretischen Reverenzliste des Nationalsozialismus, nahmen aber nie amtlichen Charakter an. Die von Rosenberg inszenierten Übergriffe auf die Kunst hielt Hitler offenbar für weniger degoutant und ließ ihn deshalb gewähren.

Die Art und Weise, wie Rosenberg sich austobte, die Charaktere, die er dadurch ebenfalls zu schäbigen Aktionen animierte – dies erinnert an ähnliche Aktionen unter Stalin; aus Rosenberg spricht aber nicht der Zynismus der Macht, sondern der Starrsinn des verhinderten System-Denkers. Es schien so, als sollte neben den vielen Diffamierten auch Goebbels selber das Opfer dieser Verbohrtheit werden. Auch dem Minister wollte er Inkonsequenzen nachweisen, was ihn zu den bekannten Denunziationen einer Reihe dem Reich noch verbliebener Talente veranlaßte. Am bekanntesten ist der «Fall Richard Strauss». Strauss, damals Präsident der Reichsmusikkammer, habe sich einen Operntext von einem jüdischen Emigranten schreiben lassen, moniert Rosenberg bei Goebbels. Dieser klärte seinerseits Rosenberg darüber auf, daß es sich beim Verfasser des besagten Libretto nicht um Arnold Zweig, den Emigranten, sondern um den österreichischen Juden Stefan Zweig handele, und er antwortet süffisant, es könne sich aus diesen Fragen nur dann «ein kultureller Skandal entwickeln, wenn das Ausland sie mit derselben Unbekümmertheit behandele wie Sie das in Ihrem hiermit beantworteten Brief getan haben. Heil Hitler!»[98] Als der Dirigent Wilhelm Furtwängler sich vor den von der NS-Kulturgemeinde als «kulturpolitisch nicht tragbar» bezichtigten Paul Hindemith gestellt hatte, kam es zu einer regelrechten Demonstration der Anhänger Furtwänglers, und Goebbels mußte sich auf die Seite Rosenbergs schlagen, woraufhin zu Goebbels' Bedauern auch Hindemith schließlich wegen «kunstbolschewistischer Kulturhaltung» verjagt wurde.[99] Je mehr der NS-Staat auch wohlwollende Künstler in die Emigration trieb, desto trister wurde auch das, was man kulturelles Leben zu nennen pflegt. Goebbels hat das mehrfach bedauert und sich offensichtlich bemüht, den einen oder anderen zur Rückkehr zu bewegen.[100] Perspektiven, wie er sie einst noch mit dem Angebot an Fritz Lang, dieser solle die Reichsfilmkammer übernehmen, entwickelt hatte, schienen nunmehr verstellt. Die zwangsläufige Stagnation auf vielen Gebieten des kulturellen Lebens konnte auch durch die abwegige Idee einer genuinen nationalsozialistischen Kunst nicht kompensiert werden. Schon bald war die sogenannte Thing-Spiel-Bewegung mit ihren wagnerianisch-musischen Aufführungen am Ende.[101] Wenn Goebbels die Eliminierung der Moderne ernsthaft als Verlust empfunden haben sollte, so wurde er dafür schließlich mit einem erheblichen Machtzuwachs entschädigt. 1936 wurde die NS-Kulturgemeinde als parteiamtliche Organisation der Reichskulturkammer eingegliedert, deren Präsident Goebbels war. Damit wurden Rosenbergs einstige Hausmacht und ihr entsprechender politischer Apparat der Befehlsgewalt des Rivalen unterstellt.[102] Allerdings gab es bald auch wenig an kulturellen Äußerungen, über welche die beiden sich hätten streiten können.

3. Ende der Utopie, Ende der Debatte: Der «Führer» greift ein

Schon Hitlers Rede auf dem Reichsparteitag 1934 wird von Hildegard Brenner als Entscheidung im «Kampf um die Kunst» bewertet.[103] Eine der beiden Gefahren, denen er die Kunst ausgesetzt sah, seien die «traditionsfeindlichen Kunstverderber», die Kubisten, Futuristen, Dadaisten usw., die andere Gefahr dagegen jene schon erwähnten «Rückwärtse» à la Fidus. Den Modernen müsse eindeutig und klar gesagt werden, daß auch die «kulturelle Linie der Entwicklung des Dritten Reiches» von denen bestimmt werde, die es geschaffen hätten. «Sie werden sehen, daß die vielleicht größte kulturelle und künstlerische Auftragserteilung aller Zeiten über sie zur Tagesordnung hinweggehen wird, als ob sie nie existiert hätten.»[104] Diese Worte fielen zu einer Zeit, da Hitler sich seiner Sache bereits sehr sicher fühlen konnte; nicht nur hatte die Diktatur bereits die wichtigsten administrativen Positionen im Staate in der Hand, auch der Zustimmung der Massen schien er sich sicher zu sein. Das Dritte Reich, das lange Zeit als Gegenstück zur verhaßten Republik ersehnt worden war, nahm nun realistischere Konturen an, und Hitlers eigene Prestigebedürfnisse traten neben die vagen Klassizismus-Vorstellungen seiner Mitstreiter, wobei natürlich auch der persönliche – wie gewiß nicht zu Unrecht behauptet wird –, am ausgehenden 19. Jahrhundert orientierte Geschmack des «Führers» eine Rolle spielte.[105] Nicht jene kompliziert daherredenden Intellektuellen, die das Neue Reich ständig, aber erfolglos propagiert hatten, sollten seinen kulturellen Charakter prägen, sondern notabene die, welche es «geschaffen» hatten. Die Ankündigung, daß man bei der größten Auftragserteilung aller Zeiten über die Modernen hinweggehen werde, war aber nicht allein eine Frage geschmacklicher Dispositionen. Hitler war noch zehn Jahre zuvor von Linken wie Rechten als verirrter Anstreicher verspottet worden: Nun wollte er beweisen, daß er es nicht nur politisch, sondern auch kulturell *allein* schaffen würde. Seine «eigenen» Leute sollten nunmehr zum Zuge kommen, womit praktisch diejenigen avancierten, die in der Öffentlichkeit bislang keine Rolle gespielt hatten. Den Nazis ein Denkmal zu setzen, dazu war zwar auch Mies van der Rohe bereit gewesen. Sein Name jedoch gehörte zu den exponierten der Weimarer Republik; und gewiß hätte sein Beitrag auch anders ausgesehen als der von Paul Ludwig Troost. Insofern waren Rosenbergs haarspalterische Anklagen gegen Fremdrassige und Bolschewisten für Hitler eine – wie er selbst zugab – zwar theoretisch nicht ganz nachvollziehbare[106], so doch brauchbare Begründung, die Konkurrenz auszuschalten und selbst als der große Baumeister in Erscheinung zu treten. Nachdem er als Schöpfer des Gesamtkunstwerkes unumstritten war, war er im Detail durchaus zu Kooperation und Unterordnung fähig, etwa indem er sich von Troost in formaler Hinsicht manches Mal disziplinieren ließ.[107]

Diese, in Richtung eines Gesamtkunstwerkes weisenden ästhetischen Ambitionen Hitlers kamen in vollem Umfang erst in seiner Rede zur Eröffnung der «Großen deutschen Kunstausstellung» in München 1937 zur Geltung. In den langen Jahren, in denen er sich mit der «geistigen Aufrichtung und Gestaltung eines Neuen Reiches» beschäftigt habe, sei der Frage der «kulturellen Säuberung» eine besondere Bedeutung zugewachsen. «Denn Deutschland sollte ja nicht nur politisch oder wirtschaftlich, sondern in erster Linie auch kulturell wiedererstehen. Ja, ich war und bin überzeugt, daß der letzteren für die Zukunft eine noch viel größere Bedeutung zukommen wird als den beiden ersteren.»[108] Der Eindruck, den das neue «Haus der Kunst» vermittele, sei ein Zeichen dieses kulturellen Wiedererstehens, «anständig, klar und wahrhaftig»; vor allem aber müsse die darin gezeigte Ausstellung eine Wende bringen «gegenüber dem erlebten künstlerischen, bildhauerischen und malerischen Verfall». Dann heißt es weiter: «Wenn ich mir nun anmaße, hier ein Urteil abzugeben, meine Auffassungen zu äußern und entsprechend diesen Erkenntnissen zu handeln, dann nehme ich zunächst das Recht hierzu in Anspruch nicht nur aus meiner Einstellung zur deutschen Kunst überhaupt, sondern vor allem auch aus meinem eigenen Beitrag, den ich für die Wiederherstellung der deutschen Kunst geleistet habe. Denn dieser heutige Staat, den ich mit meinen Kampfgefährten in einem langen und schweren Ringen gegen eine Welt von Widersachern erkämpft und aufgerichtet habe, hat auch der deutschen Kunst allein die großen Voraussetzungen für eine neue und starke Blüte gegeben.»[109]

Man kann diese Worte als die dumm-dreiste Ankündigung bewerten, daß fortan das Banausentum den Ton angeben werde. Hitlers Rede ist aber in weiten Teilen so konzipiert, als handele es sich bei den von ihm angekündigten Maßnahmen um nichts anderes als die Erfüllung allgemein anerkannter Forderungen. Wenn auch nicht systematisch entwickelt, so finden wir die meisten der uns bereits bekannten Motive wieder, etwa die Ablehnung der Kunstkritik[110], die auch bei Kandinsky nicht hoch im Kurse stand. Als Medium ist sie in der kommentierungsbedürftigen Moderne unverzichtbar; für den Künstler bildet sie verständlicherweise aber auch ein Ärgernis, da sie seinen Anspruch auf Autonomie und damit zugleich seine Leistung relativiert. Dieser bis heute wirksame Vorbehalt ließ sich für die Nazis hervorragend instrumentalisieren. Ausschaltung der Kunstkritik bedeutete Ausschaltung ihrer jüdischen Autoren und umgekehrt. Auch wer von den Angesprochenen kein Jude war, wurde es gewissermaßen als Kunstkritiker und verdiente damit das selbe schreckliche Schicksal. Auch der Historismus des 19. Jahrhunderts, dem die Nazikunst angeblich verpflichtet gewesen sein soll, bekam von Hitler eine Absage, wenn er über die schwere kulturelle Erbschaft klagte, die das Dritte Reich antreten müsse: «Indem man die Kunst einerseits nur als ein internationales Gemeinschaftserlebnis ausgab und damit überhaupt jedes Verständnis über ihre Volksverbundenheit tötete, verband man sie dafür desto mehr mit der Zeit, d.h. also: Es gab nun gar keine Kunst der Völker oder besser der Rassen mehr, sondern nur jeweils eine Kunst der Zeiten.»[111] Gewiß ist dies keine ernsthafte Rezeption der Lehren Taines, aber hatte sich nicht beinahe die gesamte neuere Generation von Kunsthistorikern auf Aspekte der Rasse und der Geographie kapriziert? Auch die bekannte Klage über «Ismen und Moden» greift Hitler in seiner Rede auf, wobei er auch in sprachlicher Hinsicht die bereits durch die Kunstdebatten der Weimarer Zeit weit gesetzten Grenzen nicht übertritt: Durch die Suche nach dem immer Neuen werde «dann allerdings die Kunst und Kunstbetätigung endgültig gleichgesetzt dem Handwerk unserer modernen Schneidereien und Modeateliers. Und zwar nach dem Grundsatz: jedes Jahr mal was anderes. Einmal Impressionismus, dann Futurismus, Kubismus, vielleicht aber auch Dadaismus usw. Es ist dann weiter klar, daß man selbst für die verrücktesten Ausgeburten tausend sie kennzeichnende Ausdrücke finden wird – und ja auch gefunden hat. Wenn es auf der einen Seite nicht so traurig wäre, könnte es fast lustig wirken, einmal festzustellen, mit wieviel Schlagwörtern und Phrasen die sogenannten ‹Kunstbeflissenen› in den letzten Jahren ihre jammervollen Produkte ausgeschrieben und gedeutet haben.»[112] Gültigkeit jenseits von Moden und Ismen war auch das Anliegen der Moderne gewesen, die mit Kandinskys Worten einen Zustand angestrebt hatte, in dem von den lästigen Variablen nur noch die der Kunst zugrunde liegende «mystische Notwendigkeit des ewig Künstlerischen» Geltung besitzen sollte. So auch Hitler: «*Denn die wahre Kunst ist und bleibt in ihren Leistungen immer eine ewige*, d.h. sie unterliegt nicht dem Gesetz der saisonmäßigen Bewertung der Leistung eines Schneiderateliers. Ihre Würdigung verdient sie sich als eine aus dem tiefsten Wesen eines Volkes entstammende unsterbliche Offenbarung.»[113] Die historisch zwar verständliche, nach und nach aber alle anderen Aspekte dominierende Hervorhebung einer spezifisch deutschen Kunst mußte nicht unbedingt in Rassenhaß münden, hatte aber gewiß zur Salonfähigkeit rassenhygienischer Erwägungen beigetragen. Im Vergleich zu Schultze-Naumburg und Rosenberg mußten Hitlers Worte dem Zuhörer eher kommod vorkommen, so wenn er sich eine Kunst wünscht, «die auch in ihr immer mehr der Vereinheitlichung dieses Rassengefüges Rechnung trägt und damit einen einheitlich geschlossenen Zug annimmt».[114] Und Hitler ist geschickt genug, anstelle von Zucht- und Ausleseaspekten Empfindungsmomente zu betonen, wenn er z. B. an die Vorbilder großer deutscher Kunst erinnert: «Romantiker hießen sie und waren dabei doch nur die schönsten Vertreter jenes deutschen Suchens nach der wirklichen und wahrhaftigen Art unseres Volkes und nach einem aufrichtigen und anständigen Ausdruck dieses innerlich geahnten Lebensgesetzes.»[115] Die «klare und einfache Art der Wiedergabe dieser Empfindungen» bringt er mit Tugenden wie Klarheit, Logik und Wahrhaftigkeit in Verbindung[116] und wird damit einem Publikum gerecht, welches sich wegen der Ausfälle Rosenbergs nicht zugleich von den Maximen der Sachlichkeit distanzieren will. In diesen Kontext fallen – in ihrem Duktus soweit von Utitz nicht entfernt – gezielte Hinweise auf die zu mißbilligende «Primitivität der Kunst» und auf einen «neuen Menschentyp», an dem die heutige Zeit arbeite und an den die «Sport-, Wett- und Kampfspiele (...) Millionen jugendlicher Körper» schon erinnerten. Diese lebendige Entwicklung sei es wert, in der Kunst symbolisiert zu werden.[117]

Nach diesen Ausführungen, die nichts dramatisch Neues enthalten und jeder Sonntagsrede der zwanziger Jahre gut zu Gesicht gestanden hätten, muß Hitler als großer Erneuerer zusätzliche Register ziehen, über welche er in theoretischer Hinsicht freilich nicht verfügte. Es gelingt ihm dennoch in einer Gedankenkombination, die wohl deshalb so beeindruckt, weil sie nach bürgerlicher Konvention im Museum deplaziert ist und scheinbar von besonderem Mut zeugt. Der nun eingeschlagene, aggressivere Ton gilt zunächst überkommenem bildungsbürgerlichem Gut, welches in Form der Antike und Romantik gerade noch gelobt worden war. Jetzt aber persifliert Hitler die Sprache der Kunsttheorie: «All diese Schlagworte, wie: ‹inneres Erleben›, ‹eine starke Gesinnung›, ‹kraftvolles Wollen›, ‹zukunftsträchtige Empfindung›, ‹heroische Haltung›, ‹bedeutsames Einfühlen›, ‹erlebte Zeitordnung›, ‹ursprüngliche Primitivität› usw., alle diese dummen, verlogenen Ausreden, Phrasen oder Schwätzereien werden keine Entschuldigung oder gar Empfehlung für an sich wertlose, weil einfach ungekonnte Erzeugnisse mehr abgeben.»[118] Unentwegt verbalisiertes Wollen und die Reklamation «zukunftsträchtiger Empfindung» waren ausgereizt. Die zwangsläufig immer im Unentschiedenen verharrende Diskussions-Kultur paßte nicht in das totalitäre Konzept, sosehr in ihr auch NS-freundliche Elemente enthalten waren. Die Redundanz in der Botschaft des modernen Kunstwerkes, an der auch der Kommentar nichts Grundsätzliches ändert, sollte nun durch den Rückgriff auf Naturalismus bzw. auf konsensfähige Symbole aufgehoben werden. «Ob jemand ein starkes Wollen hat oder ein inneres Erleben, das mag er durch sein Werk und nicht durch schwatzhafte Worte beweisen. Überhaupt interessiert uns alle viel weniger das sogenannte Wollen als das Können.»[119] Und dies soll nicht etwa durch wissenschaftliche oder ähnliche Überzeugungstätigkeit geschehen, sondern eben mit den – für die Welt des Museums an sich ungewöhnlichen – hemdsärmeligen Methoden, die den Erfolg des Nationalsozialismus bislang ausgemacht hatten. Aufgeräumt werden soll mit den Verantwortlichen, den «lächerlichen Skribenten», den «kleinen Kunstklecksern, die, ihre Vergänglichkeit vorausahnend, als einzige Empfehlung nur die Modernität ihrer Schöpfungen anzupreisen» hätten.[120] Hitler, den Thomas Mann als ein Produkt «tiefster sozialer und seelischer Boheme» eingestuft hat,[121] mag es durchaus auch als persönlichen Triumph genossen haben, über die Existenz einer gesellschaftlichen Gruppe bestimmen zu können, die ihm selbst einstmals die Mitgliedschaft verweigert hatte, und der er nun droht, er werde mit den «Phrasen im deutschen Kunstleben aufräumen».[122] «Der Künstler schafft nicht für den Künstler, sondern er schafft wie alle anderen für das Volk!»[123] Dessen Mehrheit war durchaus damit einverstanden, daß Hitler seine Drohung in die Tat umsetzte.

Kunstwerke, die an sich nicht verstanden werden könnten, sondern als Daseinsberechtigung erst eine schwülstige Gebrauchsanweisung benötigten, würden von jetzt ab den Weg zum deutschen Volke nicht mehr finden, erklärt Hitler in seiner vielfach publizierten Münchner Rede, und er kündigt an, daß das Reichsinnenministerium und die Strafrechtspflege sich bei Bedarf dieses Problems annehmen würden.[124] Bekanntlich wird parallel zur sogenannten Großen deutschen Kunstausstellung eine weitere Show angeboten, die Ausstellung «Entartete Kunst», welche demonstrieren soll, was von nun an nicht mehr akzeptiert werden wird. Es handelt sich dabei um die Gegenüberstellung eigentlich aller modernen deutschen Maler, Grafiker und Bildhauer auf der einen Seite mit Dokumenten psychischer und physischer Gebrechen, durchsetzt mit Zitaten aus zeitgenössischen Selbstkommentaren und Kritiken. Vorgeschichte, Aufbau und Durchführung der Ausstellung sind in jüngster Zeit unzählige Male dokumentiert worden.[125] Die Argumente, mit denen die damals ausgestellten Werke als «entartet» eingestuft wurden, und die daraus entwickelte Rechtfertigung zur Liquidierung der Moderne folgt im wesentlichen dem schon von Schultze-Naumburg zehn Jahre früher vorgestellten Konzept – obwohl dieser Deutschtümler mittlerweile in Ungnade zu fallen drohte. An seine Stelle waren andere getreten, wie der Schriftsteller und Maler Wolfgang Willrich und die Berliner Malerin Bettina Feistel-Rohmeder, der Kunstschriftsteller und Dozent Adolf Dresler – um nur einige zu nennen. Sie betreiben eine antikünstlerische Agitation, wie 1938 Feistel-Rohmeder zu einer Zeit, in der es eigentlich gar nichts mehr zu agitieren gibt. Sie gehören zum Phänotypus der Claqueure, die mit wichtigtuerischen Gesten gewiß auch ihre eigene künstlerische Unzulänglichkeit kompensieren. Freilich profitierten auch die Hofkünstler Hitlers von der Ödnis, z. B. der Präsident der Reichskammer für bildende Künste von 1937, Adolf Ziegler. Hitlers Vorliebe für Malerei à la Hans Thoma, sein wachsendes Repräsentationsbedürfnis und die Bereitwilligkeit eines mit völkischer Ideologie vollgestopften mittelmäßigen künstlerischen Potentials, welches nun seine Stunde kommen sieht – dies allein erklärt noch nicht die Stringenz, mit der nunmehr die avantgardistische Kunst ausgeschaltet werden soll. Gewiß versucht Hitler, die Gunst der Stunde zu nutzen, und demonstriert mit dem in der neueren Kulturgeschichte einmaligen Verdikt eine Machtfülle und Respektlosigkeit, die allen fehlgeleiteten Nietzscheanern grandios vorkommen muß. Die Liquidierung einer Kunst, die, wie er sagt, nicht «an sich verstanden» werden kann und einer «schwülstigen Gebrauchsanweisung» bedürfe, verfolgt noch eine andere Absicht und entspricht noch einer anderen Logik, die nicht allein mit Machtinteressen erklärbar ist. Vielmehr ist hier auch ein immanentes Problem der modernen Kunst berührt.

Selbständigkeit und Kommentarbedürftigkeit bilden zwei Prämissen der Moderne, die zwangsläufig miteinander in Konflikt geraten müssen. Sich einerseits von der «Verworrenheit des Weltbildes» entlasten zu wollen, und andererseits über diese Perspektive eifrig zu diskutieren, dies führt in einen Widerspruch, der für eine Gesellschaft oder ein politisches System nur dann außerordentlich fruchtbar sein kann, wenn sich die Diskutierenden in irgendeiner Weise zum Provisorischen bekennen. Das Bedürfnis nach Entlastung wird dann vom kritischen Diskurs begleitet und umgekehrt jede, in diesem Falle künstlerische Inszenierung ihrem Selbstverständnis nach so angelegt sein, daß sie die Menschen nicht grundsätzlich vom Imperativ des vernünftigen Abwägens suspendiert. Dieser noch bis heute der Sozialphilosophie vorgehaltene Relationismus ist in totalitär konzipierten Gesellschaften und

Kulturen nicht akzeptabel. Auch der Nationalsozialismus im Sinne Hitlers konnte nicht darüber hinweggehen, daß in der Kunst völlige Authentizität oder gar die Rückbesinnung auf einen «undifferenzierten Masseninstinkt» gefordert wurden, dies aber vornehmlich für Intellektuelle oder Modebewußte einen Reiz bildete. Ein solcher Vorbehalt findet sich auch in anderen antiliberalen Programmatiken. Der katholische Schriftsteller und Kunstpädagoge Leo Weismantel, ein entschiedener Gegner des Nationalsozialismus, hatte – was eine wünschenswerte Zugewandtheit der Kunst zum Volk anbelangt – eine ganz ähnliche Formulierung gefunden wie Hitler. Wenigstens «fühlbar» und «erlebbar» sollte hohe Kunst für die Masse sein: «Die Hochkunst beginnt erst dort, wo die Masse des Volkes zurückbleibt und einzelne, besonders Berufene und Begabte aus dem Volke auserwählt voranschreiten zu Werken und Taten, die das Volk überragen und doch durch seine Söhne und Töchter Früchte des Volkes sind. Diese Hochwerke der Kunst sind dann nicht mehr in ihrer Ganzheit von diesen zurückbleibenden Volksmassen erlebbar, aber ihre Größe ist dem Volk erfühlbar, und sie vermögen Teile dieser Größe in sich zu erleben – und das umso mehr, je stärker in der breiten Masse des Volkes selbst die Kräfte eigenschöpferischer Werktätigkeit geweckt sind.»[126] In seinem Buch «Die Säuberung des Kulturtempels», das der Mitorganisator der Ausstellung «Entartete Kunst», Wolfgang Willrich, ebenfalls im Jahre 1937 veröffentlicht, nehmen kunsterzieherische Empfehlungen in dieser Richtung einen erheblichen Raum ein. Die alten Argumente der Lebensreform- und Kunsterziehungsbewegung scheinen nach wie vor aktuell zu sein: Immer noch dominiere das begriffliche Denken, fehle handwerkliches Können, was nicht zuletzt auch damit zusammenhänge, daß sich das Kunstleben nur auf die Metropolen konzentriere.[127] «Wichtiger für die kulturschaffende Mission der Kunst als die jährlichen Mammutausstellungen in den wenigen Kunsthauptstädten sind Wanderausstellungen und die Ausstellungen der Provinz...» Weiter unten heißt es dann: «Tatsächlich kann kaum genug volknahe Kunst geschaffen werden, um die Kaltschnäuzigkeit unserer Zivilisation im täglichen Leben wettzumachen. Eine breit aufwachsende Volkskunst ist nicht minder wichtig, als die vereinzelten Spitzenleistungen genialer Kunstpioniere. Denn es kommt ja nicht, wie die Snobs wähnen, einzig darauf an, was die Museumsleute der Zukunft als Wertleistungen unserer Zeit registrieren, sondern es kommt gar sehr darauf an, was in der Gegenwart die ringenden und kämpfenden Menschen über die Not und Sorge und Dumpfheit zu erheben vermag. Für diese Volkserhebung aber bedarf es gerade auch des Künstler-Mittelstandes!»[128] An dem zum Teil selbst formulierten, in den meisten Fällen mindestens mitgetragenen Verpflichtungen der Kunst auf nationale und völkische Werte war die deutsche Avantgarde gescheitert. Sprachunabhängige Empfindungen und ein konsensfähiger, vom ganzen Volk getragener deutscher Formwille waren nicht zu registrieren. Auf zwar perfide Art – nicht aber ganz aus der Luft gegriffen – nehmen Hitler und seine neuen Mitstreiter die Moderne beim Wort. Abertausende sehen die Bloßstellung der angeblich «Entarteten» und sagen sich, daß der ‹Führer› eigentlich recht habe. Wenn der Staat wie ein Gesamtkunstwerk zu inszenieren ist und die Massen sich kulturell in diesem repräsentiert fühlen sollen, so mag Hitler gedacht haben, dann wird die Kunst am Maßstab ihrer Integrationskraft zu messen sein. Die Vorliebe der früheren Weggefährten fürs Okkulte fällt dieser Erwägung ebenfalls zum Opfer. Auch Fidus hat ausgedient und wird selbst zum Adressaten für Willrichs Spötteleien. Daß Hitler mit dieser Loslösung von alten Mitkämpfern unersetzliche kulturelle Eliten brüskieren würde, diese Befürchtung lag 1937 sehr fern.

Willrichs Schrift, die allgemein als das schlimmste Beispiel der NS-Hetze gehandelt wird, ist demnach nicht nur eine aufpolierte Paraphrase der altbekannten Thesen von Rosenberg und Schultze-Naumburg. Das «rote Untermenschentum» bleibt zwar der rote Faden des Pamphlets; während Rosenberg dessen ‹Untaten› jedoch immer nur in Andeutungen und per Apostroph verkündet, präsentiert Willrich sein Material ebenso wie die von ihm mitorganisierte Ausstellung in Form der Dokumentation. Die ausführlichen Zitate des jeweils verspotteten Künstlers treffen nunmehr auf ein Publikum, von dem man Zustimmung erwarten kann, das sich mit alledem bestätigt fühlt, das nicht mehr agitiert zu werden braucht, sondern bereit ist, dem vernichtenden Urteil zuzustimmen. Was einst als «faustisches Wollen» zum Unterpfand für den «Neubau des deutschen Reiches» willkommen gewesen war[129] und als Sehnsucht nach einer «kosmischen Ordnung» alles Zeitliche herabsetzte, wird nunmehr der Lächerlichkeit preisgegeben. Mit Vorliebe gibt Willrich Stimmen wie diese wieder: «Kosmische Orkane stieben ins Leere, zerscherben den Raum, brechen mit der unermeßlichen Wucht des Imaginären herein über verzagende Türme. Rhombisch entfaltete, muschelfahl schimmernde Gewölbe sinken auf... zu unerreichbaren Zeniten. Das Verwurzelte begegnet sich mit grandiosen Zerklüftungen, Exzentrisches wächst zusammen mit kaskadischen Labyrinthen.»[130] So das Zitat Willrichs aus einem einschlägigen Text der zwanziger Jahre. Und auch des einstigen Parteigenossen Noldes Kontakt mit übersinnlichen Mächten verkehrt er hin zur Idiotie: «Von Wahnideen besessen, nur im Gegensatz zu dem still träumenden Klee, geschüttelt von Raserei mit nachfolgenden Schwächezuständen, ist Nolde.» Und Willrich zitiert aus Noldes Buch «Jahre der Kämpfe»: «Wenn ich manchmal mich ganz gesammelt im Malen glaubte, stand nebenan – so schien es mir – der Teufel schmunzelnd, grinsend, das grauenvolle Biest. Dann auch malte ich ihn. Einige Male so, daß man ihn ein wenig gern haben konnte.»[131] Das Geisterreich schien schon Wirklichkeit geworden zu sein, was seine weitere Beschwörung überflüssig machte und somit als Verrat erscheinen ließ.

4. Die gestohlenen Argumente

Im Unterschied zu Schultze-Naumburgs platten Vergleichen zwischen moderner Malerei und Archivaufnahmen aus psychiatrischen Kliniken ist die Argumentation Willrichs gegen die Kunst umfassender und geschickter angelegt. Daß gestandene Akademieprofessoren nur deswegen kubistische Bilder malen, weil ihnen das Abbild des ‹nordischen Heroen› aus Gründen ihrer rassischen Unzulänglichkeit nicht gelingen will, kann man einem halbwegs informierten Zeitgenossen ernsthaft nicht einreden, und auch die von Schultze-Naumburg gelieferte Erklärung, Wohlgefallen am Häßlichen erwachse aus rassisch-mentalen Gründen, greift weniger als die Version, mit der gesamten modernen Malerei eine grundsätzlich falsche kulturelle Orientierung anzuprangern. Den mittlerweile tonangebenden Kulturfunktionären stehen in dieser Richtung sogar wissenschaftliche Argumente zur Verfügung, welche sie in ihren Pamphleten zwar kaum verwenden, die ihre gebildete Klientel, also Männer wie Pinder und Wölfflin, aber von sich aus zur Erklärung und Rechtfertigung des Geschehens geltend machen konnte. So ist der Zusammenhang von Kunst und Krankheit bis in die zwanziger und dreißiger Jahre hinein nicht nur durch Interpreten wie Nordau und Schultze-Naumburg, sondern auch von Forschern anderen wissenschaftlichen Kalibers behandelt worden. Den bekanntesten Beitrag hierzu hat Hans Prinzhorn mit seinem Buch «Die Bildnerei der Geisteskranken» geliefert, dessen zentraler Befund bis heute Gültig-

Abb. 36: 1. Roter Teufel. – 2. Mädchen und Satan. – 3. Frau mit 3 Männern. – 4. Eva (Ausschnitt aus Adam und Eva)

„Emil Nolde . . ein Magus des Nordens mit tausend Wundertaten . . . sehr deutscher Barbar . . . Wikingergestalt . . . ein wahres Abbild germanischer Größe auf der Suche nach dem unbekannten Gott."
P. F. Schmidt in Cicerone 1923, S. 681

„Immer so gern wollte ich nur ich sein und in meinen Bildern erreichen . . . daß vom Bilde aus ein Hauch geistig-seelischer Schönheit ausgehe über die Grenzen des Rahmens hinaus, den ganzen Raum erfüllend."
Emil Nolde: Jahre der Kämpfe

■ Seite über Emil Nolde in Willrichs Buch «Die Säuberung des Kulturtempels»

keit beansprucht: «Ungeübte Geisteskranke, besonders Schizophrene, schaffen nicht selten Bildwerke, die weit in den Bereich ernster Kunst ragen und im einzelnen oft überraschende Ähnlichkeiten zeigen mit Bildwerken der Kinder, der Primitiven und vieler Kulturzeiten.»[132] Diese, wiederum nicht ohne die Vorarbeit der Symbolforschung getroffene Feststellung, liefert heutiger Kunstwissenschaft die Handhabe, Grenzen zwischen ‹krank› und ‹normal› zu relativieren und die Mitteilung des Werkes dort zu lokalisieren, wo vernünftige Diskurse als gar nicht denkbar, nicht wünschenswert und deplaziert angesehen werden müssen. «Der Maßstab ‹krank – gesund› hat für die künstlerische Wertung eines Werkes weder Recht noch Sinn, so wenig wie der andere ‹künstlerisch gut – schlecht› für die psychiatrische Meinung über den Seelenzustand eines Menschen. Das Werk entsteht nicht aus Gesundheit oder Krankheit, sondern aus Gestaltungskraft.»[133] Entsprach dies nicht genau dem Gegenteil von dem, was die Nazis propagierten? Nämlich, daß alle Kunst ohne gesunde biologische und rassische Grundlage eben dieses Prädikat nicht verdienen würde? Im Gegensatz zu unserer heutigen Lesart konnte man Prinzhorn aber auch in «böser Absicht» zustimmen und behaupten: Unabhängig davon, ob ein klinischer Befund vorliegt oder nicht, fühlt und empfindet der Autor so und nicht anders! Solange man sich um des Nachweises einer kraftvollen deutschen Kunst willen sogar «barbarischer» Wesensmerkmale rühmte, standen Kategorien wie krank und gesund auch nicht zur Debatte. Sobald jedoch nach einem Ausgrenzungskriterium gesucht wird, läßt sich die Argumentation umdrehen: Auch wenn jemand nicht im klinischen Sinne als krank gilt, verweisen seine Ausdruckshandlungen doch auf eine minderwertige Substanz, mit der sich folglich jeder kompromittiert, der auch nur Interesse an der modernen Kunst zeigt. Diesen Zusammenhang stellt Prinzhorn selber her: «Die engste Verwandtschaft aber besteht zu der Kunst unserer Zeit und beruht darauf, daß diese in ihrem Drange nach Intuition und Inspiration seelische Einstellungen bewußt erstrebt und hervorzurufen sucht, die zwangsläufig in der Schizophrenie auftreten. Erleichtern uns solche Zeitströmungen, deren kulturelle und biologische Wertung hier außer Betracht bleibt, den verstehenden Zugang zu dem schizophrenen Seelenleben, so gewinnen wir vielleicht rückläufig aus diesem Einblick Hilfsmittel zu einer Wertung der Zeitströmungen. Dabei ist jedoch der Fehlschluß von äußerer Ähnlichkeit auf seelische Gleichheit zu vermeiden.»[134] Der letzte Satz ist nicht geeignet, beim Publikum die grundsätzlich hergestellte Affinität von Moderne und Schizophrenie nachträglich zu relativieren. Wer sich an der zeitgenössischen Kunst delektiert oder sogar darin den adäquaten Ausdruck der Zeit erblickt, ist jemand, der mit Sozialpathologien rechnet und damit zu leben gewohnt ist. Wieland Schmied findet eine treffende Stelle, die zeigt, wie Prinzhorn den Schizophreniebegriff bei seinen Zeitgenossen «leidenschaftlich» aufgewertet sieht: «Wir fühlen überall triebhafte Neigung zu Nuancen, die uns bei Schizophrenen geläufig sind. Daraus erklärt sich die Verwandtschaft der Produktion, daraus die Anziehungskraft unserer Bildwerke. Was wir von dem Zerfall des traditionellen Weltgefühls bei den bildenden Künstlern sagten, gilt von der ganzen Zeitwelle durch alle Berufe. Und nicht minder allgemein verbreitet ist die Suche nach unmittelbarem intuitiven Erleben mit mystischer Selbstvergottung. Der metaphysische Drang, von dem echten Philosophischen bis zum Sektiererischen und Theosophischen, in dem magische Mächte wieder eine Rolle spielen. Ja, wir sind versucht, ... in der ganzen Zeit etwas von dem ambivalenten Verweilen auf dem Spannungszustand vor Entscheidungen zu finden. Die Tendenzen aber, die sich in dieser Hinneigung zu ‹schizophrenem› Weltgefühl zeigen, sind in der Hauptsache die gleichen, die vor zwei Dezennien in den Ausdrucksformen und dem Weltgefühl des Kindes und des Primitiven Erlösung zu suchen begannen und von dem wuchernden Rationalismus der letzten Generationen, in dem nicht die Schlechtesten zu ersticken meinten.»[135] Man braucht nicht sonderlich zu betonen, daß die Nationalsozialisten, die die Reichsutopie zu verwirklichen meinten, mit diesem Traditionsverlust und einem die Pathologie einschließenden Weltgefühl bereits gebrochen hatten, daß sie es schon gar nicht als Inhalt der Kunst akzeptieren wollten, geschweige denn einen Künstler zu hofieren gedachten, dessen «Abwendung von der einst vertrauten und umworbenen Wirklichkeit» auf voller Absicht beruhte.[136] Es ist heute schwer nachzuvollziehen, daß diese ‹nihilistische› Weltstimmung am Anfang der NS-Bewegung selbst gestanden hatte. So ziemlich alles, was an Verkehrsformen der modernen Gesellschaft existierte, war von der völkischen Kulturkritik verdammt worden: die Großstadt, die Mode, die «Börsenjobber», das aus familiären und traditionellen Bindungen losgelöste Individuum usw. Man hatte dieser unübersichtlichen und mühebeladenen Realität ganzheitliche Zustände entgegengehalten: eine ständische Ordnung, die Herrschaft der aus Blut und Boden erwachsenen Instinkte. Der insbesondere von Hitler nach der Liquidierung des Expressionismus hervorge-

■ Aus der Prinzhorn-Sammlung: Else Blankenhorn: Ohne Titel, ohne Jahr, Öl auf belichtetem Fotopapier

kehrte Realitätssinn entpuppt sich bei näherem Hinsehen freilich als nicht weniger irrational. Das Dritte Reich ist – so unschön es klingen mag – selbst ein Kunstgebilde, nur daß anstelle des agrarromantischen Grundthemas eine technisch potente Choreographie der Massen getreten ist. Jenes dazwischen liegende Spektrum bürgerlicher Utopien war Prinzhorn selbst nicht fremd. So sieht er zwischen seiner Beschäftigung mit der Kunst der Geisteskranken und einer nihilistischen, damals von ihm selbst geteilten Grundstimmung einen engen Zusammenhang. «Es war eine Entwicklungsphase, da ich von allen Bindungen *so* frei war, wie es dem Heutigen überhaupt möglich ist. Weder religiöse, noch soziale, noch bestimmte weltanschauliche Formen vermochten in jener Zeit eine Bindung oder auch nur einen Halt zu bieten. Ich war allen Kulturformen gegenüber im tiefsten Nihilist, und suchte lediglich in der lebendigen Schwingung zu anderen Lebewesen, zur Natur und zu Menschenwerk, sofern es etwas von naturhafter Lebenstiefe barg, den Umkreis des echten Lebensgrundes zu erkunden.» Und Prinzhorn unterstreicht noch einmal, wie es einem geht, der sich mit der

Kunst der Geisteskranken beschäftigt: «Niemand wird sich einreden wollen, die eigentümliche Erschütterung, die von der ‹Bildnerei der Geisteskranken› ausging, sei denkbar, wenn der Verfasser diesen seinen kulturellen Pessimismus oder Nihilismus nicht als Grundton in das Werk hineinkomponiert hätte.»[137] Etwa zur gleichen Zeit beginnt Prinzhorns intensive Bindung an Ludwig Klages, dessen «biozentrisches Weltbild» er sich von nun an zu eigen macht. Die soziologische Quintessenz seiner Attachierung an die Lehre von Ludwig Klages findet sich in einem bemerkenswerten Aufsatz mit dem Thema «Gemeinschaft und Führertum», den er zu einer von ihm anläßlich des 60. Geburtstages von Klages herausgegebenen Festschrift beiträgt, in welcher übrigens auch Wilhelm Pinder vertreten ist. Ein wirkliches Gemeinschaftsgefühl eröffnet sich dem Menschen danach nur dort, wo noch die «biologische Geborgenheit» gegeben sei und noch nicht im Sinne der «jüdisch-christlichen Weltanschauung» das «Zweckhafte, Moralische, Sentimentale» das menschliche Verhalten präge.[138] Jede Neurose und Psychopathie verweise auf eine Störung der Gemeinschaftsbildung.[139] Die «Weltsicherheit und Geborgenheit im eigenen Lebensraume» scheitere am «principium individuationis», an der «Ver-Selbständigung der Person»[140], woran auch nach Worringer – wie wir wissen – die Kunst krankt. Die Steigerung dieses Prinzips bildet der Demiurg, wie er im «Mythos des prometheischen Frevels» erscheint und wie er im Phänotypus des Führers fortbesteht. «Jede Führertat», sagt Prinzhorn, «ist, vom Boden des Bestehenden aus betrachtet, Frevel, Vergehen gegen geltende Werte, Gefährdung des Gemeinschaftsbestandes, vor allem der mütterlichen Wachstumskräfte.»[141] Jener verderbliche Führungsanspruch verbindet sich für Prinzhorn vor allem mit «Fortschrittsideologien», die «den größten Teil der unbelehrbaren Zeitgenossen bereits narkotisiert» hätten. In erster Linie sei es, so stellt Prinzhorn fest, das Bauerntum, welches vom «Vernichtungswillen der Utopisten am gefährlichsten bedroht» werde. Angesichts dieser, dem Sieg schon nahen «Vernichtungsmächte», habe aber «plötzlich eine Besinnung auf jene urtümlichen Bindekräfte» eingesetzt, «die vor aller menschlichen Vernunft und Willenserwägung – empfangen, nicht gemacht oder erdacht – da sind und die Schranken der Einzelperson übergreifen und überdauern.»[142]

Prinzhorn, der sich zu jener Zeit anschickt, beim Verleger Bruckmann in München eine «‹freinationale› Zeitschrift zur kulturellen Erneuerung des deutschen Volkes zu gründen»[143], muß gewußt haben, wen er als «Vernichter des Bauerntums» zu bekämpfen hatte. Gleichgesinnte fand er jedenfalls bei führenden Nationalsozialisten, die er im Hause Bruckmann kennenlernte, darunter vor allem Alfred Rosenberg. Vom «Führer» selber, an den er sich auch persönlich um Unterstützung wandte[144], erwartete er offenbar keinen schädlichen Einfluß auf das Gemeinschaftsgefühl, sondern die Mobilisierung persönlicher Bindekräfte. Was Rosenberg den wahlverwandten Künstlern der geisteskranken Bildnerei bereits an den Kopf geworfen hatte, war Prinzhorn gewiß nicht verborgen geblieben, und so muß man annehmen, daß er trotz früherer Vorbehalte nun doch bereit war, die moderne Kunst als klinisches Problem in Erwägung zu ziehen. Warum sollte dann nicht fünf Jahre später eine junge Akademiker-Generation dem «Führer» zustimmen, als er der neueren Kunst den Kampf ansagte. Den Zusammenhang hatte Prinzhorn wie kaum ein anderer wissenschaftlich klar hergestellt und dabei zugleich die Ich-Bezogenheit des modernen Menschen als Verfall bewertet. Die von ihm gewiß ebenfalls reflektierte Idee, der Mensch könne zurück zur wahren Gemeinschaft auch dann gelangen, wenn er sich aller von der Vernunft gesetzten Konventionen entziehe und einfach «verrückt» werde, war zu diesem Zeitpunkt nicht mehr auszusprechen.

5. Das Dritte Reich unter dem Aspekt der Moderne

Kaum ein Themenkomplex hat die Sozial- und Kulturwissenschaften bislang so herausgefordert wie der Nationalsozialismus und das Dritte Reich. Einer der besten Kenner der völkischen Bewegung, George L. Mosse, stellt der deutschen Ausgabe seiner Arbeit «The Crisis of German Ideology» die einschränkende Bemerkung voran, völkisch sei in seinem Buch, «vielfach gleichbedeutend mit der Ablehnung der Moderne in allen ihren Formen, ein Suchen nach den alten und ewigen Werten der Nation und des Menschen. Aber in den letzten Jahren hat uns die Forschung einen deutlicheren Zusammenhang von völkischem Denken und Technik gezeigt, als wir ursprünglich angenommen hatten. Der Nationalsozialismus war nicht nur mit moderner Technik verquickt, sondern auch mit der modernen Kunst, Architektur und Design.»[145] In den ersten beiden Jahrzehnten nach dem zweiten Weltkrieg paßte eine solche Interpretation nicht recht in die politische, kulturelle und, nicht zu vergessen, pädagogische Landschaft. Nachdem gerade erst die eine oder andere Abbildung von Picasso oder Nolde den Heimatkundestil in den Schulbüchern abgelöst hatte, konnte man schlecht eine Diskussion über Faschismus und Avantgarde in die Wege leiten. Heute ist der von Mosse projizierte Zusammenhang mehr oder weniger nachgewiesen. «Das NS-Regime hat sich in hohem Maße – und vielleicht so wie kein zweites Herrschaftssystem der Neuzeit – über seine Kunst und Massenkultur definiert und zu legitimieren versucht.» So resümiert Peter Reichel in seiner 1991 erschienenen Schrift «Der schöne Schein des Dritten Reiches», und er verwendet in diesem Sinne Begriffe wie «reaktionäre Modernität» oder «relative Modernität».[146] Auf die Ästhetisierung der Politik und den Einsatz moderner Massenmedien, insbesondere des Films, hatte Anfang der siebziger Jahre schon Martin Jürgens hingewiesen.[147] Wenn heute Nationalsozialismus und Moderne sozusagen übereinander projiziert werden, dann geschieht dies vor dem Hintergrund einer zunehmenden Kritik an Zuständen, die man gemeinhin als modern bezeichnet und die bislang automatisch mit Fortschritt gleichgesetzt wurden. Nachdem nun einmal die «modernen» Züge des Nationalismus offengelegt sind, besteht die Gefahr, die Moderne insgesamt als Lebenskonzept in Frage zu stellen. Vielleicht kann auch hier ein Blick auf die Verwendung der Kunst im Nationalsozialismus mehr Klarheit bringen; wobei die Bezeichnung «Ästhetisierung» wenig aussagekräftig ist.[148] Ohne uns im Dickicht der Definitionen verlieren zu wollen, kann man Spuren von Modernität fast in allen Bereichen der nationalsozialistisch geprägten Gesellschaft nachweisen. Ein bemerkenswerter Fortschritt auf technischem Gebiet ist besonders augenfällig. Daß es den Volkswagen gibt, die Autobahn und den Volksempfänger, ist gewiß kein Ausdruck von Agrarromantik. Die Warenproduktion nimmt zu, auch im Konsumgüterbereich; die Familiengröße stagniert trotz Mutterkreuz; die Erwerbsquote nimmt zu, übrigens auch der Anteil der Frauen;[149] die Einwohnerzahl der Städte wächst, während sie auf dem Lande sinkt, um nur einige Indikatoren zu nennen. Auch so etwas wie Sozialplanung und social technology ist dem Dritten Reich nicht fremd[150]; die Gemeinschaftsschule wird eingeführt[151]; auf dem Gebiet der Raum- und Stadtplanung stehen nicht nur Monumentalbauten auf dem Programm, sondern Wohnungsbau und Straßenverkehr.[152] Naturwissenschaften und Medizin – wie allgemein bekannt ist – machen Fortschritte; und es ist keineswegs so, daß die als modernistisch verschrienen Gesellschaftswissenschaften während der NS-Zeit überhaupt nicht

■ Rheinbrücke in Köln-Rodenkirchen

existiert hätten. In seinem Aufsatz «Amerikanismus im Dritten Reich» erinnert Hans-Dieter Schäfer daran, daß die Flächen der Berliner Litfaßsäulen zu 75 % für Konsumgüter und Vergnügungsveranstaltungen warben. Im gleichen Jahr, 1935, «gründete das *Institut für Wirtschaftsbeobachtung* in Nürnberg unter Leitung von Ludwig Erhard die *Gesellschaft für Konsumforschung*, um ‹Werbung und Reklame zielsicherer und damit auch wirtschaftlicher zu gestalten›... Die Erforschung der Verbraucher wurde zunächst in 500, 1938 in mehr als 600 und 1941 in 880 Konsumbezirken durch einen für jedes Gebiet verantwortlichen Korrespondenten durchgeführt, ... denn ‹um der Werbung eine totale Wirkung zu geben (...) ist es notwendig, die Menschen *total* zu erfassen›.»[153] Auch wenn diese, in erster Linie das private Leben betreffende Varietät und eine besonders von Goebbels geförderte Unterhaltungsindustrie zunehmend von öffentlichen und während des Krieges immer drückenderen politischen Problemen ablenken sollten, entsprach das Unterhaltungsbedürfnis weitgehend den Gewohnheiten in anderen europäischen Industrieländern. Wie aber ist zu erklären, daß offenbar die meisten ‹Normalbürger› auf ganz wesentliche Elemente verzichten konnten, die eigentlich unabdingbar zu einer solchen städtischen Alltagskultur gehören: der freie Diskurs oder auch nur das in der Öffentlichkeit hingeworfene Wort, die Demonstration von Extravaganz und mentaler Andersartigkeit? Hier kann es nun sein, daß eine gewisse ‹Ästhetisierung› kompensatorisch wirken sollte. Der wie auch immer einzuschätzende Formwille, den das Dritte Reich an den Tag legte, indem es seine Bautätigkeit, seine offizielle Sprache, seine Masseninszenierungen, aber auch die geförderten Bildwerke auf eine Linie zu bringen versuchte, trug durchaus «kultische» Züge. Mit der Inszenierung blonder Typen, geschlossener Reihen, jubelnder Menschenmassen, mit Uniformen in Braun, Schwarz, Weiß und Rot, mit den «kernigen» Physiognomien, die überall von Plakatwänden blickten, mit alledem hatte sich das Dritte Reich eine Art «Corporate Design» geschaffen, und zwar wohl viel stringenter, als dies auf die kommunistischen Regimes zutrifft, in welchen auch die Parolen und Transparente eher den Charakter Potemkinscher Dörfer verrieten. Wenn Jürgen W. Falter recht hat und die NSDAP die erste Volkspartei gewesen ist[154], dann kann man – um den eingeführten Terminus weiterzuentwickeln – vielleicht sogar sagen, daß den nationalsozialistisch gesonnenen Bergbauern und den großstädtischen Kaufmann anfangs so etwas wie «Corporate Identity» verbunden hat. Die Akzeptanz der

Uniformität hat ihren Ursprung sicher auch im vielbeschriebenen Obrigkeitsdenken, sie ist präformiert ebenso durch die manische *Suche nach Stil*, die in den vier Jahrzehnten von 1933 die Feuilletons und Gelehrtenvorträge ausgezeichnet hatte. Auch ein Großteil der Avantgarde-Kunst war, wie wir gesehen haben, diesem Ziel verpflichtet gewesen. Und so ließen sich die Deutschen von den pompösen Auftritten der zunächst frei gewählten neuen Machthaber, welche sich im kleinsten Dorf, mit jeder Arbeitsfront-Brigade und jeder «braunen Schwester» im großen wie im kleinen reproduzierten, beeindrucken und von der Realität ablenken. Diese sollte es ihnen allerdings schon bald nicht einmal mehr gestatten, den Nachbarn mit einem schlichten «guten Morgen» zu begrüßen. Solch weitgehende Ambitionen scheinen die faschistischen Bewegungen in Italien und Frankreich – soweit man einen Vergleich ziehen kann – nicht gehabt zu haben, was gewiß auch das Verdienst eines kleinbürgerlichen Anarchismus im Alltag gewesen sein dürfte, wie er hierzulande als Zeichen welscher Oberflächlichkeit und damit kultureller Unzulänglichkeit traditionellerweise in Mißkredit stand.

Wenn das Bewußtsein fehlender Gemeinschaftsbildung, wie Prinzhorn und Klages es formulieren, Produkt der Moderne ist, ebenso wie das Bemühen, solche traditionellen Bindungen sozusagen künstlich wiederherzustellen, dann allerdings war der Nationalsozialismus eine moderne Bewegung. Er hielt im Gegensatz zu marxistischen Konzepten nicht für jede unsicher gewordene Lebenslage eine neue, fortschrittlichere, scheinbar viel bessere Regelung bereit, sondern versprach die Unsicherheiten damit zu bewältigen, daß alles im Prinzip wieder so werden sollte, wie es einem vermeintlichen früheren Idealzustand entsprochen hatte, wo z. B. die Natur die Auslese entschieden hatte, die Menschen in Sippen zusammenlebten und der Stärkste automatisch ihr Führer wurde. Solche Vorstellungen ließen sich immerhin für wenige Jahre einer Gesellschaft erfolgreich als Orientierung anbieten, in der die Entwicklung der Quantenphysik ebenso selbstverständlich war wie der tägliche Blick auf die internationalen Wechselkurse. Daß die Mehrzahl der Wähler bereit war, ihre republikanische Freiheit dafür aufzugeben und ein großer Teil der Kulturnation zustimmend die «Reichskristallnacht» erlebte, dies ist eine grauenvolle, aber keine geringe Leistung der nationalsozialistischen Kulturpolitik. Den kollektiven Realitätsverlust zu organisieren erforderte paradoxerweise einen scharfen Blick und eine völlig nüchterne und aufgeklärte Handhabung der propagandistischen Mittel und der sozialen und politischen Steuerung. Auch Hildegard Brenner sieht in der wohldosierten Mischung von öffentlich gefördertem Divertissement und gezielten sozialen Verhaltensappellen ein modernes Konzept sozialer Kontrolle.[155]

Man kann dieser Interpretation entgegenhalten, daß «modern» doch wohl eher bedeutet, daß die Menschen sich mit der «Gottverlassenheit der Sozialwelt» abfinden und die Konstitution von Sinn, Bindung, Identität in eigene Regie zu übernehmen versuchen, was ihnen zwar nie dauerhaft gelingt, wofür aber auch keine Alternative zur Verfügung steht. Näher betrachtet ist das Vertrauen in den kraftspendenden Urgrund nordischer Rasse genauso unvernünftig wie umgekehrt der Glaube, nur als Kosmopolit und virtuoser Kenner gesellschaftlichen Raffinements zur ganzen Persönlichkeit aufsteigen zu können. Und so wird man als Lehre aus diesen divergierenden Erfahrungen mit der Moderne nicht nach irgendeiner, möglicherweise noch verborgenen Wahrheit suchen, sondern die Konzepte an ihrer Wirkung beurteilen, an den kulturellen und sozialen Prozessen, die durch sie in Gang gesetzt werden, wobei man sich sofort an das Paradigma der sogenannten offenen Gesellschaft erinnert. Dies entspricht in etwa dem, was Simmel – immer mit dem Blick auf das Individuum – als eine «Welt nach eigenen Normen entwickelter Ausdrucksmöglichkeiten» bezeichnet hat.[156] Ohne die künstlerische Avantgarde seinerzeit hätte Simmel dies nicht so formulieren können, wie umgekehrt die Deutung und das Selbstverständnis der künstlerischen Moderne ganz wesentlich durch ihn inspiriert worden sind. Die «nach eigenen Normen entwickelten» Ausdrucksmöglichkeiten waren gleichwohl in ihrer Zielsetzung nicht festgelegt und boten einem Mißbrauch nicht von vornherein Paroli. Nur zu gern hätte sich das zunächst experimentell «Entwickelte» öffentlicher Anerkennung erfreut. Das Unrecht registrierten viele Moderne erst dann, als ihnen ihr wohlgemeinter Beitrag zur nationalen Form verboten wurde.

Anmerkungen

Kapitel I. Ein neues Reich als Aufgabe der Kunst

1 Heinrich Heine: Sämtliche Schriften, Bd. III. Hrsg. v. K. Pörnbacher. München 1971, S. 117
2 Vgl. G. W. F. Hegel: Werke in zwanzig Bänden. Bd. I. Frankfurt/M., S. 235 f
3 Novalis: Die Christenheit oder Europa. In: Ausgewählte Werke. Hrsg. v. W. Bölsche. Leipzig o. J., S. 130
4 Vgl. Jost Hermand: Der alte Traum vom Dritten Reich. Völkische Utopien und Nationalsozialismus. Frankfurt/M. 1988, S. 41
5 Vgl. Heine, a. a. O.
6 Vgl. Marx/Engels: Ausgewählte Schriften. Bd. I. Berlin 1968, S. 270
7 Vgl. Thomas Mann: Betrachtungen eines Unpolitischen. Berlin 1919, S. 125
8 Vgl. Ingrid Koszinowski: Böcklin und seine Kritiker. Zu Ideologie und Kunstbegriff um 1900. In: E. Mai, St. Waetzoldt, G. Wohlandt (Hrsg.): Ideengeschichte und Kunstwissenschaft im Kaiserreich. Berlin 1983, S. 289
9 Vgl. Heinrich Mann: Die kleine Stadt. Leipzig 1909
10 Vgl. Alphons Silbermann: Das imaginäre Tagebuch des Herrn Jacques Offenbach. Berlin 1960
11 Vgl. Georg Simmel: L'art pour l'art. In: Zur Philosophie der Kunst. Philosophische und kunstphilosophische Aufsätze. Hrsg. v. G. Simmel. Potsdam 1922, S. 86
12 Jean Marie Guyau: Die Kunst als soziologisches Phänomen. Leipzig 1912, S. 55
13 Vgl. Th. Mann, a. a. O., S. 212
14 Vgl. Kandinsky: Über das Geistige in der Kunst. Hrsg. v. M. Bill. Bern 1963, S. 143
15 Vgl. Stefan Zweig: Die Welt von gestern. Erinnerungen eines Europäers. Frankfurt 1982, S. 135 f
16 Vgl. Kandinsky, a. a. O., S. 69 u. S. 75
17 Ernst Cassirer: Freiheit und Form. Studien zur deutschen Geistesgeschichte. Darmstadt 1975, S. 51 f
18 Ebd., S. 310
19 Ebd., S. 304
20 Vgl. Ernst Bloch: Ästhetik des Vor-Scheins. Hrsg. v. G. Ueding. 2 Bde. Frankfurt/M. 1974
21 Bazon Brock: «Der Hang zum Gesamtkunstwerk». Ausstellungskatalog. Frankfurt/M. 1983, S. 25
22 Kandinsky, a. a. O., S. 56
23 Vgl. Cassirer: Freiheit und Form, S. 366

24 Vgl. ebd.
25 Karl Mannheim: Mensch und Gesellschaft im Zeitalter des Umbaus. Bad Homburg, Berlin, Zürich 1967, S. 161
26 Vgl. Karl Mannheim: Konservatismus. Ein Beitrag zur Soziologie des Wissens. Frankfurt/M. 1984, S. 86f
27 Vgl. Beat Wyss: Trauer der Vollendung. Von der Ästhetik des deutschen Idealismus zur Kulturkritik der Moderne. München 1985, S. 131ff
28 Friedrich Schlegel: Kritische und theoretische Schriften. Stuttgart 1978, S. 191
29 Fr. W. J. Schelling: Philosophie der Mythologie. Bd. I. Darmstadt 1976, S. 536
30 Ebd., S. 547
31 Ebd., S. 551
32 Ernst Cassirer: Der Mythus des Staates. Philosophische Grundlagen politischen Verhaltens. Frankfurt/M. 1988, S. 237
33 Schelling, a. a. O., S. 540
34 Vgl. Novalis, a. a. O., S. 119ff
35 Vgl. Manfred Frank: Der kommende Gott. Vorlesungen über die neue Mythologie. Frankfurt/M. 1982
36 Vgl. Wilhelm Worringer: Abstraktion und Einfühlung. Ein Beitrag zur Stilpsychologie. München 1959, S. 49
37 Vgl. Frank, a. a. O., S. 26 u. S. 156ff
38 Vgl. Friedrich Schiller: Über die ästhetische Erziehung des Menschen in einer Reihe von Briefen. In: Werke in drei Bänden. Bd. II. Leipzig 1958
39 Vgl. Ernst Cassirer: Philosophie der symbolischen Formen. Bd. I. Darmstadt 1977, S. 6ff
40 Adam Müller: Kritische, ästhetische und philosophische Schriften. Bd. II. Hrsg. v. W. Schroeder u. W. Siebert. Neuwied, Berlin 1967, S. 23
41 Vgl. Peter Ulrich Hein: Der Künstler als Sozialtherapeut. Kunst als ideelle Dienstleistung in der entwickelten Industriegesellschaft. Frankfurt/M., New York 1982, S. 31f
42 Arnold Hauser: Sozialgeschichte der Kunst und Literatur. Bd. II. München 1953, S. 174
43 Vgl. ebd., Bd. I, S. 125f
44 Vgl. Cassirer: Philosophie der symbolischen Formen, Bd. II, S. IXff
45 Ernst Troeltsch: Der Historismus und seine Probleme. In: Gesammelte Schriften. Bd. III. Aalen 1961, S. 287
46 Heinrich Mann: Geist und Tat. Essays über Franzosen. Frankfurt/M. 1981, S. 13
47 Ebd., S. 15f
48 Zu den Vorschlägen Paul de Lagardes zu einem neuen, durch öffentliche Verdienste zu erwerbenden Adels-Status Näheres bei Fritz Stern: Kulturpessimismus als politische Gefahr. Eine Analyse nationaler Ideologie in Deutschland. Bern, Stuttgart, Wien 1963, S. 87f

49 Vgl. Max Weber: Die drei reinen Typen der legitimen Herrschaft. In: Gesammelte Aufsätze zur Wissenschaftslehre. Tübingen 1985, S. 481 ff

50 Cassirer: Freiheit und Form, S. 320

51 Vgl. Gustav Theodor Fechner: Vorschule der Ästhetik. Hildesheim, New York 1978. 1. Teil, S. 2; Hippolyte Taine: Philosophie der Kunst. Hrsg. v. A. Silbermann. Berlin 1987, S. 120; Wilhelm Wundt: Die Kunst. Völkerpsychologie. Bd. III. Leipzig 1908

52 Vgl. Leo Kofler: Hippolyte Taine (1828–1893). In: Klassiker der Kunstsoziologie. Hrsg. v. A. Silbermann. München 1979, S. 19 f

53 Friedrich Nietzsche: Werke in drei Bänden. Bd. II. Hrsg. v. K. Schlechta. München 1966, S. 997

54 Vgl. Kandinsky: Über das Geistige in der Kunst, S. 54 f

55 Vgl. Nietzsche, a. a. O., Bd. III, S. 795 u. Bd. II, S. 420

56 Mannheim: Mensch und Gesellschaft, S. 161

57 Julius Langbehn: Rembrandt als Erzieher. Von einem Deutschen. Leipzig o. J., S. 49

58 Ebd., S. 47

59 Heinrich Mann: Geist und Tat, S. 12

60 Vgl. G. F. Hartlaub: Kunst und Religion. Ein Versuch über die Möglichkeiten neuer religiöser Kunst. Leipzig 1919

61 Vgl. Theodor Volbehr: Das Verlangen nach einer neuen deutschen Kunst. Leipzig 1901

62 Vgl. Eugen Diederichs: Vom Mythos des unerlösten Gottes. In: Die Tat, 11. Jahrg., Heft 2, 1919; ders.: Das Kommen des Dritten Reiches. 10. Jahrg., Heft 9, 1918

63 Theobald Ziegler: Die geistigen Strömungen des 19. Jahrhunderts. Berlin 1899, S. 596

64 Vgl. Helmut Schelsky: Die Hoffnung Blochs. Kritik der marxistischen Existenzphilosophie eines Jugendbewegten. Stuttgart 1979

65 Vgl. die Einleitung von Ferdinand Avenarius zu Hermann Poperts Roman «Helmut Harringa», Dresden 1910

66 Siegfried Kracauer: Das Ornament der Masse. Frankfurt/M. 1977, S. 93

67 Ziegler, a. a. O., S. 604 f

68 Richard Hamann, Jost Hermand: Impressionismus. Berlin 1960, S. 212

69 Vgl. Linde Salber: Lou Andreas-Salomé. Reinbek 1991

70 Vgl. Nietzsche, a. a. O., Bd. I, S. 476; Bd. II, S. 722

71 Vgl. Michael Jovy: Jugendbewegung und Nationalsozialismus. Zusammenhänge und Gegensätze. Münster 1984, S. 44 ff

72 Vgl. Léon Poliakov: Der arische Mythos. Zu den Quellen von Rassismus und Nationalismus. Wien, München, Zürich 1977

73 Vgl. Hamann, Hermand, a. a. O., S. 61. Eine umfassende Darstellung liefert Helmut Kreutzer: Die Bohème. Stuttgart 1968

74 Vgl. Ulrich Linse (Hrsg.): Zurück, o Mensch zur Mutter Erde. Landkommu-

nen in Deutschland 1890–1933. München 1983. Robert Landmann: Ascona – Monte Verità. Frankfurt/M., Wien, Berlin 1979

75 Vgl. Peter Gorsen: Das Bild Pygmalions. Reinbek 1969

76 Vgl. Linse, a.a.O., S. 62ff

77 Vgl. Berlin um 1900. Katalog zur Ausstellung. Hrsg. von der Berlinischen Galerie u. a. Berlin 1984, S. 327ff

78 Georg Simmel: Schopenhauer und Nietzsche. Tendenzen im deutschen Leben und Denken seit 1870. Hamburg 1990, S. 317

79 Vgl. Alfred Rosenberg: Der Mythus des 20. Jahrhunderts. Eine Wertung der seelisch-geistigen Gestaltungskämpfe unserer Zeit. München 1930, S. 321ff

80 Hamann, Hermand, a.a.O., S. 66

81 Vgl. Kandinsky: Über das Geistige in der Kunst, S. 24ff

82 Vgl. Corona Hepp: Avantgarde. Moderne Kunst, Kulturkritik und Reformbewegungen nach der Jahrhundertwende. München 1987, S. 7

83 Vgl. Werner Conze: Das deutsche Kaiserreich 1871–1918 – wirtschaftlich-soziale Bedingungen. In: E. Mai, H. Pohl, St. Waetzoldt: Kunstpolitik und Kunstförderung im Kaiserreich. Berlin 1982

84 Vgl. Georg Simmel: Philosophie des Geldes. Frankfurt/M. 1989, S. 591ff

85 Vgl. ebd., S. 552f

86 Vgl. ebd., S. 440

87 Vgl. ebd., S. 441

88 Vgl. Georg Simmel: Der Begriff und die Tragödie der Kultur. In: G. Simmel: Philosophische Kultur. Berlin 1983, S. 207

89 Vgl. Worringer: Abstraktion und Einfühlung, S. 50

90 Ebd., S. 52

91 Vgl. Hans-Ulrich Wehler: Das Deutsche Kaiserreich 1871–1918. Göttingen 1988, S. 181

92 Vgl. Jürgen Wissmann: Arnold Böcklin und das Nachleben seiner Malerei. Studien zur Kunst der Jahrhundertwende. Münster 1963

93 Vgl. Johannes Richter: Die Entwicklung des kunsterzieherischen Gedankens. Ein Kulturproblem der Gegenwart. Leipzig o. J., S. 78ff

94 Volbehr, a.a.O., S. 94

95 Ebd., S. 112f

96 Vgl. Langbehn, a.a.O., S. 47

97 Vgl. Arnold Gehlen: Zeitbilder. Zur Soziologie der modernen Malerei. Frankfurt/M., Bonn 1965, S. 10

98 Vgl. Julius Meier-Graefe: Der Fall Böcklin und die Lehre von den Einheiten. Stuttgart 1905, S. 227

99 Vgl. Fritz von Ostini: Thoma. Bielefeld, Leipzig 1910

100 So ist die Rede von Taine als dem «Liebling» Nietzsches. Vgl. Troeltsch, a.a.O., S. 415

101 Vgl. Konrad Fiedler: Schriften zur Kunst. Bd. I. Hrsg. v. G. Boehm. München 1971, S. 284ff

102 Vgl. Heinrich Alfred Schmied: Arnold Böcklin. München 1922, S. 77f
103 Vgl. Meier-Graefe, a.a.O., S. 191
104 Vgl. Langbehn, a.a.O., S. 72
105 Vgl. Rosenberg, a.a.O., S. 280ff
106 Meier-Graefe, a.a.O., S. 100
107 Vgl. ebd., S. 225
108 Vgl. Heinrich Mann: Die Göttinnen oder die drei Romane der Herzogin von Assy. Berlin 1963; Hugo von Hofmannsthal: Idylle. In: Idyllen der Deutschen. Hrsg. v. H.J. Schneider, Frankfurt/M. 1978
109 Meier-Graefe, a.a.O., S. 256
110 Ebd., S. 229
111 Ebd., S. 254
112 Friedrich Lange: Reines Deutschtum. Grundzüge einer nationalen Weltanschauung. Berlin 1893, S. 146
113 Vgl. Hamann, Hermand, a.a.O., S. 207ff
114 Vgl. William M. Johnston: Österreichische Kultur- und Geistesgeschichte. Gesellschaft und Ideen im Donauraum 1848–1938. Graz 1974, S. 230
115 Lange, a.a.O., S. 145
116 Richard Hamann: Jugendstil und dekorativer Archaismus in der deutschen Malerei. In: Jost Hermand (Hrsg.), Jugendstil. Darmstadt 1971, S. 7
117 Vgl. Gottfried Boehm: Einleitung zu Konrad Fiedler, a.a.O., S. XXVII ff; Wilibald Sauerländer: Alois Riegl und die Entstehung der autonomen Kunstgeschichte am Fin de siècle. In: Bauer u.a.: Fin de siècle. Zur Literatur und Kunst der Jahrhundertwende. Frankfurt/M. 1977
118 Karl H. Salzmann: «Pan» – Geschichte einer Zeitschrift. In: Hermand, Jugendstil, S. 199
119 Gert Mattenklott: Bilderdienst. Ästhetische Opposition bei Beardsley und George. München 1970, S. 142f
120 Friedrich Kienecker (Hrsg.): Peter Hille. Dokumente und Zeugnisse zu Leben, Werk und Wirkung. Paderborn, München, Wien, Zürich 1986
121 Berlin um 1900, a.a.O., S. 376f
122 Vgl. Johannes Hemleben: Rudolf Steiner und Ernst Haeckel. Stuttgart 1968
123 Vgl. Ernst Haeckel: Die Welträthsel. Gemeinverständliche Studien über monistische Philosophie. Bonn 1901, S. 393
124 Karl Bauch: Jugendstil. In: Hermand, Jugendstil, S. 282
125 Vgl. Worringer: Abstraktion und Einfühlung, S. 72
126 Ludwig Schemann: Gobineau und die deutsche Kultur. Leipzig 1910, S. 132
127 Houston Stewart Chamberlain: Die Grundlagen des neunzehnten Jahrhunderts. Bd. II. München 1918, S. 1195
128 Wolf Lepenies: Die drei Kulturen. Soziologie zwischen Literatur und Wissenschaft. München 1985, S. 66
129 Arnold Gehlen: Der Mensch. Seine Natur und seine Stellung in der Welt. Bonn 1958, S. 12

130 Lange, a. a. O., S. 145 f
131 Max Nordau: Die conventionellen Lügen der Kulturmenschheit. Leipzig 1883, S. 241
132 Vgl. Wyss, a. a. O., S. 236
133 Vgl. Peter Weingart, Jürgen Kroll, Kurt Bayertz: Rasse, Blut und Gene. Geschichte der Eugenik und Rassenhygiene in Deutschland. Frankfurt/M. 1988, S. 66
134 So referiert Beat Wyss Nordaus Schrift «Entartung», 2 Bde., Berlin 1892. Vgl. Wyss, a. a. O., S. 234
135 Ebd., S. 233
136 Nordau, a. a. O., S. 345
137 Weingart u. a., a. a. O., S. 69
138 Franz Müller-Lyer: Phasen der Kultur und Richtungslinien des Fortschritts. München (1906) 1948, S. 352
139 Vgl. Weingart u. a., a. a. O., S. 205 ff
140 Müller-Lyer, a. a. O., S. 348
141 Vgl. Schemann, a. a. O., S. 26 ff
142 Vgl. Poliakov, a. a. O., S. 338 ff
143 Vgl. ebd., S. 347
144 Vgl. Weingart u. a., a. a. O., S. 76 f
145 Vgl. ebd., S. 76
146 Vgl. Kandinsky: Über die Formfrage. In: Essays über Kunst und Künstler. Bern 1963, S. 28
147 Vgl. Peter Ulrich Hein: Transformation der Kunst. Ziele und Wirkungen der deutschen Kultur- und Kunsterziehungsbewegung. Köln, Wien 1991, S. 249 ff
148 Vgl. Ernst Cassirer: Versuch über den Menschen. Einfühlung in eine Philosophie der Kultur. Frankfurt/M. 1990, S. 212 ff
149 Vgl. Ernst Cassirer: Substanzbegriff und Funktionsbegriff. Darmstadt 1980
150 Vgl. Gehlen: Zeitbilder, S. 86
151 Vgl. Worringer: Abstraktion und Einfühlung, S. 62 ff u. S. 86
152 Vgl. Simmel: Böcklins Landschaften. In: Philosophie der Kunst, S. 12
153 Zum Widerspruch der Sehnsucht nach Ursprünglichkeit gegenüber einer Flut von Literatur, die dies proklamiert, vgl. Arno Klönne: Jungbrunst. Über den ästhetischen und politischen Dilettantismus in der deutschen Jugendbewegung. In: P. U. Hein (Hrsg.): Künstliche Paradiese der Jugend. Zur Geschichte und Gegenwart ästhetischer Subkultur. Münster 1984
154 Vgl. Magdalena Bushart: Der Geist der Gotik und die expressionistische Kunst. München 1990
155 Paul Fechter: Bildersturm. In: Jahrbuch der Jungen Kunst. Hrsg. v. G. Biermann. Leipzig 1920, S. 54
156 Vgl. Rosenberg: Mythus, S. 298 f
157 Vgl. Georg Lukács: Größe und Verfall des Expressionismus. In: Fr. J. Raddatz (Hrsg.): Marxismus und Literatur. Bd. II. Reinbek 1969, S. 40

158 Vgl. Wyss, a.a.O., S. 277ff; Georg Lukács: Die Zerstörung der Vernunft. In: Werke. Bd. 9. Neuwied, Berlin 1962
159 Vgl. Wyss, a.a.O., S. 323ff
160 Vgl. Hildegard Brenner: Die Kunstpolitik des Nationalsozialismus. Reinbek 1963
161 Fechter, a.a.O., S. 50
162 Vgl. Fiedler, a.a.O., Bd. I, S. 210
163 Vgl. ebd., S. 192 u. S. 265ff
164 Vgl. ebd., S. 284
165 Fechter, a.a.O., S. 52
166 Ernst Cassirer: Form und Technik. In: E. Cassirer: Symbol Technik, Sprache. Hrsg. v. E. W. Orth u. a. Hamburg 1985, S. 69
167 Vgl. Bushart, a.a.O., S. 122
168 Ernst Joël: Die Jugend vor der sozialen Frage. o. O., 1915
169 Vgl. Kandinsky: Über das Geistige, S. 36f
170 Vgl. Sauerländer: Alois Riegl und die Entstehung der autonomen Kunstgeschichte am Fin de siècle, a.a.O.
171 Vgl. Alois Riegl: Spätrömische Kunstindustrie. Darmstadt 1973, S. 6ff
172 Vgl. ebd., S. 401
173 Ebd., S. 401
174 Vgl. Alfred Weber: Kultursoziologie. In: A. Vierkandt (Hrsg.): Handwörterbuch der Soziologie, Stuttgart 1982
175 Vgl. Armin Mohler: Die konservative Revolution in Deutschland 1918–1933. Darmstadt 1972, S. 109
176 Vgl. Karl Mannheim: Beiträge zur Theorie der Weltanschauungs-Interpretation. In: Jahrbuch für Kunstgeschichte. Bd. I, 1921/22, Wien 1923
177 Vgl. Mohler, a.a.O., S. 124
178 Vgl. Stern, a.a.O., S. 245
179 Ebd., S. 311
180 Georg Lukács: Heidelberger Philosophie der Kunst (1912–1914). In: Werke. Bd. 16. Darmstadt, Neuwied 1974, S. 14
181 Ebd., S. 38
182 Vgl. Conze, a.a.O., S. 29f
183 Vgl. ebd., S. 23f
184 Vgl. Alfred Kruck: Geschichte des Alldeutschen Verbandes 1890–1939. Wiesbaden 1954
185 Vgl. Hermann Drüe: Die psychologische Ästhetik im deutschen Kaiserreich. In: Mai u. a. (Hrsg.): Ideengeschichte und Kunstwissenschaft im Kaiserreich. Berlin 1983, S. 96
186 Vgl. Karin u. Dieter Claessens: Kapitalismus als Kultur. Entstehung und Grundlagen der bürgerlichen Gesellschaft. Frankfurt/M. 1979
187 Vgl. Karl Mannheim: Ideologie und Utopie. Frankfurt/M. 1978
188 Vgl. Max Weber: Wirtschaft und Gesellschaft. Tübingen 1985, S. 308

189 Vgl. Walter Benjamin: Das Kunstwerk im Zeitalter seiner technischen Reproduzierbarkeit. Frankfurt/M. 1963, S. 21.

Kapitel II. Kunst als nationale Propaganda

1 Konrad Lange: Über den Zweck der Kunst. Akademische Festrede zur Feier des Geburtstages seiner Majestät des Deutschen Kaisers in der Aula der Universität Tübingen am 27. Jan. 1912. Stuttgart 1912, S. 22
2 Vgl. Konrad Lange: Die künstlerische Erziehung der deutschen Jugend. Darmstadt 1893, S. 20f
3 Vgl. Lange: Über den Zweck der Kunst, S. 23
4 Vgl. Peter Ulrich Hein: Transformation der Kunst. Ziele und Wirkungen der deutschen Kultur- und Kunsterziehungsbewegung. Köln, Wien 1991, S. 182ff
5 Vgl. Berthold Hinz: Die Malerei im deutschen Faschismus. Kunst und Konterrevolution. Frankfurt/M. 1977, S. 61ff
6 Vgl. Emil Utitz: Die Überwindung des Expressionismus. Charakterologische Studien zur Kunst der Gegenwart. Stuttgart 1927, S. 84
7 Vgl. Paul Schultze-Naumburg: Kunst aus Blut und Boden. Leipzig 1934
8 Vgl. H.v. Wedderkop: Paul Klee. In: Jahrbuch der jungen Kunst. Hrsg. v. G. Biermann. Leipzig 1920, S. 225
9 Vgl. Utitz, a.a.O., S. 56
10 Vgl. Alfred Rosenberg: Der Mythus des 20. Jahrhunderts. Eine Wertung der seelisch-geistigen Gestaltungskämpfe unserer Zeit. München 1930, S. 293
11 Vgl. Hinz: Die Malerei im deutschen Faschismus, S. 33ff
12 Vgl. Joseph Wulf: Kultur im Dritten Reich. Die Bildenden Künste. Eine Dokumentation. Frankfurt/M., Berlin 1989, S. 33ff
13 Vgl. Hildegard Brenner: Die Kunstpolitik des Nationalsozialismus. Reinbek 1963, S. 10
14 Vgl. Helmuth Plessner: Die verspätete Nation. Über die politische Verführbarkeit des bürgerlichen Geistes. Stuttgart 1959
15 Vgl. Julius Langbehn: Rembrandt als Erzieher. Von einem Deutschen. Leipzig o.J., S. 65ff
16 Vgl. Heinrich Wölfflin: Gedanken zur Kunstgeschichte. Basel 1940, S. 129ff
17 Vgl. Heinrich Wölfflin: Italien und das deutsche Formgefühl. München 1931, S. 208f
18 Vgl. Gerd Unverfehrt: Arminius als nationale Leitfigur. Anmerkungen zu Entstehung und Wandel eines Reichssymbols. In: E. Mai, St. Waetzoldt (Hrsg.): Kunstverwaltung, Bau- und Denkmal-Politik im Kaiserreich. Berlin 1981, S. 315ff
19 Vgl. Paul Schultze-Naumburg: Die Gestaltung der Landschaft durch den Menschen. Kulturarbeiten. Bd. I. München 1922, S. 13f
20 Wölfflin: Gedanken zur Kunstgeschichte, S. 125

21 Vgl. Utitz, a.a.O., S. 129 u. S. 181

22 Vgl. Rosenberg, a.a.O., S. 298 f

23 Vgl. Wolfgang Willrich: Säuberung des Kunsttempels. Eine kunstpolitische Kampfschrift zur Gesundung deutscher Kunst im Geiste nordischer Art. München 1937

24 Vgl. Peter Reichel: Der schöne Schein des Dritten Reiches. Faszination und Gewalt des Faschismus. München 1991, S. 91

25 Vgl. Plessner, a.a.O., S. 85 f

26 Vgl. Stefan Zweig: Die Welt von gestern. Erinnerungen eines Europäers. Frankfurt/M. 1982, S. 141 f

27 Vgl. Lutz Titel: Monumentaldenkmäler von 1871 bis 1918 in Deutschland. Ein Beitrag zum Thema Denkmal und Landschaft. In: Mai, Waetzoldt (Hrsg.): Kunstverwaltung, S. 215

28 Vgl. ebd., S. 217

29 Vgl. ebd., S. 262

30 Vgl. Ekkehard Mai: Die Berliner Kunstakademie im 19. Jahrhundert. Kunstpolitik und Kunstpraxis. In: Mai, Waetzoldt (Hrsg.): Kunstverwaltung, S. 458 ff

31 Vgl. ebd., S. 459

32 Ebd., S. 461

33 Vgl. Hans Rosenberg: Probleme der deutschen Sozialgeschichte. Frankfurt/M. 1969

34 Vgl. Renate Köhne-Lindenlaub: Private Kunstförderung im Kaiserreich am Beispiel Krupp. In: E. Mai, H. Waetzoldt, St. Pohl (Hrsg.): Kunstpolitik und Kunstförderung im Kaiserreich. Berlin 1982, S. 55 ff

35 Vgl. Werner Conze: Das deutsche Kaiserreich 1871–1918. Wirtschaftlich-soziale Bedingungen. In: Mai u. a. (Hrsg.): Kunstpolitik, S. 18 f

36 Mai, a.a.O., S. 458

37 Vgl. ebd., S. 459

38 Ebd., S. 450

39 Vgl. Wilhelm Wundt: Die Kunst. Völkerpsychologie. Bd. III. Leipzig 1908

40 Vgl. August Schmarsow, Max Semrau (Hrsg.): Italienische Forschungen zur Kunstgeschichte. Breslau 1890

41 Langbehn, a.a.O., S. 47

42 Vgl. Fritz Stern: Kulturpessimismus als politische Gefahr. Eine Analyse nationaler Ideologie in Deutschland. Bern, Stuttgart, Wien 1963, S. 194

43 Vgl. ebd., S. 196 f

44 Vgl. Joachim C. Fest: Hitler. Eine Biografie. Frankfurt/M., Berlin 1991, S. 525

45 Vgl. Langbehn, a.a.O., S. 78, S. 72 u. S. 363

46 Ebd., S. 48 f

47 Ebd., S. 54

48 Ebd., S. 55

49 Ebd., S. 56

50 Vgl. Wassily Kandinsky: Über die Formfrage. In: Essays über Kunst und Künstler. Bern 1963, S. 27

51 Vgl. Stern, a. a. O., S. 172f

52 Vgl. Georg Simmel: Rembrandt. Ein kunstphilosophischer Versuch. Leipzig 1916, S. 133

53 Langbehn, a. a. O., S. 98

54 Ebd., S. 79

55 Ebd., S. 80

56 Vgl. Christa Lichtenstern: Die Wirkungsgeschichte der Metamorphosenlehre Goethes. Weinheim 1990

57 Vgl. Oswald Spengler: Der Untergang des Abendlandes. Umrisse einer Morphologie der Weltgeschichte. München 1980, S. 6ff

58 Vgl. ebd., S. 148

59 Vgl. Armin Mohler: Die Konservative Revolution in Deutschland 1918 bis 1932. Darmstadt 1989, S. 78ff

60 Ebd., S. 85f

61 Vgl. Langbehn, a. a. O., S. 114 u. S. 157

62 Jürgen Link: Anhang: Nationale Konfigurationen, nationale «Charakter-Dramen». In: J. Link, W. Wülfing (Hrsg.): Nationale Mythen und Symbole in der zweiten Hälfte des 19. Jahrhunderts. Strukturen und Funktionen von Konzepten nationaler Identität. Stuttgart 1991, S. 65

63 Vgl. Gustav Kolb: Bildhaftes Gestalten als Aufgabe der Volkserziehung. Stuttgart 1930, S. 7

64 Kandinsky: Punkt und Linie zu Fläche. Beiträge zur Analyse der malerischen Elemente. Bern 1969, S. 86

65 Vgl. Langbehn, a. a. O., S. 179

66 Vgl. ebd., S. 54

67 Vgl. ebd., S. 363

68 Vgl. ebd., S. 115

69 Franz Marc: Die Wilden Deutschlands. Zit. nach: Thomas Anz, Michael Stark (Hrsg.): Expressionismus. Manifeste und Dokumente einer künstlerischen Revolution 1909–1918, Stuttgart 1982, S. 28

70 Vgl. Kandinsky: Über das Geistige in der Kunst. Bern 1963, S. 73

71 Vgl. ebd., S. 81

72 Franz Marc: Im Fegefeuer des Krieges. Zit. nach: Anz, Stark (Hrsg.), a. a. O., S. 304

73 Corona Hepp: Avantgarde. Moderne Kunst, Kulturkritik und Reformbewegungen nach der Jahrhundertwende. München 1987, S. 179

74 Vgl. Gerhard Kratzsch: Kunstwart und Dürerbund. Ein Beitrag zur Geschichte der Gebildeten im Zeitalter des Imperialismus. Göttingen 1969; ders.: Der Kunstwart und die bürgerlich-soziale Bewegung. In: E. Mai, St. Waetzoldt, G. Wohlandt (Hrsg.): Ideengeschichte und Kunstwissenschaft im Kaiserreich. Berlin 1983

75 Ferdinand Avenarius: Woher kommen und wohin streben wir? In: Kunstwart, XXI. Jahrgang, Heft 7, 1907, S. 2
76 Ebd., S. 3
77 Ebd., S. 4
78 Ebd., S. 5
79 Ebd., S. 6
80 Vgl. Joan Campbell: Der Deutsche Werkbund 1907–1934. Stuttgart 1981, S. 34
81 Avenarius, a. a. O., S. 7
82 Paul Schultze-Naumburg: Die Entstellung unseres Landes. Meiningen 1909, S. 7
83 Vgl. Joseph August Lux: Der «Deutsche Werkbund». In: Kunstwart. XXI. Jahrgang, 1907, S. 270
84 Campbell, a. a. O., S. 15
85 Schultze-Naumburg: Die Entstellung unseres Landes, S. 78
86 Campbell, a. a. O., S. 35 f
87 Ebd., S. 46
88 Ebd.
89 Vgl. Schultze-Naumburg: Die Entstellung unseres Landes
90 Vgl. Campbell, a. a. O., S. 109 f
91 Vgl. Hein, a. a. O., S. 59–102
92 Vgl. Thomas Mann: Betrachtungen eines Unpolitischen. Berlin 1919, S. 104
93 Vgl. Campbell, a. a. O., S. 118
94 Vgl. ebd., S. 119 f
95 Ebd., S. 120
96 Ebd., S. 125
97 Vgl. Wilhelm Worringer: Abstraktion und Einfühlung. München 1959, S. 177 f
98 Vgl. Campbell, a. a. O., S. 114; Arthur Moeller van den Bruck: Der preußische Stil. München 1916
99 Vgl. Campbell, a. a. O., S. 142
100 Hugo von Hofmannsthal: Das Schrifttum als geistiger Raum der Nation. München 1927, S. 28
101 Ebd., S. 31
102 Ernst Bloch: Philosophische Aufsätze. Frankfurt/M. 1969, S. 191
103 Vgl. Gustav Kolb: Bildhaftes Gestalten als Aufgabe der Volkserziehung. Stuttgart 1927
104 Vgl. Kind und Kunst. Katalog zur Ausstellung. Berlin 1977, S. 30 ff
105 Vgl. Lange: Die künstlerische Erziehung der deutschen Jugend, S. 31 f
106 Vgl. Ernst Cassirer: Philosophie der symbolischen Formen. Darmstadt 1977, Bd. III, S. 526
107 Vgl. Wilhelm Wundt: Völkerpsychologie. Eine Untersuchung der Entwicklungsgesetze von Sprache, Mythus und Sitte. Leipzig 1910–1920

108 Konrad Fiedler: Schriften zur Kunst. Bd. I. Hrsg. v. G. Boehm. München 1971, S. 278

109 Vgl. Alfred Lichtwark: Übungen in den Betrachtungen von Kunstwerken. Berlin 1902, S. 18

110 Vgl. Gisela Wilkending: Volkspädagogik «vom Kinde aus». Eine Untersuchung zur Geschichte der Literaturpädagogik in den Anfängen der Kunsterziehungsbewegung. Weinheim, Basel 1980;
Hartwig Brandt: Motive der Kunsterziehungs- und Kunstgewerbebewegung. Würzburg 1981

111 Lichtwark, a. a. O., S. 18

112 Vgl. Peter Bürger: Theorie der Avantgarde. Frankfurt/M. 1974, S. 68

113 Vgl. Georg Simmel: Über sociale Differenzierung. In: Aufsätze 1887–1892. Frankfurt/M. 1989

114 Vgl. Cassirer: Philosophie der symbolischen Formen, Bd. III, S. 119

115 Vgl. Corrado Ricci: Kinderkunst. Leipzig 1906; Oskar Wulff: Die Kunst des Kindes. Der Entwicklungsgang seiner zeichnerischen und bildnerischen Gestaltung. Stuttgart 1927

116 Vgl. Siegfried Levinstein: Die Kunst des Kindes. Untersuchungen über das Zeichnen der Kinder bis zum 14. Lebensjahr. Leipzig 1905, S. 54

117 Vgl. Günther Mühle: Entwicklungspsychologie des zeichnerischen Gestaltens. Grundlagen, Formen und Wege in der Kindererziehung. Frankfurt/M. 1955, S. 18

118 Vgl. William Stern: Psychologie der frühen Kindheit bis zum 6. Lebensjahr. Leipzig 1928, S. 320

119 Vgl. Rainer Hespe: Der Begriff der Freien Kinderzeichnung in der Geschichte des Zeichen- und Kunstunterrichts von ca. 1890–1920. Frankfurt/M., Bern, New York 1985

120 Über den Darwinismus Konrad Langes vgl. auch Hermann Drüe: Die psychologische Ästhetik im deutschen Kaiserreich. In: Mai u. a. (Hrsg.): Ideengeschichte, S. 77

121 Vgl. Max Verworn: Die biologischen Grundlagen der Kulturpolitik. Eine Betrachtung zum Weltkriege. Jena 1915, S. 29

122 Vgl. Walter Krötzsch: Rhythmus und Form in der freien Kinderzeichnung. Leipzig 1917, S. 2

123 Vgl. George L. Mosse: Ein Volk, ein Reich, ein Führer. Die völkischen Ursprünge des Nationalsozialismus. Königstein/Ts. 1979, S. 227f

124 G. F. Hartlaub: Der Genius im Kinde. Zeichnungen und Malversuche begabter Kinder. Breslau 1922, S. 27

125 Kolb, a. a. O., S. 209

126 Ebd., S. 91

127 Ebd., S. 33

128 Kind und Kunst. Katalog zur Ausstellung. Bd. II. Hannover 1980, S. 59

129 Vgl. Bürger, a. a. O., S. 69

130 Vgl. Hugo Ball: Der Künstler und die Zeitkrankheit. In: Ausgewählte Schriften. Frankfurt/M. 1984, S. 35ff

131 Vgl. Daniel-Henry Kahnweiler: Der Weg zum Kubismus. München 1920

132 Vgl. Ernst Cassirer: Versuch über den Menschen. Einführung in eine Philosophie der Kultur. Frankfurt/M. 1990, S. 256ff

133 Vgl. Peter Gorsen: Transformierte Alltäglichkeit oder Transzendenz der Kunst? In: P. Brückner u. a. (Hrsg.): Das Unvermögen der Realität. Berlin 1977

134 Vgl. Ernst Bloch: Ästhetik des Vor-Scheins. Bd. I. Hrsg. v. G. Ueding. Frankfurt/M. 1974, S. 279

135 Vgl. Krötzsch, a. a. O.

136 Vgl. Gustav Britsch: Theorie der bildenden Kunst. Hrsg. v. E. Kornmann. Ratingen 1952

137 Vgl. Janos Frecot, Johann Friedrich Geist, Diethart Kerbs: Fidus 1868–1948. Zur ästhetischen Praxis bürgerlicher Fluchtbewegungen. München 1972

138 Johannes Hemleben: Rudolf Steiner und Ernst Haeckel. Stuttgart 1968

139 Frecot u. a., a. a. O., S. 73

140 Vgl. ebd., S. 107

141 Ebd., S. 114

142 Vgl. ebd., S. 288–301

143 Vgl. ebd., S. 120ff

144 Ebd., S. 161

145 Ebd., S. 174

146 Vgl. ebd., S. 167

147 Vgl. ebd., S. 2

148 Vgl. Gunter Otto: Die Theorie der musischen Bildung und ihr Verhältnis zur Realität. In: N. Kluge (Hrsg.): Vom Geist musischer Erziehung. Darmstadt 1973; Line Kossolapow: Musische Erziehung zwischen Kunst und Kreativität. Ideologiegeschichte künstlerischer Selbstaktualisierungstendenzen im Industriezeitalter. Frankfurt/M. 1975

149 Vgl. Gustav Kolb: «Bildhaftes Gestalten». In: Handbuch des Arbeitsunterrichts für höhere Schulen. Hrsg. v. Fr. A. Jungbluth. Heft 5, Frankfurt/M. 1925, S. 65

150 Vgl. Eckhard Neumann: Bauhaus und Bauhäusler. Bekenntnisse und Erinnerungen. Stuttgart 1971

151 Vgl. H. E. Schröder (Hrsg.): Der Rhythmus als Erzieher. Festschrift zum sechzigsten Geburtstag von Rudolf Bode. Berlin 1941

152 Robert Werner Schulte: Körper-Kultur. Versuch einer Philosophie der Leibesübungen. München 1928, S. 22

153 Vgl. ebd., S. 58

154 Ebd., S. 16

155 Ebd., S. 65

156 Fritz Böhme: Der Tanz der Zukunft. München 1926, S. 22

157 Ebd., S. 49
158 Ebd., S. 52
159 Ebd., S. 7
160 Vgl. Mohler, a. a. O., S. 3
161 Vgl. Wilhelm Worringer: Abstraktion und Einfühlung. Ein Beitrag zur Stilpsychologie. München 1959, S. 51
162 Vgl. Reichel, a. a. O., S. 91
163 Vgl. Klemens von Klemperer: Konservative Bewegungen zwischen Kaiserreich und Nationalsozialismus. München, Wien 1957, S. 126
164 Vgl. Frecot u. a., a. a. O.
165 Vgl. Reichel, a. a. O., S. 185
166 Vgl. Joseph Wulf: Kultur im Dritten Reich. Die Bildenden Künste. Frankfurt/M., Berlin 1989, S. 31
167 Ebd.
168 Karlhans Kluncker: Der George-Kreis als Dichterschule. In: R. Bauer u. a. (Hrsg.): Fin de siècle. Zur Literatur und Kunst der Jahrhundertwende. Frankfurt/M. 1977
169 Vgl. Michael Jovy: Jugendbewegung und Nationalsozialismus. Münster 1984, S. 54f
170 Vgl. Klaus Theweleit: Männerphantasien. 2 Bde. Frankfurt/M. 1978
171 Vgl. Thomas Carlyle: Heldentum und Macht. Schriften für die Gegenwart. Leipzig o. J.; zur Rezeption vgl. Ernst Cassirer: Der Mythus des Staates. Philosophische Grundlagen politischen Verhaltens. Frankfurt/M. 1988, S. 246ff
172 Gert Mattenklott: Bilderdienst. Ästhetische Opposition bei Beardsley und George. München 1977, S. 227
173 Vgl. Ralph Georg Reuth: Goebbels. München, Zürich 1990, S. 52
174 Mattenklott, a. a. O., S. 227
175 Ebd., S. 226
176 Ebd., S. 216
177 Vgl. Mohler, a. a. O., S. 70
178 Vgl. Franz Schonauer: Stefan George. Reinbek 1960, S. 128
179 Vgl. Mattenklott, a. a. O., S. 215
180 Vgl. Thomas Mann: Bruder Hitler. In: Gesammelte Werke. Bd. 12. Berlin 1955, S. 777
181 Vgl. Kluncker, a. a. O., S. 470ff
182 Zur politischen Herkunft des «Kopfes» der «Roten Kapelle», Harro Schulze-Boysen, vgl. Otto-Ernst Schüddekopf: Linke Leute von rechts. Die nationalrevolutionären Minderheiten und der Kommunismus in der Weimarer Republik. Stuttgart 1960, S. 350ff
183 Vgl. Schonauer, a. a. O., S. 88
184 Ebd., S. 98
185 Ebd., S. 15 u. S. 98
186 Anz u. a. (Hrsg.), a. a. O., S. 80

187 Vgl. Peg Weiss: Castrum Peregrini 138. Amsterdam 1979, S. 26ff
188 Vgl. Reichel, a.a.O., S. 91
189 Vgl. ebd., S. 358
190 Wilhelm Worringer: Qualität und Gesinnung. In: Genius. Zeitschrift für werdende und alte Kunst. Hrsg. v. C. G. Heise, H. Mardersteig u. K. Pinthus. München 1919, S. 3
191 Andreas Hüneke (Hrsg.): Der Blaue Reiter. Dokumente einer Bewegung. Leipzig 1991, S. 415f
192 Ebd., S. 417f
193 Ebd., S. 424
194 Ebd., S. 425
195 Ebd., S. 436
196 Ebd., S. 426f
197 Gisela Kleine: Gabriele Münter und Wassily Kandinsky. Biographie eines Paares. Frankfurt/M. 1990, S. 275; vgl. Bushart, a.a.O., S. 106
198 Hüneke, a.a.O., S. 276
199 Ebd., S. 431f
200 Ebd., S. 421
201 Ebd., S. 433
202 Vgl. Bushart, a.a.O., S. 123
203 Vgl. ebd., S. 39ff
204 Gustav Pauli: Die beiden Prinzipien des künstlerischen Gestaltens. In: Genius, a.a.O., S. 186
205 Ebd.
206 Ebd., S. 189
207 Wilhelm Waetzold: Ausdruck und Gestaltung. In: Genius, a.a.O., S. 6
208 Wilhelm R. Valentiner: Karl Schmidt-Rottluff. In: Jahrbuch der jungen Kunst. Hrsg. v. G. Biermann. Leipzig 1920, S. 189
209 Ebd., S. 201
210 Ebd., S. 189
211 Ebd., S. 190
212 Ebd., S. 191
213 Ebd., S. 192
214 Ebd., S. 201
215 Ebd., S. 204
216 Ebd., S. 206
217 Paul F. Schmidt: Max Beckmann. In: Jahrbuch der jungen Kunst, a.a.O., S. 117
218 Georg Biermann, in: Jahrbuch der jungen Kunst, a.a.O., S. VII
219 Ebd., S. 5
220 Kasimir Edschmid: Die Darmstädter Sezession. In: Jahrbuch der jungen Kunst, a.a.O., S. 29
221 Paul Cohen: Asiatischer und europäischer Geist in der Kunst. In: Jahrbuch der jungen Kunst, a.a.O., S. 9ff

222 Otto Flake: Über abstrakte Kunst. In: Jahrbuch der jungen Kunst, a.a.O., S. 102
223 G. F. Hartlaub: Kunst und Religion. Ein Versuch über die Möglichkeiten neuer religiöser Kunst. Leipzig 1919, S. 5
224 Ebd., S. 44
225 Ebd.
226 Ebd., S. 75
227 Ebd., S. 76
228 Ebd., S. 82
229 Ebd., S. 84f
230 Ebd., S. 87
231 Ebd., S. 89f
232 Ebd., S. 100
233 Ebd., S. 103
234 Ebd.
235 Ebd., S. 112
236 Ebd., S. 24

Kapitel III. Die ästhetische Radikalisierung der Kulturkritik

1 Vgl. Wilhelm Worringer: Abstraktion und Einfühlung. Ein Beitrag zur Stilpsychologie. München 1959, S. 63
2 Horst Jähner: Künstlergruppe Brücke. Geschichte einer Gemeinschaft und das Lebenswerk ihrer Repräsentanten. Berlin 1991, S. 80
3 Vgl. Georg Lukács: Die Zerstörung der Vernunft. In: Werke Bd. 9. Neuwied, Berlin 1962
4 Jill Lloyd: Primitivismus und Modernität: ein expressionistisches Dilemma. In: Ch. M. Joachimides, N. Rosenthal, W. Schmied (Hrsg.): Deutsche Kunst im 20. Jahrhundert. Malerei und Plastik 1905–85, München 1986, S. 98
5 Ebd., S. 101
6 Vgl. Worringer: Abstraktion und Einfühlung, S. 53
7 Thomas Mann: Betrachtungen eines Unpolitischen. Berlin 1919, S. 507
8 Vgl. Jähner, a. a. O., S. 46
9 Werner Hofmann: Grundlagen der modernen Kunst. Eine Einführung in ihre symbolischen Formen. Stuttgart 1968, S. 264
10 Vgl. Jähner, a. a. O., S. 57
11 Vgl. die literarische Bearbeitung des Themas durch Siegfried Lenz: Die Deutschstunde. Hamburg 1968
12 Vgl. Julius Langbehn: Rembrandt als Erzieher. Von einem Deutschen. Leipzig o. J., S. 64
13 Vgl. Helmut Kreutzer: Die Bohème. Beiträge zu ihrer Beschreibung. Stuttgart 1968, S. 339ff

14 Vgl. Vorwort von Felix Niedner zu: Carl Michael Bellman. Fredmans Episteln. Jena 1909; Otto von Leixner: Illustrierte Literaturgeschichte der vornehmsten Kulturvölker. 4. Band/II. Berlin, Leipzig 1883, S. 323
15 Vgl. Werner Jansen: Die Insel Heldentum. Leipzig 1938, S. 232 und S. 313f
16 Vgl. Jähner, a.a.O., S. 81
17 Vgl. Worringer: Abstraktion und Einfühlung, S. 49
18 Vgl. Jähner, a.a.O., S. 81
19 Ebd.
20 Hartmut Zelinsky: Der «Weg» der «Blauen Reiter». In: J. Hahl-Koch (Hrsg.): Arnold Schönberg und Wassily Kandinsky. Briefe, Bilder und Dokumente einer außergewöhnlichen Begegnung. Salzburg, Wien 1980, S. 259
21 Ebd., S. 246
22 Worringer: Abstraktion und Einfühlung, S. 9
23 Ebd., S. 10
24 Ebd., S. 13
25 Georg Simmel: Böcklins Landschaften. In: G. Simmel: Zur Philosophie der Kunst. Philosophische und kunstphilosophische Aufsätze. Potsdam 1922, S. 10
26 Ebd., S. 8
27 Ebd., S. 11
28 Ebd., S. 12
29 Vgl. Georg Simmel: L'art pour l'art. In: Philosophie der Kunst, a.a.O., S. 86
30 Vgl. Michael Schmid: Georg Simmel: Die Dynamik des Lebens. In: Grundprobleme der großen Philosophen. Philosophie der Neuzeit IV. Hrsg. v. J. Speck. Göttingen 1986
31 Vgl. Georg Simmel: Philosophie des Geldes. Frankfurt/M. 1989, S. 385
32 Vgl. Ernst Cassirer: Zur modernen Physik. Darmstadt 1957
33 Vgl. Max Weber: Gesammelte Aufsätze zur Religionssoziologie I. Tübingen 1988, S. 14
34 Georg Simmel: Der Begriff und die Tragödie der Kultur. In: G. Simmel: Philosophische Kultur. Berlin 1983; vgl. P. U. Hein (Hrsg.): Georg Simmel. Frankfurt/M., Bern, New York, Paris 1990
35 Vgl. Max Horkheimer: Neue Kunst und Massenkultur. In: Kritische Theorie. Bd. II. Hrsg. v. Alfred Schmidt. Frankfurt/M. 1968, S. 315
36 Vgl. Hans Blumenberg: Die Arbeit am Mythos. Frankfurt/M., S. 392
37 Vgl. Theodor Lipps: Ästhetik. Psychologie des Schönen und der Kunst. Bd. I. Leipzig 1903–1906, S. 39
38 Vgl. Hermann Drüe: Die psychologische Ästhetik im deutschen Kaiserreich. In: E. Mai, St. Waetzoldt, G. Wohlandt (Hrsg.): Ideengeschichte und Kunstwissenschaft im Kaiserreich, Berlin 1983, S. 96
39 Vgl. Anm. I/36
40 Vgl. Anm. III/6
41 Vgl. Worringer: Abstraktion und Einfühlung, S. 176ff

42 Ebd., S. 71 f

43 Worringer: Formprobleme der Gotik. Zit. nach: Magdalena Bushart: Der Geist der Gotik und die expressionistische Kunst. München 1990, S. 28 f

44 Worringer: Abstraktion und Einfühlung, S. 53

45 Ebd., S. 177

46 Vgl. Bushart: Der Geist der Gotik, S. 24

47 Paul Klee. Zit. nach: Bushart, a. a. O., S. 25

48 Vgl. Ernst Cassirer: Philosophie der symbolischen Formen. Bd. II. Darmstadt 1977, S. 7

49 Wassily Kandinsky: Über die Formfrage. In: Essays über Kunst und Künstler. Bern 1963, S. 28

50 Ebd., S. 28 f

51 Vgl. Wassily Kandinsky: Über das Geistige in der Kunst. Bern 1963, S. 59

52 Vgl. Theodor Lipps: Leitfaden der Psychologie. Leipzig 1906, S. 144 ff

53 Vgl. Lipps, a. a. O., S. 246 f

54 Vgl. Wassily Kandinsky: Punkt und Linie zu Fläche. Beiträge zur Analyse der malerischen Elemente. Bern 1969

55 Gisela Kleine: Gabriele Münter und Wassily Kandinsky. Biographie eines Paares. Frankfurt/M. 1990, S. 413 f

56 Vgl. Arnold Gehlen: Zeitbilder. Zur Soziologie und Ästhetik der modernen Malerei. Bonn 1965, S. 162 ff

57 Kandinsky: Über die Formfrage, S. 37

58 Kandinsky: Über das Geistige in der Kunst, S. 22

59 Ebd., S. 24

60 Über den Einfluß des italienischen Futurismus vgl. Peter Demetz: Der italienische Futurismus und die deutsche literarische Avantgarde 1912–1934. München 1990

61 Kandinsky: Über das Geistige in der Kunst, S. 50

62 Vgl. Kleine, a. a. O., S. 223

63 Kandinsky: Über das Geistige in der Kunst, S. 51

64 Kleine, a. a. O., S. 359

65 Vgl. Johannes Richter: Die Entwicklung des kunsterzieherischen Gedankens. Ein Kulturproblem der Gegenwart. Leipzig o. J., S. 78

66 Vgl. Paul Fechter: Bildersturm. In: Jahrbuch der jungen Kunst. Hrsg. v. G. Biermann, Leipzig 1920, S. 49

67 Kleine, a. a. O., S. 275

68 Vgl. Kandinsky: Über das Geistige in der Kunst, S. 36

69 Ebd., S. 36

70 Ebd., S. 37

71 Vgl. Langbehn, a. a. O., S. 265 ff

72 Kandinsky: Über das Geistige in der Kunst, S. 39

73 Ebd., S. 39 f

74 Ebd., S. 39

75 Ebd., S. 32
76 Ebd., S. 33
77 Vgl. Hugo Ball: Zur Kritik der deutschen Intelligenz. Ein Pamphlet. Berlin 1919
78 Franz Marc, zit. nach: Hans Sedlmayr: Verlust der Mitte. Die Kunst des 19. und 20. Jahrhunderts als Symptom und Symbol der Zeit. Salzburg 1948, S. 158
79 Vgl. Gehlen, a. a. O., S. 167 f
80 Vgl. Paul Schultze-Naumburg: Kunst und Rasse. München 1928
81 Vgl. Worringer: Abstraktion und Einfühlung. S. 180
82 Vgl. Sedlmayr, a. a. O., S. 160
83 Wilhelm Pinder, zit. nach: Sedlmayr, a. a. O., S. 93
84 Vgl. Joachim Besser: Die Vorgeschichte des Nationalsozialismus in neuem Licht. In: Die Pforte. Monatsschrift für Kultur. 2. Jahrg., Heft 21/22, 1950; Rudolf von Sebottendorf: Bevor Hitler kam. Urkundliches aus der Frühzeit der nationalsozialistischen Bewegung. München 1934
85 Vgl. Max Weber: Soziologie. Weltgeschichtliche Analysen, Politik. Hrsg. v. Joh. Winckelmann. Stuttgart 1956, S. 423
86 Vgl. Sixten Ringboom: Die Steiner-Annotationen Kandinskys. In: Kandinsky und München. Begegnungen und Wandlungen 1896–1914. München 1982
87 Vgl. Max Dessoir: Vom Jenseits der Seele. Die Geheimwissenschaften in kritischer Betrachtung. Stuttgart 1917; Daniel-Henry Kahnweiler: Der Weg zum Kubismus. München 1920
88 Vgl. Kandinsky: Über das Geistige in der Kunst, S. 42
89 Vgl. ebd., S. 80
90 Ebd., S. 42 f
91 Friedrich Wilhelm Fischer: Geheimlehren und moderne Kunst. Zur hermetischen Kunstauffassung von Baudelaire bis Malewitsch. In: R. Bauer u. a. (Hrsg.): Fin de siècle. Zur Literatur und Kunst der Jahrhundertwende. Frankfurt/M. 1977, S. 364
92 Ebd., S. 367
93 Vgl. Arnold Schönberg 1874–1951. Das bildnerische Werk. Ausstellungskatalog. Hrsg. v. Th. Zaunschirm. Klagenfurt 1991
94 Vgl. Zelinsky, a. a. O., S. 229
95 Vgl. Fischer, a. a. O., S. 358; Kleine, a. a. O., S. 257
96 Zelinsky, a. a. O., S. 258
97 Ebd., S. 251
98 Vgl. die literarische Behandlung des Themas bei Thomas Mann: Doktor Faustus. Das Leben des deutschen Tonsetzers Adrian Leverkühn erzählt von einem Freunde. Frankfurt/M. 1980; siehe auch Nachwort des Herausgebers Peter de Mendelssohn
99 Vgl. Siegfried Kracauer: Das Ornament der Masse. Frankfurt 1977, S. 93
100 Fischer, a. a. O., S. 361
101 Zelinsky, a. a. O., S. 262

102 Franz Schreker, zit. nach: Zelinsky, a.a.O., S. 248

103 Gehlen, a.a.O., S. 166

104 Vgl. Jürgen Habermas: Die Verschlingung von Mythos und Aufklärung. Bemerkungen zur Dialektik der Aufklärung nach einer erneuten Lektüre. In: K.H. Bohrer (Hrsg.): Mythos und Moderne. Frankfurt/M. 1983, S. 426ff

105 Vgl. Ernst Cassirer: Der Mythus des Staates. Philosophische Grundlagen politischen Verhaltens. Frankfurt/M. 1985, S. 389f; ders.: Philosophie der symbolischen Formen, Bd. I, S. 13

106 Vgl. Ernst Cassirer: Mythischer, ästhetischer und theoretischer Raum. In: E. Cassirer: Symbol, Technik, Sprache. Hrsg. v. E.W. Orth u. J.M. Krois. Hamburg 1985

107 Vgl. Johannes Hemleben: Rudolf Steiner und Ernst Haeckel. Stuttgart 1968

108 Vgl. Vorwort von Max Bill zu Kandinsky: Über das Geistige in der Kunst, S. 14

109 Vgl. Hitlers Rede zur «Großen Deutschen Kunstausstellung» 1937 in München. In: Klaus Backes: Hitler und die bildenden Künste. Köln 1988

110 Vgl. Thomas Zaunschirm. Der Maler Arnold Schönberg. In: Th. Zaunschirm (Hrsg.): Arnold Schönberg. Das bildnerische Werk. Klagenfurt 1991, S. 22

111 Vgl. Gehlen, a.a.O., S. 53 u. S. 61

112 Vgl. Kleine, a.a.O., S. 413

113 Vgl. Gabriele v. Heesen-Cremer: Zum Problem des Kulturpessimismus. Schopenhauer-Rezeption bei Künstlern und Intellektuellen 1871–1918. In: E. Mai u.a. (Hrsg.): Ideengeschichte und Kunstwissenschaft im Kaiserreich. Berlin 1983

114 Beat Wismer: Mondrians ästhetische Utopie. Baden 1985, S. 65

115 Fischer, a.a.O., S. 364

116 Wismer, a.a.O., S. 65

117 Ebd., S. 54

118 Ebd., S. 43f

119 Vgl. ebd., S. 46

120 Ebd., S. 60

121 Piet Mondrian: Neue Gestaltung. Berlin, Mainz 1974, S. 8

122 Ebd., S. 10

123 Ebd., S. 20

124 Ebd., S. 34

125 Ebd., S. 22

126 Ebd., S. 35

127 Ebd., S. 36f

129 Vgl. Demetz, a.a.O., S. 381ff

129 Mondrian, a.a.O., S. 37

130 Ebd., S. 39

131 Vgl. Wismer, a.a.O., S. 41

132 Ebd., S. 69

133 Ebd., S. 66

134 H. L. C. Jaffé: Mondrian und De Stijl. Köln 1967, S. 17
135 Mondrian, a. a. O., S. 57f
136 Ebd., S. 57
137 Vgl. Karl Marx: Deutsch-Französische Jahrbücher. Hrsg. v. K. Marx und A. Ruge (Paris 1844), Darmstadt 1973, S. 72
138 Wismer, a. a. O., S. 71
139 Vgl. Jaffé, a. a. O., S. 17
140 Vgl. Walter Dexel: Der Bauhausstil – ein Mythos. Texte 1921–1965. Hrsg. v. W. Vitt. Starnberg 1976, S. 13
141 Eckard Neumann (Hrsg.): Bauhaus und Bauhäusler. Bekenntnisse und Erinnerungen. Bern, Stuttgart 1971, S. 59
142 Joan Campbell: Der deutsche Werkbund 1907–1934. Stuttgart 1981, S. 153 u. S. 185
143 Christa Lichtenstern: Die Wirkungsgeschichte der Metamorphosenlehre Goethes. Von Philipp Otto Runge bis Joseph Beuys. Weinheim 1990, S. 85
144 Vgl. Dexel, a. a. O.
145 Vgl. Winfried Nerdinger: Walter Gropius' Beitrag zur Architektur des 20. Jahrhunderts. In: 100 Jahre Walter Gropius. Schließung des Bauhauses 1933. Hrsg. v. Bauhaus-Archiv. Berlin 1983
146 Vgl. Genius. Zeitschrift für werdende und alte Kunst. Hrsg. v. C. G. Heise, H. Mardersteig u. K. Pinthus. München 1919; Jahrbuch der jungen Kunst. Hrsg. v. G. Biermann. Leipzig 1920
147 Vgl. die Jahrgänge 1918 u. 1919 von: Die Tat. Monatsschrift für die Zukunft deutscher Kultur. Verlegt bei Eugen Diederichs in Jena
148 Vgl. Eugen Diederichs: Selbstzeugnisse und Briefe bedeutender Zeitgenossen. Düsseldorf, Köln 1967, S. 242ff
149 Walter Gropius: Bauhaus-Manifest. Zit. nach: Th. Anz, M. Stark (Hrsg.): Expressionismus. Manifeste und Dokumente zur deutschen Literatur 1910–1920. Stuttgart 1982, S. 557ff
150 Ebd., S. 558
151 Vgl. Campbell, a. a. O., S. 226f
152 Walter Gropius: Die neue Architektur und das Bauhaus. Grundzüge und Entwicklung einer Konzeption. Mainz 1967, S. 35
153 Vgl. Leo Kofler: Der asketische Eros. Wien 1967
154 Christoph Natter: Neue Wege zur Kunsterziehung. In: Die Tat XIV, Jahrgang 1922, Heft 7; Rainer Wick rechnet Natter nicht in den engeren Kreis der Bauhauspädagogen. Vgl. R. Wick: Bauhauspädagogik. Köln 1982, S. 300f
155 Vgl. Gerhard Szcesny: Als die Vergangenheit Gegenwart war. Lebenslauf eines Ostpreußen. Frankfurt/M. 1990, S. 66ff
156 Junge Menschen. Monatshefte für Politik, Kunst, Literatur und Leben aus dem Geiste der jungen Generation. Hrsg. v. W. Hammer. 5. Jahrgang, 1924, Heft 8 (Sonderheft Bauhaus), S. 173
157 Vgl. Wick, a. a. O., S. 91ff

158 Vgl. Johannes Itten: Werke und Schriften. Hrsg. v. W. Rotzler. Zürich 1972, S. 229 ff
159 Vgl. ebd.
160 Utopia. Dokumente der Wirklichkeit. Hrsg. v. Bruno Adler. Weimar 1921, S. 10
161 Vgl. Johannes Itten: Mein Vorkurs am Bauhaus. Gestaltungs- und Formenlehre. Ravensburg 1963
162 L. W. Rochowanski: Der Formwille der Zeit in der angewandten Kunst. (Wien 1922) München 1980, S. 8
163 Ebd., S. 9
164 Ebd., S. 105 ff
165 Vgl. Ulrich Linse: Barfüßige Propheten. Erlöser der zwanziger Jahre. Berlin 1983
166 Vgl. Peter Hahn: Nachwort zu Utopia, a. a. O.
167 Lothar Schreyer: Erinnerungen an Sturm und Bauhaus. München 1956. S. 245–257
168 Johannes Itten: Werke und Schriften, S. 88
169 Schreyer, a. a. O., S. 172
170 Vgl. Cassirer: Philosophie der symbolischen Formen. Bd. I, S. 5
171 Paul Klee: Das bildnerische Denken. Schriften zur Form- und Gestaltungslehre. Hrsg. v. J. Spiller. Basel, Stuttgart 1956, S. 5
172 Ebd., S. 7
173 Ebd., S. 9
174 Ebd., S. 17
175 Ebd., S. 19 u. S. 27
176 Ebd., S. 29
177 Ebd., S. 32 f
178 Ebd., S. 59
179 Ebd., S. 60
180 Ebd., S. 67
181 Ebd., S. 70
182 Ebd., S. 79
183 Ebd., S. 415
184 Ebd., S. 397
185 Ebd., S. 331
186 Vgl. Schreyer, a. a. O., S. 168 f
187 Ebd., S. 119
188 Vgl. Hestia 1986/87. Klages, Prinzhorn und die Persönlichkeitspsychologie – Zur Weltsicht von Ludwig Klages. Vorträge und Aufsätze. Hrsg. v. Franz Tenigl. Bonn 1987
189 Vgl. Ernst Cassirer: Form und Technik. In: Cassirer: Symbol, Technik, Sprache, a. a. O.
190 Paul Klee, a. a. O., S. 59

191 Junge Menschen, a.a.O., S. 174
192 Vgl. Albert Speer: Erinnerungen. Frankfurt/M., Berlin 1969, S. 159
193 Magdalena Droste: Bauhaus. Hrsg. v. Bauhaus-Archiv. Köln 1990, S. 230
194 Ebd.
195 Vgl. Joachim Petsch: Kunst im Dritten Reich. Architektur, Plastik, Malerei, Alltagsästhetik. Köln 1983, S. 29
196 Vgl. Droste, a.a.O., S. 230
197 Vgl. Ludwig Dallat, Franz Hilker (Hrsg.): Künstlerische Körperschulung. Breslau 1925
198 Vgl. Peter Reichel: Der schöne Schein des Dritten Reiches. Faszination und Gewalt des Faschismus. München, Wien 1991, S. 157 ff u. S. 208 ff
199 Vgl. Klaus Theweleit: Männerphantasien. 2 Bde. Frankfurt/M. 1978; Wilfried Daim: Der Mann, der Hitler die Ideen gab. Die sektiererischen Grundlagen des Nationalsozialismus. Wien, Köln, Graz 1985
200 Vgl. Langbehn, a.a.O., S. 47
201 Ludwig Klages: Der Geist als Widersacher der Seele. München, Bonn 1960, S. 1262
202 Ebd., S. 1261
203 Ebd., S. 1253
204 Ebd., S. 1254
205 Vgl. Max Scheler: Die Stellung des Menschen im Kosmos. München 1947, S. 77 ff
206 Vgl. Cassirer: Philosophie der symbolischen Formen. Bd. III, S. 117
207 Klages, a.a.O., S. 1262
208 Ebd., S. 1262 f
209 Ebd., S. 1269 f
210 Ebd., S. 1262
211 Ebd., S. 1258 f
212 Klages bezieht sich auf die Romantik und auf Bachofen, wenn er vom «Pelasgertum» als der «vorgeschichtlichen Frühzeit, aus der das Altertum erst erwuchs», spricht. Vgl. ebd., S. 488
213 Ebd., S. 1261
214 Vgl. P.U. Hein: Transformation der Kunst. Ziele und Wirkungen der deutschen Kultur- und Kunsterziehungsbewegung. Köln, Wien 1991, S. 236 ff
215 Vgl. Léon Poliakov: Der arische Mythos. Zu den Quellen von Rassismus und Nationalismus. Wien, München, Zürich 1971, S. 335 ff
216 Vgl. Oswald Spengler: Der Untergang des Abendlandes. Umrisse einer Morphologie der Weltgeschichte. München 1980, S. 234, 1193
217 Vgl. Beat Wyss: Die Trauer der Vollendung. Von der Ästhetik des deutschen Idealismus zur Kulturkritik an der Moderne. München 1985, S. 248 f u. S. 251
218 Vgl. ebd., S. 252 f
219 Spengler: Untergang des Abendlandes, zit. nach: Wyss, a.a.O., S. 263
220 Vgl. Wyss, a.a.O., S. 253

221 Vgl. ebd., S. 261
222 Vgl. Arthur Moeller van den Bruck: Der preußische Stil. München 1916
223 Vgl. Spengler, a. a. O., S. 1187
224 George Grosz: Das Gesicht der herrschenden Klasse und Abrechnung folgt. Frankfurt/M. 1972, S. 8
225 Vgl. Neue Jugend, Monatsschrift. Hrsg. v. H. Barger, Jahrgänge 1916/17
226 Vgl. Hugo Ball: Der Künstler und die Zeitkrankheit. Ausgewählte Schriften. Frankfurt/M. 1984, S. 102 ff
227 Vgl. Richard Weber: Proletarisches Theater und revolutionäre Arbeiterbewegung 1918–25. Köln 1976, S. 199
228 Vgl. Franz Jung: Der Weg nach unten. Aufzeichnungen aus einer großen Zeit. Neuwied, Berlin 1961, S. 315
229 Vgl. Hans-Jürgen Schmitt (Hrsg.): Die Expressionismusdebatte. Materialien zu einer marxistischen Realismuskonzeption. Frankfurt/M. 1973
230 Vgl. Thomas Mann: Bruder Hitler. In: Gesammelte Werke. Bd. 12. Berlin 1955, S. 775 ff
231 Vgl. Karl August Wittfogel: Die orientalische Despotie. Köln, Berlin 1962
232 Vgl. Otto-Ernst Schüddekopf: Linke Leute von rechts. Die nationalrevolutionären Minderheiten und der Kommunismus in der Weimarer Republik. Stuttgart 1960, S. 98 ff; Ernst Niekisch: Erinnerungen eines deutschen Revolutionärs. 2 Bde. Köln 1974
233 Vgl. Georg Simmel: Die Großstädte und das Geistesleben. In: Jahrbuch der Gehe-Stiftung. Bd. IX. Dresden 1903
234 Vgl. Marquard, a. a. O.
235 Wassily Kandinsky: Gesammelte Schriften. Bd. I. Bern 1980, S. 61 f
236 Vgl. Friedrich Engels: Der Ursprung der Familie, des Privateigentums und des Staats. Berlin 1953
237 Vgl. Karl Korsch. In: Die Tat. V/7/1913, S. 758 ff, V/11/1914, S. 1159 ff
238 Vgl. Ernst Bloch: Diskussion über Expressionismus. In: Fr. J. Raddatz (Hrsg.), Marxismus und Literatur. Bd. II. Reinbek 1969, S. 59
239 Vgl. Martin Jürgens: Moderne und Mimesis. Vorschlag für eine Theorie der modernen Kunst. Münster 1988, S. 85 ff
240 Ebd., S. 88
241 Vgl. A. E. u. P. U. Hein: Kunstpolitische Konzepte der deutschen Arbeiterbewegung. Eine Darstellung am Beispiel von Literatur und Theater. Münster 1983, S. 3 f
242 Peter Gorsen: Transformierte Alltäglichkeit oder Transzendenz der Kunst? In: Brückner u. a. (Hrsg.): Das Unvermögen der Realität. Berlin 1977, S. 143
243 Vgl. Herbert Marcuse: Versuch über die Befreiung. Frankfurt/M. 1973, S. 68
244 Vgl. Victor Sklovsky: Sentimentale Reise. Frankfurt/M. 1964
245 Vgl. Susanne Miller: Das Problem der Freiheit im Sozialismus. Freiheit, Staat und Revolution in der Programmatik der Sozialdemokratie von Lassalle bis zum Revisionismusstreit. Frankfurt/M. 1964, S. 42 ff

1 Georg Simmel: L'art pour l'art. In: Philosophie der Kunst. Potsdam 1922, S. 85
2 Vgl. Alphons Silbermann: Zur Wesentlichkeit der Beziehungen zwischen Künstler und Gesellschaft. In: Kölner Zeitschrift für Soziologie und Sozialpsychologie. Sonderheft 17/1974: Künstler und Gesellschaft. Hrsg. v. A. Silbermann u. R. König
3 Vgl. Alphons Silbermann: Empirische Kunstsoziologie. Stuttgart 1973, S. 21
4 Vgl. Ernst Cassirer: Die Tragödie der Kultur. In: Zur Logik der Kulturwissenschaften. Darmstadt 1980, S. 118
5 Kandinsky: Gesammelte Schriften. Bd. I. Bern 1980, S. 61
6 Vgl. Theodor Lipps: Ästhetik. Bd. II. Hamburg, Leipzig 1906, S. 103
7 Vgl. Kandinsky: Über das Geistige in der Kunst. Bern 1952, S. 69
8 Näheres über die «Realismus-Debatte» bei Fritz J. Raddatz (Hrsg.): Marxismus und Literatur. Bd. II. Reinbek 1969
9 Vgl. Georg Lukács: Ästhetik. Werke. Bd. 11 u. 12. Neuwied, Berlin 1963
10 Leo Kofler: Avantgardismus als Entfremdung. Ästhetik und Ideologiekritik. Frankfurt/M. 1987, S. 34
11 Vgl. Beat Wyss: Die Trauer der Vollendung. Von der Ästhetik des deutschen Idealismus zur Kulturkritik an der Moderne. München 1985, S. 284
12 Vgl. Kofler, a. a. O., S. 29
13 Vgl. Rudolf zur Lippe: Sinnenbewußtsein. Grundlegung einer anthropologischen Ästhetik. Reinbek 1987
14 Ernst Cassirer: Philosophie der symbolischen Formen. Bd. I, S. 5
15 Vgl. Wolf Lepenies: Die drei Kulturen. Soziologie zwischen Literatur und Wissenschaft. München 1985, S. 79
16 Vgl. Michael Müller u. a.: Autonomie der Kunst. Zur Genese und Kritik einer bürgerlichen Kategorie. Frankfurt/M. 1974
17 Vgl. Hans Sedlmayr: Verlust der Mitte. Die bildende Kunst des 19. und 20. Jahrhunderts als Symptom und Symbol der Zeit. Salzburg 1948, S. 213 f
18 Vgl. Arnold Gehlen: Zeitbilder. Zur Soziologie und Ästhetik der modernen Malerei. Frankfurt/M., Bonn 1965, S. 16
19 Kofler, a. a. O., S. 35 f
20 Vgl. Berthold Hinz: Zur Dialektik des bürgerlichen Autonomiebegriffs. In: Müller u. a., a. a. O., S. 176 f
21 Vgl. Karl Mannheim: Ideologie und Utopie. Frankfurt/M. 1978, S. 213 ff
22 Vgl. Ernst Cassirer: Versuch über den Menschen. Einführung in eine Philosophie der Kultur. Frankfurt/M. 1990, S. 248
23 Georg Simmel: Philosophie des Geldes. Frankfurt/M. 1989, S. 615
24 Ebd., S. 640
25 Ebd., S. 641 f
26 Ebd., S. 642 f

27 Vgl. Wieland Schmied: Neue Sachlichkeit und magischer Realismus in Deutschland 1918–1933. Hannover 1969, S. 29
28 Vgl. Karl Mannheim: Mensch und Gesellschaft im Zeitalter des Umbaus. Bad Homburg, Berlin, Zürich 1967, S. 336
29 Vgl. Siegfried Kracauer: Die Angestellten. Frankfurt/M. 1971
30 Vgl. Ingjald Nissen: Vergesellschaftung als Einstellung. Eine Betrachtung zu Simmels Soziologie. In: P. U. Hein (Hrsg.): Georg Simmel. Frankfurt/M., Bern, New York, Paris 1990, S. 213 f
31 Vgl. Walter Benjamin: Das Passagenwerk. In: Gesammelte Schriften. Bd. 5. Frankfurt/M. 1989
32 Ferdinand Fried: Das Ende des Kapitalismus. Jena 1931, S. 29 f
33 Piet Mondrian: Neue Gestaltung. Mainz, Berlin 1974, S. 33
34 Paul Schultze-Naumburg: Kunst und Rasse. München 1928, S. 11
35 Sedlmayr, a. a. O., S. 127
36 Vgl. Joachim Petsch: Kunst im Dritten Reich. Architektur, Plastik, Malerei, Alltagsästhetik. Köln 1983, S. 34 ff
37 Vgl. Schmied, a. a. O., S. 7; Franz Roh: Nach-Expressionismus. Magischer Realismus. Probleme der neuesten europäischen Malerei. Leipzig 1924
38 Vgl. Schmied, a. a. O., S. 12
39 Vgl. Rudolf von Sebottendorf: Bevor Hitler kam. Urkundliches aus der Frühzeit der nationalsozialistischen Bewegung. München 1933
40 R. Bertalanffy: Expressionismus und Klassizismus. In: Individualität. Zweimonatsschrift für Philosophie und Kultur. Hrsg. v. Willy Storrer u. Hans Reinhart. Wien, Zürich, Leipzig, Jahrg. 1927, Heft 3
41 Vgl. Karl Mannheim: Konservatismus. Ein Beitrag zur Soziologie des Wissens. Frankfurt/M. 1984, S. 85
42 Arthur Moeller van den Bruck, zit. nach: P. Demetz: Worte in Freiheit. Der italienische Futurismus und die deutsche literarische Avantgarde 1912–1934. München 1990, S. 231 f
43 Arthur Moeller van den Bruck: Der preußische Stil. München 1916, S. 18
44 Vgl. die von Moeller herausgegebene Schriftenreihe «Die moderne Literatur in Gruppen- und Einzeldarstellungen».
45 Vgl. K. R. Ganzer: Das deutsche Führergesicht. München o. J.
46 Vgl. Fritz Stern: Kulturpessimismus als politische Gefahr. Eine Analyse nationaler Ideologie in Deutschland. Bern, Stuttgart, Wien 1963, S. 232
47 Gerhard Roßbach, zit. nach: W. Kindt (Hrsg.): Die deutsche Jugendbewegung 1922–1930. Die Bündische Zeit. Düsseldorf 1974, S. 951
48 Vgl. ebd., S. 1672–1710
49 Vgl. ebd., S. 909–930
50 Stern, a. a. O., S. 245
51 Wilfried Daim: Der Mann, der Hitler die Ideen gab. Die sektiererischen Grundlagen des Nationalsozialismus. Wien, Köln, Graz 1985, S. 64
52 Ebd., S. 86

53 Vgl. die literarische Bearbeitung des Themas bei Joseph Roth: Das Spinnennetz. Köln, Berlin 1967
54 Vgl. Gerhard Paul: Aufstand der Bilder. Die NS-Propaganda vor 1933. Bonn 1990
55 Vgl. Umberto Silva: Kunst und Ideologie des Faschismus. Frankfurt/Main 1973;
Reinhold Grimm, Jost Hermand (Hrsg.): Faschismus und Avantgarde. Königstein/Ts. 1980
56 Vgl. Richard Albrecht: Symbolkrieg in Deutschland 1932. Eine historisch-biographische Skizze. Siegen 1986
57 Vgl. Karl Mannheim: Mensch und Gesellschaft, S. 102f
58 Umberto Eco: Das Foucaultsche Pendel. München, Wien 1989, S. 601
59 Ludwig v. Bertalanffy: Expressionismus und Klassizismus. Zeitschrift für Ästhetik und Allgemeine Kunstwissenschaft. Stuttgart 1925, S. 342
60 Vgl. Moeller van den Bruck: Der preußische Stil, S. 13
61 Bertalanffy, a. a. O., S. 342
62 Ebd.
63 Ebd.
64 Vgl. ebd., S. 342f
65 Worringer, zit. nach: Georg Lukács: Größe und Verfall des Expressionismus. In: Raddatz (Hrsg.), a. a. O., S. 7
66 Walden: Expressionismus. In: Individualität, a. a. O., S. 15f
67 Vgl. ebd., S. 17f
68 Ebd., S. 15
69 Ebd., S. 17
70 Ebd., S. 14
71 In: Individualität, a. a. O., S. 2
72 Ebd., S. 4
73 Ebd., S. 5
74 Vgl. Roh, a. a. O., S. 29ff
75 Vgl. Emil Utitz: Die Überwindung des Expressionismus. Charakterologische Studien zur Kunst der Gegenwart. Stuttgart 1927
76 Ebd., S. 2
77 Ebd., S. 3
78 Vgl. ebd., S. 4f
79 Vgl. ebd., S. 9
80 Ebd., S. 10
81 Ebd., S. 11
82 Vgl. ebd., S. 11f
83 Ebd., S. 13f
84 Ebd., S. 10
85 Ebd.
86 Ebd., S. 11

87 Ebd., S. 14
88 Vgl. Daim, a. a. O., S. 30
89 Vgl. Utitz, a. a. O., S. 45 f
90 Ebd., S. 56
91 Ebd., S. 57 f
92 Vgl. ebd., S. 70 u. S. 78
93 Ebd., S. 84
94 Ebd.
95 Vgl. Richard Müller-Freienfels: Kindheit und Jugend. Artung und Entwicklung des jungen Menschen. Leipzig 1937, S. IV u. S. 136
96 Utitz, a. a. O., S. 101
97 Ebd., S. 102
98 Ebd., S. 136
99 Ebd., S. 140
100 Ebd., S. 180
101 Ebd., S. 187
102 Ebd., S. 189
103 Vgl. Gehlen, a. a. O., S. 223 f
104 Schmied, a. a. O., S. 29
105 Vgl. ebd., S. 250
106 Vgl. ebd., S. 26
107 Vgl. ebd., S. 29
108 Vgl. Gehlen, a. a. O., S. 24
109 Vgl. ebd., S. 25
110 Utitz, a. a. O., S. 142
111 Schmied, a. a. O., S. 70
112 Vgl. Utitz, a. a. O., S. 143 f
113 Ebd., S. 30
114 Berthold Hinz: Die Malerei im Deutschen Faschismus. Kunst und Konterrevolution. Frankfurt/M. 1977, S. 32
115 Ebd., S. 33
116 Kurt Karl Eberlein: Was ist Deutsch in der Deutschen Kunst? Leipzig 1933, S. 3
117 Adolf Hitler, zit. nach: Hinz, a. a. O., S. 31
118 Vgl. Peter Reichel: Der schöne Schein des Dritten Reiches. Ästhetik und Gewalt des Faschismus. München 1991, S. 175
119 Eberlein, a. a. O., S. 55 f
120 Ebd., S. 34
121 Vgl. Lukács: «Größe und Verfall» des Expressionismus, a. a. O., S. 40
122 Vgl. Siegfried Kracauer: Von Caligari zu Hitler. Eine psychologische Geschichte des deutschen Films. In: Schriften. Bd. II. Hrsg. v. K. Witte. Frankfurt/M. 1979
123 Vgl. Karl Mannheim: Beiträge zur Theorie der Weltanschauungs-Interpreta-

tion. In: Jahrbuch für Kunstgeschichte. Hrsg. v. D. Frey u. H. Tietze. Bd. I, 1921/22

124 Utitz, a. a. O., S. 158

125 Ernst Cassirer: Form und Technik. In: E. Cassirer: Symbol, Technik, Sprache. Aufsätze aus den Jahren 1927–1933. Hrsg. v. E. W. Orth u. a. Hamburg 1985, S. 83

126 Ebd., S. 85

127 Vgl. Cassirer: Philosophie der symbolischen Formen. Bd. I, S. 9

128 Vgl. Mannheim: Beiträge, S. 239 ff

129 Vgl. Wilhelm Dilthey: Weltanschauungslehre. In: Gesammelte Werke. Bd. 8. Stuttgart 1960

130 Vgl. Alfred Schütz, Thomas Luckmann: Strukturen der Lebenswelt. Bd. I. Frankfurt/M. 1979, S. 30

131 Vgl. Jürgen Habermas: Theorie des kommunikativen Handelns. Frankfurt/M. 1981

132 Vgl. Winfried Nerdinger: Walter Gropius' Beitrag zur Architektur des 20. Jahrhunderts. In: 100 Jahre Walter Gropius. Schließung des Bauhauses 1933. Hrsg. v. Bauhausarchiv. Berlin 1983

133 Ebd., S. 26

134 Vgl. Wilhelm Pinder: Die bildende Kunst im neuen deutschen Staat. In: Reden aus der Zeit. Leipzig 1934, S. 53

135 Ebd., S. 54

136 Ebd., S. 55

137 Wilhelm Pinder: Zur Möglichkeit eines kommenden großen Stiles. In: Reden, S. 24

138 Ebd., S. 15

139 Vgl. Utitz, a. a. O., S. 129 ff

140 Vgl. Pinder: Zur Möglichkeit eines kommenden großen Stiles. In: Reden, S. 14 f

141 Ebd., S. 16

142 Ebd., S. 18

143 Pinder: Die Bildende Kunst im neuen deutschen Staat. In: Reden, S. 48

144 Vgl. Utitz, a. a. O., S. 118

145 Vgl. Schultze-Naumburg, a. a. O., S. 3

146 Ebd., S. 13

147 Ebd., S. 14

148 Vgl. ebd., S. 18

149 Ebd., S. 22

150 Ebd., S. 27

151 Ebd., S. 55

152 Ebd., S. 56

153 Ebd., S. 60

154 Ebd., S. 63

155 Ebd., S. 69
156 Ebd., S. 64
157 Ebd., S. 87
158 Ebd., S. 100
159 Ebd., S. 95
160 Ebd., S. 131 f
161 Vgl. Alfred Rosenberg: Der Mythus des 20. Jahrhunderts. Eine Wertung der seelisch-geistigen Gestaltungskämpfe unserer Zeit. München 1930, S. 298 f
162 Ebd., S. 300
163 Ebd., S. 301
164 Ebd., S. 300
165 Ebd., S. 302
166 Vgl. ebd., S. 299
167 Vgl. ebd., S. 298
168 Ebd., S. 293
169 Ebd., S. 361
170 Ebd., S. 303
171 Ebd., S. 433
172 Alfred Rosenberg: Der deutsche Ordensstaat. Ein neuer Abschnitt in der Entwicklung des nationalsozialistischen Staatsgedankens. München 1934, S. 17

Kapitel V. Kunst und Künstler im Dritten Reich

1 Hildegard Brenner: Die Kunstpolitik des Nationalsozialismus. Reinbek 1963, S. 32 f
2 Vgl. Fritz Stern: Kulturpessimismus als politische Gefahr. Eine Analyse nationaler Ideologie in Deutschland. Bern, Stuttgart, Wien 1963, S. 284 f
3 Vgl. Oskar Schlemmer: Idealist der Form. Briefe, Tagebücher, Schriften. Hrsg. v. Andreas Hüneke. Leipzig 1990, S. 211
4 Vgl. Magdalena Droste: Bauhaus 1919–1933. Hrsg. v. Bauhausarchiv. Köln 1990, S. 205
5 Schlemmer, a. a. O., S. 272
6 Ebd., S. 275
7 Vgl. Alphons Silbermann: Verwandlungen. Eine Autobiographie. Bergisch-Gladbach 1989, S. 106
8 Bazon Brock, Achim Reiß (Hrsg.): Kunst auf Befehl? München 1990, S. 18
9 Wilhelm Pinder: Die bildende Kunst im neuen Staat. In: Reden aus der Zeit. Leipzig 1934, S. 68 f
10 Adolf Hitler, zit. nach: Brenner, a. a. O., S. 83
11 Ebd., S. 84
12 Ebd., S. 80

13 Vgl. ebd., S. 104 f
14 Schlemmer, a. a. O., S. 298
15 Ebd., S. 286
16 Ebd., S. 279
17 Ebd., S. 294
18 Ebd., S. 282
19 Ebd., S. 244
20 Ebd., S. 239
21 Ebd., S. 272
22 Ebd., S. 271
23 Vgl. ebd., S. 239
24 Vgl. Hans-Albert Walter: Deutsche Exilliteratur. Stuttgart 1984
25 Vgl. Joseph Wulf: Kultur im Dritten Reich. Literatur und Dichtung. Frankfurt/M., Berlin 1989, S. 17 u. S. 20ff
26 Vgl. Peter Reichel: Der schöne Schein des Dritten Reiches. Ästhetik und Gewalt des Faschismus. München 1991, S. 358
27 Hildegard Brenner: Ende einer bürgerlichen Kunstinstitution. Die politische Formierung der Preußischen Akademie der Künste ab 1933. Stuttgart 1972, S. 125
28 Ebd.
29 Ebd., S. 124
30 Joseph Wulf: Kultur im Dritten Reich. Die Bildenden Künste. Frankfurt/M., Berlin 1989, S. 342
31 Vgl. Brenner: Ende einer bürgerlichen Kunst-Institution, S. 145
32 Ebd., S. 147
33 Vgl. Reinhard Merker: Die bildenden Künste im Nationalsozialismus. Kulturideologie, Kulturpolitik, Kulturproduktion. Köln 1983, S. 157
34 Brenner: Ende einer bürgerlichen Kunst-Institution, S. 147
35 Vgl. Zwischen Widerstand und Anpassung. Kunst in Deutschland 1933 bis 1945. Katalog zur Ausstellung in der Akademie der Künste, Berlin 1978
36 Vgl. Merker, S. 158 f
37 Vgl. Zwischen Widerstand und Anpassung, S. 210
38 Vgl. Arno Klönne: Jugend im Dritten Reich. Die Hitler-Jugend und ihre Gegner. Düsseldorf, Köln 1982
39 Vgl. Siegfried Bernfeld: Über eine typische Form der männlichen Pubertät. In: S. Bernfeld: Antiautoritäre Erziehung und Psychoanalyse. Ausgew. Schriften. Bd. III. Hrsg. v. L. v. Werder u. R. Wolff. Darmstadt 1970
40 Vgl. Brenner: Kunstpolitik, S. 11
41 Vgl. Jürgen Falter: Hitlers Wähler. München 1991
42 Ebd., S. 364 ff
43 Vgl. Franz Roh: Nach-Expressionismus, Magischer Realismus. Probleme der neuesten europäischen Malerei. Leipzig 1925. S. 9
44 Vgl. Rudolf Bode: Rhythmus und Körpererziehung. Jena 1923

45 Vgl. Klaus Theweleit. Männerphantasien. 2 Bde. Frankfurt/M. 1978

46 Vgl. «Die Axt hat geblüht...» Europäische Konflikte der 30er Jahre in Erinnerung an die frühe Avantgarde. Hrsg. v. J. Harten u. a., Düsseldorf 1987

47 Vgl. «Jetzt schreite ich aber ein». In: Der Spiegel 10/1992

48 Theodor Geiger: Die soziale Schichtung des deutschen Volkes. Stuttgart 1967, S. 115

49 Ernst-Otto Schüddekopf: Linke Leute von rechts. Die nationalrevolutionären Minderheiten und der Kommunismus in der Weimarer Republik. Stuttgart 1960, S. 238

50 Ebd., S. 241

51 Die Darstellung basiert auf einem Gespräch des Verfassers mit Heinz Gruber.

52 Artur Axmann war der Nachfolger Baldur von Schirachs als Reichsjugendführer

53 Vgl. «Puls». Dokumentationsschrift der Jugendbewegung. Heft 10. Heidenheim 1983

54 Vgl. Arno Klönne (Hrsg.): Jugendkriminalität und Jugendopposition im NS-Staat. Ein sozialgeschichtliches Dokument. Münster 1981

55 Geiger, a.a.O., S. 116

56 Brenner: Kunstpolitik, S. 67

57 Ebd., S. 70

58 Ebd., S. 66

59 Ebd., S. 69

60 Ebd., S. 67

61 Otto Andreas Schreiber, zit. nach: Peter Demetz: Worte in Freiheit. Der italienische Futurismus und die deutsche literarische Avantgarde 1912–1934. München 1990, S. 339 f

62 Vgl. Schüddekopf, a.a.O., S. 317 ff

63 Vgl. Baldur v. Schirach. Zwei Reden zur deutschen Kunst. Wien 1942

64 Vgl. Reinhard Bollmus: Das Amt Rosenberg und seine Gegner. Studien zum Machtkampf im nationalsozialistischen Herrschaftssystem. Stuttgart 1970

65 Vgl. Wulf: Literatur und Dichtung, S. 142

66 Wulf: Bildende Künste, S. 152 f

67 Vgl. Baldur von Schirach: Die Pioniere des Dritten Reiches. Essen 1933, S. 36 ff

68 Vgl. Falter, a.a.O., S. 372

69 Vgl. Léon Poliakov, Joseph Wulf: Das Dritte Reich und seine Denker. Dokumente und Berichte. Wiesbaden 1989

70 Festschrift Wilhelm Pinder zum sechzigsten Geburtstag. Überreicht von Freunden und Schülern. Leipzig 1938

71 Vgl. Brenner: Kunstpolitik, S. 73

72 Pinder: Zur Möglichkeit eines kommenden großen Stils. In: Reden, S. 32

73 Ebd., S. 33

74 Pinder: Die bildende Kunst im neuen deutschen Staat. In: Reden, S. 42

75 Ebd., S. 41 f

76 Ebd., S. 49
77 Ebd.
78 Ebd., S. 36f. Möglicherweise spielt Pinder damit auf die Entlassung Hartlaubs als Leiter der Mannheimer Kunsthalle und die Entfernung von Justi aus der Leitung der preußischen Nationalgalerie an
79 Ebd., S. 32
80 Brenner: Ende einer bürgerlichen Kunstinstitution; Bollmus: Das Amt Rosenberg
81 Brenner: Kunstpolitik, S. 74
82 Ebd., S. 73f
83 Hans Dieter Schäfer: Die nichtfaschistische Literatur der ‹jungen Generation› im nationalsozialistischen Deutschland. In: H. Denkler, K. Prümm (Hrsg.): Die deutsche Literatur im Dritten Reich, Stuttgart 1976, S. 465
84 Horst Denkler: Janusköpfig. Zur ideologischen Physiognomie der Zeitschrift «Das Innere Reich» (1934–1944). In: Die deutsche Literatur im Dritten Reich, S. 396
85 Falk Schwarz: Die gelenkte Literatur. Die «Neue Rundschau» im Konflikt mit den Kontrollstellen des NS-Staates und der nationalsozialistischen Bewegung. In: Die deutsche Literatur, S. 72
86 Brenner: Kunstpolitik, S. 75
87 Demetz, a. a. O., S. 386
88 Brenner: Kunstpolitik, S. 77
89 Paul Ortwin Rave: Kunstdiktatur im Dritten Reich. Berlin o. J., S. 61
90 Armin Zweite: Franz Hofmann und die Städtische Galerie 1937. Eine nationalsozialistische Museumskarriere, ihre Vorgeschichte und Konsequenzen. In: P.-K. Schuster (Hrsg.): Die «Kunststadt» München 1937. Nationalsozialismus und «Entartete Kunst». München 1987, S. 263
91 Brenner: Kunstpolitik, S. 110
92 Ralph Georg Reuth: Goebbels. München 1990, S. 291
93 Vgl. ebd., S. 305
94 Vgl. Bollmus, a. a. O., S. 25
95 So die ehemaligen «Kunstwart»-Mitarbeiter Adolf Bartels und Hermann Ullmann
96 Bollmus, a. a. O., S. 26
97 Ebd., S. 25
98 Ebd., S. 75
99 Ebd., S. 76f
100 Reichel, a. a. O.
101 Vgl. Brenner: Kunstpolitik, S. 95ff
102 Ebd., S. 103
103 Vgl. ebd., S. 82ff
104 Klaus Backes: Hitler und die Bildenden Künste. Kulturverständnis und Kunstpolitik im Dritten Reich. Köln 1988, S. 33ff

105 Vgl. Klaus Backes, a. a. O., S. 16ff
106 Vgl. Bollmus, a. a. O., S. 25
107 Backes, a. a. O., S. 33
108 Adolf Hitler: Rede zur Eröffnung der «Großen Deutschen Kunstausstellung». In: Dresler (Hrsg.): Deutsche Kunst und entartete «Kunst». München 1938, S. 24
109 Ebd., S. 25f
110 Ebd., S. 17
111 Ebd.
112 Ebd., S. 18
113 Ebd., S. 19
114 Ebd., S. 23
115 Ebd.
116 Ebd.
117 Ebd., S. 28
118 Ebd., S. 27
119 Ebd.
120 Ebd., S. 26
121 Thomas Mann: Bruder Hitler. In: Gesammelte Werke. Bd. 12. Berlin 1955, S. 775
122 Hitler, a. a. O., S. 27
123 Ebd., S. 29
124 Ebd., S. 29
125 Entartete Kunst. Das Schicksal der Avantgarde im Nazi-Deutschland. Los Angeles, Berlin 1991/92
126 Leo Weismantel: Von den Grundlagen einer volkhaften Kunsterziehung. Düsseldorf 1935, S. 8
127 Wolfgang Willrich: Säuberung des Kunsttempels. Eine kunstpolitische Kampfschrift zur Gesundung deutscher Kunst im Geiste nordischer Art. München, Berlin 1937, S. 94ff
128 Ebd., S. 101f
129 Vgl. ebd., S. 162f
130 Ebd., S. 78
131 Ebd., S. 134
132 Hans Prinzhorn: Die Bildnerei der Geisteskranken. Zit. nach: Wieland Schmied: Prinzhorn und die Kunst des 20. Jahrhunderts. In: Hestia 1986/87; Klages, Prinzhorn und die Persönlichkeitspsychologie. Hrsg. v. Fr. Tenigl. Bonn 1987, S. 69f
133 Wolfgang Geinitz: Hans Prinzhorn. Das unstete Leben eines ewig Suchenden. In: Hestia, S. 47f
134 Prinzhorn: Bildnerei. Zit. nach: Schmied, S. 70
135 Ebd., S. 71
136 Ebd., S. 70f

137 Geinitz, S. 48
138 Hans Prinzhorn: Gemeinschaft und Führertum. Ansatz zu einer biozentrischen Gemeinschaftstheorie. In: H. Prinzhorn (Hrsg.): Die Wissenschaft am Scheidewege von Leben und Geist. Festschrift zum 60. Geburtstag von Ludwig Klages. Leipzig 1932, S. 180
139 Ebd., S. 179
140 Ebd., S. 183
141 Ebd., S. 187
142 Ebd., S. 188f
143 Geinitz, a. a. O., S. 60
144 Ebd.
145 George L. Mosse: Ein Volk, ein Reich, ein Führer. Die völkischen Ursprünge des Nationalsozialismus. Königstein/Ts. 1979, S. 4f
146 Reichel, a. a. O., S. 371, 376
147 Martin Jürgens: Der Staat als Kunstwerk. Bemerkungen zur ‹Ästhetisierung der Politik›. In: Kursbuch 20/1970
148 Vgl. Mosse, a. a. O., S. 5
149 Vgl. Dörte Winkler: Frauenarbeit im 3. Reich. Hamburg 1977
150 Vgl. Ronald Smelser: Die Sozialplanung der Deutschen Arbeitsfront. In: M. Prinz, R. Zitelmann (Hrsg.): Nationalsozialismus und Modernisierung. Darmstadt 1991, S. 71ff
151 Vgl. Franz Sonnenberger: Die vollstreckte Reform. Die Einführung der Gemeinschaftsschule in Bayern 1935–1938. In: Prinz, Zitelmann (Hrsg.), a. a. O., S. 172ff
152 Vgl. Werner Durth: Architektur und Stadtplanung im Dritten Reich. In: Prinz, Zitelmann (Hrsg.), a. a. O., S. 139ff
153 Hans Dieter Schäfer: Amerikanismus im Dritten Reich. In: Prinz, Zitelmann (Hrsg.), a. a. O., S. 210f
154 Falter, a. a. O., S. 364ff
155 Brenner: Kunstpolitik, S. 94f
156 Georg Simmel: Philosophie des Geldes. Frankfurt/M. 1989, S. 642